2035中国教育发展战略研究

丛书主编　袁振国

高考改革深化研究

袁振国　等著

华东师范大学出版社

图书在版编目(CIP)数据

高考改革深化研究/袁振国等著.—上海:华东师范大学
出版社,2019

(2035中国教育发展战略研究)

ISBN 978 - 7 - 5675 - 9733 - 4

Ⅰ.①高… Ⅱ.①袁… Ⅲ.①高考-教育改革-研究-
中国 Ⅳ.①G632.474

中国版本图书馆 CIP 数据核字(2019)第 275053 号

2017 年上海市文教结合"高校服务国家重大战略出版工程"资助项目

2035 中国教育发展战略研究

高考改革深化研究

著　　者　袁振国等
项目统筹　阮光页
责任编辑　白锋宇　王冰如
特约审读　陈晓红
责任校对　马　珺　时东明
装帧设计　高　山

出版发行　华东师范大学出版社
社　　址　上海市中山北路 3663 号　邮编 200062
网　　址　www.ecnupress.com.cn
电　　话　021 - 60821666　行政传真 021 - 62572105
客服电话　021 - 62865537　门市(邮购)电话 021 - 62869887
地　　址　上海市中山北路 3663 号华东师范大学校内先锋路口
网　　店　http://hdsdcbs.tmall.com

印　刷　者　浙江临安曙光印务有限公司
开　　本　787×1092　16 开
印　　张　20.75
字　　数　372 千字
版　　次　2020 年 2 月第 1 版
印　　次　2020 年 2 月第 1 次
书　　号　ISBN 978 - 7 - 5675 - 9733 - 4
定　　价　68.00 元

出 版 人　王　焰

(如发现本版图书有印订质量问题,请寄回本社客服中心调换或电话 021 - 62865537 联系)

这是一个史无前例的大变革时代。

科学技术迅猛发展，国际关系急剧变化，社会生产方式、生活方式深度变革，毫无疑问，教育方式和学习方式也面临着重大转型发展的历史挑战和前所未有的改善机遇。

自互联网、大数据、云计算取得突破性进展以来，教育的转型发展已初见端倪，随着人工智能、物联网、脑科学等的新突破，这种转型发展将更快、更强烈：

教育的形态，从以教为重心向以学为重心转移，从固定人群在固定地点、固定时间、学习固定内容的学校教育，向任何人在任何地点、任何时间、学习任何内容的泛在教育转型；

教育的功能，从以知识传授为中心向以能力培养为重心转移，尤其注重责任能力、思维能力、学习能力、沟通能力、创新能力、解决复杂问题能力的培养；

教育的内容，从以知识体系为主线的分科性的学科教育为主，向以核心素养为主导的综合性、问题性教学为主转型；

教育的评价和要求，从班级授课制背景下的统一化、标准化，向瓦解班级授课制的多样化、个性化、选择性的因材施教转型；

教育的形式，从以教定学，教什么学什么、怎么教怎么学，向以学定教，学什么教什么、怎样学就怎样教转型；

教育的手段，从以黑板粉笔为主要工具的线下教育，向基于互联网、物联网、人工智能的线上线下融合教育转型；

教育的生涯，从一次受教终身受益，向不间断的终身教育转型；

……

与此同时，未来社会对人才的数量、质量和类型不断提出新的要求。教育不断变革才能适应社会要求的不断变化，才能为受教育者奠定成功和幸福的基础。

关注 2030、关注未来教育形态，已经成为国际热点。2015 年 11 月，联合国教科文组织发布《教育 2030 行动框架》，指出：必须在当今发展的大背景中来审视"教育 2030",教育系统必须相互关联,回应迅速变化的外部环境,如变革的劳动力市场、技术的更新换代、城镇化的兴起、政治环境的不稳定、环境恶化、自然风险与灾难、对自然资源的争夺、人口压力、全球失业率的攀升、贫穷的困扰、不平等的扩大以及和平与安全所面临的更多威胁。

经济合作与发展组织(OECD)在其发布的"2030 年教育计划"中写道:"2030 年,世界将会更加复杂,易于波动,不确定因素增多,形势不定。 全球化、数字化、气候变化、人口结构变动以及其他重大趋势不仅创造了机会,而且给个人和社会带来了挑战,需要人们积极应对。 下一代人需要掌握一种全新的、不同于以往的技能,才能取得成功,为有序社会作出贡献。 虽然到2030 年还有一段时间,但是现在开始读小学的孩子们将会在 2030 年踏入职场。"

中国经过改革开放 40 多年的发展,已经迅速发展为教育大国,并不断向教育强国迈进。 面对快速发展、充满不确定性的未来,必须学会以不变应万变,以超常思维谋划未来,谋划适应和引领未来的教育。 为此,华东师范大学教育学部和华东师范大学出版社联合申报了上海市文教结合"高校服务国家重大战略出版工程"项目,组织业内专家撰写"2035 中国教育发展战略研究"丛书。

丛书从"服务国家重大战略"出发,希望对未来一二十年中国教育必将面临的重大挑战,对教育改革的重点领域和关键环节,进行整体思考、系统回应;从服务上海科创中心和教育综合改革试点出发,对上海如何先一步、高一层、领先发展的战略思想作出回答。 丛书的指导思想是: 第一,以 2035 年作为参照点,选取当前国家教育现代化战略推进过程中必然遇到的重大理论和实践问题,对下一阶段中国教育发展方向、问题和路径进行战略性、前瞻性和富有针对性的探讨;第二,以各级各类教育为经,以重大问题、发展趋势为纬,勾画未来教育蓝图;第三,以前瞻性、可操作性和实证性作为基本写作要求;第四,重视方法手段的变革,更注重制度性创新。

丛书的第一批作品包括:《新时期学前教育发展研究》(华东师范大学姜勇教授等)、《延长义务教育年限研究》(中国人民大学刘复兴教授等)、《"双一流"建设突破研究》(中国教育科学研究院刘贵华教授等)、《高考改革深化研究》(华东师范大学袁振国教授等)、《民办学校分类管理推进策略研究》(上海市教育科学研究院董圣足研究员等)、《面向 2035 教育经费投向研究》(华东师范大学陈纯槿副教授)、《未来教育重塑研究》(北京大学尚俊杰研究员)、《教育舆情演变与应对研究》(中国教育科学研究院田凤副研究员)、《高等教育赋能上海科技创新中心建设研究》(华东师范大学朱军文教授等)、《为了人的更高发展：国际社会谋划 2030 年教育研究》（华东师范大学彭正梅教授等）、《OECD 教育指标引领教育发展研究》（华东师范大学黄忠敬教授等）。

　　谋定而后动。社会发展越快，超前研究、多元研究越是重要。希望这套丛书能为我国未来教育改革发展提供战略性参考，也能激发广大从事和关心教育的读者的丰富思考。

袁振国

2019 年 9 月

目　录

全书摘要

· ·

2010 年,《国家中长期教育改革和发展规划纲要(2010—2020 年)》将改革高考制度放在了很突出的位置,把形成"分类考试、综合评价、多元录取"的制度作为高考改革的核心目标。2013 年,中共十八届三中全会审议通过了《中共中央关于全面深化改革若干重大问题的决定》,提出了"推进考试招生制度改革,探索招生和考试相对分离、学生考试多次选择、学校依法自主招生、专业机构组织实施、政府宏观管理、社会参与监督的运行机制,从根本上解决一考定终身的弊端"的目标。2014 年,国务院发布《国务院关于深化考试招生制度改革的实施意见》,标志着新一轮考试招生制度改革的全面启动。新高考改革针对高考制度中长期存在的问题率先在上海、浙江进行改革试点。结果到底怎么样? 社会各界高度关注。

为此,2015 年度国家社科基金教育学设立了重大招标课题"适应新高考要求的普通高中学业水平考试与综合素质评价实施策略研究",袁振国教授获得了这一课题并组建研究团队进行了为期三年的研究。

评价一项改革是否成功,关键是看它的既定目标是否实现,利益相关者是否满意。课题组在分析新高考改革的五个目标的基础上,对学生、教师、校长、局长、高校等各方利益相关者进行了大规模的实证研究,结果表明:新高考改革社会反应符合预期,实践效果好于预期。

新高考改革的第一个目标,是通过学业水平考试科目"6 选 3"的选考制度,增加学生的选择权,促进学生有个性、有特色地发展。调查发现这一目标得到了相当好的实现,考生、家长、教师对其认可度很高。关于学科选考的理由,有 80% 以上的学生表示选考是根据他们自己的兴趣或是在某些学科上的优势来决定的。社会上普遍担心的考生会为了拿到高分不顾学习兴趣而"避难就易"的情况并没有发生。

新高考改革的第二个目标,是通过参考综合素质评价成绩,引导素质教育,增加学生的社会责任感、创新精神和实践能力。调查发现这一目标得到了较好的实现。目前参考综合素质评价分数进行录取的学校比例还不算大,主要是在具有自主招生权限的学校内试行,但从上海有自主招生权限的大学实际录取学生的情况和浙江"三位一体"招收录取的情况来看,在按综合素质评价招录的学生中,如果仅凭录取分数线的话,有

20％的学生可能进不了他们现在所进的学校；而在达到录取线的考生中，因为综合素质评价不高，有约 10％的学生没有被录取。参考综合素质评价录取已经释放出加强素质教育的强烈信号。

新高考改革的第三个目标，是通过外语一年两考，减轻"一考定终身"的压力。这一目标也得到了较好的实现。外语一年两考是一年多次考试的先声，而外语也是相对容易保持考试信度的一门学科。从上海、浙江的情况来看，外语一年两考对学生保持良好心态、减轻压力，避免由于特殊原因不能参加考试而造成终身遗憾的情况，起到了不可替代的作用。在调研中，有将近 90％的被调查对象对一年两考持赞成态度。一年两考，会不会增加学生的负担？有趣的是，家长对此的担心远远超过其子女的担心。对于学生来说，不管是已经考过还是没有考过的学生，对此都没有表现出过多的担心。

新高考改革的第四个目标，是通过取消文理分科考试，提高学生的基础素养，培养其综合能力。这一目标也得到了较好的实现。高中阶段实行文理分科一直受到质疑，随着学科交叉发展，增强综合能力的呼声越来越高，批评高中文理分科的声音也越来越大。新高考改革果断决定高考不再分文理科，从而彻底结束了高中文理分科的历史。从浙江高考改革试点的情况来看，考生文理交叉率达到 78％；从上海的情况来看，选择两个文科一个理科或两个理科一个文科，文理交叉率也在 80％左右。对文理不分会降低数学区分度的普遍担心也完全没有发生。

新高考改革的第五个目标，是学业水平考试由百分制转为等级制，避免"分分计较"。新高考规定语数外三门成绩分别计 150 分，选考科目方面上海是 6 科中选考 3 科，各计 70 分，然后转换成 11 个等级；浙江是 7 科中选考 3 科，各计 100 分，然后转换成 21 个等级，目的是避免"分分计较"。此设计的初衷是好的，但从实践的情况来看，仍存在一定问题：第一，原始分数转换成等级分的科学性有待加强；第二，人们对等级分的认同度也比较低，"分分计较"的情况不但没有减轻，反而在某种程度上还有所加剧。

通过对我国高考改革历史经验教训的梳理，对国际高考制度和模式的比较，对上海、浙江新高考改革试点舆情的分析，特别是通过对新高考改革政策制定的参与者，具体实施政策的制定者、教育局长、高中校长、教师、考生和考生家长、高校招办负责人和面试教师的全方位访谈、座谈，以及各种规模的专家研讨，提出了改进和完善新高考改革政策和具体实施的意见。

（一）把"6选3"改为"6选1＋2"，在增强选择性的同时提高学生的科学素养，避免弃难就易，造成物理等科学素养的下降

等级性考试"6选3"的制度设计在较大程度上增加了学生的选择权，但在增强选择性这一改革目标被较好地达成的同时，也带来了等级赋分制所导致的学生避考物理的现象。为了避免不同学科引起的分值差异，上海和浙江两地均在计分时按照考试群体进行等级划分，并转换为相应的等级，再最终计入高考成绩。每门选考科目按百分比换算等级，前1‰计"A＋"，前2‰计"A"，依此类推，在高考录取时再折合为分数，每个等级相差3分，"A＋"计入高考的分数为100分。在以高考总分录取的制度下，由于物理获得高分的难度明显高于其他学科，一些爱好物理、数理思维能力强的学生不敢选择物理，从而导致物理选考人数逐年下降。更应引起关注的是，这一趋势已经向高二、高一年级传递，选考、选学物理的学生比例可能进一步下降。调研中有多所高中的教师、校长反映，其所在学校的高二、高一学生选考物理的人数又有所下降。

为了解决这个问题，浙江与上海分别出台了相应的"保障机制"，为物理学科设定一个保障人数（浙江是6.5万，上海是1.5万），如果出现报考人数低于保障人数，就根据保障人数进行换算，从高段开始。这一举措可以起到保底的作用，避免物理学科报考人数的持续减少，但依然不能从根本上解决"报考物理吃亏"的问题。

对此，课题组建议：在选考学科中，将物理、历史作为必选科目，学生必须至少选择其中一门报考。同时，对物理、历史两门必选科目计120分，采用原始分计分。这样，第一，解决了区分度不够的问题；第二，提高了物理、历史两门学科的学科地位；第三，极大缓解了同科目因为难度不同导致原始分不可比的问题。

（二）注重程序和内涵，增强综合素质评价和评价结果使用的科学性，避免综合素质评价结果的不用或误用

高校在录取时参考学生的综合素质评价，是新高考改革的一个重要亮点，对推进中学阶段的素质教育起到了积极的导向作用。但关于什么是综合素质、怎样测量综合素质、怎样运用综合素质评价成果等问题，目前都还有待进一步研究。现在采用的是综合素质计分的方法，即在中学阶段忠实地记录学生在德、智、体、美、劳等方面的表现，为高校录取提供参考。但不同教师、不同学校记录的方法和内容不尽相同，记录的准确性和可靠性也存在差别。数据表明，仍有多数校长和专家对学生综合素质评价信息的真实性存在疑虑。

借鉴国外大学的录取方式，能给我们几点重要的启示：第一，综合素质评价的主体是高校而非高中；第二，综合素质评价的内容主要是看学生在面对复杂问题时综合运用所学知识解决问题的能力;第三,评价的手段主要是由一系列测评环节构成,比如提交报考志愿、参加小组讨论、合作完成学习任务、完成临时布置的任务、辩论、进行课题设计等等;第四,程序设计要能够保证全过程的公平、公正、公开、有效。课题组建议注重程序和内涵的研究与运用,增强综合素质评价和评价结果使用的科学性,避免综合素质评价结果的不用或误用。

(三) 压缩等级数量,对选考科目实施校正等级分,提高高考计分与分数合成的科学性

上海与浙江的高考改革都是等级性考试,各科目以等级赋分制来呈现考试成绩,即以高中学生成绩合格为赋分前提,根据事先划定的等级比例,各科考生在选考人群中处于相同位序的被赋予相同等级,并计入高考总分。但在操作中,由于等级比例按规定进行划定,极有可能出现两名考生某门等级考试的成绩只相差一分但却相差一个或两个等级的现象,他们最终得到的等级分可能相差 3 分或更多。这种分差在计入高考成绩后对考生造成的影响显然是不能忽视的。

经过研究,课题组建议压缩等级数量,对选考科目实施校正等级分,提高高考计分与分数合成的科学性。

(四) "教、考、招"相互联动,提升高校招生能力,提高高校办学水平和招生能力

高校在进行综合素质评价录取时,通常是通过面试来对考生进行评分的。在上海与浙江的新高考录取过程中,各有关高校均以高度负责的态度对此进行了精心组织,总体反应是好的。但在调研中有部分高中校长表示,在实施综合素质评价后高校的招生自主权有所扩大,如何保证过程的公平性就尤其值得关注。由于社会诚信体系尚未很好建立,加之学生对高校如何使用综合素质评价信息缺乏全面的了解,因此,对于在综合素质评价中是否会出现"拼爹"、"开后门"等问题,家长和学校均表达了他们的担心。

中学的"教"、考试部门的"考"、高校的"招",功能不同,作用阶段也不同,但必须前后呼应,避免各自为政。课题组建议:在基础教育阶段,需要做好课程调整、课程选修、建立走班制、提高师资水平等方面的准备。在考试的组织阶段,要使学生成为选科选考的主体。以前在填报志愿时,有 60% 甚至更多的学生的志愿不是自己填报,而是由教师和家长包办或主导的。这种情况容易导致学生在升入大学后,由于对自己所学专业的不了解而出现厌学的情绪。新高考改革把选科提前到了高一年级,高二又面临一次选择,高三还要再面临一次选择,中途还有调整选择的机会,这对提高学生的选择意识和选择能力是非常有利的。组织好、指导好学生的选科选考是整个高考的一个重要环节。再就是招生阶段的工作。招生阶段的改革力度和高校的参与力度对新高考改革目标的实现至关重要。所以,教、考、招必须有效联动,提高招生录取工作的系统协调性,特别是要增强高校在招生录取过程中的能动性和选拔水平。

(五) 提高高中办学标准,改善办学条件,为高考改革的顺利推进保驾护航

高考综合改革是一项需要各方协同推进的系统工程,尤其是等级性考试实施选科选考,需要软硬件资源的配套跟进。目前,改革所需的人财物资源仍存在明显的缺口。

首先,教室、场地等配套资源不能充分满足需求。为了增加学生的选择权,上海市各高中根据实际情况开展了不同程度的走班教学,这就增加了对教室、场地等硬件资源的需求。虽然上海市通过加大教室建设力度、合理配置教室资源、加强创新实验室建设等措施盘活存量,拓展空间,但未来若要进一步推进"选课走班",各区县高中的教室、场地等资源仍存在着较大缺口。

其次,高中学科教师师资力量总体短缺且结构性问题凸显。从短期看,"3+3"招生考试模式改革打破了原先"3+1"的考试模式,使得选考各门学科的考生比例有所调整。同时,允许学生自主选择考试科目意味着每年度选修各学科的学生比例都可能出现变化,这对学科教师的规模和结构产生了直接的影响,不同时段、不同学校、不同学科的教师需求量的波动性较大。由此可能出现的情况是,在短时期内,高中学校无法根据以往工作经验配备师资,导致出现部分学科教师结构性短缺与富余的"潮汐"现象。从长期看,高中学校师资总量不足的问题依然凸显。

再者,区域教育经费资源投入相对匮乏。为了增加学生的选择权而实施的"6选3"等级性考试方案,增加了各方面的财力成本,主要表现在:实施多次考试,增加了大量的考务和管理成本;建立创新实验室、实施"走班教学"亟需增加基建成本;高中教师绩效工资和编制扩增需要充足的财政资金等。在这个方面,社会经济发展水平较高的上海和浙江都尚有压力,其他省市在推进新高考改革时更需做好思想准备和物质准备。

因此,课题组建议,将提高普通办学标准和办学水平作为重要任务,以保障新高考改革目标的实现。此外,课题组还对提高高中管理水平和高校招生能力进行了理论探讨和可行性分析。

导论　在改革中探索和完善具有中国特色的高考制度

· ·

第一节　新高考改革的新探索

高考,是普通高等学校招生全国统一考试的简称,是我国的一项基本教育制度,是选拔高校新生的重要途径,与无数人的命运息息相关,历来受到政府、学校、家庭、社会各个方面的高度关注。

高考制度恢复 40 多年来,通过自主报考、择优录取,选拔了近两亿优秀大学生,为国家现代化建设提供了最重要的人才保证,为千百万平民学子成长成才创造了平等发展的机会。

高考是世界很多国家实行的选拔制度,其有效性和公平性是各国追求的共同目标。为了更有效、更公平地选拔人才,我国高考制度自恢复以来,一直在不断改革、不断完善,大大小小的改革有 30 次之多,探索的脚步从未停止。这其中,既有技术方面的改进,也有制度方面的完善,还有价值理念方面的更新。2014 年开始的新高考,是我国高考改革进入综合改革的新阶段,其目标是"建立中国特色现代教育考试招生制度,形成分类考试、综合评价、多元录取的考试招生模式,健全促进公平、科学选才、监督有力的体制机制,构建衔接沟通各级各类教育、认可多种学习成果的终身学习'立交桥'"[①]。这既是对历次高考改革的延续,又是对历次高考改革力图解决的一系列重要问题的整体性突破。

一、怎样科学地选拔人才

得天下英才而教育之,不亦乐乎! 选拔优秀人才是高考基本的和首要的功能,科学合理地选拔人才是对高考功能的第一要求。为了更好地评估学生的知识能力与综合素养,使人才选拔更为科学合理,高考制度在考试科目、考试内容、考试形式等方面,进行了不断的改革探索。

(一) 改革考试科目

高考科目的基本框架,决定了选择人才的基本素质要求,也是历次高考改革的重

---

① 中华人民共和国国务院.国务院关于深化考试招生制度改革的实施意见[N].人民日报,2014-09-05(6).

点内容。改革开放40多年来,有关高考科目设置的变革可以分为"大文大理设科"、"会考＋高考设科"、"'3＋X'设科"、"不分文理科"四个阶段。

1. 大文大理设科阶段

1977年,国务院批转教育部《关于一九七七年高等学校招生工作的意见》中关于高考科目设置的要求为:"考试的目的主要是了解掌握基础知识的状况和分析问题、解决问题的能力。今年的考试分文理两类。文科考试科目为政治、语文、数学、史地。理科考试科目为政治、语文、数学、理化,报考外语专业的加试外语。"①大文大理设科由此形成,并成为恢复高考制度后考试科目设置的基础。1978年,国务院批转教育部《关于一九七八年高等学校招生工作的意见》进一步说明:"实行全国统一命题,省、市、自治区组织考试、评卷。分文理两科考试。文科(含哲学、外语专业)考政治、语文、数学、历史、地理、外语;理工科(含医、农专业)考政治、语文、数学、物理、化学、外语。"②1979年规定:"为了逐步提高大学生的外语水平,并推动中小学的外语教学,今后应逐步做到外语成绩计入总分。考虑到目前的实际情况,经研究,今年凡报考重点院校的,外语成绩先按10％计入总分,今后逐年提高计分比例。报考一般院校的,录取时只作参考分。"③1982年规定:"外语成绩,本科按70％计入总分,从1983年起,100％计入总分。报考专科学校考生的外语成绩是否计入总分,由各省、市、自治区确定。1982年生物满分为50分。"④

在这一阶段的高考改革中,科目设置逐渐增加与完善,体现了人才培养全面发展的要求。外语科目考试从无到有,计分权重由低到高,这既是科学选才的要求,同时也是为了满足改革开放后国家对外语人才的需求。

2. 会考＋高考设科阶段

随着高考制度的恢复与推行,到了20世纪80年代初,片面追求升学率的负面影响开始显现,不仅影响了国家教育方针的落实,而且引发了学生偏科严重、学业负担加重等问题。为解决这些问题,国家开始了高考改革和高中教学学科评价制度的改革。1983年,教育部提出试行高中毕业会考制度,以此评价中学的教学质量,同时也以此

① 国务院批转教育部.关于一九七七年高等学校招生工作的意见[M]//杨学为.高考文献(下).北京:高等教育出版社,2003:68—73.
② 国务院批转教育部.关于一九七八年高等学校招生工作的意见[M]//杨学为.高考文献(下).北京:高等教育出版社,2003:103—109.
③ 国务院批转教育部.关于一九七九年高等学校招生工作会议的报告[M]//杨学为.高考文献(下).北京:高等教育出版社,2003:109—116.
④ 国务院转批教育部.关于一九八二年高等学校招生工作的请示[M]//杨学为.高考文献(下).北京:高等教育出版社,2003:153—156.

作为衡量高中生能否毕业的参照标准。1990 年,国家教育委员会发布《关于在普通高中实行毕业会考制度的意见》,指出"实行普通高中毕业会考制度,对于全面贯彻教育方针,落实高中教学计划,加强教学管理,克服文理偏科现象,全面提高教学质量具有重要作用"[1],并决定从 1990 年起有计划地在全国逐步实行普通高中毕业会考制度。

1985 年,经教育部批准,上海在全国率先试行高中会考基础上的高等学校入学考试制度。1987 年,上海在完成高中毕业会考试行的基础上,开始实行"3＋1"方案,也称"上海方案":"3"是指语数外三门学科,为必考科目;"1"是指理化生、政史地中的任何一门,为选考科目。1990 年,在总结上海高考科目设置经验的基础上,国家教委颁发了《关于改革高考科目设置及录取新生办法的意见》,就高考科目设置提出了四组方案:第一组为政治、语文、历史、外语;第二组为数学、语文、物理、外语;第三组为数学、化学、生物、外语;第四组为数学、语文、地理、外语。由于此方案在湖南、云南、海南三地开展试点探索,因此又被称为"三南方案"[2]。

虽然有美好的期望,但从"上海方案"和"三南方案"的实施结果来看,纠正偏科的目的并没有达到。1992 年,国家教委发布《关于在普通高中毕业会考基础上的高考科目设置意见》,提出将高考科目分为文、理两类,语数外三门学科为必考科目,文科加考政治和历史,理科加考物理和化学,该方案又被称为"3＋2"方案[3]。相比较而言,"3＋2"方案更好地兼顾了共性与个性的关系。

3. "3＋X"设科阶段

为了积极适应经济发展和科技进步对人才发展的需求,进一步推进素质教育,培养"能力型、综合型"人才,1999 年教育部颁布《关于进一步深化普通高等学校招生考试制度改革的意见》,决定推行"3＋X"的科目设置方案[4]。在该方案中,"3"是指语数外三门必考科目,"X"为综合科目,是指在政治、历史、地理、物理、化学、生物等科目中,学生根据相关要求自行选择的一门或几门考试科目。综合科目考查学生理解、掌握和运用中学所学知识的能力,目的是防止中学生过早分科、偏科,以促进素质教育的实施。这次改革是恢复高考制度以来科目设置变化最大的一次改革,至此,统一的、有

① 中华人民共和国国家教育委员会.关于改革高考科目设置及录取新生办法的意见//[M].杨学为.高考文献(下).北京:高等教育出版社,2003:454—456.
② 中华人民共和国国家教育委员会.关于改革高考科目设置及录取新生办法的意见//[M].杨学为.高考文献(下).北京:高等教育出版社,2003:457—459.
③ 中华人民共和国国家教育委员会.关于在普通高中毕业会考基础上的高考科目设置意见//[M].杨学为.高考文献(下).北京:高等教育出版社,2003:499—506.
④ 中华人民共和国教育部.关于进一步深化普通高等学校招生考试制度改革的意见//[M].杨学为.高考文献(下).北京:高等教育出版社,2003:627—629.

固定组合的科目设置模式不再是全国统一的硬性考试要求。相较以往的方案,"3＋X"方案在自主性、开放性、选择性等方面有较大的突破。"3＋X"科目改革的实施,在客观上改变了以往全国一张试卷、一种高考模式的状态,多样化的高考模式初露端倪。

4. 不分文理科的新阶段

进入 21 世纪以来,传统"文理分科"的弊端日趋明显,它既造成了学生人文精神的缺失或者科学素养的缺乏,又有悖于科学技术发展对综合性人才的需求以及高校人才培养的趋势,而且还不利于学生学习兴趣及个性特长的发挥,有悖于基础教育的目标要义。2013 年,中共中央颁布《关于全面深化改革若干重大问题的决定》,其中明确提出"探索全国统考减少科目、不分文理科、外语等科目社会化考试一年多考"①。"不分文理科"正式迈出了历史性步伐,作为一项制度化的改革议题被写入中央文件。2014年,国务院颁布《国务院关于深化考试招生制度改革的实施意见》(以下简称《实施意见》),提出"改革考试科目设置,不分文理科"②。同年,作为改革试点省份的浙江和上海分别公布《浙江省深化高校考试招生制度综合改革试点方案》③、《上海市深化高等学校考试招生综合改革实施方案》④,再一次明确了"调整统一高考科目,不分文理科"。从上海改革试点的情况看,不分文理科考试实施顺利,自由交叉选择比例很高(详见《社会反应符合预期,实践成效好于预期——上海新高考改革成效调研报告》⑤),并没有出现数学成绩区分度下降的情况,可谓初战告捷。

(二) 改革考试形式

考试形式与考试内容必须相互依存。内容与形式相匹配则二者互相促进,不相匹配则二者互相掣肘。在我国的高考制度中,与考试形式有关的三种最主要的设置包括:全国统考与自主招生、一次考试与多次考试、原始分计分与标准分计分。全国统考、一次考试、原始分计分一直是我国高考制度的主体设计,为了弥补这种制度的不足,国家也在不断尝试调整和改变考试的形式。

1. 自主选拔

为了消除全国统考不利于发现特殊人才的弊端,满足高等学校特色办学的要求,国家决定授予高校一定的招生自主权,以扩大不拘一格选拔人才的操作空间,同时也

---

① 中共中央. 中共中央关于全面深化改革若干重大问题的决定[N]. 人民日报,2013 - 11 - 16.
② 中华人民共和国国务院. 国务院关于深化考试招生制度改革的实施意见[N]. 人民日报,2014 - 09 - 05(6).
③ 浙江省人民政府. 浙江省深化高校考试招生制度综合改革试点方案[N]. 浙江日报,2014 - 09 - 19.
④ 上海市人民政府. 上海市深化高等学校考试招生综合改革实施方案[N]. 解放日报,2014 - 09 - 20.
⑤ 上海市新高考改革成效调研课题组. 社会反应符合预期,实践成效好于预期——上海新高考改革成效调研报告[J]. 华东师范大学学报(教育科学版),2018(3).

可以对中学实施素质教育发挥积极的导向作用。2003 年,教育部批准清华、北大等 22 所高校开展自主招生试点,赋予它们 5‰ 的自主招生权。高校在自主考试与面试的基础上进行人员初选,入选考生参加全国统考,成绩达到学校同批次录取控制分数线以上的可以由学校决定录取。2006 年,全国自主选拔录取改革试点高校扩大到 53 所,自主招生的试点范围不断扩大,类型也逐渐增多,有校长实名推荐制、自主组织测试、自主招生联考等形式。但是,由于配套措施特别是监管措施不到位,一些高校对自主招生的含义理解模糊,导致了高考战火提前燃起,甚至出现了营私舞弊的现象,所以自主招生制度仍处于小范围的探索状态。

　　2. 多次考试

　　2000 年,北京、上海、安徽开始进行春季招生改革,高考由一年一次增加到一年两次,改变了"一考定终身"的状况。一年举行两次高考,既缓解了夏季一次高考给考生带来的压力,又增加了部分学生被录取的机会。

　　2014 年,国务院发布的《实施意见》指出:"各地要合理安排课程进度和考试时间,创造条件为有需要的学生提供同一科目参加两次考试的机会。"①学业水平考试和外语科目考试率先改革,为有需要的学生提供了同一科目参加两次考试的机会。在改革试点上海市,外语科目可以一年两考,在另一试点浙江省,外语和所有选考科目都可以一年两考。从上海春夏一年两考的实践情况来看,一部分高中生被提前录取到自己心仪的学校,另一部分学生借春季考试获得了高考的体验,因此该政策得到了许多学生的认可。但组织两次考试,给命题、阅卷、录取等各个环节增加了大量工作,考场安排也影响了中学正常的教学,所以目前人口较多的省市对此仍均持审慎态度。

　　3. 标准化计分

　　采用卷面分这种原始分计分方式,看似公平,却存在着实质上的不公平。当考试科目只有一科时,使用原始分可以对考生进行有效甄别,但当考试科目不止一科时,各科成绩的简单相加是很难反映考生的真实情况的。第一,不同学科的智力含量不同,各科目分数的"分值"并不等同。比如物理、化学、生物、地理、政治均是 60 分,但它们所代表的智力水平是不一样的。第二,不同学科分数在组合时,虽总分数可能相同但其认知结构也是不一样的。比如一个人语文 100 分、数学 0 分,另一个人语文 0 分、数学 100 分,他们二人总分相同,能得出他们成绩、能力相同的结论吗? 所以使用原始分合成总分是不准确、不科学的。为此,从 1985 年开始,国家教育委员会先后在广东、海

---

① 中华人民共和国国务院. 国务院关于深化考试招生制度改革的实施意见[N]. 人民日报,2014 - 09 - 05(6).

南等省进行标准化考试试点,其中就包括考试分数解释和使用的标准化。建立标准分制度,是为了将原始分按一定的法则进行转换,使成绩的可比性得到改善。此后,国家教育考试中心多次召开专家研讨和论证会,逐步提高了高考标准分制度的科学性和可行性。1994年,国家教委颁发了《普通高等学校招生全国统一考试建立标准分制度实施方案》,提出:"普通高考标准化改革,这一阶段的主要任务是建立标准分制度,进一步开发利用考试信息,充分发挥考试既有利于高校选拔新生,又有利于中学教学的作用。"[①]1997年,全国多个省份开始实施标准分制度。但由于这种计分方法不被普通群众所熟悉,难以理解,加上标准分制度也有一些理论问题尚未完全解决,各省不得不陆续放弃了标准分计分方法。

二、怎样公平地选拔人才

高考公平是社会大众极为关心的公平。由于中国高考制度承载着特别重要的社会分层功能,许多家庭把通过高考作为子女改变未来命运的唯一寄托,所以高考的公平受到了异乎寻常的关注。如何处理好科学选人与公平选人的矛盾是中国高考政策的最大焦点,坚持机会公平与择优录取是处理好这一矛盾的基本原则。

在高考制度恢复之前,我国实行过一段时间的推荐选拔制度,其背后隐藏着不合理的"成分论"和"权力观"。家庭成分的好坏和家长权力的大小在学生考试录取中起很大作用,有时甚至起关键作用。这不仅败坏了社会风气,而且使大量优秀人才无法通过公平公正的考试实现进入大学深造的梦想。高考制度要恢复的不是一项简单的考试制度,而是一种社会公平与公正的秩序。高考为不同地区、不同出身的人提供了一个平等发展的机会,使得高等教育入学机会向所有人开放,使大家能够站在同一个起点上公平竞争,重新回到"分数面前人人平等"的社会文明轨道。积极维护公平、公正的竞争环境,根据个人志愿按分数从高到低择优录取,已经成为考试招生工作最为基本的原则和方针。这一原则的坚持为高考制度赢得了"公平净土"的美誉。

但是,任何公平都是一个相对的概念,如果简单地用一把尺子——考试分数——衡量所有人,就有可能造成新的不公平。由于长期的历史原因,我国教育与社会经济文化发展一样,存在着严重的不平衡。在广大的农村地区、贫困地区和少数民族地区,教育还相对不发达,受教育的机会和条件远远不如城市。如果简单地以同一个分数线录取全国的学生,那么这些相对落后地区的孩子在事实上就无法获得公平的机会,高

---

① 中华人民共和国国家教育委员会.普通高等学校招生全国统一考试建立标准分制度实施方案//[M].杨学为.高考文献(下).北京:高等教育出版社,2003:525—527.

考不但不能起到阻止贫困代际传递的作用,反而会加剧地区间、城乡间的不平等。所以,高考制度恢复之后,首先确立的一条原则就是按省划线,这保证了不同发展水平地区的相对公平。从"十二五"开始,每年的全国普通高校招生年度计划总增量中安排有1万名左右的本科招生计划,面向集中连片特殊困难地区参加全国统考的考生,实行定向招生,生源范围为国务院确定的21个省(区、市)的680个贫困县①。

2014年,国务院在《实施意见》中明确提出,要"改进招生计划分配方式"②。该文件指出,招生计划在分配上要综合考虑生源数量及办学条件、毕业生就业状况等因素,提高中西部地区和人口大省的高考录取率;同时要继续实施国家农村贫困地区定向招生专项计划,由重点高校面向贫困地区定向招生,增加农村学生上重点高校的人数。另外,为了使部分弱势群体的利益得到保护,招生录取政策规定向"烈士子女,边疆、山区、牧区、少数民族聚集地区少数民族考生,归侨、华侨子女、归侨子女和台湾省籍考生,自主退役士兵以及在服役期间荣立二等功(含)以上或被大军区(含)以上单位授予荣誉称号的退役军人"等五大群体适当倾斜。2017年教育部发布了《关于做好2017年普通高等教育招生计划编制和管理工作的通知》,提出:"进一步促进高等教育区域和城乡入学机会公平,确保省级高考录取率差距进一步缩小,确保重点高校招收学生人数进一步增加,确保中央部委所属高校本科生招生总规模和投放到各省份的招生计划总量不降低,确保实现国家年度高等教育事业发展宏观管理目标。"③这些政策受到了社会各方面的拥护。

三、怎样高效地选拔人才

高考录取的效率表现为投入少,效果好,招考过程简便易行,选拔结果相对公正合理。任何一种人才选拔制度,不管程序多么公平,如果选拔效率低下,在一定的时间内不能有效地实现人才甄别的目的,都不能称之为成功的考试招生制度。而统一考试、集中录取,采用网络阅卷系统以及实行平行志愿制度等措施,大大提升了人才选拔的效率。

(一)统一考试、集中录取

大规模统一考试效率较高,可以节省大量的人力、物力、财力。相对于统一招考,单独招考在命题、考务、评卷、录取等各个环节上的工作量都大为增加。我国幅员辽阔,高考报考人数基数大,考生东奔西跑参加考试十分不便,经济负担重,而且效率低

---

① 唐景莉.教育部等五部门联合发文　国家扶贫定向招生专项计划实施[N].中国教育报,2012-4-23.
② 中华人民共和国国务院.国务院关于深化考试招生制度改革的实施意见[N].人民日报,2014-09-05(6).
③ 中华人民共和国教育部.关于做好2017年普通高等教育招生计划编制和管理工作的通知[N].光明日报,2017-05-11.

下。另一方面,与统一考试相比,单独招考的命题水平和考试质量难以控制,考试的权威性、科学性将受到极大的挑战。在当前的国情下,统一考试、集中录取的模式仍是最高效、最合理的办法。当然,集中统一考试也存在风险高、学生选择空间小、高校自主权发挥受到限制等问题。在网络日益普及的环境下,如何在这两者之间找到更好的结合点是需要认真研究的问题。

（二）网络阅卷系统

所谓网络阅卷系统,是指以网络技术和电子扫描技术为依托,实现客观题自动阅卷、主观题网上评卷的一种现代计算机阅卷系统。为了提升阅卷效率,提高阅卷质量,2002 年,广东省在全国率先进行网上阅卷试验,到 2004 年,全国已经有 15 个省（区、市）实行计算机网上阅卷。使用网络阅卷系统可以大大减少阅卷过程中试卷的装订、搬运、分发、保管等管理工作。由于网络阅卷系统以计算机技术为依托,流水作业,使阅卷摆脱了传统手工作业的方式,评卷教师在阅卷或批注时只需点击鼠标进行简单操作,加分、登分、统计由系统自动完成,因此大幅提高了阅卷效率。实时的进度与质量监控功能确保及时把握评卷进度与评卷质量,避免了漏评、错评现象的发生,阅卷质量大幅提高。

（三）平行志愿

在实施平行志愿前,因志愿填报的信息不完整、不对称等因素,"高分低录""高分落榜"等事件频繁发生,不少高分考生因此滑落到下一个录取批次甚至最终落榜,于是后来就有了"考得好不如填得好"这样的调侃。这种志愿填报制度使很多考生不能选择自己心仪的高校,无法保障考生自主选择高校的权利。另一方面,高等院校在招生时也频现"大小年"现象,部分热门高校或专业填报过于集中等问题严重,其背后的根本原因是高考录取志愿设置的不合理,导致了人才选拔效率和质量的降低。2008 年,教育部在湖南、江苏、浙江、上海、安徽、辽宁 6 个省区（直辖市）实行平行志愿投档录取模式的试点改革,实践证明,实行平行志愿投档模式可以有效降低考生的志愿填报风险。在试点成功的基础上,2009 年又新增了 10 个省区（直辖市）进行改革试点,平行志愿投档模式进一步在全国推广。平行志愿有效减少了"高分落榜"的现象,降低了高分考生的志愿填报风险,提高了人才录取选拔的效率和质量,当然,它也带来了学校生源差距和学校差距进一步扩大的问题。

四、怎样发挥选拔人才对基础教育的积极导向作用

高考是连接高等教育和基础教育的纽带,它对基础教育具有调节和导向作用。

"高考是基础教育的指挥棒"，这句话鲜明地道出了高考与基础教育之间的关系。怎样发挥高校人才选拔的积极导向作用，促进基础教育和素质教育的发展，是高考改革的另一个主题。在新高考改革中，这一主题的重要性愈加凸显。

基础教育与高等教育有着截然不同的目标定位。高等教育是一种专业教育，其目标在于为社会各行各业培养具有专业素养和专业技能的人才；基础教育是一种基本素质教育，其要求和目的是面向全体学生，促进全体学生全面发展，为每个学生的健康成长和未来发展奠定基础。高考是沟通基础教育与高等教育的桥梁，高考评价标准会在一定程度上影响基础教育的开展。目前，高考改革的目标任务在于通过改革考试招生评价制度来健全完善高考评价制度，以此为基础，充分发挥"高考指挥棒"的正向功能，并在此基础上构建衔接沟通各级各类教育、认可多种学习成果的终身学习"立交桥"。

第二节　新高考改革的新起点

2010 年，《国家中长期教育改革和发展规划纲要（2010—2020 年）》把改革高考制度放在很突出的位置，把形成"分类考试、综合评价、多元录取"的制度作为高考改革的核心目标。2013 年，中共十八届三中全会审议通过了《中共中央关于全面深化改革若干重大问题的决定》，提出了"推进考试招生制度改革，探索招生和考试相对分离、学生考试多次选择、学校依法自主招生、专业机构组织实施、政府宏观管理、社会参与监督的运行机制，从根本上解决一考定终身的弊端"的目标，考试招生改革开始上升为国家意志，并被写入中央文件。2014 年，国务院发布《实施意见》，标志着新一轮考试招生制度改革的全面启动。《实施意见》有针对性地指出，我国的高考制度总体上符合国情，其权威性、公平性得到了社会认可，但也存在一些社会反映强烈的问题。比如，唯分数论影响学生的全面发展；"一考定终身"使学生学习负担过重；区域、城乡入学机会存在差距；中小学择校现象较为突出；加分造假、违规招生现象时有发生。针对这些问题，《实施意见》要求：改进招生计划分配方式，调节资源合理分配，促进教育公平；改革考试形式和内容，增加学生的选择权，促进学生更加全面发展；改革招生录取机制，打破"一考定终身"，拓宽多种学习通道；改革监督管理机制，保障阳光高考；启动高考综合改革试点，为全面改革积累经验。概括而言，《实施意见》的改革目标主要有如下五个方面：

第一，通过学业水平考试科目"6 选 3"的选考制度，增加学生的选择权，促进学生有个性、有特色地发展。我们通过调查发现，考生、家长、教师对这一条的认可度是很高的(有关调查情况均请参见本课题组关于上海、浙江新高考改革的调查报告)。关于学科选考的理由,有80%以上的学生回答选考是根据他们自己的兴趣,或是他们在某些学科上的优势来决定的。社会上普遍担心考生会为了拿到高分不顾学习兴趣而"避难就易"的情况并没有发生。第一次改革实施能够有这样的一个效果,应该说是比较理想的。

第二,通过参考综合素质评价成绩,引导素质教育,增加学生的社会责任感、创新精神和实践能力。《实施意见》明确提出:"探索基于统一高考和高中学业水平考试成绩、参考综合素质评价的多元录取机制。高校要根据自身办学定位和专业培养目标,研究提出对考生高中学业水平考试科目报考要求和综合素质评价使用办法,提前向社会公布。"[1]虽然说现在参考综合素质评价分数进行录取的学校比例还不大,主要是在具有自主招生权限的学校内试行,但从上海有自主招生权限的大学实际录取学生的情况来看,如果仅凭录取分数线的话,在按综合素质评价招录的学生中有20%的学生可能进不了他们现在所进的学校;而如果按照综合素质评价的标准,则有10%左右的普通招录学生不会被录取。浙江的情况与这个比例也相差不大。参考综合素质评价录取已经释放出加强素质教育的强烈信号。

第三,通过外语一年两考,减轻一考定终身的压力。外语一年两考是一年多次考试的先声,外语也是相对容易保持考试信度的一门学科。从上海、浙江的实施情况来看,外语一年两考对学生保持良好心态、减轻压力、避免由于特殊原因不能参加考试而造成终身遗憾的情况,起到了不可替代的作用。在调研中,有将近90%的被调查对象对一年两考持赞成态度。当然,人们对一年两考也有一种普遍的担心,即一年两考,会不会增加学生的负担。有趣的是,家长的担心远远超过子女的担心。而对于学生来说,不管是考过了还是没有考过的学生,他们都没有表现出过多的担心。

第四,通过取消文理分科考试,提高学生的基础素养,培养其综合能力。在高中阶段实行文理分科的举措一直受到质疑,随着学科交叉发展、增强综合能力的呼声越来越高,批评高中文理分科的声音也越来越大。新高考改革果断决定高考不再分文理科,从而彻底结束了高中文理分科的历史。对此,社会上有一种普遍的担心,就是学生的学习负担会随之增加。从浙江高考改革试点的情况来看,考生文理交叉率达到78%;从上海高考改革试点的情况来看,选择两个文科一个理科或两个理科一个文科,文理交叉率也差不多在80%左右。至于是否增加了学习负担,学生回答得很潇洒:

① 中华人民共和国国务院.国务院关于深化考试招生制度改革的实施意见[N].人民日报,2014-09-05(6).

"还好吧!"实践证明,文理不分是可行的。

第五,学业水平考试由百分制转为等级制,避免分分计较,提高了整体素质。新高考规定语数外三门成绩分别计150分,6科中选考的3科计30分,然后转换成11个等级分,目的是避免"分分计较"。此设计的初衷是好的,但从实践的情况来看,仍存在一定的问题:第一,原始分数转换成等级分的科学有待加强;第二,人们对等级分的认同度也比较低,"分分计较"的情况不但没有减轻,反而在某种程度上还有所加剧。在新高考改革的五大目标中,这一条的实现度是比较低的。

总之,力度空前的新高考改革在经验不足、条件有限的情况下能取得如此成功甚至超出预期的结果,来之不易。从上海、浙江的试点来看,有一些非常值得总结的经验,可以为后续各省市在推行高考改革的时候提供借鉴和参考:

第一,省级政府直接抓,是新高考改革取得成功的保证。高考绝不仅仅是教育部门的事情,它还是党和政府的重要工作。政府重视到什么程度,高考改革的顺利开展就能达到什么程度。在资源调配、各相关部门协调、媒体配合、中学和大学衔接、街道委员会支持等方面,都需要政府部门的配合与支持,离开这些支持,光靠教育部门是很难做好的。上海和浙江的试点表明,政府的重视,各部门的协调一致,是新高考改革取得成功的重要保证。

第二,"教、考、招"相互联动,是新高考改革成功的重要经验。中学的教、考试部门的考、高校的招,功能不同、作用阶段不同,但必须前后呼应,避免各自为政。首先是在基础教育阶段,需要做好课程调整、课程选修、走班制的建立、师资水平的提高等方面的准备。其次是在考试的组织阶段,要使学生成为选科选考的主体。以前在填报志愿时,有60%甚至更多学生的志愿不是自己填报的,而是由教师和家长包办或主导的。这种情况容易导致学生在升入大学后,由于对自己所学专业的不了解而出现厌学的情绪。新高考改革把选科提前到了高一年级,高二又面临一次选择,高三还要面临一次选择,中途还有调整选择的机会,这对提高学生的选择意识和选择能力是非常有利的。而组织好、指导好学生的选科选考是整个高考的一个重要环节。此外就是招生阶段的工作。招生阶段的改革力度、高校的参与力度对新高考改革目标的实现至关重要。就综合素质评价来说,如果基础教育阶段搞得热火朝天,但招生过程不被真正重视的话,高中的综合素质评价也坚持不下去。所以,教、考、招必须有效联动,全局一盘棋。

第三,以管理创新适应新高考,是新高考改革成功的现实要求。新高考改革涉及一系列理念创新、制度创新和方法创新的问题,不改变传统的管理思路和方法,新瓶装旧酒、以不变应万变是行不通的。从排课到选课、从报名到监控、从宣传到培训,以及电子档案的建立、电子平台的运用、应急预案的研制等,都必须在管理方法上进行创新。上海、浙江的新高考改革试点都探索出了一整套新的管理办法和应对办法。"细节决定成败",有时候一个小的细节会影响整个制度设计的走向或成败。在建立决策推理模型时,需要有丰富的想象力和集思广益的机制,这样才能确保高考改革不败于细节。

第四,做好宣传、解读、培训工作,是新高考改革成功的必要条件。面对新高考改革,有各种各样的舆论、各种各样的观点、各种各样的疑虑。正确的价值理念如果不能及时主导社会舆论,就可能让似是而非的观点先入为主,甚至搅乱人心。在自媒体广泛传播的时代,我们不能满足于电视、报纸等传统媒体的宣传,而必须充分运用和发挥新媒体的传播作用。在上海、浙江新高考实施的过程中,由于对微信上经常流传的一些负面消息和案例没有及时进行澄清,造成了工作上的被动。正面的传播、正面的解读、及时的应对,是新高考改革顺利实施的重要经验。

第三节　新高考改革的新挑战

高考是一场高利害关系的博弈,它不仅与考生的前途息息相关,而且与教师、学校、地方教育行政部门的业绩紧密相关,与高校的生源质量紧密相关。当实施这样一个牵动人心的重大变革的时候,各利益相关方都希望实现利益的最大化,有这种诉求是十分自然的。外在的功利目标和高考改革的内在诉求很可能不一致,如果对此估计不足,容易偏离改革目标,这是此前历次高考改革被迫放弃的重要原因。同样,新高考改革也无法回避这样的挑战。从上海、浙江高考改革试点的情况来看,如下几个方面的问题尤其值得重视。

一、在增强选择性的同时提高学生的科学素养,避免弃难就易,造成物理等科学素养的下降

等级性考试"6选3"的制度设计在较大程度上增加了学生的选择权,但在增强选择性的改革目标较好达成的同时,也带来了等级赋分制所导致的学生避考物理的现象。为了避免不同学科引起的分值差异,上海和浙江两地均在计分时按照考试群体进行等级划分,然后转换为相应的等级分,再最终计入高考成绩。每门选考科目按百分比计等级,前1%计"A+",前2%计"A",依比分为若干等级,在高考录取时再折合为分数,每个等级相差3分,"A+"计入高考的分数为100分。在以高考总分录取的制度下,由于物理获得高分的难度明显高于其他学科,从而导致一些爱好物理、数理思维能

力强的学生不敢选择物理,造成物理选考人数逐年下降。从上海市所有高中的选考情况看,在 2014 年至 2016 年间,全市选考物理的学生所占比例稳定在 28% 左右,但自从实施"6 选 3"模式后,2017 年全市选择物理科目的学生比例下滑到 16%。来自浙江省的数据显示,2017 年浙江全省选考物理的学生占普通高校招生报名人数的 30% 多一点,而 2016 年选择理科综合的学生占 63%。可见,实行新高考之后,选考物理的学生几乎减少了一半[①]。

更应引起关注的是,这一趋势已经向高二、高一年级传递,选考、选学物理的比例可能进一步下降。在调研中,有多所高中学校的教师、校长反映,其所在学校的高二、高一学生选考物理的人数又有所下降。

当前按照考试群体进行等级划定并赋予相应分数的计分方式,使得学生的最终成绩不仅取决于自身的学业能力,还取决于运气(要看有多少人参加考试和参加考试的考生的水平如何),这容易引起高中学校之间、学生群体之间出现"田忌赛马"的现象,即以自己较弱的学科去和别人较强的学科比,以自己较强的学科和别人较弱的学科比,以获得整体上的分数优势。这种不是通过提高自己的学习成绩来获得升学机会,而是通过投机的行为来获得升学机会的做法,显然不是高考改革的初衷。

二、科学有效地进行综合素质评价和使用评价结果,避免综合素质评价的结果不用或误用

高校在录取时参考学生的综合素质评价,这是新高考改革的一个重要亮点,对推进中学素质教育起到了积极的导向作用。但关于什么是综合素质、怎样测量综合素质、怎样运用综合素质评价成果等问题,目前都还有待进一步研究。现在采用的是在中学进行综合素质计分的方法,忠实记录学生在德、智、体、美、劳等方面的表现,为高校录取时提供参考。但不同老师、不同学校记录的方法和内容不尽相同,记录的准确性和可靠性也存在差别。数据表明,仍有多数校长和专家对学生综合素质评价信息的真实性存在顾虑。这种对信息真实性的顾虑,不仅影响到综合素质评价信息在高校录取中的使用,而且将给高校对学生的综合素质评判带来更高的成本,因此有必要思考如何在引导素质教育、提升学生综合素质的同时,提高高校选才的科学性和专业性。

国内一些中外合作办学的大学,如上海纽约大学、宁波诺丁汉大学、苏州利物浦大学等在评定学生的综合素质时,借鉴了国外大学的录取方式,能给我们几点重要的启

① 熊丙奇.扩大选择权后,新高考该注意什么[N].南方周末,2017 - 08 - 24.

示：第一，综合素质评价的主体是高校而非高中；第二，综合素质的内容主要是看学生在面对复杂问题时综合运用所学知识解决问题的能力；第三，评价的手段主要是由一系列测评环节构成，比如提交报考志愿、参加小组讨论、合作完成学习任务、同时完成临时任务、辩论、进行课题设计等等，由多位考官从不同角度给出分数（在这个过程中不同环节间的要素设计和有机联系非常重要）；第四，程序设计要能够保证全过程的公平、公正、公开、有效。

三、进一步提高高考计分与分数合成的科学性

根据上海市高考综合方案的政策安排，等级性考试科目以等级赋分制来呈现考试成绩，即以高中学生成绩合格为赋分前提，根据事先划定的等级比例，各科考生在选考人群中处于相同位序的被赋予相同等级，并计入高考总分。但在操作中，由于等级比例按规定进行划定，所以极有可能出现两名考生在一门等级考试科目中虽然相差一分但却相差一个或两个等级的现象，这意味着原始分相差一分，两名考生最终得到的等级分相差 3 分或者 6 分。这种分差在计入高考成绩后对考生造成的影响显然是不能忽视的。

四、提升高校招生能力，提高高校办学水平和招生能力

高校在进行综合素质评价录取时，通常是通过面试对参加综合素质评价的考生进行评分。在上海、浙江的新高考录取过程中，各有关高校均以高度负责的态度进行了精心组织，总体反应是好的。但在调研中有部分高中校长表示，在实施综合素质评价后高校的招生自主权有所扩大，如何保证过程的公平性就尤其值得关注。由于社会诚信体系尚未很好建立，加之学生并没有全面了解高校对综合素质评价信息的使用方法，因此，对于在综合素质评价中是否会出现"拼爹"、开"后门"等问题，家长和学校均表达了他们的担心。另外，在此次综合素质评价录取试点中还存在招生成本偏高、综合素质评价信息使用不便、考官评估能力不一等问题，存在高校开展学校综合评价录取的时间短与校测人数多的矛盾，因而影响了高校综合素质评价录取学生的质量。综合素质评价录取规模的扩大基本能得到校长和高校的认可，但进一步扩大高校综合素质评价招生计划投放指标的前提是，高校需要按照本校的办学理念，形成综合素质评价校测的方案，提高综合素质评价环节的科学性和专业性，提高整体招生能力①。

---

① 袁振国.提高高校招生能力是深化考试招生制度改革的关键[J].华东师范大学学报（教育科学版），2017,35（1）：11—14.

五、如何改善条件，为高考改革的顺利推进保驾护航

高考综合改革是一项需要各方协同推进的系统工程，尤其是等级性考试实施选科选考，需要软硬件资源的配套跟进。目前，改革所需的人财物资源存在明显缺口，协同联动机制尚不完善，这可能会限制学生的选择权，影响高考改革目标的实现。

首先，教室、场地等配套资源不能较好地满足需求。为了增加学生的选择权，上海市各高中根据实际情况开展了不同程度的走班教学，这就增加了对教师、场地等硬件资源的需求。虽然上海市通过加大教室建设力度、合理配置教室资源、加强创新实验室建设等措施盘活存量，拓展空间，但未来若要进一步推进"选课走班"，各区县高中的教室、场地等资源仍存在着较大缺口。

其次，高中学科教师总体短缺且结构性问题凸显。从短期看，"3＋3"招生考试模式改革打破了原先"3＋1"的考试模式，使得选考各门学科的考生比例有所调整；同时，允许学生自主选择考试科目，意味着每年度选各学科的学生比例都可能出现变化，这对学科教师的规模和结构产生了直接的影响，导致了不同时段、不同学校、不同学科的教师需求量的波动性较大。由此可能出现的情况是，在短时期内，高中学校无法根据以往的工作经验配备师资，导致出现部分学科教师结构性短缺与富余的"潮汐"现象。从长期看，高中学校师资总量不足的问题依然凸显。等级性考试实施的"6选3"模式推动了高中分层、分类走班教学，教师的需求总量必然相应扩大，但在当前"财政供养人员只减不增"的政策环境下，教师编制的数额成为瓶颈，制约着教师规模的扩大。

最后，区域教育经费资源投入相对匮乏。为了增加学生的选择权而实施的"6选3"等级性考试方案，增加了各方面的财力成本，主要表现在：实施多次考试，增加了大量的考务和管理成本；建立创新实验室、实施"走班教学"亟需增加基建成本；高中教师绩效工资和编制扩增需要充足的财政资金等。在这个方面，经济社会发展水平较高的上海和浙江都尚有压力，其他省市在推进新高考改革时更需做好思想准备和物质准备。

第四节　以改革的姿态迎接新高考改革

新高考改革即将在全国更大范围内铺开。新高考改革抓住了选择性和多样性两个核心概念，旨在系统消除"一考定终身"和"一分定乾坤"的致命弊端，开辟更科学、更公平的高考新格局。新高考改革赋予了高中生在考试科目上更大的选择权，并将高考科目与大学专业选择相关联，力图推动高中教育的系统变革，从而促进高中学生的个性

成长和高中学校办出特色。总体蓝图已经绘就,工程实施成为重点。改革的成功离不开各级教育行政部门、高中学校、学生家长以及社会力量的上下联动,各利益主体应以改革的姿态、创新的思路,为新高考改革各项政策的落地、为改革目标的实现创造条件。

一、教育行政部门做好实施规划,出台配套政策和具体办法

自恢复高考以来,大大小小的改革就没有停止过,历次高考改革虽然都有很好的愿望和细密的设计,但由于缺乏系统协调,往往"输在最后一公里"。新高考改革比历次改革的力度更大,范围更广,更加需要各级教育行政部门的统筹协调。

首先是做好思想动员、组织发动、人员培训、舆论营造和意见反馈等工作。由于高考的高利害性,各利害相关方并不会像我们期望的那样沿着既定的路线前进,而是会按于己有利的方式参与其中。充分认识新高考对选拔面向未来的优秀人才、引导基础教育阶段素质教育发展的重大意义,对推动新高考改革的顺利开展意义重大;要努力减少地方行政部门、学校和教师的博弈心理,自觉营造和维护新高考改革的良好环境。

其次是做好制度设计、程序设计和机制建立的工作。制度是框架,程序是轨道,机制是抓手。有健全的可操作的制度细化,有科学易行的程序,有有效有力的机制,才能保证大政方针、原则要求落到实处。

最后是建立资源协调平台,比如区域师资动态配置平台。增强选择性是这次高考改革的最大亮点,但也是工作难点。当学生对高考科目有了多种选择时,就意味着每年选修不同学科的学生人数会不断变化,学校对学科教师也就需要进行动态调整。在传统高考体制下,不同学科老师的需求是相对稳定的,而在新高考体制下,不可避免地会出现有些学科师资不足、有些学科师资富余的情况。高中学校仅凭自身的力量难以满足学生对高考科目的动态选择,这就需要教育行政部门在更大范围内,通过对不同高中学校间学科教师信息的掌握和动态调配,为学科教师在高中学校间的流转提供支持,从而保障学生对不同高考科目的选择。

二、创新育人模式,促进学生个性发展

作为高考改革的主体,高中学校在面临严峻挑战的同时,也获得了难得的机遇。抓住机遇,创新育人模式,促进学生的个性发展时不我待。

一是教育行政部门要通过教研部门和考试部门等方面的专业力量,对高中的育人模式、课程结构、教学变革等进行指导,推动高中教育综合改革,为落实高考新政提供必要的保障。

二是培养学生的自主能力,教会学生学会选择。高中是人生求学过程的关键阶段,但遗憾的是目前这个阶段的学生学习十分被动、十分辛苦。新高考改革为学校改变学生被迫学习的角色创造了条件,它要求学生通过学会自我选择,培养自主精神和自主学习能力。在传统的高考模式下,学生可以把习题做到极致,但对学科知识本身却并不感兴趣。更遗憾的是,原本学生在选择未来专业时应优先考虑自己所喜欢的学科,但现在选择的却是最有可能被录取的专业。如何尊重并且帮助学生把握新高考赋予他们的选择空间,就成为学校必须考虑的重点工作。

三是改进评价标准,促进学生的可持续发展。通过高考科目的不同组合,新高考很自然地取消了大家对高考理科状元或者文科状元的追捧,这既有利于缓解学生之间的激烈竞争,也有利于学生的个性成长。新高考希望通过"两依据一参考",即依据统一高考成绩,依据学业水平考试成绩,参考综合素质评定,将高中生的个性成长纳入评价范围。这有利于改变传统高考只关注学生笔试成绩不关注学生动手能力、只关注学生考试成绩不关心学生实践能力的倾向,丰富学生的学习内容,增加其社会实践的机会。

四是加强优势、特色学科的建设。在传统高考模式下,统一高考成绩是全部的甚至是唯一的录取依据,学生的高考总成绩越高,选择专业的空间就越大;学生的高考总成绩越低,就不得不为了选择好的大学而牺牲自己喜欢的专业。当所有的高中学校和所有的高中学生都只追求统一高考总成绩时,将出现高中学校千校一面、高中学生千人一面的现象。如果将高中生的专业选择与高中生的高考科目挂钩,学生就有可能将更多的时间、精力用在自己的优势学科上。这样,每所高中也就有可能更多地关注优势学科与高考科目的组合,从而使学校的办学特色更加凸显。

三、建立高中与大学之间的联动机制

高考改革不仅是考试制度的改革,也是招生制度的改革,更是高中和大学相互支持、相互配合的改革。只有高中与大学紧密衔接、互相促进,高考改革才能顺利推进。从总体上说,面对新高考改革,大学的压力没有高中大,大学的热情和主动改革的积极性也没有高中高。因此,下放更大的高校招生自主权,发挥高校的主动性和积极性,有巨大的空间。

中学要引领学生从高中看大学。笔者曾经和一群优秀的高中生座谈,询问他们对人生有什么理想,得到的回答是"还没有想过这个问题";询问他们整天在想什么问题,他们说想得最多的问题就是如何把题目做完;询问他们进了大学以后有什么打算,大家的回答竟然仍是"没有想过这个问题"。当学生把自己的理想禁锢在高中校园里、把

自己的成长局限在高考成绩里、把自己的学习视野划定在学科范围内时,他们就成了考试的机器。在高中课程教学的过程中,应对学科的发展抱持更开放的态度,让学生意识到其所学习的课程具有无限延伸的可能。为此,高中与大学之间需要开展各种各样的联动活动和对话,如引进大学不同专业的基础教材作为高中生的课外阅读材料。

对大学来讲,不仅要"争抢"优秀的考生,更需要走进高中校园,介绍自己的专业及办学专长,宣传大学的教育理念,既让高中生了解大学,同时也用大学的教育理念引领高中改革。在新高考中,学生不仅仅要关注报什么学校,更需要关注读什么专业,把自己高中学习的特长与将来的志愿结合起来,并进一步发展为自己的职业专长。浙江省的新高考方案明确提出把学生的志愿填报从"先高校再专业"转变为"先专业再高校",这就意味着对选择的重视已经走到了选拔考核的前面。对高中学校来说,在继续通过"补短"来丰富学生基础知识的同时,还要开拓新的路径来为学生"扬长",为学生发现和培育自己的特长创造机会。而高校则可通过为中学提供先修课程、实验室协作项目、高校教师走进中学校园等多种方案来选拔优秀学生,引导基础教育改革发展以及培养优秀人才。

四、家校结合,共同促进学生的精神世界和人格成长

高考改革牵动千家万户,家长和社会的理解、支持是高考改革成功的必要条件,学校与家庭的沟通、联动是改革成功的必要保证。

新高考改革把高考科目的选择权赋予了学生,但学生并不完全具备选择高考科目的能力,更不一定明晰后续与高考科目相关的专业选择。这时候既需要学校对学生加以引领,更需要家长们积极参与学生的选择过程和学习过程。当今对高中生全面发展的理解,除了要有"全学科发展"的概念外,还应包括"全实践"的体验,需要学校教育、社会教育以及家庭教育"三位一体",互通有无。家长可以为孩子进入和了解各行各业创造条件,包括去亲朋好友从事的行业体验生活,也可以请各行各业的朋友向孩子们介绍自己的工作与生活,还可以支持高中生有计划、有组织地参观或者参与特定的行业生活,在丰富他们的高中生活的同时,让他们体验到更多行业的特点与特征。

新高考是推动高中教育深度变革的发动机,它对促进高中育人模式转型,培育具有创新意识和实践能力的人才,促进学生的全面发展,满足转变经济发展方式和社会发展对人才的需求,意义深远而重大。但新高考改革任重道远,只有各方面坚定信念,以改革的姿态迎接新高考改革,主动克服与新高考要求、未来社会发展要求不相适应的思想观念和管理办法,才能最终实现新高考改革的目标。

第一部分　学业水平考试改革研究

第一章 完善"选科选考"制度以确保科学学科的地位

高考改革历来具有"指挥棒"的功能。2014 年开始在浙江省、上海市首批试点的高考新方案明显弱化了物理、化学等科学学科的地位,直接影响了高中的科学教学质量。这对公民的整体科学素养提升以及未来创新型科技人才的培养都是一个巨大的威胁,不可不重视。我们需要对新高考方案的选考制度、计分制度、投档制度进行调整,保证高中科学教育的质量,确保公民的科学素养和创新性科技人才培养的质量。

第一节 科学学科的地位一直受到精致的维护

在 2014 年开始试点的新一轮高考改革之前,大部分省市采取的都是"3+文/理科综合"的方式。这种高考模式,或者之前更经典的"3+2 模式",有一个突出的特征,就是物理、化学等科学学科的相对地位非常高。这其中的作用机制和原理,有些很简单很直白,而有些则相当精妙和隐蔽。

大家相对比较熟悉的是,之前的高考方案通过文理分科制度保证了绝大部分学生都要选考物理、化学等科学科目。从表面上看,每个学生可以有同样的机会去读文科,国家也从来不限定谁必须要读理科。但国家事实上又通过把大学的录取专业分文科、理科,以及对文理科招生名额的调配,来精准地引导、调节和控制理科生比例。从各地实际报考情况来看也是如此,报考理科的学生大约都在三分之二,甚至更高。因为所有理科的学生都必考物理、化学等科学科目,这就在制度上保证了这些科学科目对绝大部分高中毕业生来说都是必考必学科目。

但很多人不知道的是,在之前的高考方案中,通过精心设计高考成绩的标准差,使得广大学生和教师认为物理、化学等科目比语文、政治、历史等科目更重要,从而投入更大的时间去学习。这是一条相当精致的控制机制,很多业内人士也不一定弄得明白。我们这里略作拓展说明。

以经典的"3+2 模式"为例,从表面上看,语数外三科和属于理科的物理化学两科以及属于文科的历史政治两科,它们的总分都是 150 分,重要性是一样的。但实际上,所有经历过高考的考生和教师都知道,虽然同样都是 150 分,但这些科目对学习时间和学习强度的要求是完全不一样的。一般来说,数学、外语、物理、化学这几科的时间占有量和学习强度明显要比语文、政治、历史等科目大。也就是说,从时间分配的角度来看,物理、化学等科目事实上要比政治、历史等科目更重要。这里的关键原因就是标准差的问题。

为什么这么说呢? 直到今天,我们的录取还是以总分高低为标准的,而这里的总分是直接用各科的原始分进行加总的,没有考虑各科的难度和区分度。也就是说,在计算总分的时候,语文的1分跟数学的1分是等值的。这样一来,一门学科的重要性就取决于一个指标,那就是这门学科是否容易拉分或者说制造差异。如果某门学科拉分容易,那它就重要,因为要么容易被别人拉分,要么容易拉别人的分。而如果一门学科不容易拉分,那这门学科就相对不重要,因为无论你投入多大的时间去学习这门科目,能得到的回报或遭受的损失都是相对较小的。而标准差刻画的是一组数据的离散程度,标准差越高,表示这组数据越离散,说明内部差异越大,也就意味着拉分相对越容易。简而言之,在现有按照原始分计分以及进行总分合成的机制下,标准差大的学科就是相对重要的学科,标准差小的学科就相对不重要。

那什么样的学科标准差大呢? 笔者没有在公开渠道找到全国性或者全省性的相关高考指标数据,也无法拿到高考的原始数据。但笔者曾有机会对个别地级市的全部中考数据进行过分析,可以作为旁证。以其中一个市为例,该市有近1万名中考学生,他们的中考成绩数据库有所有学生的语文(总分130分)、数学(总分130分)、英语(总分130分)、物理化学(总分120分)、历史政治(总分120分)、生物地理(总分120分)的成绩。我们对这6门科目(物理化学合起来作为一门科目,历史政治和生物地理也是如此)的标准差进行计算,结果显示:语文(9.44分);数学(22.42分);英语(22.85分);物理化学(20.15分);政治历史(12.49分);生物地理(16.15分)。

笔者把这个结果与其他几个市的结果进行比较分析,排除一些不可比较的因素(比如部分地区没有把化学、生物等科目纳入中考),总体情况是类似的。比如数学、英语的标准差基本上是语文的2倍多,物理或者化学的标准差也是语文的2倍左右,政治或历史的标准差则明显小于物理、化学等。笔者就此咨询了某省市考试部门的有关专业人员,得到了"高考的情况也与此差不多"的结论。

从这些数据可以看到,物理、化学的标准差明显要比文科科目(外语除外)高,这种制度性安排就决定了如果考生不在这些科目上花更多的时间精力,那么他就很容易被别人拉开分数,从而在竞争中处于极为不利的地位。这也是为什么语文虽然总分是150分,但大家都感觉语文学科不是很重要的关键原因。部分改革者想提高语文学科的地位,要求增加语文学科的分值,这其实是弄错了方向。语文学科之所以在实践中不受考生重视,是因为标准分太小,拉分(无论是拉别人的分,还是被别人拉分)太难,导致学生觉得投入大量时间来学习语文不合算。所以,真要提高语文学科的地位,一个有效的办法就是提高它的标准分。

无论当初的制度设计者是否有意这么设计,但从客观效果来看,这确实是一套非常精致的控制机制。一方面,它没有明确说物理、化学等科学科目就比政治、历史等科目更重要,学生应该花更多的时间去学习。因为这会引来大量无端的争议和政治风险。但另外一方面,通过充分利用科目成绩标准差的问题,至少在客观结果上,突出强化了科学学科的地位,成功地动员了亿万学生花更多的时间精力去学习科学知识。这与当时的中国(现在也是如此)大力推进对外开放,追赶世界科技发展趋势的国家优先战略是相契合的。反过来说,中国改革开放和科技进步能有今日的成就,我认为,离不开如此精致的高考制度设计。

第二节 新高考方案对高中生科学素养可能的影响

新高考方案允许学生在物理、化学、生物、政治、历史、地理等学业水平考试科目中,选择其中3门作为"选考"科目(上海称之为"等级考"科目),且采用等级分的计分制度。另外,方案还规定学生的选考科目中只要有1门符合大学的科目要求就可以符合报考条件。这种方案有可能弱化科学学科的地位,对高中科学学科教学产生严重的影响。

一、选考科学科目的学生比例大幅下滑

在实施新高考方案之前,对选择理科的学生来说,物理、化学科目是必考科目。总的来说,从各地历年的数据来看,文理科考生的比例大约是1∶2或1∶3。如江苏省在实行选考制度之前三年,即1999—2001年,理科生的比例维持在80%左右。2015年,上海市的理科生的比例是62.7%;2016年,浙江省的理科报名人数占所有报名人数的62.9%。也就是说,在新高考方案之前,大约有三分之二的学生是必考物理、化学的。

但实施新高考方案之后,报考科学学科的学生比例大幅下降,尤其是物理学科。据上海市官方的调查数据,上海市2014级学生(也就是2017年参加新高考的第一届学生)中选考化学的人数比例是51.2%,而选考物理的人数比例仅是42.1%,位居所

有科目的倒数第二。同时,根据媒体报道,在 2016 年 10 月份的这次学业水平考试(2017 年参加高考的学生在这次学考中都已经确定了选考科目)中,物理选考人数在 7 门科目中排倒数第三。也就是说,新高考方案实施之后,选考物理、化学科目的学生比例整体下降了 20% 左右。在一些非重点中学,这个比例更高,很多达到了 50% 以上。在调研中,很多校长和老师都反映,由于报考物理科目的学生大幅减少,很多物理老师变得没课可教,只能转行去教其他学科。

二、科学学科的教学要求明显降低,甚至变得可有可无

在高考新方案之前,物理、化学等科目的分值一般与语数外等科目不相上下(很多省市都是单科 150 总分,即使是采取理科综合试卷,总分也会达到 300 分或以上),而且大家都知道物理、化学是属于分数标准差最大的几个科目之一,很容易拉开差距,因而学校和考生都非常重视。

但在高考新方案中,物理、化学等科学科目的考试要求却明显降低了,相应地,学校对这些学科的教学质量要求也明显下降。这无论对那些选择物理、化学作为高考科目的学生来说,还是对那些不选择物理、化学作为高考科目的学生来说都是如此。

首先来看那些把物理、化学作为选考科目的学生。从表面上来看,对这些学生来说,因为物理、化学科目的成绩同样要计入高考总分,很多学校和老师也不敢贸然降低教学要求。但实际上,非常明显,新方案对这些科目的考试要求已经大幅度降低了,这些学校教学质量降低也是迟早的事情。一方面,考试分值降低了。以上海市方案为例,物理、化学科目的总分是 70 分,而且所有考生只要选考了这门科目都有 40 分,也就是说,实际上每门科目的总分是 30 分。这相比以前动辄 150 分的总分,存在巨大差距。另一方面,新高考方案实行的是等级分,每门科目实际上从"A+"到"E"只有 10 个等级。也就是说,整张卷子原始分只有 10 分(等级分),这对传统意义上的物理、化学尖子生来说是一个很严重的打击,几乎没有任何拉分的空间。如浙江省一所重点中学,一位年级排名在第十名的学生,他的 3 科选考成绩总分跟一位年级排名好几百位的学生的选考成绩总分也就差了 6 分。

其次来看那些不选择物理、化学作为选考科目的考生。对这些考生来说,新的高考方案之后,物理、化学几乎就可以不用学了。因为根据新的高考方案,对这些学生来说,他们只要达到合格水平就可以。而且在实际操作中,不合格的比例是严格控制的,维持在 2%—5% 之间。如果再考虑合格考主要是选择题,并允许家长报名考试来扩大基数,那么几乎对任何一个学生来说,哪怕他不学任何的高中物理、化学知识,也能无障碍地通过合格考试。再直接一点说,对 60％以上不选择物理、化学作为选考科目的学生来说,他们其实是不需要学习枯燥的物理、化学的。这是多么可怕的一个事实!

三、选考科学科目的学生可能会进一步减少

报考物理、化学等科学科目的学生比例下降,已经是个大问题了,而更大的问题是这个比例会变得越来越低。

调研发现,一流重点中学 2017 届学生选考物理的人数并没有明显下降,但很多校长都承认,相比第一届,第二届学生(即目前的高二)选考物理的比例呈现出下降趋势。根据上海市的内部调研数据,2014 级学生在高一时有 47.7％的学生会选考物理,但到了高二时,选考比例变成了 42.1％。而 2015 级学生在高一时有选考物理意愿的学生只占 38.9％,同期相比下降了约 10 个百分点。

这个趋势在那些属于重点中学但又不是顶尖的高中学校则表现得更明晰。在第一届的时候,很多学生依然选考了物理(那些整体水平较低的学校则从一开始就避考物理、化学等科目)。但因为考试结果出来后,发现要在物理上拿到一个满意的分数要比其他学科难得多,"选考物理的不合算",于是大规模地放弃物理。甚至当地教研员、校长在分析成绩下滑因素的时候就明确指出,选考物理科目的学生人数多是导致区域或学校成绩下降的最主要原因,并要求各位老师把情况分析给各位学生和家长,引导他们若非最优秀就不要报考物理。避考科学科目已经成为集体的、官方的行动! 也因此,北京大学的浙江招生组组长李祎就说:"我担心以后物理选考人数会雪崩一样崩塌。"

造成这种现象的直接原因就是新高考所采取的计分方式。根据现在的计分方式,计入高考总分的 3 科学业水平考试采取按考生比例分等的做法,即设定一个固定的比例(如 5％)来认定成绩,如前 5％就是 A 等级,最后再把这个等级赋上一个分值。在这种计分方式下,某个考生的成绩不仅取决于自身的水平,还取决于其他考生的水平。由于重点大学一般都是指定物理、化学作为选考科目的,因此那些高水平的考生都会选择这些科目来报考。这样一来,那些无意与这些高水平考生竞争的学生就会避开这些科目。但这样一来就会成为一个恶性循环。举个例子,假设某个考生在某省排名是10 000 名,如果后面有很多人选考物理,那他可以得到一个很好的分数,但如果这些人都逃走了,那他就会发现自己将成为前面 9 999 个考生的分母,于是也被迫逃走,最后形成雪崩效应。也就是说,哪怕一个省只剩下最优秀的 1 000 人选考物理,那么这1 000 人中仍然有很多人会得到 C 等级甚至 D 等级。

第三节　科学学科的地位需要继续维护

前面通过诸多事实性数据揭示了在新高考之后,确实存在科学学科地位相对下降的现象。但现象并不等于就是"问题"(事实上大部分现象都不是问题)。从政策理论上说,当我们在说什么现象是一个"问题"的时候,其背后其实是有着一系列假设的。政策问题不是一种自明(self-defined)的事实(fact)或是一种客观存在的自然现象,而是由人构建出来的特定社会现象,这背后就肯定涉及理论假设(或者偏见)①②。

事实上,对于新高考之后科学学科地位下降的事实本身,很少有人会提出质疑。但对于怎么看待这个现象或事实,就可能存在着很不相同的意见。包括部分浙江省和上海市的教育行政领导在内,不少人就认为这并不一定是个坏现象,反而说明之前那种过于重视理科的模式开始被打破,文理科开始均衡起来,而这些恰恰是这次高考改革取消文理分科、实行多元录取所希望达到的政策效果。比如,对于大家反映比较强烈的物理科报考人数下降的问题,有不少人就认为这并不是一个很严重的问题,物理科并不一定就比其他学科重要,也不需要那么多人都去学物理。③

但在笔者看来,对于我国这样一个发展任务还非常繁重的国家,在"新一轮科技革命和产业变革正在孕育兴起"的时代,出现高考改革导致科学学科地位下降和高中生科学素养下滑的现象,这是一个需要引起我们高度关注的大问题。这主要基于以下几方面的理由。

一、中国比以往任何时候都更需要科学技术

在今天这样一个智能化水平越来越高、成才机会越来越多的时代,就某个个体来说,没有一定的科学素养似乎也可以生活得不错。但对于一个国家来说,科学技术比历史上的任何时候都来得重要。对于正处于伟大民族复兴关键时期的中国来说,则更是如此。

首先,从历史上看,是否重视科学、是否主动抓住科学技术进步带来的机会,将直

---

① Dunn W N. Public policy analysis: An introduction (3rd edition) [M]. New Jersey: Pearson Prentice Hall, 2004: 71 - 73.

② Fischer F A. Reframing public policy: Discursive politics and deliberative practices [M]. Oxford: Oxford University Press, 2003: 69.

③ 彭德情. 选考物理真的会吃亏吗? 考试院院长直面回应新高考新议题[EB/OL]. [2017 - 10 - 18]. http://www.jfdaily.com/news/detail? id=68450.

接决定中华民族的兴衰,因为"我们比以往任何时候都更加需要强大的科技创新力量"。科学技术发展从来都是以一种不可逆转、不可抗拒的力量在推动和调节人类社会的发展进程。16、17 世纪的科学革命标志着人类知识增长的重大转折。18 世纪出现了蒸汽机等重大发明,成就了第一次工业革命,开启了人类社会的现代化历程。19 世纪,科学技术突飞猛进,催生了由机械化转向电气化的第二次工业革命。20 世纪前期,量子论、相对论的诞生形成了第二次科学革命,继而发生了信息科学、生命科学的变革,基于新科学知识的重大技术突破层出不穷,极其显著地影响着全球经济形态和综合国力的竞争规则。科学技术日益决定着世界政治经济力量的对比,成为了各国各民族前途命运的关键影响变量。回顾历史,我们可以发现,每次重大的科学技术进步,总有国家抓住机会,把它转化为综合国力,迅速成为强国大国。而我国从传统的强国沦为任人欺凌的半殖民地半封建国家,最直接的原因就是我们屡屡错失了科学技术革命。

改革开放以后,我国国力迅速上升,其中一个基础性的原因就在于认识到"科技是第一生产力",紧紧抓住上一轮科技革命的尾巴,在一些重要领域方向跻身世界先进行列,整体科技实力持续提升,为社会经济发展提供了扎实的基础。当前,又处于一个关键的历史发展节点上,新一轮科技革命和产业变革正在孕育兴起,全球科技创新呈现出新的发展态势和特征。若干基础科学领域正在或有望取得重大突破性进展,带动几乎所有领域发生以绿色、智能、泛在为特征的群体性技术革命。面对呼之欲出的新一轮大规模科学技术革命以及随着而来的新型产业革命,世界上各主要国家无一不是磨拳擦掌,积极寻找科技创新的突破口,抢占未来经济科技发展的先机。

其次,从当前经济社会发展的角度来看,科学技术创新对经济发展的贡献已经超过其他所有因素,且还在不断增长中。20 世纪中叶,经济学家在解释经济发展的原因时,逐渐注意到了科技进步的重要作用。经济学家索洛(R. M. Solow)提出了加速技术决定作用的增长模型,技术进步第一次被视为一个单独的因素,纳入经济增长理论中,给予系统研究[①]。此后,经济学家在经济增长的实证分析中,进一步证实了索洛模型的结论。丹尼森(E. F. Denison)等人发现,在经济增长计量中,总的经济增长远远大于资本和劳动等要素投入的增长率,即出现了一个增长的"余值",他明确地把这个无法用要素投入来解释的"余值"归结到技术进步上,并由此得出技术进步是经济增长的主要源泉的结论。[②]

① 罗勃特·M·索洛.增长理论:一种说明[M].王恩冕,沈晓明,译.北京:华夏出版社,1988.
② 周绍森,胡德龙.科技进步对经济增长贡献率研究[J].中国软科学,2010(2):34—39.

据吴建宁、王选华的测算,1978—2011 年间,科技进步对我国经济增长的年均贡献率约为 25.10%,对人力资本的贡献率约为 25.63%,而对物质资本投资的贡献率则高达 49.27%,约占总体的一半。而近些年,科技进步的贡献率已经超过 50%,成为经济发展的绝对第一要素。2016 年,国家发改委新闻发言人介绍,我国科技进步贡献率从 2010 年开始已经超过 50%,成为了经济增长的最大因素,到了 2015 年,科技进步贡献率已经达到 55.3%[①]。2017 年两会期间,李克强总理在报告中指出,2016 年科技进步贡献率上升到 56.2%,创新对发展的支撑作用明显增强。《"十三五"国家科技创新规划》则更明确地提出,科技创新作为经济工作的重要方面,在促进经济平衡性、包容性和可持续性发展中的作用更加突出,科技进步贡献率达到 60%。

对于科学技术的战略性极端重要作用,国家也有非常清晰的认识。党的十九大报告用了一大段话来强调科技创新的重要性,提出"要瞄准世界科技前沿,强化基础研究,实现前瞻性基础研究、引领性原创成果重大突破……加强国家创新体系建设,强化战略科技力量……培养造就一大批具有国际水平的战略科技人才、科技领军人才、青年科技人才和高水平创新团队"。

高考改革也是国家基础性制度变革,也同样需要具备这样的战略眼光,要充分理解习近平总书记所说的"我们比以往任何时候都更加需要强大的科技创新力量"的战略判断以及它对高考改革的意义和价值。弱化科学学科地位,这与国家的科技创新战略和建设科技强国的目标,无论如何都是不相匹配的。

二、大学各专业普遍认可科学学科具有相对重要性

一些人认为,每个学生选择 3 门等级考科目,物理等科学学科的选考人数少了,就意味着其他学科的选考人数多了,这并不是一件有什么大不了的事情。这背后的一个假设就是,物理也并不就比其他学科更重要,不能说选考物理的人少了就是问题,选考地理的人少了就不是问题。

这确实是一个很有力的质疑。因为从"政治正确"的角度上来说,纳入学业水平考试的物理、化学、生物、政治、历史、地理以及技术等各学科都很重要,确实很难证明物理就一定比其他学科更重要。但如果暂时抛开抽象的理论思辨,回归现实问题,我们就可以发现,这个问题也没有想象的这么复杂。

对特定专业来说,学生具备哪一门或几门学科知识是最理想的,或者说,对某一个

---

① 赵辰昕. 详解十三五:科技进步贡献率有望快速提升[EB/OL]. [2016 - 05 - 10]. http://china. cnr. cn/ygxw/20160510/ t20160510_522100581. shtml.

专业来说,哪些学科对未来发展是相对更为重要的,最有发言权的其实是大学。在这次高考改革试点中,要求各大学专业在6—7门学业水平考试科目中指定0—3门必考科目,这一方面是对大学的这种专业判断权的尊重,另一方面也是要求大学对哪些科目相对更有价值做出判断。所以,各大学各专业最终对选考学科提出的要求,事实上就可以看做是他们对什么样的科目相对更有价值的一种真实回答。

从结果看,绝大部分大学尤其是高水平大学,几乎都一致认为科学学科,特别是物理学科最重要。如上海37所本科高校2017年共设置专业(类)1 096个,提出1门选考科目要求的有75个专业,100%要求物理;提出2门科目要求的有85个专业,全部都要求物理、化学。所有专业(类)中,提出最多的选考科目是物理,有415个,占专业(类)总数的37.9%;其次是化学,有337个,占30.7%;再次是生物,有222个,占20.3%[①]。这种情况在高水平大学中更是如此,如复旦大学的法学、哲学专业也要求学生选考物理科目。科学学科的相对重要性一目了然。

三、压缩科学学习的强度和范围会造成人力资源的浪费

可能有读者会说:"我承认物理等科学学科非常重要,但这并不意味着所有人都一定要去学物理,做科学家吧?"的确如此! 在笔者看来,允许学生有更大的选择空间去选择自己喜欢的考试科目,是这次新高考改革最大的亮点和历史进步。允许有些人不学习科学学科,这不是问题,甚至应该是鼓励的。这次高考改革在这方面最大的问题是把科学学科的广度、深度进行了大幅度压缩,致使学生在高中阶段的科学学习机会和空间大幅缩窄,让那些喜欢科学学习或在科学学习上有能力的学生,在现有的高考体系中难以发挥优势,进而丧失科学学习的兴趣和动力。这是一种严重的人力资源的浪费。

首先是对科学学科的总分值进行限制。如果以上海市的新高考方案为例,每科的总分其实只有30分。一个学生哪怕把物理学习得再好(进入了前1%的名次),最多也只比一个中等水平的学生(第50个百分位)多15分! 比一个刚上一本线的学生多3—6分! 再通俗地说,一个考上了北京大学的学生,跟一个考上了上海大学的学生,三门科学学科加起来的差距可能也不会超过10分。

其次是对难度进行限制。上海市的新高考方案明确规定学业水平考试等级考的难度系数是0.75,明显低于语数外等高考科目的0.65(难度系数越高,题目越简单)。

① 董少校.本科高校2017年高考选考科目要求公布,655个专业无要求——上海高考,学生有了更多选择权[N].中国教育报,2015-02-04(1).

难度系数一旦降下来,就意味着标准差和区分度也跟着降下来。这一方面直接导致该科目变得不再那么重要,另一方面,难度明显降低之后,考生的成绩就越来越多地取决于他是否足够细心,而不是他的学术水平有多高,能解决多高智力难度的题目。

最后,因为多种原因大幅减少了各种竞赛加分,在科学学科上拔尖的学生通过各种竞赛获得加分、面试的机会也大幅缩小,甚至接近于零。

无论这些制度的出发点如何,至少在客观后果上明确地向学生传递出了这样的信号,即在物理、化学等科学科目上花很多精力去学习是不合算的,甚至是没有必要的。而一流大学的入学机会竞争却不会因为科学学科学习难度的降低而下降。这样一来,学生之间的竞争就必然转移到语数外三科上来。但由于这三科总分也只有 450 分,且难度也相对固定,"一分之差差千名"的现象就会增多,这就必然导致学生把大量的时间精力用于重复操练,以最大限度地减少"意外失分"。

对我国这样一个家长重视教育、学生学习刻苦的国家来说,这是一种严重的资源浪费。本来,学生可以投入更多的时间精力去学习更深、更广的科学知识,这是我们的一大优势。这也是在我们的科学教育资源和方法上有相对劣势的情况下,能够保证我国高中生具有相当科学素养的一个重要原因。事实上,一直以来我们也是这么做的。但现在,我们把这条机制基本截断了。人为降低科学学科的学习难度和要求,并不会明显降低学生的课业负担,却确确实实减少了学生大量学习科学知识的机会,致使我们的高中学生体量大、学习刻苦的优势完全无法发挥。试想,如果我们给那些热爱科学学习的学生足够的学习机会和激励空间,哪怕每届只有 20% 的学生喜欢钻研物理等科学课程,其所发挥出来的人力资源会有多大!而现在这些资源基本上就被浪费了。

四、我们不具备通过引进科技人才来弥补科技人才储备不足的条件

纵观世界各国,大致存在着这样一条规律,那就是无论是个体层面还是国家层面,随着人们生活条件的改善,学习物理、化学等"硬科学"的动力会逐渐降低,学习人文艺术学科的兴趣则会增高。但从某种意义上说,这条规律与日益激烈的科技竞争是相矛盾的。美国等强国也遇到了这样的矛盾,但这些强国有一个得天独厚的资源可以利用,而且事实上这些年也不断在利用这个资源来弥补这方面的不足,那就是源源不断地从第三世界国家(比如中国和印度)引入科技人才。在总统竞选中,候选人希拉里·克林顿提出的一项重磅参选政纲就是,直接为理工科专业的博士毕业生提供绿卡。虽然由于竞选失利,这条政策未能出台,但美国决策层因缺乏本土理工科人才而对国际

理工科人才的渴望可见一斑。

美国可以容忍本土学生不学科学学科,然后吸引全世界的科技人才为其服务,那我国呢? 人力资源是我国最大的优势。一直以来,每年能够培养出一大批具有相当科学素养的高中毕业生,正是我们的一大优势。未来我们可以在高端科技人才的培养与回引上做更多的工作,也可以进一步完善科学教育课程与方法,减少学生的死记硬背,但保证科学学科在高中阶段的地位,保障高中生的科学素养,依然是一项基础性工作。北欧等一些国家就是没有正确地处理这个问题,一味鼓励学生自主选择科目,且没有做适当的引导,导致高中生普遍不愿意去修习难度高的学术性课程,"美发美容"反倒成为了高中生最爱的专业或科目。其教训不可不察。

随着社会的进步,个人的选择开始多样化,不强迫谁一定要学习什么样的科目或专业,这是对的。事实上,从前面所描述的这条规律来看,社会也已经自动在调整了。我们需要注意的是,在这个过程中,作为国家基础性的制度设计,高考改革就不应该再推波助澜,加速学生避考避学物理了。比如,压低科学学科的分值空间,让选考科学学科的考生在计分上吃亏。不看到这点,"跟着富人后面吃稀饭",肯定会吃苦头。

第四节　学生避考科学科目非畏难而是担心不公平

承前所述,实施新高考方案之后,修读科学学科的学生比例大幅下降,且逐年恶化,高中科学学科的教学质量标准也明显下降,这会对国民的整体科学素养以及创新型科技人才的培养造成严重后果。之所以会出现这样的困局,关键还是新高考方案本身在选考制度、计分方式以及投档条件等方面的设计上存在重要问题。

一、国家高考制度不能推波助澜,为学生避考科学科目提供方便

习总书记说:"科技是国家强盛之基,创新是民族进步之魂。自古以来,科学技术就以一种不可逆转、不可抗拒的力量推动着人类社会向前发展。16 世纪以来,世界发生了多次科技革命,每一次都深刻影响了世界力量格局。"现在,新一轮科技革命和产业变革正在孕育兴起,为了在新一轮科技革命中占据先机,世界主要国家都在积极谋划。加大创新型科技人才的培养和争夺力度就是其中一个很重要的举措,美国如此重视 STEM 学科发展就是一个例证。

中国不能在这场科技创新的大赛场上落伍,必须迎头赶上、奋起直追、力争超越。高中的科学教育在这个过程中起着十分重要的作用。所以,加强高中科学教育是服务

于国家战略的需要。而且,长期以来,中国扎实的基础理科教育就是一个优势。但我们也要看到,随着人们生活水平的提升,现在越来越多的学生喜欢去读被认为相对轻松的人文社科课程,而那些被认为是高难度的"硬科学"则越来越不受欢迎。一个例证就是选考理科的学生比例越来越低。在本世纪之初,发达省份如江苏省依然有8成以上的学生报考理科,理科生的比例维持在80%左右,而近些年,这个比例明显下降。2013年上海报考理科的学生比例是53.4%,而2018下降到33.0%。浙江省2016年的理科报名比例是62.9%。

不仅中国如此,全世界也是如此。这也是美国等发达国家提出直接为理科博士提供绿卡这一设想的主要原因,因为他们本国学生很少会去学这些科目。但发达国家有一个优势,那就是自己国家的人才储备不够,可以挖发展中国家的理科人才。而我国则没有这方面的优势,我们只有依靠自己培养出更多的科学人才(其中一部分还要外流)。

从江苏省的历史数据来看,2001年之前理科报考人数有8成以上,2003年实行"3+1+1"选考制度之后,报考理科的人数立马下跌到6成左右,到2007年则降至不到5成。

表 1-1　江苏省 2003—2007 年主要选考科目组合的人数比例

	物化	物生	政史	史地	理科 (2 组总和)	文科 (2 组总和)	总占比
2003	35.16%	23.42%	34.81%	2.18%	58.58%	36.99%	95.57%
2004	41.35%	23.81%	29.90%	2.10%	65.16%	32.00%	97.16%
2005	43.18%	21.14%	28.67%	4.40%	64.32%	33.07%	97.39%
2006	41.00%	15.17%	33.95%	8.88%	56.17%	42.83%	99.00%
2007	37.11%	12.79%	38.13%	10.65%	49.90%	48.78%	98.68%

迫不得已,2008年开始,江苏实行限选制度,要求学生必须在物理、历史中选择一门,在事实上开始有限度地实施文理分科制度。选考理科的人数开始缓慢上升。

这次高考改革非常强调学生的选择性,这个改革方向是毋庸置疑的,是一个历史进步。但我们也要考虑改革的方式与节奏,一下子突然给予学生这么大的自主选择权,没有足够的引导(严格说来有一定的引导,但实际上近乎于无,见下文分析),这会给高中科学教育带来严重的冲击。这是本次新高考方案的一大不足。

二、计分方式不科学让选考科学科目的学生遭受不公平

在多个因素的综合作用下,经过多年的实践,大家都知道有这么一个规律,那就是总体来看,理科生的整体水平要比文科生高。例如,1999—2001 年江苏省在第 75 个百分位上,理科生的语数外总分分别高出文科生总分 13 分、21 分和 34 分。这是一个非常大的差距了。而在理科里面,大致又呈现出物理考生的水平比化学考生高,化学考生的水平又比生物考生高的格局。在没有选考的情况下,即所有学生都考同样科目的情况下,不会产生很大的公平问题。即使有,我们也可以通过调整文理科的招生人数来达到平衡。

但允许学生选考,即有些学生选考了物理,有些学生选考了生物之后,这个问题就出来了——怎么来比较物理的 75 分与生物的 80 分? 而这个问题又与所采取的计分方式密切相关,不同的计分方式所产生的问题又不一样。

江苏在 2003—2007 年实施"3＋1＋1"选考制度的时候采取的是原始分计分方式。原始分计分从某种意义上说也是一种标准参照的计分方式,即学生的成绩是取决于他与题目难度的匹配水平的。如果他答对了所有题目,则满分;一道题都没有答对,则零分。在这种情况下,如果能保证某科(如物理)每年度的题目难度是一样的,那么考生的成绩基本上是可比的,也就不会觉得今年考物理的学生或明年考物理的学生不合算、不公平。而如果几科之间的难度大体相当,也就是说考取 90 分的难度大体是相当的,那么考生基本上也会觉得公平。

虽然事实上我们知道要让某一科或几科的难度都稳定在某一个水平,是有些难度的。但原始分计分的好处就是,在拿到考题之前,大家其实是不知道这次选考是"亏"了还是"赚"了的。也就是说,从某种意义上说,命题者还是具有某种操控空间的,比如为了吸引更多的学生选考物理,那么就适当降低一下物理考卷的题目难度,或者提升一下其他科目考卷的难度。

采用原始分计分,虽然会造成很多的波动与心理压力,但这并不会明显地降低学生报考理科科目的概率。除非,每年物理、化学的难度都要比其他科目高。而且即使一部分学生因为避难而选考了其他科目,也不会造成后续的连锁反应。只要大学招生的导向性在那里,总还是有一批水平非常高的学生不会在乎这点难度差异,或者总有一些学生虽然他们的理科成绩不是最顶尖,但还是要明显好于文科成绩,而这个差距足以弥补科目难度之间的差异,则这些学生依然会选考物理等科目。这也是标准参照计分带来的好处,即学生的考试成绩不会受到其他学生选择的影响,而只取决于其自身水平与标准(题目)两者。

　　但新高考方案所采取的计分方式却连这点也难以保证。为了表明杜绝"分分计较"的决心,这次高考改革把矛头指向了原始分计分方式,采取了等级分计分方式。等级分本身也不是问题,问题在于为了配合选考制度,采取了按报考人数划分固定比例的方式来确定等级。比如,上海市规定所有各学科只要原始分数达到本次参考人数的前5%,都计为 A+等级,无论参考人数是 5 000 人还是 20 000 人。而且由于最终要把选拔性考试科目成绩与高考成绩进行直接相加,上海市又对选拔性考试科目的等级分进行赋值:把每科的总分设为70分(即 A+等级为 70 分),然后每个等级相差 3 分,即 A 等级为 67 分、B+等级为 64 分、B 等级为 61 分,以此类推。这里同样不考虑学科区别,一视同仁,即无论哪个科目,只要等级分一致(如 B 等级),都折算成同一个分数。这种方式就给那些科学科目的报考者带来了很大的不公。

　　因为这样一种计分方式给考生传递了一个清晰的信号,那就是他的最终成绩除了取决于他自身的能力外,还取决于跟他同时报考这门科目的学生的能力。由于一流大学基本上都要求学生选考物理或者化学,再加上传统上一流学生基本上物理、化学等科目的成绩非常好,所以报考物理等科目的考生的总体素质比较高。这样一来,几乎是在没考之前,大家就已经知道选考物理等科目的考生必然吃亏。这就是很多学生避考物理等科目的主要原因。

　　更麻烦的是,当相对较弱的大批考生都不来选考物理之后,留下来的绝大部分都是尖子生,但根据现有的计分方式,在这些尖子生中仍然要分出不同等级,这样一来,仍然会有一大批尖子生只能拿 C 等级甚至更低的分数。这样,根据新高考方案的分数合成方法(选考的 3 门学业水平考试科目的总分相加,一起计入高考录取总分),这些学生肯定吃亏。

　　除此之外,现有的计分制度还有一个问题,就是传统理科尖子生的优势很难凸显出来。之前采用原始分计分的时候,物理等科目虽然难,但对尖子生是有利的,因为容易拉分。对这些尖子生来说,物理可能考到满分(如 150 分)或接近的分数,这样一来,光凭物理一科就会有几十分的优势。而生物、地理等科目,虽然相对比较容易,但是也正因为容易,大家的分数都差不多,可能也就是三四分的差距。这是激励这么多优秀学生继续选考物理等高难度科目的重要因素。

　　但采用了等级分之后,尖子生的这种优势就丧失了大半。一般来说,各科成绩在总体上都会呈现正态分布,高分段相对来说差距是比较大的,而平均分的中间段差距就比较小。采用了按比例划分的办法之后,在高分段里,虽然是同一个等级,但两头差距很大;而在中间段分数里,一两分的差距就可能被分配到不同的等级里。经我们对真实高考成绩的测算,如果将15％作为一个等级的话,在最高分段,两个成绩相差28分的人也属于同一个等级,而在中间分数段,有15％以上的考生会因为一两分之差而差一个等级。这给学生传递了这样一种信号:最合算的办法不是去拔尖,而是求稳。如果形成这样一种文化,对我国的理科教育来说真是一种非常不好的苗头。

三、投档条件设置不合理导致大学无法有力引导学生选考科学科目

严格地说,这次高考改革也不是让学生自己喜欢什么就选什么的,因为它让各大学招生专业提出0—3个选考科目要求。也就是说,如果大学认为这一专业需要物理基础,那么就可以把物理作为必选科目。而且,从目前所公布的各大学专业选考科目来看,物理、化学等科学科目恰恰是各大学最喜欢的。

如在2017年高考中,计划在浙江省招生的近1 400所高校里,除掉没提要求的500多所高校(主要是一些省外高校,如一些独立学院、民办院校、高职院校等),在其他各校提出选考科目要求的专业(类)中,选择最多的是物理,占设限专业(类)的81％;其次是化学,占64％;再次是技术,占36％。此外,生物、历史、地理、政治分别占32％、19％、15％、13％。只要学生选考了物理,那么至少可以报考81％以上的专业。上海的情况也类似,在上海市高校1 096个专业(类)中,提出最多的选考科目也是物理,有415个,占专业(类)总数的37.9％;其次是化学,有337个,占30.7％;再次是生命科学,有222个,占20.3％;地理、历史、思想政治分别有47个、41个、26个。

所以,如果从表面上看,并不会出现很少人读物理、化学的问题,毕竟大家的主要目的还是为了高考。但问题在于这次新高考方案又提出一项政策:学生在3科中只要有1科属于必考科目就算符合要求。这意味着如果大学指定3门科目的话,上海考生总共20种组合中有19种是符合要求的;约束最大的是指定1门科目,但即使这样,在20种组合中,也有10种是符合条件的。也就是说,对高校来说,提的要求越多,就等于越没有要求,如果只提一科的话,那对另外两科则完全没法要求。这一方面是对高校意见没有足够的尊重,另一方面这种制度设计也必然会导致出现不同考生拿不同的科目成绩来竞争同一个录取名额的事情。而这又引申出各科分数是否等值,这样的竞争是否公平,是否会影响学生选考物理等难的科目等问题。

与此同时,这次高考对该改革的地方却没有改,那就是最低投档分数线的公布规则。事实上,从各高校2017年的选考科目要求来看,只有一些高水平的大学敢于设置科目要求,尤其是只指定1门课程(这意味着要求高),而其他大部分学校要么索性完全不指定,要么指定2—3门(相当于没指定)。这不是因为这些高校认为学生选考科

目不重要,而是担心如果指定了科目,要么会吓跑一部分学生,要么会因为物理、化学等科目考分低而直接拉低这个学校的投档线。这样一来就存在着一个风险,那就是这个专业最后的录取分数线会非常低,而那些没有科目限制的学校的录取分数线会很高,因为根据现在的录取制度,是语数外三科总分与3门等级考科目总分相加的。而在目前这种社会还是以录取分数作为评价一所大学好坏的重要指标的情况下,那些对科目提出限定的高校将承受极大的压力,从而在客观上导致这些学校不愿提出限制。事实上,很多大学正是因为担心这方面的问题,才不敢对选考科目做更多的限制。于是,我们也就失去了最后也可能是最重要的引导学生理性选择科学科目的政策工具。

第五节 四种解决思路的利弊分析

实际上,关于科学学科地位下降,特别是新高考之后,物理科目选考人数下降的问题,一直是大家对新高考方案关注和评论比较集中的内容之一。浙江省于2017年末出台了修正版的高考方案,其直接动因或压力就是物理科目问题。上海市也在做类似的方案完善,物理科目问题依然是最主要的原因。也因此,大家基于不同的知识基础和角度立场,就如何解决这个问题提出了不少方案。这里笔者就其中几种影响相对较大的备择方案的利弊做一简单的分析。

一、备择方案一:把物理、历史纳入限选科目

该方案的具体做法是要求考生在物理、历史中必须选择其中一门报考,另外2门可以在其他的5门科目中选择。也就是说物理、历史这两门科目也不是互相排斥的,可以两门同时入选。这种改革方案的呼声很高。如北京大学的浙江省招生组组长李袆在2016年的一个会议上就明确说:"有可能北大最后确定下来,物理和历史是必选。"在同一个会议上,时任复旦大学招生办主任的丁光宏也说:"理科的根源在物理,文科的根源在历史,这个是规律。"[①]

这个方案的优势非常明显。首先,它确实能迅速解决目前大家非常关心的报考物理科目人数下降的问题。其次,这套方案有一个重大的政策优势,即它不需要大幅度调整现有政策架构,具有很高的可行性。最后,这种做法已有现成的江苏省高考改革经验可以参照。江苏省直到今天依然把物理、历史列为"选测科目",要求学生二选一,

---

① 薛立新. 物理选考人数骤降,高中和大学这回真的着急了[EB/OL]. [2016-12-05]. http://www. sohu. com/a/120812272_559574.

然后再在另外的化学、生物、政治、地理 4 门科目中选择 1 门。但是,它的缺点也很明显。

首先,它容易给人一种恢复到文理分科状态的感觉。虽然它事实上也不是之前严格的文理分科,因为允许文科专业也可以要求物理必考,但确实在舆论上很容易受到"开倒车"的抨击。前面说到有江苏省的经验可以参照,而江苏省的做法就是有限度地恢复了文理分科,比如选文科的学生必选历史。

其次,它缩小了学生的选择范围。这在舆论上也很容易遭受质疑,毕竟从以前的两种选择(文理科)扩大到 20 种甚至 35 种选择是这次高考改革的一个亮点,要求学生限选物理、历史等于直接削减了学生的选择空间,虽然事实上削减的程度非常有限。以 6 选 3 为例,现在有 20 种组合可选,要求学生在物理、历史中限选一门,可供选择的组合就变成了 16 种。

最后,它可以解决物理科目的问题,却很可能会造成化学等学科报考人数的下滑。从江苏省的历史经验来看,如果以物理、化学、生物三科为整体来看的话,限选不一定能大幅提升报考科学科目的总人数。

二、备择方案二:实施标准参照计分方式

实际上,采用等级分本身不是问题,国际上很多知名考试(如雅思)采用的都是等级分,关键是我们依据什么标准去制定等级分。划分学生成绩的等级,简单说有两种方法。一种是如我们现在所采取的按人群比例来划分,如前 15% 就评为 A 等级,这种方法一般称作常模参照。前面说的很多风险就跟这种计分方式直接相关。另一种方法叫标准参考或者水平参照,即根据一套外在的、客观的能力标准,独立地评判每个考生达到这个标准的程度。因此,每个学生的等级与其他学生无关。这种方法的好处是只要这个能力标准(如我们的课程标准)不变,不同批次考试的成绩都是可比、等值的。如果采用标准参照的等级计分方式,前面所说的风险基本就可以得到解决。国际上的几个知名考试都是采用这样的方式进行等级计分。

所以,很多人就提出把现有的按比例划等的常模参照计分方式,改为标准参照的计分方式。这个方案的优势很明显。首先,它的科学性非常强,国际上主要的考试(如雅思)也都是采用这种方法来进行等级划分。其次,它与学业水平考试的性质非常匹配。标准参照考试考生的成绩只跟他自己的水平有关,跟其他考生的水平无关。从性质和功能定位上来说,学业水平考试本来就应该是标准参照的,也只有这样,我们才可以真正通过学业水平考试来监测出一个学校或者一个地区的教育质量的发展状况。

最后,也可能更重要的是,这个方法可以从根本上解决不同科目的考分等值问题,不会出现选考物理学生吃亏的现象,而且也不会造成其他科目的问题。

但它的最大劣势就是,实施难度太高。这不仅仅是考评技术问题,还跟社会诚信制度、公众的科学理解程度和宽容程度等外在环境密切相关。以这个方法所必需的一个环节——建立题库为例,看上去技术问题不难,雅思、托福等考试都在做,但如果放到中国高考的制度背景下,笔者认为,即使是ETS等被认为拥有最高技术水平的考试机构也是完全招架不住的。建立题库,需要找学生试测,保密性是否做得到?所有的题目,一次考试之后,培训机构就会疯狂采集和解密,再多的题目很快都会无济于事。再就是,建基于各种看上去非常科学的统计方法之上的复杂参数估计和分数计算,是否经得起全民猜测与质疑?诸如此类。所以,虽然在很多人看来这是一个非常理想的改革方向,但这个改革思路和方向其实在中国并不可行。

三、备择方案三:实施分数校正

在这次高考改革中,之所以物理科问题表现得比较突出,除了报考人数下降的问题之外,还在于很多人认为报考物理科目的考生的总体水平相对较高,但由于是按照固定比例进行划等,因此导致物理考生"吃亏"。鉴于这种情况,有些人提出要对各学科的等级分进行适当校正。具体的技术方案各不相同,但主要的思路是一样的,即根据不同考试科目学生的语数外三科(或者只考虑语数两科)的成绩,对各科等级分的赋分进行校正(即不是所有科目的B等级都会被赋予同样的分值),或者对各科等级分的人数比例进行校正(即不是所有科目的B等级都有同样比例的考生),这样就可以把不同科目考生群体的质量也纳入考虑范畴。

我们举一个可能的例子来说明问题。假设,某年报考物理科目考生中有8%的考生的语文成绩进入了A+等级,有12%的考生的数学成绩进入了A+等级,那我们取均值,即可以认为物理科目10%的考生的语文、数学成绩是A+等级。那么,就允许当年物理科目10%的学生记为A+等级,而不是之前的5%。当然,这里可以把物理成绩与语数总分的相关系数考虑进去(比如0.8),允许专家根据各方面情况在8%—10%的A+等级比例中最终确定一个数值。同理,我们可以计算出各科各等级的考生的比例范围。

在现有的各种制约条件下,这种方法不仅仅考虑到了群体内的次序,还考虑到了群体之间的水平差异,可以较好地解决科目成绩比较的公平性问题。而且,我国香港地区就是用类似的方法来校正不同选考科目或试题的分值,各方反响不错,取得了比较好的效果,可借鉴性强。

它的缺点主要有两个:第一,技术方案比较复杂,在向公众解释上会遇到一定的困难;第二,需要对现有考试架构做一些调整,比如语文数学的考试时间与等级考的时间需尽量接近。但综合起来考虑,笔者依然认为这是一个值得努力的方向(具体技术方案可以再调整讨论)。上海在这方面有一定的基础,我们乐见上海市能够做出一些示范性探索,为全国高考制度的完善提供独特的智慧经验。

四、备择方案四:调整考生基数

这就是浙江省近期颁布的高考修正方案中所采取的思路。官方的说法叫建立选考科目保障机制,其中关键就是确定物理学科报考人数的数量。浙江省根据2013—2017年授理学、工学学位专业在浙江省的高考录取考生人数,确定物理科目保障数量为6.5万,认为这是满足省内外高校在浙江省选拔培养理工科类专业人才最基本的生源所需,并在此基础上提出了实行选考科目保障机制后的赋分办法。具体说就是,如果物理选考科目某次考试赋分人数多于6.5万,将继续以实际人数为基数,按规定比例、规定办法赋分。当物理选考科目某次考试赋分人数少于6.5万,将以6.5万为基数,按规定比例计算各等级的人数,从高到低进行等级赋分。

这个方案的优点是非常容易操作,而且也确实能解决一部分问题,特别是能给考生一定的信心,不会出现之前很多人担心的报考物理科目人数崩盘的现象。但其缺点在于:第一,解决问题的思路带有很强的计划经济的味道。力学、工学专业需要物理学考生,其他专业就不需要必考物理学了? 第二,它解决了考生崩盘的风险,但并没有解决目前反映出来的科学学科地位下降的问题,如拔尖学生无法脱颖而出(总的来看,浙江省的方案在这点上要比上海市的方案好)、物理考生在计分上吃亏等问题。

第六节 在新高考架构中增强科学学科地位需要"三板斧"

总结前面几部分的分析,笔者认为,要解决新高考方案架构中科学学科地位下降的困境,关键是解决三个问题,需要相应的"三板斧"。

首先,不要让报考物理、化学等科学科目的学生感觉自己吃亏。这方面的问题、原因前面都分析了。最好的解决方案前文也提到了,那就是建立基于语数学科成绩的分数校正方案,把不同科目考生的整体学术水平也考虑进去。因已有详述,此处就不再赘述了。这是第一板斧。

其次,要大幅扩大科学科目的分值范围,让对科学学习有兴趣的学生有足够的空间来施展自己的兴趣和才华,让科学学科拔尖的学生有脱颖而出的机会。具体的办法有很多,一个重要指标就是这些科目的标准分要高。

一个模糊的标准就是,物理、化学等科目的标准差要达到数学的一半左右。关于数学试卷,中央明确规定高考三科不分文理科,也就是说我们必须把之前的文科卷和理科卷合并成一张卷。这样一来,这张卷子就必须同时满足如下要求:一方面,因为要考虑到很多文科生尤其是艺体生的数学水平,新的数学卷的整体难度不能太高,至少不能比原来的理科卷还高;另一方面,新的数学卷一定要保证足够的区分度,尤其是在其他科学科目采用等级分计分的情况下,数学卷如果再没有相当的区分度,会给优秀的理科考生带来严重的不公,不利于树立敢于拔尖的学习文化。

要同时满足这两个要求,并不是一件容易的事情,但通过精准化的难度设计也是可以实现的。以总分依然是 150 分为例(也可以考虑是否需要适当增加数学的总分),基本原则可以是这样的:让其中 80 分左右的题目难度保持相对较低的水平,使数学基础不是很好的学生也能有较高的机会解答出来,不至于分数太低;让另外 70 分的题目保持在一个相当高的难度水平,使那些考入一本的学生的成绩呈现正态分布。也就是说,这 70 分,那些顶尖的学生能够拿到满分,而那些刚刚考入一本的考生则几乎拿不到分数。这样一来,既能避免数学给很多未来对数学要求很低的学生(如很多文科生以及艺体学生)造成太大的压力,又能保持相当高的区分度,让那些真正优秀的学生有足够的空间来表现自己的水平。关于这个问题的现象、原因及背后的原理,前文也已有较为详细的描述,此处也不再赘述了。这是第二板斧。

最后一板斧是要在高校的招生自主权与招生能力上做足功夫,即在"招"这一端多用力。要解决科学学科的地位问题,关键还是要抓住高校招生这一环节,在增强高校招生自主权的同时,引导高校通过提升招生能力来解决这个问题。这一方面是因为招生制度本来就是高考改革的有机组成部分,甚至是最重要的部分,而目前这轮高考改革试点工作在这方面做出的突破还相对不足。另一方面,考生应该考什么学科、考到什么程度,高校最有发言权。换言之,科学学科是否重要,以及重要到什么程度,还是要由各高校来判断,而不应该由省级考试机构或者行政部门来决定。

具体说来,有两条举措是重要的。首先,取消"学生满足其中任何 1 门,即符合报考条件"的规定,由大学各专业自主决定必考科目,甚至允许他们规定各科的考试权重。在这次高考改革中,作为试点的上海和浙江都有一条非常关键的政策规定,那就是在高校所指定的必考科目中"学生满足其中任何 1 门,即符合报考条件"。这条政策造成的直接后果就是,理论上的高校科目指定权事实上被大幅缩水。如果某个高校指定了 3 门选考科目,那就基本上等于什么都没有指定,因为在 20 种任意组合中,有 19 种可以满足该要求。

其次,要支持高校把综合素质评价权用起来。实施"两依据一参考"是本次高考制度改革的"纲"。但试点到现在,"一参考"依然是"羞羞答答"的"分数至上"的理念还是根深蒂固。即使在总分相同的条件下,还是不允许高校根据学生的综合素质表现来进行自主录取,而非得根据不同学科的得分把学生名次一一排出来才安心,这就是典型的表现。所以,应该允许高校把科目要求纳入到综合素质评价方案中(比如提出"物理成绩达到 X 分以上优先录取"),允许高校在总分同分甚至相差 3 分(一个等级分)之内的情况下根据学生的综合素质进行录取。当然,与此同时,要切实加强对高校招生能力和责任心的培养和督查,比如要求各专业的招生方案至少提前两年公布,并能够对所报的招生方案进行解释。

第二章 改进现行选考科目赋分方式以提高计分的科学性

2013 年 11 月《中共中央关于全面深化改革若干重大问题的决定》指出,要"逐步推行普通高校基于统一高考和高中学业水平考试成绩的综合评价多元录取机制",并"探索全国统考减少科目、不分文理科、外语等科目社会化考试一年多考"。[①]

2014 年 9 月《国务院关于深化考试招生制度改革的实施意见》(国发〔2014〕35 号)指出,要"增强高考与高中学习的关联度,考生总成绩由统一高考的语文、数学、外语 3 个科目成绩和高中学业水平考试 3 个科目成绩组成。保持统一高考的语文、数学、外语科目不变、分值不变,不分文理科,外语科目提供两次考试机会"。[②] 新的高考改革方案,赋予了高中学业水平考试新的历史使命,使其承担了"全国统考减少科目"、"不分文理科"、"一年多考"等多项改革任务,对普通高中学业水平考试计分方式和分数合成提出了新的挑战。

"2014 年上海市、浙江省分别出台高考综合改革试点方案,从 2014 年秋季新入学的高中一年级学生开始实施。试点要为其他省(区、市)高考改革提供依据。"2017 年,两地改革后的首批高中毕业生参加高考。因此,研究上海、浙江的分数校准机制以及在实施过程中出现的问题,对进一步深化高考综合改革具有重要的理论与实践意义。

第一节 沪浙选考科目计分与分数校准机制

《上海市深化高等学校考试招生综合改革实施方案》指出:普通高中学业水平等级性考试成绩在计入高考总分时,由五等细化为 A+、A、B+、B、B−、C+、C、C−、D+、D、E 共 11 级,分别占 5%、10%、10%、10%、10%、10%、10%、10%、10%、10%、5%。其中,A+ 为满分 70 分,E 计 40 分。相邻两级之间的分差均为 3 分。"

《浙江省深化高校考试招生制度综合改革试点方案》指出:"选考科目按等级赋分,

① 中共中央. 中共中央关于全面深化改革若干重大问题的决定[N]. 人民日报,2013 - 11 - 16.
② 上海市、浙江省深化高考综合改革方案[M]. 北京:人民出版社,2014:36.

每门满分 100 分,以高中学考成绩合格为赋分前提,根据事先公布的比例确定等级,每个等级分差为 3 分,起点赋分 40 分。"①

通过上海、浙江两地高考选考科目的计分方式对比可以发现,两地都采用了以高中学考合格为前提,选考科目起点赋分 40 分的固定等级赋分的方法报告考试成绩,即将原始分按事先公布的比例确定等级,再转换为百分制分数计入总分,相邻等级的分差均为 3 分。但是在确定等级的方式上,两地分别采用两种不同的处理方法。具体如下:

在上海方案中,等级由考生在所有同科同场考生中相对位序的对应赋值决定。学业水平考试等级性成绩不反映考生在试卷上答对几道题目,只反映考生在相关人群中的百分位,不同比例位置给予不同赋分。② 上海方案根据"原始成绩百分比"划分等级,即通过"原始卷面成绩"进行排名,再将考生的原始成绩依次划分为 5 个等第,在这5 个等第上,再次细化为 11 个等级,最后根据预设的等级进行相应的换算并赋分。具体方法是将所有考生按原始得分由高分往低分排序,通过计算考生原始成绩的百分位,对照试点方案所在对应的等级,进行赋分。每个科目的合格性考试达到合格计 40分,等级性考试最高计 30 分,转换分的满分为 70 分,分数区间为 40—70 分,如表 2 - 1所示。

表 2-1 上海选考科目的成绩等级、计入总分的分值和人数比例

等第	A		B			C			D		E
等级	A+	A	B+	B	B-	C+	C	C-	D+	D	E
赋分(分)	70	67	64	61	58	55	52	49	46	43	40
人数比例(%)	5	10	10	10	10	10	10	10	10	10	5

浙江方案则依据"考生原始成绩直接划分"的方式划定等级,即根据考生原始卷面的成绩,按照预设的比例,将考生成绩直接细化为具体的 21 等级,并根据等级进行赋分。具体方法是通过考生成绩所在的等级区间,按照比例直接对应等级,进行赋分。考生有两次考试机会,取两次考试的最高分赋分,并计入高考成绩。每个高中学考科目的基础题考试合格计 40 分,加试题考试至多计 60 分,转换分的满分为 100 分,分数区间为 40—100 分,如表 2-2 所示。

---

① 上海市、浙江省深化高考综合改革方案[M].北京:人民出版社,2014:1—23.
② 刘玉祥.上海新一轮考试招生制度改革方案析论[J].招生考试研究,2014(3):1—11.

表2-2 浙江选考科目的成绩等级、计入总分的分值和人数比例

等级	1	2	3	4	5	6	7	8	9	10	11	12	13	14	15	16	17	18	19	20	21
赋分(分)	100	97	94	91	88	85	82	79	76	73	70	67	64	61	58	55	52	49	46	43	40
人数比例(%)	1	2	3	4	5	6	7	8	7	7	7	7	7	7	6	5	4	3	2	1	1

表2-2可以转化为表2-3,如下所示。

表2-3 浙江选考科目的等级排名与赋分关系

等级	成绩排名前	赋分	等级	成绩排名前	赋分
1	1%	100	12	58%—64%	67
2	2%—3%	97	13	65%—71%	64
3	4%—6%	94	14	72%—78%	61
4	7%—10%	91	15	79%—84%	58
5	11%—15%	88	16	85%—89%	55
6	16%—21%	85	17	90%—93%	52
7	22%—28%	82	18	94%—96%	49
8	29%—36%	79	19	97%—98%	46
9	37%—43%	76	20	99%	43
10	44%—50%	73	21	最后1%	40
11	51%—57%	70			

第二节 沪浙选科选考与计分机制的关系研究

新高考学业水平考试选考科目改革试图缓解"唯分数论"、高考科目的选择性不够、文理过度偏科等问题,浙江选考方案还在缓解"一考定终身"问题上做了积极探索。计分机制作为选考政策实施的重要环节之一,试图通过"固定比例划定等级转换"的方法同时实现计分与不同选考科目可比性的功能。然而,通过对2017年上海、浙江首批新高考改革试点的调研表明,现行计分机制出现了与招生录取政策共同影响考生选考、选拔功能发挥不显著等问题。为此,需要完善分数校准设计,以更好地实现不同选

考科目的可比性,在计分机制中体现新高考选拔人才的科学性与公平性。

一、影响选考科目的六因素分析

在新高考实施的过程中,通过调研和文献研究发现有六个因素影响考生选择选考科目,主要包括"考生兴趣与特长""竞争对手""考试难度""考试时间""高校的选考科目要求""总分录取",具体如图2-1所示。

一是,考生兴趣与特长。根据考生的兴趣和特长进行选考是选考科目政策设计的初衷。《国务院关于深化考试招生制度改革的实施意见》(国发〔2014〕35号)指出,计入总成绩的高中学业水平考试科目,由考生根据报考高校要求和自身特长,在思想政治、历史、地理、物理、化学、生物等科目中自主选择。[1]《教育部关于普通高中学业水平考试的实施意见》(教基二〔2014〕10号)指出)在实行高考综合改革的省(区、市),计入高校招生录取总成绩的学业水平考试3个科目,由学生根据报考高校要求和自身特长,在思想政治、历史、地理、物理、化学、生物等科目中自主选择。学生可以在完成必修内容的学习,对自己的兴趣和优势有一定了解后确定选考科目。[2]

**图2-1　影响选考科目的
六因素模型**

二是,竞争对手。根据现有等级划定的方式,竞争对手的选考科目,直接影响了考生的选考。当前以"中等水平"考生对物理科目的选择的表现最为典型:由于选择物理科目的考生大多能力水平较高,中等或中等偏上水平的考生,因为竞争对手的强大,致使物理成绩较低。鉴于现阶段高中教育资源分布不均衡的实际情况,由于"聚集效应",优秀和中等成绩学生之间的差别被放大到"重点高中"与"普通高中",导致选考物理、化学的考生集中在教育资源优质的高中,而一般高中的考生则更倾向于选择政治、历史等科目。

三是,考试难度。考试难度分为考试的绝对难度和相对难度,具体表现为试题难度与考生能力。需要注意到,各个选考科目的备考难度不一。以浙江选考的物理和技术科目为例,物理科目的100分和技术科目的100分在备考难度上是不能等价的。技术相对于物理更容易取得高分甚至满分,使得考生高分同分人数增多,在排名上表现

---

① 中华人民共和国国务院. 国务院关于深化考试招生制度改革的实施意见[N]. 人民日报,2014-09-05(6).
② 中华人民共和国教育部. 教育部关于普通高中学业水平考试的实施意见[EB/OL]. (2014-12-10). http://old. moe. gov. cn//publicfiles/business/htmlfiles/moe/s4559/201412/181664. html.

得更为集中靠前,多数考生的等级表现较高;而由于物理难度较高,考生获取高分相对困难,在排名上表现得则相对离散。由于测量及学科自身特点,考生更倾向于选择备考难度较低的学科。

四是,考试时间。主要表现在两个方面,第一,高二可以参加选考科目考试的政策引导,致使地理和生物的选考人数较多。根据课程设置与考试安排,高二可以将地理和生物作为选考科目。因此,有相当数量的考生从精力分配的角度出发,认为高三应对3门选考科目的"性价比"较低。为了在时间上为统一考试科目做好充足准备,多数考生在高二选择了地理和生物科目。结合其他影响因素,这种安排实际上将3门选考变为2门选考,甚至1门选考。第二,在浙江进行的"一科两考"试点,通过时间上的政策引导,给予考生多次参加考试的机会,但是在实践过程中,基于"固定等级排名"的计分机制,迫使考生只有同一科目参加两次考试,才能避免获得低分的风险。

五是,高校的选考科目要求。高校提出选考科目要求的政策出发点是为了强化考生的学科与专业素养,引导学生选择,避免考生投机性选考。但是,在现行招生模式下,却出现了"大学提出的限制越多,前来报考的学生会越少,若强加限制,可能招不到优质生源,因而只能放松对学生的要求"的怪圈。现阶段,多数考生对高校的选考要求进行"理性"回避,或报考没有选考要求的学科,造成了招录学生专业基础知识不合格现象的发生。

六是,总分录取。现行计分机制与总分录取的模式不匹配。在总分录取的模式下,学生在选择考试科目时的主要考虑因素是获得高分。相较于"高校的选考科目要求"带来的限制,总分越高,可选择的范围就越广。在这一影响因素下,考生更倾向于"高分科目组合",即选择尽管没有兴趣特长,但容易获得高分的学科组合。

通过对影响选考科目的六因素的分析可以发现,作为政策设计初衷的根据"考生兴趣与特长"选考并不能在影响考生选考的因素中发挥主导作用。在新高考中,"竞争对手"、"考生能力"和"考试时间"主要受到计分机制的影响;"高校的选考科目要求"、"总分录取"主要受到招生录取政策的影响。"计分机制"与"招生录取政策"共同作用于新高考的选考。因此,只有发挥两类因素的正向调节作用,避免对政策初衷的干扰,才能有效达成政策目标。

二、沪浙计分与分数校准机制存在的问题分析

(一)沪浙计分与分数校准机制设计的政策背景、目标和制度保障

上海、浙江的计分机制是与我国现阶段教育测量发展水平相适应的政策设计,其

政策初衷主要是为了避免考生对分数的过度追求以及实现选考科目的可比性,并为此设计了一系列方案配套实施,以确保计分机制的运行。

1. 现行计分机制需要与我国教育测量发展现状相适应

我国教育测量的发展现状,在新高考上主要有以下表现:一是,在命题方式上,大多数科目采用经验命题,较少有科目采用题库等标准化方式的命题。二是,在分数解释上,选考科目尚缺乏对应的能力等级标准,仅能采用非标准参照的分数解释。三是,在试卷评阅上,客观题与主观题评判宽松度不一导致了不同科目之间的计分差异。四是,在分数合成上,需要与"统考科目"原始分合并报告,满足"总分录取"的需要。这些现状决定了选考科目计分的设计需要在若干条件的约束下进行,如缺乏评价标准、调节选考科目之间的难度差异、服务高校招生录取等。

2. 相关政策目标需要通过计分机制达成

在政策设计上,新高考试图通过计分机制缓解"分分计较"的社会考试心理以及实现不同选考科目可比的政策目标,具体如下:一是,要避免社会对分数的过度追求。"等级制最大的特点是其'模糊性','等级赋分'是一种转换分,同一个等级内的所有考生的分数相同。通过对原始分赋予等级的方式,用若干等级替代了百分制的级差,有效降低了考生排名的精确程度和区分度,某种程度上解决了考生'分分计较'的难题,淡化了升学竞争的压力。"[①]二是,使不同选考科目的考试成绩具有可比性。《浙江省深化高校考试招生制度综合改革试点方案解读》指出:"选考科目不使用卷面得分,主要因为:不同科目的卷面得分缺乏可比性。选考科目由考生自主选择,不同科目考试内容和难度会不同,把不同科目考试卷面得分机械相加合成总成绩给考生排序显然不够合理。不同科目实行等级分相对可比。等级分,是根据事先确定并公布的各科相同的比例,先按考生的卷面得分划定相应等级,再按等级赋分,相同的等级分数相同,进而使不同科目的分数具有相对可比性。"[②]

3. 相关政策配套实施,客观上降低了运行风险

现行计分机制试图通过系列政策的配套引导,弥补由于其自身功能不完善导致的不良影响,具体表现如下:

一是,通过在高二开考地理等科目,引导大多数学生提前选考。大多数考生提前选考,降低了现行计分机制的操作风险。如果占考生总体的大多数考生选考某一科

① 刘玉祥.上海高考改革亲历与思考[J].招生考试研究,2016(3):45—47.
② 浙江省教育厅.浙江省深化高校考试招生制度综合改革试点方案解读[EB/OL].(2014-09-19).http://www.zjedu.gov.cn/news/26771.html.

目,根据现行等级划定的规则,实际上降低了测量误差以及结果的不确定性风险。

二是,选考科目的单科分值较低。上海选考科目 70 分为满分,在 40 分的基础上进行选考科目的赋分,即所谓的"1 分得 40 分"的方式,事实上按照 30 分的区间划分 11 等级。浙江通过一张试卷,分为"必答题"和"选做题"的模式,在 40 分的基础上进行赋分,选考科目低于 40 分即为 0 分,具体操作上按照 60 分的区间划分 21 等级。这些政策实际上通过降低每一等级之间的差别与选考科目的单科总分,降低测量结果误差的系统性风险。

三是,在总分录取的前提下,语文、数学、外语占较大权重。将等级转换为分数,实施总分录取的方式,使得语文、数学、外语在总分中占据较大比重,从而降低了选考科目带来的风险。以上海为例,在"3+1"考试方案实施的过程中,每一门科目的分数都是 150 分,选考科目的权重占到四分之一。而在新高考"6 选 3"模式下,单科选考科目实际上只有 30 分的分值。选考科目分值在总分权重中大幅度降低,将现行计分机制引发的不利影响化解到相对较低的水平。

四是,多数高水平高校对选考科目要求的引导。高校对不同专业的选考要求主要有两种表现:一是专业没有选考科目要求;二是根据选考科目不同,有 1—3 门选考科目的要求。这一点在事实上降低了因为物理等科目的难度而引发选考人数较少的风险,降低了高水平考生放弃选考物理的风险。

(二) 沪浙计分与分数校准机制引发的两对基本矛盾

1. 与"根据报考高校要求和自身特长"选考的政策设计相矛盾

高考是多个利益相关者进行博弈的过程,利益相关者主要包括考生、家长、高中学校、高校、政府部门等。在博弈的过程中,各利益相关者都有显性或隐性的利益诉求与冲突,当博弈的结果是任何一方都不占有绝对优势时,此时最终的价值取向必须兼顾各方的利益诉求,体现在选考科目的考试上即是"获取较高等级和分数"。

根据"他人行为"进行投机性选考,又称选考科目中的"田忌赛马"现象,主要是指考生通过分析其他考生选考科目的选择结果,确定自己的选考科目,从而"理性地"回避高水平考生参加的选考科目的行为。这种现象的根源在于根据"自身特长和兴趣"选考与根据"他人行为"选考之间的矛盾。在"田忌赛马"的模式下,考生自身对选考科目的选择,不仅受到"他人行为"的影响,通常还与"考生所感知的选考科目的难度"相关。李永生[①]认为,由于选考科目学习难度的差异问题,有可能诱导考生功利性地选

---

① 李永生.普通高中学业水平考试该怎样设计[N].中国教育报,2015-12-23(2).

择那些相对易获高分的科目,这样不利于引导学生在基础教育阶段打好基础和培养全面的学科素养,也不利于大学的人才选拔。

在现行分数校准机制下,考生在选考科目上的最终等级与分数是由"随机生成的考生群体的学业水平"和"考生自身学业水平"两个因素决定的。其中"他人的选考行为"和"随机生成的考生群体的学业水平"相关,"考生自身学业水平"与考生能力即"考生所感知的选考科目的难度"相关(如图2-2所示)。对考生而言,选择一个适合自己的科目组合获得较高成绩的可能性,要大于根据"自身特长和兴趣"选考的成绩。

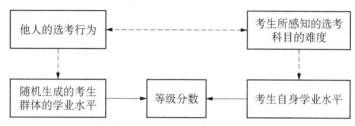

图2-2 影响选考科目成绩形成的双因素模型

以选考物理科目的选考为例,李金波[①]、周文阔[②]的研究发现,处于物理学业水平中等及偏上水平(但不是最高水平)的考生,都面临着获得较低等级分数的较大可能性,因此这一群体可能就会选择不报该学科,而转向自己同样擅长的其他学科,如化学、生物等。在调研中,有以下代表性的观点可说明这一问题:

观点1:相较于选考其他学科选考物理获得低分的概率更大。"由于参加不同选考科目的学生的水平是不一样的,例如成绩好的学生倾向于选考思维含量高的物理,而成绩薄弱的学生倾向于选考技术。这种情况下,显而易见,中等水平的学生选考物理,排名就会靠后,得到的赋分就比较低,而选考技术,其排名就会比较靠前,因此中等学校的孩子越来越不愿意选物理。"(浙江某中学教师)

观点2:物理科目陷入了"科目难度高——选择该科目的考生少——排名未必高"的"恶性循环"。"物理获得高分的难度增加,导致更多学生退出竞争,最后或许最好的学生也不敢选考物理。物理流失的人群不是之前选择文科的那批学生,也不是物理学习最优秀的学生,而是中间的那批学生,但是中间层次学生的流失,会导致最优秀的物理学生'自相残杀'。如果选择物理的学生都是顶尖高中的学生,尽管选择物理的人少

① 李金波.新高考招生制度下的等级赋分制[J].教育测量与评价(理论版),2016(4):48—51.
② 周文阔.高考新方案中"等级分数"对高校录取的影响及其修正对策[J].当代教育科学,2016(15):32—36.

了,但是还需要拼杀出 5% 的 A+,对于选择物理的学霸们是不公正的。"(上海某中学教师)

"田忌赛马"现象不但存在于考生个体之间,还存在于普通高中与重点高中的竞争之间。刘希伟[①]研究发现,普通高中为避免"遭遇"重点高中考生同场同次竞争,选择避开后者的错位竞争策略。在访谈中,有以下代表性的观点可说明这一问题:

观点 1:做"分子"还是"分母"?"之前我们选择物理,是因为有层级较低的学校做分母,但是目前上面更好的学校继续选物理,而下面层级较低的学校弃选,我们就要做分母了。"(上海某中学校长)"物理学科的本身特点就是比较难,比我们差的学校,学生都不选择物理了,因为满分 30 分,物理可能只能考到三四分,但是换到其他学科能够考 20 多分。对于成绩本来就比较差的学生来说,由于技术对学科基础的要求不高,大家的基础都差不多,学起来相对不那么吃力,因此低分段考生倾向于选择技术作为选考科目。那么对于中段考生来说,选择技术则会更容易排名靠前而获得高分。这样的情况下,为了获得高分,科目选择呈现出'田忌赛马'式的博弈现象。我们看差学校选什么我们选什么,好学校选什么我们不选什么。"(浙江某中学校长)

观点 2:应付高考还是真正喜欢?"高考综合改革本来的初衷是让学生有更多的机会选择自己喜欢的科目,然而现在很多学生在选择科目时是考虑什么样的选择能获得更高的高考分数。很多学校也在策划,也在帮学生做选择,比如技术比较容易拿高分,很多重点高中大量动员自己的学生选择技术,很多学生也因为技术好拿高分去选择了技术。这种选择明显不是出于兴趣爱好,而是出于对高考分数的功利化考量。"(浙江某中学教师)

2. 与"为有需要的学生提供同一科目参加两次考试的机会"政策设计相矛盾

(1)"两考"怎么考:沪浙对"两次考试的机会"的不同实践

《国务院关于深化考试招生制度改革的实施意见》在"完善高中学业水平考试"的条目下,指出"要合理安排课程进度和考试时间,创造条件为有需要的学生提供同一科目参加两次考试的机会"。在新高考政策中,选考科目属于学业水平考试的范畴,上海和浙江的制度设计存在明显不同。浙江与上海学业水平考试的具体内容对比,如表 2-4 所示。

---

① 刘希伟.关于浙江新高考改革的若干思考[J].教育与考试,2016(3):29—33.

表2-4 上海、浙江学业水平考试与高考选考关系

	上海		浙江	
学考纳入高考	等级性考试纳入高考		一考两用	
考试频次	选考科目2次考试,各参加1次。		同一科目可以参加2次	
学业水平考试	合格性考试	合格、不合格两级计分	学考	必考题(70分)五级计分
高考选考科目	等级性考试	五等11级,合格性考试合格获得起点分40分	选考	必考题(70分)+加试题(30分);21级,必考题合格获得起点分40分

《上海市普通高中学业水平考试实施办法(试行)》中指出:"高中学业水平考试包括合格性考试和等级性考试两类。"[①]这一表述说明,在制度设计上,作为高中学业水平考试的两个组成部分,合格性考试与等级性考试分别开考,在形式上为学生提供了"同一个科目两次考试机会"。

考试内容方面,浙江省结合《浙江省普通高中学业水平考试实施办法》,在《浙江省普通高校招生选考科目考试实施办法》中规定,"各科在学考'必考题'基础上增加'加试题','加试题'考试内容为高中课程的必修和选修内容。具体考试范围和要求由省教育考试院根据国家颁布的普通高中课程标准和浙江省普通高中学科教学指导意见制定",同时规定"每科最多报考2次"。[②] 这一表述说明,在制度设计上,尽管浙江将高中学业水平测试与高校招生的选考科目加以区别,但在考试频次上为学生提供了"同一个科目两次考试机会",如图2-3所示。

图2-3 上海与浙江选考科目的性质比较

在实施"创造条件为有需要的学生提供同一科目参加两次考试的机会"的过程中,上海侧重于通过同一科目两次不同形式的考试,为学生提供两次考试机会;而浙江侧重于通过增加考试频次的办法,为学生提供两次考试机会。

① 上海市教育委员会.关于印发《上海市普通高中学业水平考试实施办法(试行)》的通知[EB/OL]. (2015-04-15). http://www.shmec.gov.cn/html/xxgk/201504/402162015003.php.
② 浙江省教育厅.关于印发浙江省普通高中学业水平考试实施办法和浙江省普通高校招生选考科目考试实施办法的通知[EB/OL]. (2014-11-17). http://www.zjedu.gov.cn/news/27105.html.

（2）"两考"与固定百分比划分等级

现行"固定百分比划分等级"的设计是基于"考生原始成绩的百分比"划定等级,因此需要根据"百分位数"描述考生成绩的百分位置的水平。上海的高考方案规定,各科目的合格性和等级性考试,高中生只能参加一次。[①] 其测量学原因是"百分位等级"的使用以"特定参照群体"为前提,不能相互比较"两个不同样本中的百分等级"。

百分位数是一种等级水平的尺度,其基本过程是将原始分数大小进行排序,然后计算施测的代表性样本中小于每个原始分数的个体占整个样本的百分比。[②] 原始分数依据其组中点的累积人数,换算成百分等级,公式如下:

$$PR = \frac{100}{N} \times \left[F_b + \frac{f(X - L_b)}{i} \right]$$

其中,X 为给定的原始分数;f 为该分数所在组的次数;L_b 为该分数所在组的精确下限;F_b 为小于 L_b 的各组次数的和;N 为总次数;i 为组距。

百分位数是一种相对地位量数,它是次数分布中的一个点。把一个次数分布排序后,分为 100 个单位,百分位数就是次数分布中相对于某个特定百分点的原始分数,它表明在次数分布中特定个案百分比低于该分数,公式如下:

$$P_m = L + \frac{\frac{m}{100} \times N - F_b}{f} \times i$$

其中,P_m 为第 m 百分位数;L 为 P_m 所在组的组实下限;f 为 P_m 所在组的次数;F_b 为小于 L 的累积次数。

百分位数与百分等级有关,百分位数代表分数,而百分等级代表等级。百分位数是指在一个百分等级上的人所得到的实际分数。由原始分求百分等级,是确定低于某一分数的人数比例。反之,若已知百分等级,想知道与之相对应的分数,则应该求百分位数。[③] 百分等级法主要用于"同一个被试在不同测验上"百分等级比较,如某考生物理、历史、生物三科的百分等级分别为 65、58、76,则该生的生物成绩最好、物理成绩其次、历史成绩最差;也可以用于"不同被试在同一个测验上"百分等级的相互比较,如甲、乙、丙、丁四个考生的化学百分等级分别为 52、63、78、96,则丁生成绩最好,甲生成绩最差。

---

① 上海市、浙江省深化高考综合改革方案[M].北京:人民出版社,2014:36.
② 杨向东.理论驱动的心理与教育测量学[M].上海:华东师范大学出版社,2014:53—54.
③ 张厚粲,龚耀先.心理测量学[M].台北:东华书局,2009:261.

（3）固定百分比划分等级无法准确反映两次考试的成绩

固定百分比划分等级无法准确反映两次考试成绩的情况，主要表现在以下几个方面：

一是浙江同一科目下两次考试的情况。刘希伟[①]的研究认为，在浙江新高考选考第一次考试中，绝大多数重点高中学生几乎很少参与报考，因此其考生群体既不具充分代表性，又无法保证符合正态分布。这样，不仅某一科目不同次考试之间的考生群体的异质性导致了等级赋分的不等值性问题，而且不同科目不同考生群体之间的异质性也在一定程度上造成等级赋分的不等值性问题。如某生首次参加学业水平考试，物理成绩为 60 个百分等级，第二次参加学业水平考试，物理成绩也为 60 个百分等级。由于考生群体的不同以及不同时间选考的考生水平的差别，看似两次考试取得了相同的成绩，实质上考生两次考试所发挥的水平不尽相同，失去了比较的意义。

二是高二、高三年级同时竞争的情况。在现行考试政策方案下，两地都允许考生在高二参加选考科目的考试，这就导致了在新高考试点第二年会出现的新情况，即高二考生同高三考生同时进行排序。杨志明[②]认为考生样本的变化会严重影响等级线的稳定性。由于仅有部分选考学科的等级才会被计入高考总分，因此，某些学科的考生群体可能严重偏离正态分布。一旦考生原始分数的分布出现严重偏态，就会伤及大片优秀考生（应考者群体中尖子生占绝大多数）或优惠大片中等水平考生（应考者群体中低水平生占绝大多数）。这对于人才选拔来说是非常不合理的。

在上海，地理和生命科学两个科目同样会出现高二、高三两个群体同时参加的情况。但上海通过政策引导大部分考生在高二期间结束地理、生命科学的等级性考试，在高三阶段参加这两门等级性考试的人数较少，使得固定百分比划分等级的运行风险降低。

在浙江，根据浙江"三位一体"综合评价招生等特殊类型的录取规则，多数院校设定了对学业水平考试相关科目的等级要求，相较于上海的"合格考"，提升了考生对学业水平考试得 A 比例的追求。根据等级划定的规则：学业水平考试的成绩总共划分为 A、B、C、D、E 5 个等级，其中 E 为不合格，E 等级的比例不超过 5%。

由于选考是在学考"必考题"基础上增加"加试题"形成的，同一科目的学业水平考试和选考同时安排考试。所以这次考选考的考生，同时把学业水平考试也考了。在划定某一科目当次学业水平考试等级时，也会把选考的考生全部计入划学业水平考试等

① 刘希伟. 关于浙江新高考改革的若干思考[J]. 教育与考试,2016(3)：29—33.
② 杨志明. 高中学业水平考试等级设定的若干方法[J]. 教育测量与评价,2016(10)：4—9.

级的基数。换句话说，就是选考可以"一考两用"，既能获得学业水平考试等级，又能获得高考选考科目赋分。如，有 10 万学生考某一科满分为 70 分的学业水平考试试卷，5 万学生考该科满分为 100 分的选考试卷，考后按 15 万学生划定该科目的学业水平考试等级，按 5 万选考学生去掉学业水平考试 70 分部分不合格者后划定该科目选考等级。[①] 参加学业水平考试的高二学生要与参加选考的高三学生使用同一张试卷，一起排名，一起划分等级，这就造成了不同年级之间的不平等竞争。

三、考生异质性是导致沪浙分数校准机制失灵的主要原因

考生异质性假设是指在新高考选考制度下，参加选考科目的考生是一个动态的群体，其数量和实际学业水平的分布相对于统考科目而言具有随机性的特征。存在实际水平较高的考生群体同时选考某一科目的现象，也存在实际水平较低的考生群体同时选考某一科目的现象。

考生的异质性导致等级赋分的测量方法无法反映考生的实际学业水平，即不同科目的考生即使有相同的等级分数，也无法判断其实际学业水平的高下。主要包括两种现象：一是某一选考科目考生的实际整体水平较高，但测量结果显示其所在的等级与得分较低；二是某一选考科目考生的实际整体水平较低，测量结果显示其所在的等级与得分较高。以浙江等级赋分原则为例，假设两次测验试卷等值，物理选考科目第一次考试，考生的学业水平整体较低，原始成绩均在 75 分以下；第二次考试，考生的学业水平整体较高，原始成绩均在 75 分以上。两次选考排名前 1% 的考生都将获得等级 1，并进行 100 分的赋值。然而，实际上两次选考的 100 分并不具有同样的意义，即成绩的统计意义与考生的实际情况之间发生了矛盾。

考生的异质性会严重影响测量的公平性。杨志明[②]的数据模拟结果显示，当参加选考科目考试的考生全是各校尖子学生时，若其得分分布如图 2 - 4 中优秀组所示，则有约 30% 的优秀考生会由 A 等级降为 B 等级，8% 的优秀考生会由 A 等级降为 C 等级。同时，约 22% 的中等水平的考生会由 B 等级降为 C 等级，约 10% 的中等水平的考生会由 B 等级降为 D 等级。显然，一旦出现这种情况，按固定人数比例划分等级的方法就是一种极大的不公平。

上述分析表明，考生的异质性在新高考的选考制度下，会引发两对政策设计与实

① 浙江考试院. 浙江新高考首考成绩发布 考试院解答等级赋分是怎么来的[EB/OL]. (2015 - 11 - 24). http://edu. zjol. com. cn/system/2015/11/24/020925382. shtml.
② 杨志明. 学业水平考试成绩等级化中的风险及其规避办法[J]. 教育测量与评价(理论版),2015(9)：62—64.

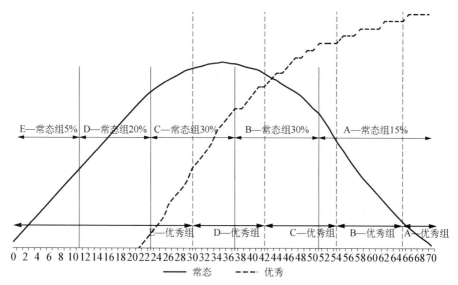

图 2-4　常态和优秀考生样本组的常见分数分布示意图

际的基本矛盾,一是与"根据报考高校要求和自身特长"选考的政策设计相矛盾;二是与"为有需要的学生提供同一科目参加两次考试的机会"政策设计相矛盾。

第三节　选考科目计分的国内外经验

国内外具有选考性质并作为高校录取成绩参考的考试主要有英国的 A-level 考试、澳大利亚新南威尔士州高中毕业证书考试、中国香港地区的中学文凭考试以及上海作为高考改革试行的"3+1"模式和江苏高考"08 方案"等。国外方面,英国 A-level 考试包含 70 多科供学生选择,考生一般选择其中的 3—4 科报考;澳大利亚新南威尔士州高中毕业证书考试除英语是必考之外,允许考生在百余门科目中选考。国内方面,香港地区中学文凭考试甲类科目则提供 20 余种科目供考生选择,考生一般选择 2—3 科报考;上海"3+1"高考模式则允许学生在文科 3 门或理科 3 门之中,选择 1 科报考;江苏"08 方案"则提供 2 选 1 和 4 选 1 的科目组合,供考生选考。通过对国内外选考科目的计分方式进行比较研究,可以为我国新高考选考科目的计分机制的改进,提供有益经验。

一、英国 A-level 考试的计分机制

(一)英国 A-level 考试概况及主要特点

A-level 考试,又称普通教育证书高级水平(General Certificate of Education

Advanced Level，A-level，亦作 A-levels)考试。A-level 考试是英国影响最大、考试人数最多的第三级教育证书考试类型，其重要程度类似于中国高考，是影响高校招生录取的重要条件之一。英国 A-level 课程共两年。其中，第一年为 AS 课程阶段，第二年为 A2 课程阶段。A-level 考试难度为 A2 课程水平，是针对 18 岁学生安排的证书考试。[①] 英国学生在义务教育之后，即进入中学教育的第三阶段学习，称为"A-level"学习（Advanced Level Study)，随后参加 A-level 考试，决定升入高等学校、继续教育学院学习或就业。

A-level 在 1951 年首次推出，用以取代以前的高等中学毕业会考（Higher School Certificate，HSC)。该考试采取模块化的方式，鼓励考生根据自己的优势和兴趣进行学习，鼓励专业化和深入学习 3—4 科。A-level 考试被英国的许多大学认可，其招生条件中都有对学生最低成绩的限制性要求。A-level 考试的主要特点如下：

一是，在考试内容与成绩获取方面，采取"学一科，考一科，获得一科成绩"的原则。在现行考试框架下，考生一般在 70 多种科目中选择 3—4 门参加考试。每考完一门，即获得相应的单科结业证书。

二是，在考试形式方面，采取内部评价和外部评价相结合的方案。20 世纪 90 年代以来，英国形成了"促进学习的评价"（Assessment for Learning)和"学习评价"（Assessment of Learning)两种评价方式。应用在考试领域，即形成了校内学习过程与校外评价互补的机制，通过校内教师评价、考试认证机构抽查的方式，将校内评价结果以一定的比例计入总成绩。

三是，在考试的次数方面，采取"一年多考"的方法。英国 A-level 考试由 7 个考试局具体负责，不同的考试局采用不同的教材和大纲，有不同频次的考试，当前一般采取"一年多考"的方法。

四是，在考试计分方面，采用等级赋分的方式。具体表现为通过定性和定量的方法划定 A﹡、A、B、C、D、E、U 七个等级；通过制式分（Uniform Marks Scale，UMs)同一模块下不同分数的校准与合成，实现不同频次、不同科目之间的分数校准。

（二）英国 A-level 考试的分数解释参照

A-level 考试实施初期，在给出考生分数的同时，仅有合格（pass)与不合格（fail)的划分。随着考生人数的不断增加，这一划分方式已不能体现出区分度，不再适应选拔人才的需要，因此引入了等级制。

---

① 于婷.英国高校招生考试制度探析[J].中国考试,2016(11)：18—22.

1. 常模参照

在 1963 年至 1986 年间,A-level 考试采取的是基于"常模参照"的分数解释。[①]
"常模参照"假设参加考试的人数足够大,测验分布为正态分布,以确保标准每年都不
会有很大变化。因此,给定的百分比将达到 A 等级,另外给定百分比为 B 等级等等。
基于此分数解释的固定等级划分包括两个步骤,一是将原始分进行排序;二是按照固
定比例划分等级,其中 O 级是普通级最低成绩的表现。如表 2-5 所示。

表 2-5 A-level 考试等级与人数比例

等级	A	B	C	D	E	O	不及格
百分比	10%	15%	10%	15%	20%	20%	10%

固定比例划分等级的方法,具有可比性,并且有容易计算、方便解释等优点,反映
的是每个等级中考生的比例,能够选拔出最优秀的考生。但是常模参照关注的不是一
个人的能力或知识的绝对水平,而是其在所属群体的能力或知识连续体上的相对位
置。这导致了两个方面的问题,一是部分群体容易遭受统计波动的影响。如,在 1982
年考试的一个科目中,D 等级和 B 等级之间的差距只有 8 分,而其他的等级则有 15
分。[②] 二是标准不稳定,产生了每年波动的情况。这是因为该制度需要确保只有少数
考生才能达到 A 等级,但排名的结果并不能反映考生的水平、能力。

2. 标准参照

考虑到测量的科学性与公平性,英国中等教育考试委员会于 1984 年决定使用基
于"标准参照"的分数解释,并于 1987 年夏季考试正式应用。"标准参照"根据特定的
标准和行为领域,对个体作出是否达标或达到什么程度的判断。即等级是由专家根据
达到特定卷面成绩的比例,而不是考生之间的比例来进行划定的。

等级与标准相关,该计分方案提供了 B 等级和 E 等级的标准,专家也主要对 B 等
级和 E 等级划分等级,然后按照固定百分比划分了其他成绩。B 等级和 E 等级的划分
使用统计和历年成绩对比的综合判断法,其余的等级则通过这两个分数之间的范围除
以相等的间隔进行划分。

"标准参照"中的困难在于确定标准。英国曾设法建立"标准参照性"的等级参照
制度,通过一套明确的等级标准,表明"考生获得某个等级,他必须具备某种层次的能

---

① Choppin B. Is education getting better? [J]. British Educational Research Journal, 2013, 7(1): 3-16.
② What are A-Levels [EB/OL]. [2017-06-12]. http://www.Politics.co.uk/Reference-/ssueBriefs/a-levels/.

力水平和知识水平"①,然而,在试题的编制、分数的解释和合成等问题上,却始终无法避免标准模糊不清的状况。

3. 非常模参照、非标准参照的"软的标准参照"系统

20 世纪 80 年代到 2000 年,有数据表明,由于线性课程的效率低下,有 30％的学生未能完成或通过考试。② 两年制线性课程逐渐变化为模块化的课程,A-level 的考试方式也从"一门课程结束时的考试"演变为"一个模块结束时的考试",实现了考试形式的多样化。2000 年 9 月推出的"课程 2000"计划(Curriculum 2000)的实施,拓宽了 A-level 考试的科目种类。2001 年 1 月和 6 月实施了新的考试。在 2013 年 1 月,英国启动了 A-level 考试从目前的模块化转变为线性结构的改革,新的 A-level 考试第一期于 2015 年 9 月开始在学校进行教学,第一次考试则于 2017 年进行。③

英国的等级赋分制度主要包括两个方面,一是原始分的评定,二是确定分数线。一般学者认为,原始分的评定是基于统计的定量评价,而分数线的确定是基于判断的定性评价。对此,有学者提出"评分也是判断性的",因为原始分的评定是考官对考生表现的量化。事实上,判断取决于科目的选择,如自然科学就相对客观,而人文科学就相对主观。还有学者认为,分数线的确定也是基于一个常模标准的,只是这个标准存在于一个有经验的考官的心目中。

关于 A-Level 考试的定位,英国资格评估与认证联合会(The Assessment and Qualifications Alliance,AQA)总干事塔特索尔(Tattersall)认为,A-level 考试既不完全是"常模参照"也不完全是"标准参照",而是一个"软性的标准参照"系统,用一个较为宽泛的水平评价替代非常细致的标准。④ 相关研究也同样表明这一观点。如奥尔(Orr)和纳托尔(Nuttall)⑤认为,公共考试的等级评定主要是基于常模参照和标准参照的双重考虑;弗伦奇(French)等⑥认为,在严格意义上,公共考试既不是常模参照也

---

① Stobart G. GCSE meets Key Stage 4：Something had to give [J]. Cambridge Journal of Education, 1991,21(2)：177 - 187.

② Audit Commission/Ofsted. Unfinished business：Full-time educational courses for 16 - 19 year olds [M]. London：HM Stationery Office, 1993：4.

③ Garner R. Teenagers forced to study fewer A-levels in squeeze on public spending,says exam boss[EB/OL]. (2015 - 08 - 08). http://www. independent. co. uk/news/education/education-news/teenagers-forced-to-study-fewer-alevels-in-squeeze-on-public-spending-says-exam-boss-10446807. html.

④ Education and Skills-Third Report[EB/OL]. (2002 - 03). https://www. publications. parliament. uk/pa/cm200203/cmselect/cmeduski/153/15302. htm.

⑤ Orr L, Nuttall D L. Determining standards in the proposed single system of examining at 16＋ [M]. Schools Council, 1983.

⑥ French S, Slater J B, Vassiloglou M, et al. Descriptive and normative techniques in examination assessment [J]. Occasional Publication, University of Oxford Delegacy of Local Examinations. OIASL：Oxford, 1987：15.

不是标准参照。克里斯蒂（Christie）和佛利斯特（Forrest）①首次将"阈值参照评价"（limen referenced assessment）这一术语应用于公共考试中，认为是根据评分者的主观判断赋予等级的"模糊过程"。

通过上述分析，可以得出，在分数解释上，A-level 考试经历了从"常模参照"到"标准参照"，再到"非常模参照、非标准参照"的过程，其计分方式也经历了"合格/不合格""固定等级赋分""制式分"等发展阶段。通过英国多年的实践，制式分逐渐走向成熟，在计分方式与分数校准上适应了"人才选拔"和"水平测验"考试功能的要求，合理解决了在人才选拔中存在的"标准不统一的问题"。

（三）分数校准机制在 A-level 模块化考试中的应用②

1. 制式分的运行原理

原始分的分数线会随着考试结果发生变化，而制式分的分数线是固定不变的。即，原始分的等级边界是根据专家委员会评定的结果而划定的，而制式分的等级边界，是根据制式分的百分等级而确定的。下面以"分数为 80 的 AS 单元，并且在四单元的 A-level 考试中具有 30％的权重"的模块化考试来说明制式分的运行原理。如表 2-6 所示，第二列显示了原始分的等级边界（分数线），分数线由专家委员会决定。如等级 A 的分数线为 61（约为原始分的 76％）。第三列显示了制式分的分数线，在此模块中，制式分最高为 120 分并且在 96—120 的制式分范围内对应等级 A。当考生完成所有的模块时，制式分被加总在一起，然后确定总体科目所在的等级。

表 2-6 制式分的运行原理

等级	原始分的分数线（满分 80）	制式分的分数线（满分 120 分）
A	61	96（80％的总分制式分）
B	55	84（70％的总分制式分）
C	49	72（60％的总分制式分）
D	43	60（50％的总分制式分）
E	37	48（40％的总分制式分）
(N)	31	36（30％的总分制式分）

例如，得分为 A 等级最低原始分 61 原始分的考生将获得 96 制式分（A 等级最低

---

① Christie T，Forrest G M. Defining public examination standards [M]. Macmillan Education，1981.
② Guide to the Uniform mark scale (UMS) [EB/OL]. http://store.aqa.org.uk/admin/results-days/AQA-UMS-GUIDE.PDF，2017.

制式分);得分为 43 原始分的考生将获得 60 制式分;得分为 49 原始分的考生将获得 72 制式分;得分为 46 原始分(43 和 49 之间的一半)的考生将获得 66 制式分(正好在 60 和 72 之间的一半),如图 2-5 所示。

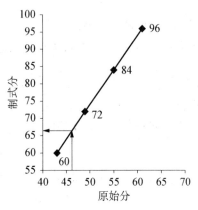

图 2-5 制式分的运行原理

2. 理想状态下原始分和制式分之间的关系

原始分转换为制式分取决于原始分的等级分数线。对于每个单元,制式分最大值和等级分数线是预先设定的。为了确保原始分的价值,制式分与原始分进行一对一的线性映射。在这种情况下,考生被分数线合理地隔开,并且没有出现集中分布的情况。如图 2-6 所示,其假设原始分为 100 分。在这种情况下,90 制式分的分数线将与 90 原始分的分数线一致。

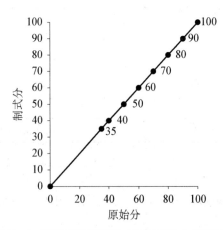

图 2-6 理想状态下原始分和制式分之间的关系

3. 原始分边界分数的确定

专家标准委员会只是划定特定级别的分数线,如 A-level 考试中的判定等级(E 等级和 A 等级),剩下的级别被称为算术等级(arithmetic boundaries)。算术等级均匀地分布在判定等级之间。

在确定每个单元的分数线之后,原始分被转换为制式分。转换中使用标准委员会设定的分数线,并根据授标组织和监管机构之间商定的标准程序进行。虽然给定的原始分在不同的考试系列中可能不代表相同的成就水平,但是给定的统一分数总是代表相同的成就水平,并且可以直接与成绩相关。制式分也考虑了规格内单位的加权。如果一个单元具有另一个单元的两倍的权重,则前者可用的制式分将是后者可用的制式分的两倍。

下面以"在原始分最高分为 90 分的 A 级(A2)单元上,判断等级 A 和 E 的边界分别设置为 77 和 35 分"为例,说明等级 B、C 和 D 的计算。等级 B、C 和 D 分别为 66、55 和 45。因为 77 和 35 之间的差为 42,除以 4,为 10,余数为 2。因此,以等级之间的 10 个分差作为基础,同时从最高等级向下逐渐分配,每次在分数计算中包括一个余数,直到它们用完为止。

77 已被判定为 A 等级建议分数线;

77-11(即 10 加上一个余数)=66,设定为 B 等级分数线;

66-11(即 10 加上一个余数)=55,设定为 C 等级分数线;

55-10(没有其他剩余使用)=45,设定为 D 等级分数线;

45-10 然后正确计算为 35,为专家已经判断确立的分数。

类似的方法也被用于计算所有其他检查的算术边界分数。要在模块化规范中计算 A2 单位的 A∗ 转换点,方法如下:

当 A 等级分数线和这一单元最高分的差值大于等级 A 和 B 之间的差值两倍时,A∗ 转换点通常与 A 之上的距离相同,如同 B 小于 A 一样。

当 A 等级边界分数和这一单元最高分之间的差值小于或等于等级 A 和 B 之间差值的两倍时,A∗ 转换点通常在 A 和原始分数最大值之间的中间。必要时可向下舍入到最接近的整数(例如 78.5 舍入到 78)。在上面的示例中,A2 单元的 A∗ 转换点将通过第二种方法计算,因为 A 和这一单元最高分之间的差为 90-77=13 分,这小于(2×(77-66)=22)。因此,A∗ 转换点为 77+(13÷2)=83.5,其向下舍入为 83。

4. 简化的制式分转换

原始分到制式分的另一种转换,如图 2-7 所示,表现出了等级 A 和 E 之间的线性

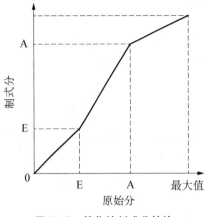

图 2-7 简化的制式分转换

关系。然而,在这两个端点的上下,转换因子发生了改变,因此线的斜率也发生了变化。这是因为等级 A 和 E 被赋予了最高等级和最低等级的含义,并且作为中间等级插值,用来维持原始分与制式分之间的线性关系。该线由三个段组成:等级 A 和 E 之间的区间、A 等级和最大值之间的区间和 E 等级到 0 之间的区间。实际上,A 分数线之上的原始分和 E 分数线以下的原始分比 A 和 E 分数线之间的每个单独原始分的值小一些。在 A 分数线之上和 E 分数线之下的转换因子比在 A 和 E 分数线之间的更小。

原始分转换为制式分的步骤如下:第一步,根据单元的原始分分数线确定原始分指示的等级;第二步,计算原始分等级带宽中的原始分的数量;第三步,计算制式分等级带宽中的制式分的数量;第四步,计算转换系数(即第三步中找到的数字除以在第二步中找到的数字);第五步,找出较低的原始分等级分数线和用于转换的原始分之间的差异,并将其乘以转换因子(来自第四步);第六步,将第五步中找到的数字添加到较低的统一分等级分数线。

以"考生的原始分为 35 分,为 C 等"为例,原始分和制式分分数线,如表 2-7 所示。

表 2-7 原始分和制式分分数线

单元		最高分	A*	A	B	C	D	E
999	原始分	60	53	47	38	29	20	12
	制式分	100	90	80	70	60	50	40

主要步骤如下:第一步,确定原始分所在等级的分数数目。如,原始分为 35 分,分数所在的 C 等级区间为 29—37,其分数数目为 9 个。第二步,确定相关的制式分等级分数数目。如,C 等级所对应的制式分分数区间为 60—69,其分数数目为 10 个。第三步,确定转换系数。转换系数=原始分所在等级的分数数目÷相关的制式分等级分数数目=10÷9≈1.1。第四步,考生分数 35 分,比 C 等分数线 29 分高出 6 分,所以 6×1.1=6.6≈7。第五步,最终考生的制式分得分为:60+7=67 分。

(四)专家委员会在等级划定中的作用

英国 A-Level 考试中的分数校准,主要运用定性与定量相结合的方式划定等级①。

---

① GUIDE TO STANDARD SETTING [EB/OL]. http://store. aqa. org. uk/admin/results-days/GUIDETOSTANDARDSETTING.PDF, 2017.

维多利亚·克里斯普(Victoria Crisp)[1]认为,在英国的考试制度中,经过 A-level 考试 1 和 GCSE2 考试之后,专家(senior examiners)会确定学生被授予特定成绩所需的最低标准。划定考试等级是确定考试标准的核心,此外,维护标准的稳定性同样至关重要。在等级划定的过程中,重点关注的是可比性问题,一是其他学生参加考试的表现,二是特定试卷的难度。

1. 专家委员会工作流程

专家委员会的工作流程主要包括为标准设定专家提供考试试卷、历年考试边界分数线、相关统计数据等材料,举行标准设定会议。在举行标准设定会议时,不同标准设定方法所涉及的工作内容也不尽相同。通常情况下,举行标准设定会议的要求和要做的工作主要如下:

(1)专家们应当非常熟悉考试内容和考试形式,讨论处于边界分数的考生对考试内容应该掌握的程度,部分工作可能需要在举行标准设定会议前就完成;(2)专家们应当讨论考试的性质、目的、应试者的特点以及能力的特质,这种讨论要服从于使小组定向于设定标准的演练,澄清怎样做出评判的某些问题;(3)对参加标准设定的专家进行培训,让其熟悉所使用的标准设定方法的原理和步骤,并在培训和演练过程中巩固其对标准设定方法的掌握;(4)在整个过程中,专家们应当给予反馈,彼此知道其他人的判断,尤其是知道他们所做出判断的最后结果;(5)专家们应当自始至终参加标准设定会议,任何原因的缺席都会导致资料的缺失,在讨论过程中,参加者的缺席也会对其他人产生不利影响。

迈耶(L. Meyer)等学者[2]的研究提出,应利用现代化技术改变传统的专家委员会划定分数线的方法。使用虚拟课堂技术举行虚拟专家会议,高级审查员通过电子方式远程收集对脚本审查的判断;审查负责人和工作人员建立不确定区,并为会议准备其他材料;专家通过同步电话会议进行讨论,并提供整理的信息;将其他利益相关者纳入定性判断,如审查员、教师、学生。现代化的方法提供了充分利用高级审查员专业知识的机会,并使过程更有效率、更稳健。

在 A-Level 考试中,通过统计和专家判断的方法,确立标准价值判断的依据、相应的评判标准以及解释,是对考试内容和目的、考生能力水平和社会对该考试信任度的综合体现。贝尔德(Baird)等[3]对 A-Level 考试的"黄金标准"出现下降的问题进行研

① Crisp V. Judging the grade: Exploring the judgement processes involved in examination grading decisions [J]. Evaluation & Research in Education, 2010,23(1): 19 - 35.
② Meyer L, et al. Awarding in the 21st century-a virtual model [EB/OL]. https://cerp.aqa.org.uk/sites/default/files/pdf_upload/CERP-RP-LM-14062006.pdf.
③ Baird J A, Cresswell M, Newton P. Would the real gold standard please step forward? [J]. Research Papers in Education, 2000,15(2): 213 - 229.

究,发现考试标准在人们的认同中存在多种含义,不存在让每个人都满意的标准,因此应通过专家委员会来维护公共考试标准的一致性与统一性,但必须公开对标准问题审查的性质与确定标准的过程。标准设定的方法很多,可以从一些经典标准设定方法中归纳出一般的标准设定步骤。

汉布尔顿(Hambleton)[1]描述了标准设定的九个基本步骤:(1)选择标准设定方法;(2)选择评委;(3)由设定标准的评委或其他专家完成对表现类别的描述;(4)培训评委;(5)评委进行判断,收集评委对项目的评分;(6)向评委提供反馈并推动讨论;(7)合并评委评分并获得表现标准;(8)获取评委对标准设定过程的评价;(9)收集效度证据并准备技术报告,包括对标准设定过程的详细记录及其他来源的效度证据。根据这一原则,专家委员会的工作流程如图 2-8 所示,其中从步骤 4 到步骤 9,对每一份试卷的评判等级是一个不断重复的过程。

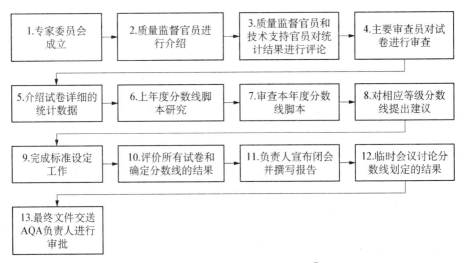

图 2-8　专家委员会工作流程图[2]

2. 等级划定

等级划定是指专家委员会通过一定的方法,通过边界分数将考试结果划分为若干等级的过程。其并不关注所有的等级,只关注与分数线划定相关的"判断等级"。在A-Level 考试中,专家需要划定"最高等级"A 与"最低等级"E,B、C 和 D 等级边界通过将等级 A 和 E 边界之间的原始分范围除以 4 进行计算。[3] 任何剩余的等级边界被

① Hambleton R K, Pitoniak M J. Setting performance standards [J]. Educational Measurement, 2006,4: 433-435.
② AQA. A basic guide to standard setting [EB/OL]. http://store. aqa. org. uk/admin/results-days/GUIDETOSTANDAR DSETTING. PDF.
③ Welsh Assembly Government. GCSE, GCE and AEA: Code of practice [R]. Qualification & Curriculum Authority, 2009: 37.

称为算术等级,因为它们是通过计算确定的,不涉及任何判断,算术等级被均匀地设置在已经设置的判定等级之间。

贝尔德等[1]指出,在 A-Level 考试中,标准判断与评分过程分离。专家的工作是使用书签法(Bookmark)根据评分标准判断"基本掌握该领域知识的考生"能否答对所讨论的题目,在考生不能通过的题目上做出标识,以此作为设置边界分数的依据。判断标准比分数更为困难,通过分数校准的方法,使得一年内参加考试的考生应该像在过去几年参加考试的考生那样应用相同的标准。模块化考试固定等级边界的确定步骤,如图 2-9 所示。

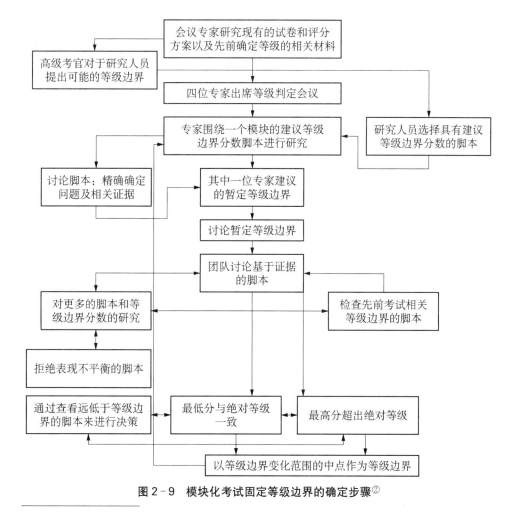

图2-9 模块化考试固定等级边界的确定步骤[2]

[1] Baird J A, Cresswell M, Newton P. Would the real gold standard please step forward? [J]. Research Papers in Education, 2000,15(2): 213-229.
[2] Good F J, Cresswell M J. Grade awarding judgements in differentiated examinations [J]. British Educational Research Journal, 2013,14(3): 269.

委员会主要参照以下信息进行讨论：考试的分数分布情况以及与标准相符合的经过加权的转换系数；分数的分布情况；今年考生与往届考生相比的考试状况；对符合规范的判定等级的建议。

在每个评判等级线上，每个委员会成员独立审查涵盖统计建议的等级线（the Statistically Recommended Boundary，SRB）建议的材料，并记录是否认为该等级符合等级。委员会成员在最大范围内审查最多的材料，相互评阅彼此的材料并提出建议。这些材料也包括上一年度划定分数线的材料、成绩描述和绩效描述。

委员会的建议可使用记号图来总结。委员会确定他们认为分数线为两个限制分数（例如，这里是 68 和 66）。然后，主席在考虑委员会的判断和统计证据的情况下，在限制范围内选择一个建议的分数线。限制范围也可以称为不确定区域。SRB 包含在记号图的顶部，以便委员会在成绩边界讨论期间方便参考。如图 2 - 10 所示。

SRB＝67

分数	专家 1	专家 2	专家 3	专家 4
69	√	×√√	√√√	×√
68	√√	√√	√√√×	√√
67	√√×√	×√√	√√	√×?
66	√√	√?	√√×	××
65	√×	××	×	××

注："√"代表了符合等级标准；"×"代表了不符合等级标准；"?"代表了不确定。

图 2 - 10　专家评分记号图

对所有单独的试卷的分数线建议进行合成，即确定了整体的分数线。在模块化的规范中，该过程需要使用制式分。通过线性处理，对每张试卷的分数进行缩放和求和，以形成每个科目的分数。

专家委员会审查所有科目的缩放结果。在具有大量候选人参加考试的既定规范中，获得每个等级的候选人的百分比预期的逐年变化不会很大。如果定性和定量证据是一致的，审查委员会主席应在简短的总体报告中总结所有会议成果；否则，主席必须在详细的书面报告中证明专家的建议。

（五）英国 A-level 考试的科目选择与在招生选拔中的应用

在英国，一般而言，大学对 A-level 考试等级要求的最低标准主要分为三个层次：一是普通大学，录取标准为 3 科等级分别为 DDD；二是科研型大学，3 科等级分别为

BBB;顶级大学,3—4 科等级分别为 AAA。下面以牛津大学的招生录取为例,说明英国 A-level 考试的科目选择与在招生选拔中的应用。

牛津大学招生并不完全依据考生 A-level 考试的成绩,因为每年有三分之一的申请人并未参加 As-level 和 A-level 考试。牛津大学的招生过程根据每个申请人的个人特点,考虑每个学生的学历、个人陈述、学术参考(包括任何可预测成绩的材料)以及所选学位可能需要的任何书面作业或书面考试。[1] 但是,牛津大学依然对 A-level 考试的成绩做出了细致的要求(表 2-8)。[2][3][4]

表 2-8 牛津大学 A-level 招生专业及 A-level 考试要求

(1) 限选科目的专业及选考科目等级要求:

专业名称	A-level 等级	限选科目	等级要求
生物化学	A＊AA	数学、物理、化学或生物学,或其他密切相关的科目	A＊
生物科学	A＊AA	科学或数学	A＊
生物医学科学	A＊AA	生物、化学、物理和数学	AA
化学	A＊A＊A	数学、化学、科学	A＊A＊
计算机科学、计算机科学与哲学	A＊AA	数学(高等数学)、计算机科学	A＊
经济与管理	A＊AA	数学	A 及其以上
工程科学	A＊A＊A	数学、物理学	A＊
材料科学	A＊AA	数学、物理学、化学	A＊
数学	A＊A＊A	数学(高等数学)	A＊
	A＊AA	数学(高等数学)	数学为 A＊,高等数学为 A
数学与计算机科学	A＊AA	数学	数学/高等数学:AA＊;A＊A 或数学 A＊

① How does Oxford view the proposed A-level reforms? [EB/OL]. https://www. ox. ac. uk/admissions/undergraduate/courses/entrance-requirements/faqs-level-reform? wssl=1.
② Courses listing [EB/OL]. https://www. ox. ac. uk/admissions/undergraduate/courses-listing? wssl=1.
③ Table of subject requirements [EB/OL]. https://www. ox. ac. uk/admissions/undergraduate/courses/entrance-requirements/table-entrance-requirements? wssl=1.
④ A-level offers [EB/OL]. https://www. ox. ac. uk/admissions/undergraduate/courses/entrance-requirements/level-offers? wssl=1.

续　表

专业名称	A-level 等级	限选科目	等级要求
数学与哲学、数学与统计学	A＊A＊A		数学/高等数学为A＊
	A＊AA	数学和 AS-level 高等数学	A＊
医学	A＊AA	候选人必须在化学、生物,物理或数学中选择,不包括批判性思维和通识教育;同一学年完成	A
物理学、物理和哲学	A＊AA	数学、物理	数学、物理或高等数学为A＊

（2）无限选科目的专业及选考科目等级要求：

专 业 名 称	等级要求
考古与人类学、古典考古与古代史、古典文化研究、古典文学和英文、古典与现代英文、古典与东方研究、英国语言文学、英语和现代语言、欧洲与中东语言、艺术、历史、历史(古代与现代)、历史与经济学、历史与英语、历史与现代语言、历史和政治、艺术史、人类科学、法律(法理学)、现代语言、现代语言与语言学、音乐、东方研究、哲学与现代语言、哲学、政治学和经济学(PPE)、哲学和神学、宗教与东方研究、神学与宗教	AAA
地球科学	A＊AA 或 AAAA
地理、心理学(实验)、心理学、哲学和语言学	A＊AA

　　第一,不同的专业对选考科目的要求不一致。牛津大学针对不同的专业所要求选考的科目是不一致的,并且对限选科目的最低等级也有具体的要求。主要分为无限选科目和限选科目两种模式。无限选科目主要集中在哲学、历史、艺术等学科;限选科目主要集中在理工医学等学科,如生物医学科学的限选科目为生物、化学、物理和数学,在限选的两科中最低要达到 A 等级。

　　第二,不同的专业对 A-level 考试的等级要求不一致。牛津大学针对不同的专业所参照的 A-level 成绩的最低标准是不同的,主要是分为 A＊A＊A、A＊AA、AAA 三种模式,分别对应不同的专业要求。一是 A＊A＊A 等级要求,主要针对化学、工程科学和数学等专业,要求所选择的三门科目中有两门达到 A＊ 等级要求,一门为 A 等级要求;二是 A＊AA 等级要求,主要针对生物、计算机、地理、物理、心理等专业,要求所选的三门科目,其中有一门达到 A＊等级要求,两门达到 A 等级要求;三是 AAA 等级要求,主要针对考古、历史、宗教、法律、神学、艺术、文学等专业,要求所选的三门科目,最低都需要达到 A 等级。

第三,不同的专业对考生选考科目的数量要求不一致。在 A-level 考试中,考生可以选考多门,但一般学校要求以 3—4 门选考科目作为录取参照。如地球科学,牛津大学不仅没有限制选考科目,还提出了两种可选择的科目要求,一种为三门科目分别为 A＊AA 等级,一种为三门科目分别为 AAA 等级。

二、澳大利亚"高考"选考科目计分机制

澳大利亚各州分别进行不同的高中毕业证书考试,如新南威尔士州的"高中毕业证书"(Higher School Certificate, HSC);维多利亚州的"维多利亚教育证书"(Victorian Certificate of Education, VCE)等。由于澳大利亚各州高考体制不同,为方便大学录取学生,除昆士兰州外所有州学生的成绩都会经过复杂计算折算成澳大利亚大学入学排名(Australian Tertiary Admission Rank, ATAR)进行录取。ATAR 不是指学生具体的高考分数,而是学生的高考分数在全澳同届学生当中的排名位置。

澳大利亚"高考"以新南威尔士州较为典型。HSC 考试在所有科目里只有英文是必考,其余全部为选修。其中,数学和 35 种语言里还包含不同难度的分科考试。一门科目是 2 个学分,某些扩展科目(Extention)是 1 个学分,学生可选 10—13 学分的科目参加考试,考得最好的 10 个学分计入总成绩。因各门课程难度不同,又需各乘以不同的系数进行校准,如数学扩展 2 是难度最高的,80 分的原始成绩经过校准后的最终成绩为 95 分。HSC 成绩的组成主要包括"校本学习评量成绩"(50％)和"课程考试成绩"(50％)两个部分。校本学习评量包括学校自主出题的课堂考试、文章和演讲、课题、手工、实地操作、艺术类作品等。为避免各个高中之间评分的高低差异,校本学习评量的最终成绩需要通过学校调整系数进行校准,以确保考生成绩的科学性与公平性。在 HSC 成绩计算的过程中,通过对考生的选考科目实施分数校准,可以实现不同选考科目之间的可比。进一步对校准后的"量表分"进行排名,高校可根据排名结果进行录取。

(一)新南威尔士州高中毕业证书考试

1. HSC 考试

HSC 考试自 1967 年起即提供了 28 个科目的 1—3 级课程供考生选择,在 1976 年提出了 HSC 单元课程结构,随后在 1977 年提出了"50％的校本学习评量成绩和 50％

的课程考试成绩"的成绩合成标准。^① 之后该考试不断进行改革与优化,当前要获得高中毕业证书,考生必须完成至少12个预备课程单元和10个HSC课程单元(包括英语),大多数HSC课程为两个单元。考生需要圆满完成预备课程(通常在11年级),然后才能开始相应的HSC课程(通常在12年级)。

HSC课程主要分为两种,一种是理事会开发课程,另外一种是理事会认可课程。新南威尔士州教育标准局(NSW Education Standards Authority,NESA)开发的课程,可以直接作为ATAR排名的依据。理事会开发课程包括:英语、数学、科学、技术、创意艺术、个人发展,健康和体育(PDHPE)、人类社会及其环境(HSIE)、语言、职业教育与培训(VET)等。理事会认可课程则不作为ATAR排名的依据。^②

HSC考试鼓励考生根据自己的兴趣特长与未来职业发展需要选择课程,以获得较高的分数。考生必须完成至少12个单元的初步学习模块,以及至少10个单元的HSC学习模块。这两个学习模块都必须至少包括6个单元的理事会开发课程;2个单位的英语或英语研究委员会开发课程;2门或更多单元的3门课程(理事会开发课程或理事会认可课程);至少4个科目。有些课程有一定的规则和先决条件。例如,考生可以将英语学习包括在6个单元的理事会开发课程单元中,但无法将其计为大学招生办公室(Universities Admissions Centre,UAC)用来计算ATAR的2个单位英语单元。^③

为了反映在日常生活中识字和计算的重要性,新南威尔士州教育标准局要求从2020年开始接受HSC的最低识字和算术标准。HSC考生需要在阅读、写作和计算这三个领域达到HSC的最低标准,该标准设置在澳大利亚核心技能框架(ACSF)的第3级。^④

2. HSC的计分与校准^⑤

HSC成绩是"校本学习评量成绩"和"课程考试成绩"的50:50组合。其中,"校本学习评量成绩"是以学校为基础来评估学生的表现,而不是通过外部考试的测试。

① HISTORY OF THE HSC [EB/OL]. http://educationstandards. nsw. edu. au/wps/portal/nesa/11-12/hsc/about-HSC/history-off-the-HSC.
② HSC COURSES [EB/OL]. http://educationstandards. nsw. edu. au/wps/portal/nesa/11-12/hsc/about-HSC/hsc-courses.
③ ADVICE FOR STUDENTS CHOOSING HSC COURSES [EB/OL]. http://educationstandards. nsw. edu. au/wps/portal/nesa/11-12/hsc/subject-selection.
④ WHAT IS THE HSC MINIMUM STANDARD? [EB/OL]. http://educationstandards. nsw. edu. au/wps/portal/nesa/11-12/hsc/hsc-minimum-standard/what-is-the-standard.
⑤ UNDERSTANDING HSC RESULTS [EB/OL]. http://educationstandards. nsw. edu. au/wps/portal/nesa/11-12/hsc/results-certificates/understanding-results.

其手段主要包括测试、书面或口头作业、实践活动、现场工作和项目等内容。学校在每门课程中为每个学生提交 HSC 评估分数;"课程考试成绩"显示了该学生在 HSC 考试中的表现,考试内容包括书面试卷,部分课程还包括口语考试等内容。每个学生的成绩都会根据既定的标准进行评估和报告,如图 2-11 所示。

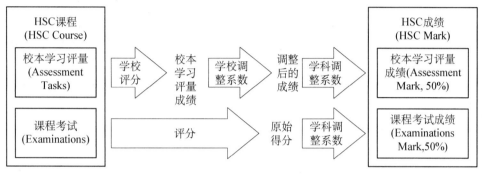

图 2-11　HSC 考试"校本学习评量成绩"和"课程考试成绩"示意图

　　每门 HSC 课程中的学生表现都是根据已经确定的标准来衡量的。每门课程的 HSC 分数分为若干等级,每个等级与该考生在该分数范围内的典型表现描述相一致。学生的原始考试分数可以与新南威尔士州教育标准局(NESA)使用的标准和报告分数相匹配。HSC 的成绩是根据既定的标准进行评估和报告的,以确保学生的成绩得到应有的分数,不受到其他学生水平的影响。值得注意的是,除了英语高级和英语标准是通用的,可以直接比较英语分数之外,其他课程之间的分数无法进行比较。具体等级如表 2-9 所示。

表 2-9　HSC 标准与等级

2 学分的课程					
等级	6	5	4	3	2	1
分数段	90—100	80—89	70—79	60—69	50—59	0—49

拓展课程			
等级	E1	E2	E3	E4
分数段	0—24	25—34	35—44	45—50

拓展数学 2			
等级	E1	E2	E3	E4
分数段	0—49	50—69	70—89	90—100

3. "校本学习评量成绩"的校准①

为解决不同学校"校本评量"中的可比性问题,新南威尔士州学习评量委员会对各个学校提交的原始成绩进行调整。参照系是考生参加全州 HSC 课程考试同一门课程的统一考试成绩。在调整的过程中保持考生在本校的排名顺序不变,同时分数调整以后考生之间的分数差距与原始成绩的分数差距尽量保持相似。即各学校/课程组的评估分数都是根据同一组的考试成绩进行的。这个过程既保持了学校组内学生的排名,又保持了他们之间的相对差距。

调整主要遵循以下三个条件:一是,校本学习评量成绩的平均值调整为等于该组学生获得的课程考试成绩的平均值,等于这些学生参加 HSC 课程考试所得的本门课程的成绩总分与平均分;二是,最高评分被调整为等于该组中的任何学生获得的最高考试分数;三是,最低评分等于组内任何学生获得的最低考试分数。

例如,表 2-10 显示了 6 名在高中学习"近代史"课程的学生所获得的校本学习评量成绩、课程考试成绩和校准后的成绩。

表 2-10 校准后的校本学习评量成绩

学生	校本学习评量成绩	排名	课程考试成绩	排名	校准后的校本学习评量成绩	排名
A	90	1	92	1	92	1
B	78	2	72	3	77	2
C	75	3	80	2	74	3
D	58	4	60	4	59	4
E	55	5	50	6	57	5
F	40	6	55	5	50	6
总分	396		409		409	
均值	66		68		68	

(1) 均值。在校准的过程中,学校提交的评估分数的平均值 66 分已经改变,使其与课程考试中得出的平均值(68 分)相同。即,从统计的角度来看,校本学习评量成绩是"太高"还是"太低","太宽"还是"太窄"都不重要。审核过程进行必要的调整。

(2) 最高分和最低分。校准后的"校本学习评量成绩"与课程考试中的总分、最高

---

① Moderation [EB/OL]. http://educationstandards.nsw.edu.au/wps/portal/nesa/11-12/hsc/about-HSC/moderation.

分和最低分相同。有时出于技术原因,有必要将校准后的"校本学习评量成绩"的最低分调整到高于或者低于课程成绩的最低分。当"校本学习评量成绩"的分布形状与课程分数的分布形状有很大不同时,就会出现这种情况。

（3）排名顺序。校本学习评量成绩与校准后的成绩在排名上相同。该排名顺序可以不同于课程考试成绩的排名。

（4）相对差异（差距）。校准后的"校本学习评量成绩"在学生之间的相对差距相似。在这个例子中,学生 B 和 C 与学生 D 和 E 保持密切相关,而所有其他的差距则保持更远的距离。

将校准分数与校本学习评量相关联的转换用曲线（二次函数）表示,而不是直线,如图 2-12 所示。

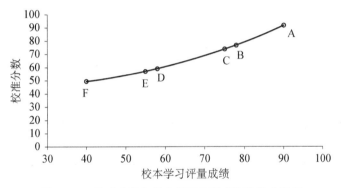

图 2-12　校准分数与校本学习评量成绩转换曲线图

4. 等级划定中的分数校准[1]

由于考试报告和评分标准每年都有所不同,因此 HSC 考试使用"标准设置"程序将成绩和基于标准的报告量表相匹配。之后通过分数校准,对齐课程考试分数,使其在同一个尺度内评分。这可以让学生的成绩和表现在不同的年份进行比较。

课程考试成绩标准为每个表现等级设定了期望值。HSC 的课程成绩标准有六个水平（表现等级）。概述了各级学生所需的知识、技能和理解能力。等级 6 代表最高水平的成就,等级 1 最低。一个在等级中获得较高分数的学生表现出对该等级所需要的知识和技能更强的把握。考生根据其 HSC 分数,被分配到每个课程的表现等级。

由专家组成的评委会决定每科考试的截止分数。评委会主管建议"评委"决定每

---

[1] DETERMINING HSC RESULTS ［EB/OL］. http：//educationstandards. nsw. edu. au/wps/portal/nesa/11-12/hsc/about-HSC/determining-HSC-results.

科考试所需的最低分数,以达到每个表现分数的成绩标准。这些分数就是考试的"截止分数"。决定每个表现等级的截止分数涉及四个阶段(表2-11)。

表2-11　专家判断等级的步骤

阶段	处理
1. 独立判断	[1]　评委审查每个问题,并确定每个表现等级之间的级别上的学生将得到的分数。 [2]　加总分数,得到专家建议的一组分数。 [3]　评委会预估第一组"截止分数"。
2. 团队讨论	[1]　评委会审查统计数据,了解在每个问题上不同水平的学生的成绩,以及他们如何回答不同的多项选择题。 [2]　专家根据需要调整早先的建议。 [3]　评委会对每个等级的修改截止分数取平均值,以获得该组的第二组预估"截止分数"。
3. 细化和推荐	[1]　专家审查在每个截止分数处或附近分数的学生的答复样本,并确认其在预估水平。 [2]　专家根据需要进一步完善他们的建议。 [3]　评委会向由新南威尔士州主管当局组成的HSC咨询委员会推荐"裁决分数"。
4. HSC咨询委员会审查	[1]　专家技术委员会在决定最终裁决分数之前审查裁判的工作和建议。 [2]　处理标准制定过程中发现的问题或异常情况。

当截止分数已经确定时,HSC使用数学技术对原始分进行校准(表2-12)。

表2-12　等级划定与分数校准

等级	调整后的分数	等级	调整后的分数
6	90	3	60
5	80	2	50
4	70		

其中,100的分数维持在100,而0分维持在0。

扩展课程:

等级	调整后的分数	等级	调整后的分数
E4	45	E2	25
E3	35		

即等级 6 的最低得分是 90 分。如果学生的原始考试成绩在第 5 级和第 6 级之间的截止分数处或之上，则将获得 90—100 分之间的考试分数，使用"内插"技术。

例如，假设课程的截止分数是等级 6 为 82 分，等级 5 为 74 分。一个原始考试成绩为 82 分的学生，只要达到 6 级标准，其 HSC 考试成绩就会达到 90 分。如果一个学生的原始考试成绩是 74 分，刚刚达到等级 5 的标准，则会得到一个 80 分的考试成绩。一个原始考试成绩为 78 分的学生，处于第 5 和第 6 等级的截止分数之间的一半，其 HSC 的得分为 85 分。

（二）澳大利亚大学入学排名（ATAR）

澳大利亚大学的研究机构发现，根据学生的总体学业成绩进行的选拔排名是大多数大学课程成功的最佳预测指标。澳大利亚大学入学排名（Australian Tertiary Admission Rank，ATAR）相当于中国最后的"高考成绩"。各大学分数线指的即是 ATAR 分。如某所大学某专业的分数线是 95.65，这就意味着考生至少要取得 95.65 的 ATAR。

HSC 分数和 ATAR 是分开计算的，这是两个不同的衡量标准：HSC 分数衡量学生对表现分数的表现，而 ATAR 则将学生列入整个 7 年级的群体。ATAR 不是一个分数，而是一个用来分配大学学位的排名系统。大学入学中心（UAC）使用 HSC 成绩来计算被称为"澳大利亚大学入学排名"（ATAR）的学生排名顺序。这是一个介于 0.00 和 99.95 之间的数字（最小增量为 0.05），用来表示学生相对于所有在 7 年级开始上高中的学生的排名。因此，80.00 的 ATAR 意味着考生处于 7 年级组（不是 12 年级组）前 20% 的位置。平均 ATAR 通常在 70.00 左右。每个州通过计算 ATAR，以反映学生的排名。在新南威尔士州，ATAR 由 UAC 计算和发布。新南威尔士州的 ATAR 与其他州的相当，例如，新南威尔士州 85.00 的 ATAR 相当于其他州 85.00 的 ATAR。

如一个考生的 ATAR 为 99.95，即其排名大约为前 50 名。由于考生的人数和发挥不等，99.95 可以大致认为是考到了全体考生（总人数大约 7 万）的前 0.05%。因为并列考生的原因，所以 99.00 并不意味着考生在前 1%。ATAR 只是新南威尔士州和堪培拉的高考成绩（排名）的名称，其他州的高考成绩（排名）也都有自己的名字。ATAR 是根据 HSC 各科成绩的发挥来决定的，其计算过程主要采用量表化的方法对各个科目进行校准，包括各个科目分数的向上调整和向下调整。

1. 使用 ATAR 作为录取参考的原因

严格来说，ATAR 不是以"分"为标准的，ATAR 是一个排名的值，一个学生获得

90 的 ATAR 代表学生的成绩排在考生的前 10% 里,而不是高考取得 90 分的成绩。而这个排名则参考 HSC 成绩和学生平时的学校成绩。HSC 中有众多科目,科目之间难度不同,参考人数不同。因此,尽管专家通过量表化的方法在排名前把学生的成绩根据科目的难度和人数进行调整,用校准以后的分数参与 ATAR 排名,但此时科目的区别仍然存在。

为什么大学不使用 HSC 分数而使用 ATAR 作为录取的标准? 澳大利亚在中学阶段为学生提供的不同课程通常多达数十门甚至上百门,选择各门课程的学生数量也各有不同,竞争激烈程度也存在较大差异。所以,为了保证相对公平,需要消除不同课程之间的这种差异。每门课程的分数在计入 ATAR 之前需进行一定的"标准化"。[1][2]

量表化分数的差异在较高的百分位数处较低,如在第 99 百分位数处,对于每个科目的尖子来说,取得的 ATAR 是差不多的。但对于中层或中上层学生来说,其中的区别是显而易见的。难度系数较大的科目在同排名的学生层优势明显。

2. 量表化 HSC 分数[3]

HSC 存在约 27 000 种不同的选考组合,由于不同课程的分数缺乏可比性,考生在不同课程中的排名不一定具有相同的含义。当考生与高学历的学生竞争时,获得好的排名则更难。因此,通过量表化(scaling)程序进行分数转化的基本原则是:通过选择一种组合而不是另一种组合,考生应该既没有优势也没有劣势;其算法假定是:如果所有学生都学习过所有课程,学生的分数应该是多少,即在"全科全考"的情景假定下,计算出考生的分数应该是多少。

在新南威尔士州,考生的 ATAR 是 10 个 ATAR 课程单元量表化分数的总和,包括考生的:(1)最好的两个单元的英语成绩。(2)最好的 8 个单元成绩,其中可以包括不超过两个单元的 B 类课程。(3)尽管 ATAR 的资格要求完成至少 4 个科目,但总数可以基于较少的科目,例如,英语高级,HSC 英语扩展 1 和扩展 2,HSC 数学扩展 1 和扩展 2 以及另外两个单元的课程。但是考生还是必须完成至少四门科目才有资格申请 ATAR。

通过"量表化"以使 HSC 考试中获得的分数的均值和分布与参加该考试的学生在

---

① 章勤琼,麦克斯·斯蒂芬斯. 澳大利亚"新高考"制度评析及启示[J]. 外国中小学教育,2015(7):30—35.

② 注:譬如,与数学相比,选择马术这种冷门专业的学生要少得多。因此,相比而言选择马术的学生会比选择数学的学生更容易排名靠前,因而得到较高的分值。但是显然,在马术课程中得到 35 分跟在数学课程中得到 35 分的意义并不相同。因此,同样是得到 35 分,在诸如数学学科这样竞争激烈的课程中,最后的分数可能会上升到 40 分,而在诸如马术这样选择人数较少的课程中,最后的分值可能会调整到 32 分。

③ HOW YOUR ATAR IS CALCULATED [EB/OL]. https://www.uac.edu.au/future-applicants/atar/how-your-atar-is-calculated.

所有 HSC 科目中获得的分数的均值和分布一致。考生的量表化分数(不是 HSC 分数)将用于计算其 ATAR。高 HSC 分数并不总是转化为高 ATAR。事实上,对于大多数科目,考生的量表化分数往往低于其 HSC 分数。考生在课程中的量表化分数将受到其在其他考生中的位置以及该课程量表化的平均值的影响。表 2-13 显示了一组 HSC 和量表化分数,对应于每个科目第 90 百分位的结果。

表 2-13　HSC 和量表化分数

课程	量表化平均值	HSC 分数	量表化分数
古代历史	48.0	89.0	77.4
生物学	52.8	89.0	78.4
商业研究	48.2	89.0	77.2
社会和文化	47.4	91.0	76.2
物理	60.8	89.0	84.2
英语(标准)	40.0	81.0	63.2

从表 2-13 可以看出,社会和文化科目取得的 HSC 分数是所有科目中的最高分,但是经过“量表化”程序之后,其得分却是选考科目中的最低分(英语为必考科目)。根据 ATAR 只采纳最好的“必考科目(2 个单元)+4 个科目(8 个单元)”共计 10 个单元成绩的计算规则,该科目不能参与到 ATAR 的计算过程中。

3. 量表化 HSC 分数的具体方法[①]

在量表化过程中,主要使用了 AMS(Average Marks Scaling)方法将不同科目的 HSC 分数进行调整,在统一的测量尺度下实现可比。AMS 基于所谓的“平等成就”原则,即当同一组学生(“普通候选人”)参加两个(或更多)相同的科目考试时,那么该组的平均表现应该大致相同。在“平等成就”原则的基础上,ATAR 使用量表化的方法比较每组学生(普通候选人)在每一对科目中的成绩,调整所有科目的原始分数,使得不同科目的量表化分数是可比较的。具体如下:

个别学生学习成绩的最佳衡量标准应基于学生在所有课程中的平均量表化分数(student's average scaled score across all courses taken)反映。假设平均值由 t_i 表示,也就是说,对于一个特定的学生,定义 t_i 是学生 i 在其所学的所有课程中获得的平均量表化分数。

---

① AVERAGE MARKS SCALING [EB/OL]. https://www. tisc. edu. au/static-fixed/statistics/misc/average-marks-scaling-2015. pdf.

考虑参加特定课程 j 的学生队列,对于这些学生中的每一个,都会有一个平均量表化分数 t_i。所有参加课程 j 的学生的平均成绩将用 T_j 表示,也就是说,对于一个特定的课程,定义 T_j 是所有学生在课程 j 中获得的平均量表化分数 t_i 的平均值。AMS 过程使用 T_j 作为选择课程 j 的学生学术能力的替代指标。

若一考生的原始总分为 G_{ni},则该考生再次标准化的 Z 分数为 Z_{ni}(n 表示考生;i 表示科目)。

Z 分数的计算公式为:

$$Z_{ni} = \frac{G_{ni} - \mu_i}{\sigma_i}$$

校准后的量表化分数 X_{ni} 为:

$$X_{ni} = R_i Z_{ni} + D_i$$

R_i 表示选考科目 i 学生的"能力"相对发展指数;D_i 是科目的相关难度。R_i 被定义为 Z_{nj} 的标准差,即参加科目 i 的考生参加的所有科目的标准差。因此,

$$R_i^2 = \frac{\sum\limits_{n \in \Phi_i} \sum\limits_{j \in \Theta_n} Z_{nj}^2}{\sum\limits_{n \in \Phi_i} S_n} - \left(\frac{\sum\limits_{n \in \Phi_i} \sum\limits_{j \in \Theta_n} Z_{nj}}{\sum\limits_{n \in \Phi_i} S_n} \right)^2$$

然后,通过求解联立方程来计算 D_i:

$$D_i \cdot \sum\limits_{n \in \Phi_i} S_n = \sum\limits_{n \in \Phi_i} \sum\limits_{j \in \Theta_n} (R_j Z_{nj} + D_j)$$

4. ATAR 流程[①]

模型假定学生在课程中的位置取决于学生在该课程中的发展能力和"竞争力"。由于 ATAR 是一个反映学术成就的等级,因此"竞争力"是根据课程参选人的整体学术成就来定义的,如图 2 - 13 所示。

在实施量表化之前,将线性转换应用于每门课程的原始 HSC 分数,以将最高分设置为共同值。然后将每个课程中的分数标准化为平均值 25 和标准差 12,以一个单位为基础。量表化首先修改每个课程的平均值、标准差和最高分数,然后对个别学生的分数进行调整,以产生量表化分数。虽然量表化分数通常与其最初的原始分不同,但课程内的学生排名不会改变。

---

① ATAR Technical Report [EB/OL]. https://www. uac. edu. au/assets/documents/publications/atar-technical-report. pdf.

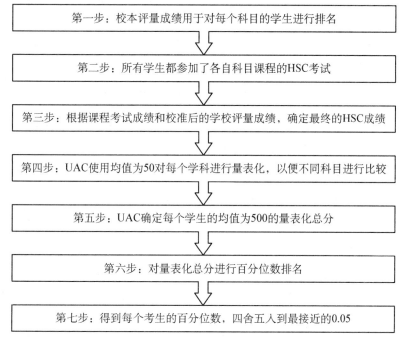

图 2 - 13 确定 ATAR 的流程

量表化的分数将用于计算 ATAR 排名,并根据总分确定符合 ATAR 资格的学生。在多数情况下,基于量表化总分的排序或优先顺序与使用基于 HSC 分数的总分的排序是不同的。

最后一步是根据澳大利亚统计局的数据将这些百分位数相对于加权年龄群体人群进行排序。这个队列有效地反映了五年前的 7 年级[1]。人口百分比从 99.95 开始以 0.05 的间隔截断。每个 ATAR 对应于一系列总分,每个 ATAR 的学生数量也会有所不同,部分取决于存在多少个候选人的总体。逻辑函数的具体形状取决于目标人群中符合 ATAR 条件的学生比例,这个数字是参与率。锚点频率是分配给 99.95 类别的数字 N。最高类别应该包含目标人群的 1/2 000,因为所有最有能力的候选人都将学习 12 年级并申请 ATAR。其使用的逻辑模型为:

$$\log \frac{P_j}{1 - P_j} = a + bx_j$$

其中 NP_j 是 ATAR x_j 学生的目标频率,x_j 小于 99.95。

---

[1] 在澳大利亚,7 年级至 12 年级为中学阶段,没有严格地区分初中与高中,但一般认为 11 年级与 12 年级是为大学入学准备的两年。

量表化的过程每年进行,并不假定一个科目本质上比另一个科目困难,或者考生的素质总是相同的。所有在某一年完成至少一门 ATAR 课程的学生都将被纳入该年度的考核。为 HSC 积累课程的学生在完成课程的一年中需计算出其量表化分数。其具体方法包括:数据验证、合并课程、标准初始化、计算量表化均值和标准差、设定量表化最高分、量表化分数、分数合成、计算 ATAR、确认 ATAR、公布 ATAR 等步骤。

(三) ATAR 排名在招生中的应用

澳大利亚每所大学为每门课程设置最低 ATAR,这被视为对学生而言比较公平的方法,并且作为国家认可的措施,成为学生入学的主要依据。ATAR 最高为 99.95,如果一个学生的 ATAR 排名是 90,表示这名学生的高考成绩在所有考生中排前 10%。ATAR 在 90 以上学生的比例也是衡量一所学校学术水平的标准。ATAR 是澳大利亚高校录取的重要参考,但并不是衡量考生潜力的唯一方法。澳大利亚高校普遍为申请人提供了一些替代途径,希望在学习成绩之外同时考虑其他因素。

如悉尼大学提供了未来领袖计划、百老汇计划、精英运动员和表演者计划等,使考生能够根据教育背景、财务状况以及选择特定课程的动机,有针对性地报考。部分专业 2017 年的入学 ATAR 录取线,如表 2 - 14 所示。[①]

表 2 - 14　悉尼大学部分专业 2017 年入学 ATAR 录取分数线

专　　业	ATAR 录取线
农业科学	75
艺术(媒体与传播)	95
经济学	90
教育(小学)	85
工程(航空)	90
项目管理	85
应用科学(言语病理学)	93
科学	80
信息技术	90
……	……

---

① ATAR explained ［EB/OL］. https://sydney. edu. au/study/admissions/apply/entry-requirements/undergraduate-academic-requirements/atar-explained. html.

三、我国香港地区中学文凭考试的计分机制

香港教育局于 2009 年 9 月实施 3 年制新高中学制,每年有 7—8 万名考生报考文凭考试。在新学制下,学生完成 6 年中学课程,包括 3 年初中、3 年高中后,才可参加评核学业程度的香港中学文凭考试(以下简称"文凭试"),大致相当于内地的"高考"。[①]

"文凭试"通常由 4 门主修科目和 2—3 门选修科目组成。主修科目包括:中国语文、英国语文、通识教育和数学;考生根据个人特长和兴趣,从物理、化学等 21 个选修科目中自主选择 2—3 门进行组合参加考试,而不局限于以往的文科、理科、商科的组合。考试成绩还有一部分来自学生的"平时成绩",该成绩占比 15%—30%。

"文凭试"成绩评核从 1 到 5 作为每科的评核分数,以第 5 级为最高,其中前 10% 成绩优异的考生可获 5** 级,成绩次佳的 30% 可获 5* 级。学生若以香港中学文凭成绩报读政府资助院校的四年制学士学位课程,成绩要求为中文及英语达到第 3 级,数学及通识教育达到第 2 级(即"3322")。而学生基本入大学分数是 18 分,但由于获 18 分的学生众多,因此一般获 21—22 分的学生才比较有把握上大学。

(一) 香港中学文凭考试的分类及成绩汇报

香港中学文凭科目共分为三个类别,包括甲类 24 个高中科目(4 个核心科目及 20 个选修科目)、乙类应用学习科目及丙类其他语言类别。[②]

1. 甲类科目的分类及成绩汇报

高中甲类科目共有 24 科,其中 4 科为核心科目,其余 20 科为选修科目。核心科目包括中国语文、英国语文、数学、通识教育 4 门,选修科目如表 2-15 所示。[③]

表 2-15　香港中学文凭考试选修科目

中文	生物	企业、会计与财务概论		资讯及通讯科技	旅游与款待
英语	化学	设计与应用科技		科学:组合科学	伦理与宗教
中国历史	物理	健康管理与社会关怀		科学:综合科学	科技与生活
视觉艺术	经济	地理	音乐	历史	体育

① 李云. 香港"高考"你能得几颗星? [N]. 人民日报(海外版),2014 - 07 - 15(03).

② 香港考试及评核局. 科目资讯 [EB/OL]. [2017 - 05 - 16]. http://sc.hkeaa.edu.hk/TuniS/www.hkeaa.edu.hk/tc/hkdse/assessment/subject_information/.

③ 香港考试及评核局. 甲类:高中科目 [EB/OL]. [2017 - 05 - 10]. http://sc.hkeaa.edu.hk/TuniS/www.hkeaa.edu.hk/tc/HKDSE/assessment/subject_information/category_a_subjects.

甲类科目的成绩汇报主要有"水平参照"和"个别科目特殊安排"两个特点,具体如下:

第一,水平参照成绩汇报(standards-referenced reporting)。香港中学文凭考试24个高中科目采用水平参照成绩汇报,是根据一套预设的能力等级来汇报考生所达到的成绩水平。各能力等级附设有等级描述,说明有关等级典型学生所达到的能力及表现。考生所得的成绩,能反映其所学到的知识及技能,无需跟其他考生比较,也不会因其他考生的表现而影响其所得的等级。等级描述有助于学生及教师了解取得某个等级的考生所能达到的知识和能力水平。采用一套预设的水平作评级机制,也可确保不同年份的水平维持不变。[①]

甲类科目采用水平参照成绩汇报。考生成绩分为5个等级(1—5级),以第5级为最高等级。获第5级的考生中表现较佳者会获5＊＊,随后表现较佳的则以5＊标示;表现低于第1等级的会标示为不予评级。按有关科目的变量或刻度上的临界分数而订定水平标准,然后参照这套水平标准来汇报考生表现的等级,如图2-14所示。

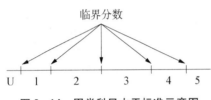

图2-14 甲类科目水平标准示意图

每年试中获得各等级考生的百分比视该年考生的表现而定,没有预设的百分比。[②]为更细致地区分表现最优异考生的成绩,方便招生和招聘,专家评判决定了第5级的水平后,审定其中约10%成绩最优异的第5级考生,可获5＊＊,随后表现较佳的约30%考生,则可获5＊。由于第5＊和5＊＊级以第5级内考生人数分布而定,而非参照既定水平,因此以＊及＊＊代替第6及第7级。[③]

因第5＊和5＊＊级考生的表现水平已包括在第5级的等级描述内,使用者可参考第5级的等级描述了解第5＊和5＊＊级考生的表现及水平。而采用第1级至第5级而非A级至E级,主要是为避免公众将文凭试的等级和香港中学会考(会考)及香港高级程度会考(高考)的等级混淆。[④]

① 香港考试及评核局.香港中学文凭采用水平参照成绩汇报有什么优点?[EB/OL].[2017-05-16]. http://sc.hkeaa. edu.hk/TuniS/www.hkeaa.edu.hk/tc/HKDSE/faq/q3/#3.
② 香港考试及评核局.如何订定各等级的百分比?是否有订定获取每个等级考生的百分比?[EB/OL].[2017-05-16]. http://sc.hkeaa.edu.hk/TuniS/www.hkeaa.edu.hk/tc/HKDSE/faq/q3/#9.
③ 香港考试及评核局.甲类科目:水平参照成绩汇报[EB/OL].[2017-05-16].http://sc.hkeaa.edu.hk/TuniS/www. hkeaa.edu.hk/tc/HKDSE/assessment/the_reporting_system/SRR/.
④ 香港考试及评核局.文凭试为什么采用第1至第5级而不采用A至E来评级?为什么不以第6和第7级代表5＊和5 ＊＊级?如何订定5＊和5＊＊级的水平?为什么5＊和5＊＊级没有等级描述?[EB/OL].[2017-05-16].http://sc. hkeaa.edu.hk/TuniS/www.hkeaa.edu.hk/tc/HKDSE/faq/q3/.

第二,个别科目的特殊安排,主要集中在4门核心科目的成绩汇报上。[①] 一是中国语文和英国语文科目,除了科目的整体等级外,两个语文科目均会汇报每个分部(例如阅读)的等级。个别分部的成绩若低于第1级,将定为不予评级。如考生的科目整体成绩为第1级或以上,而有个别分部成绩为不予评级,则所有分部和科目整体成绩均会在香港中学文凭证书上汇报;若科目整体成绩在第1级以下,则无论分部或整体科目成绩,均不会在证书上汇报。英国语文科目的卷一阅读和卷三聆听与综合能力均设有必答部分和选答部分。除必答部分外,考生可在选答部分选择较易或较难部分作答。如考生选答较难部分,在相关分部最高可获第5** 级,选答较易部分的考生则最高只能获得第4级。二是数学科目,考生可以选择只应考必修部分,或应考必修部分及延伸部分两个单元其中之一。必修部分及延伸部分的成绩将分别汇报。三是组合科学科目,整体等级及两个选修部分(生物、化学或物理)的等级均会在香港中学文凭证书上汇报。如考生的科目成绩在第1级或以上而其中一分部成绩为不予评级,则所有分部和科目整体成绩均会在证书上汇报;若科目成绩在第1级以下,则无论分部或整体科目的成绩,均不会在证书上汇报。

2. 乙类和丙类科目及其成绩汇报

一是,乙类应用型科目。在香港,应用学习是高中课程的重要组成部分,着重实用的学习元素,与宽广的专业或职业领域关联。应用学习课程由课程提供机构发展及教授,并经教育局认可。课程的课时为180小时,为期两学年,学生一般在中五修读第一年(Y1)课程,在中六修读第二年(Y2)课程。应用学习课程共分为六个学习范畴:创意学习,媒体及传意,商业、管理及法律,服务,应用科学、工程及生产,应用学习中文(非华语学生适用)。

成绩汇报。乙类应用学习科目的评核工作由个别课程提供者负责。考生的成绩会经由考评局审订,并于香港中学文凭证书上汇报。成绩分别以两个等级汇报,即达标和达标并表现优异。表现低于达标的水平将被定为不达标,并不会在证书上汇报。达标并表现优异的考生,其水平等同甲类科目的第3级或以上。

自2018年文凭试开始,考生在应用学习科目的成绩汇报,由达标和达标并表现优异两个等级,再细分为达标、达标并表现优异(I)和达标并表现优异(II)。达标并表现优异(I)的表现水平等同文凭试甲类科目第3级的成绩,而达标并表现优异(II)的表现

————————

① 香港考试及评核局. 香港中学文凭考试评级程序与水平参照成绩汇报[EB/OL]. [2017 - 05 - 16]. http://www.hkeaa. edu. hk/DocLibrary/Media/Leaflets/HKDSE_SRR_A4_Booklet_Jun2011.pdf: 4.

水平则等同第 4 级或以上的成绩。至于应用学习中文(非华语学生适用),则沿用达标和达标并表现优异两个等级。[①]

二是,丙类科目。主要包括 6 个高级补充(高补)程度的其他语言科目。英国剑桥大学国际考试组(CIE)将负责考试的拟题、阅卷及评级等工作。有关科目的成绩将以 5 个等级(A—E)在香港中学文凭证书上汇报。在 5 个等级中,E 级最低,A 级最高,而 E 级以下的成绩将定为不予评级,并不会在证书上汇报。[②]

(二) 选考科目的等级划分方式

1. 评级程序与等级描述

香港中学文凭考试的评级程序涉及的一系列工作会在正式阅卷前开始。每一科目的评级工作将由一专家小组负责执行,小组成员包括项目经理、主席、经甄选的助理试卷主席或相关的阅卷员。具体程序包括选取样本答卷、标准化、阅卷后程序、专家小组评级会议、内部会议、公开考试委员会会议等。

等级描述是科目专家在评级、设定水平和维持水平等工作中的重要参考数据。同时,等级描述也可以促进学与教。学生可参考有关描述,用以制定个人的学习目标和评估学习进度;而教师也可以借此明确了解如何协助学生迈向更高水平。此外,对大专院校或雇主等而言,等级描述能让他们更清楚地了解不同水平考生的实际能力,从而做出更合适的选择。

香港中学文凭考试各科均附有一套等级描述,以说明该学科达至某等级的考生的典型能力水平。拟订这些等级描述的原则是正面描述考生能展示的水平,而避免描述考生不能掌握的能力。这些等级描述只是一般性的描述,未必能准确描述个别考生的实际表现。因为某个考生可能在同一科目的不同卷别有跨越多于一个等级的表现。在每科的评核过程中,这些不同的表现会被整合,以最配合考生表现的等级来汇报其成绩。

个别科目的等级描述由一个工作小组拟订,该小组的成员来自不同界别,其中包括课程发展主任、校长、中学教师,以及大学的学科专家。他们参考过往公开考试考生实际表现的样本,以及用香港中学文凭考试样本试卷作先导测验而取得的答卷样本,制定这些等级描述。

除了各科的等级描述外,香港考评局也制定了一套共通等级描述,如表 2-16 所

---

① 香港考试及评核局. 乙类:应用学习科目[EB/OL]. [2017-05-16]. http://sc. hkeaa. edu. hk/TuniS/www. hkeaa. edu. hk/tc/HKDSE/assessment/subject_information/category_b_subjects/.

② 香港考试及评核局. Category C:Other language subjects [EB/OL]. [2017-05-16]. http://sc. hkeaa. edu. hk/TuniS/www. hkeaa. edu. hk/en/HKDSE/assessment/subject_information/category_c_subjects/.

示,这套描述涵盖不同科目,简略说明了考生于不同等级表现的水平。共通等级描述是根据各学科共同的主要学习成果而拟订,其中包括对课程内容的认识和理解,应用概念和技巧的能力,诠释、分析、综合和评价等高阶能力,以及传意能力。[①]

表 2-16　香港中学文凭考试共通等级描述

级别	共通等级描述
5	对课程内容有广泛的认识和透彻的理解,能把概念和技巧有效地应用到多元和复杂的不熟悉情境中,并显示深入的见解
	能分析、综合和评价广泛的资料
	能精简及逻辑地传达意念和见解
4	对课程内容有良好的认识和理解,能把概念和技巧有效地应用到不熟悉的情境中,并显示深入的见解
	能分析、综合和诠释各种资料
	能逻辑地传达意念和见解
3	对课程内容有足够的认识和理解,能把概念和技巧适当地应用到不同的熟悉的情境中
	能分析和诠释各种资料
	能恰当地传达意念和见解
2	对课程内容有基本的认识和理解,能把概念和技巧应用到熟悉的情境中
	能辨识和诠释直接的数据
	能平衡地传达简单意念
1	对课程内容有初步的认识和理解,在协助下,能把概念和技巧应用到简单熟悉的情境中
	在指导下,能辨识和诠释简单的数据
	能粗略地传达简单意念

2. 选修科目的设定水平与维持水平

设定水平的方法有很多,而香港考评局采用一套结合专家判断和统计技术的方法。当中专家会参考统计模型的建议及其他参考资料,厘定最合适的临界分数。原则上,香港中学文凭考试各科的水平会按照等级描述和考生实际表现设定。不同科目会利用不同的统计方法计算建议临界分数,以供专家参考。

---

① 香港考试及评核局. 香港中学文凭考试评级程序与水平参照成绩汇报[EB/OL]. http://www.hkeaa.edu.hk/DocLibrary/Media/Leaflets/HKDSE_SRR_A4_Booklet_Jun2011.pdf: 5-7,11-14.

当前,香港考评局主要利用组别能力指数作为选修科目评级的参考。组别能力指数是利用统计方法计算出的一组百分比,以得到一组建议临界分数。对于应考某选修科目的全体考生来说,他们在核心科目取得某等级的人数,会用来计算出该选修科目于相应等级的组别能力指数。

组别能力指数基本上可视作一组百分比,用作选修科目和应用学习科目评级的参考。计算某科目 X 某个等级或以上(例如第 3 级或以上)的组别能力指数 P 的公式如下:

$$P = \frac{1}{b_C + b_E + b_M + b_L}\left(b_C\,\frac{n_C}{N_C} + b_E\,\frac{n_E}{N_E} + b_M\,\frac{n_M}{N_M} + b_L\,\frac{n_L}{N_L}\right) \times 100\%$$

其中 N_C、N_E、N_M 及 N_L 分别代表科目 X 的考生应考四个核心科目:中国语文、英国语文、数学(必修部分)及通识教育科的总人数;n_C、n_E、n_M 及 n_L 分别代表应考某个科目 X 的考生在中国语文、英国语文、数学(必修部分)及通识教育科四个核心科目中获得某个等级或以上(例如第 3 级或以上)的人数;b_C、b_E、b_M 及 b_L 是把科目 X 的标准分与四个核心科目的标准分作回归分析,得出的回归系数。计算出 P 的数值后,某个等级或以上(例如第 3 级或以上)的建议临界分数为科目 X 分数的 1—P 百分位点。

水平标准一经制订,香港考评局从 2013 年开始维持往后考试的水平,以确保年与年之间的成绩有可比性。选修科目的建议临界分数是依据组别能力指数计算的。选修科目的专家小组可参考以组别能力指数计算所得的建议临界分数,并依此做出最终的建议,以维持各等级的水平。[1]

(三) 模块化分数和科目总分计算

评级前,每份试卷内所有分题、分部的分数会按它们于该卷所占的比重调整并相加,合成卷别积分。若同一科有两份或以上试卷,各卷的积分必需首先进行标准化处理(即将分数转换成同一标准以作比较),然后才加入各卷于整科所占的比重计算科目得分。这是由于科目各卷别的平均分及分数分布均不同,各卷的积分不能作直接比较,科目总分亦不能简单地由各卷积分根据评核大纲内各卷于整科所占的比重总和而成。

各卷别的积分经标准化和加入各卷于整科所占的比重后(即根据评核大纲内各

---

[1] 香港考试及评核局. 香港中学文凭考试评级程序与水平参照成绩汇报[EB/OL]. [2017 - 05 - 16]. http://www.hkeaa. edu.hk/DocLibrary/Media/Leaflets/HKDSE_SRR_A4_Booklet_Jun2011.pdf: 12,18.

卷于整科所占的比重），便计算出加权卷别积分。供评级用的科目总分则由全部卷别的加权卷别积分合成。以分部汇报成绩的科目如中国语文科及英国语文科，若分部只有一份卷，其分部得分即是加权卷别积分；若是由两份卷组成的分部，其分部得分便会由两卷的加权卷别积分相加组成，而科目得分则是所有分部得分的总和。

考生甲卷一的得分(85)是卷别平均分(40)以上 3 个标准偏差，考生乙卷二的得分亦如是，如表 2-17 所示。考生甲卷二的表现亦与考生乙卷一的表现相同。由于两卷的比重相等，两名考生的科目总成绩理应相同，但若将他们两卷的得分直接根据比重相加，考生甲和考生乙的科目总分分别是 145 分和 135 分。这样计算会对考生乙造成不公，而考生甲会因在分数分布较大的卷别取得较高分而得益。[①②]

表 2-17　分部分数和科目总分计算举例

	卷一	卷二	科目总分
比重(W)	50%	50%	
平均分(μ)	40	50	
标准差(σ)	15	10	
考生甲	85	60	145
	($\mu+3\sigma$)	($\mu+\sigma$)	
考生乙	55	80	135
	($\mu+\sigma$)	($\mu+3\sigma$)	

由此可见，在处理科目总成绩前，将各卷别的积分标准化，有助确保各卷水平的可比性，让考生于各卷的表现能公平地计算入其科目总分。

在分别汇报各卷成绩和整科成绩的科目评级中，考生于大部分试卷取得的等级高于整科总成绩评级的情况偶有出现，反之亦然。其主要原因与如何从各试卷的得分计算出整科总成绩的评级、每个等级代表一段分数范围，以及各试卷于整科占不同比重有关。[③]

---

① 香港考试及评核局. 如何从各卷分数计算出分部分数（如有）和科目总分？[EB/OL]. [2017-05-16]. http://sc. hkeaa. edu. hk/TuniS/www. hkeaa. edu. hk/tc/HKDSE/faq/q3/♯12.

② 香港考试及评核局. 举例[EB/OL]. [2017-05-16]. http://www. hkeaa. edu. hk/DocLibrary/HKALE/FAQ/Exam_result_FAQ_Q10_chi. pdf.

③ 香港考试及评核局. 我于香港中学文凭考试中国语文科的分部成绩中，取得第 5 级的分部数目多于第 4 级的水平，为何总成绩仍维持在第 4 级的分部数目？[EB/OL]. [2017-05-16]. http://sc. hkeaa. edu. hk/TuniS/www. hkeaa. edu. hk/tc/HKDSE/faq/q3/♯11.

(四) 我国香港地区中学文凭考试使用的分数校准技术

部分香港中学文凭考试的试卷包括一个必答部分和两个或多个选答部分。因此,香港考评局需要进行分数等值,使选答不同部分考生的表现,能以同一尺度进行比较。分数等值的概念是把某选答部分的分数,以必答部分的分数作中介,转换为另一选答部分的分数,又或是把不同选答部分的分数都转换为必答部分的分数。

分数等值涉及三个步骤:第一步,按考生表现把每个部分的分数排序;第二步,把每一部分的考生分为多个等份(例如分为 20 等份,每等份占全部考生的 5%);第三步,按各等份的分数分布,把某一部分的分数转换为另一部分的分数,如有需要,调整相同百分位点的分数。

以科目英国语文为例,公开考试部分包括四份试卷,分别是阅读(卷一)、写作(卷二)、聆听与综合能力(卷三)及说话(卷四)。写作和说话卷中所有部分全属必答。而阅读和聆听与综合能力卷中,则只有 A 部分为必答题,考生须作答 A 部分的必答题并选答 B1 部分(较易部分)或 B2 部分(较难部分)的题目。

为了以划一的尺度评估选答不同部分考生的表现,香港考评局将参考必答部分的分数分布,把较易部分的分数转换到一个与较难部分可比的尺度。转换后的结果称为较难部分的等值分数。把每个考生必答部分的分数和较难部分的分数(或较难部分的等值分数)相加便得出试卷总分,继而根据试卷总分进行评级。[①]

(五) 我国香港中学文凭考试成绩在招生选拔中的应用

以下以香港城市大学为例,说明香港地区中学文凭考试成绩在招生选拔中的应用。在香港地区的大学招生过程中,一般会针对所有考生提出一般入学要求,并作为考生的最低要求;在一般入学要求的基础上,特定专业会提出对考生的最低限度要求,在一些科目上会高于一般入学要求,并对选修科目进行限制,如表 2 - 18、表 2 - 19所示。[②]

表 2 - 18　香港城市大学一般入学要求

核心项目			选修科目		
英国语文	中国语文	数学	通识教育	选修 1	选修 2
3 级	3 级	2 级	2 级	3 级	3 级

① 香港考试及评核局. 香港中学文凭考试评级程序与水平参照成绩汇报[EB/OL]. [2017 - 05 - 16]. http://www. hkeaa. edu. hk/DocLibrary/Media/Leaflets/HKDSE_SRR_A4_Booklet_Jun2011. pdf: 19.

② Entrance Requirements for Bachelor's Degree Programmes-Hong Kong Diploma of Secondary Education (HKDSE) Students (for 2017 Entry) [EB/OL]. [2017 - 05 - 16]. http://www. admo. cityu. edu. hk/jupas/entreq/bd/.

表 2‑19　香港城市大学计划特定入学要求

JUPAS 目录号和标题	最低限度要求					
	英国语文	中国语文	数学	通识教育	选修科目	
					选修 1	选修 2
商学院						
JS1000 理学士计算财务	3 级	3 级	4 级	2 级	3 级	3 级
JS1003 经济与金融系（选项：BBA 商业经济学，BBA 财务）	3 级	3 级	3 级	2 级	3 级	3 级
......						

通过分析可以得出，香港中学文凭考试成绩在招生选拔中的应用具体有以下特点：

一是，招生选拔是按照"科目权重×等级"合成总分的方式进行录取。值得注意的是，香港地区高校的总分合成录取，是基于已经达到最低入学要求的考生，为选择相关专业的目的而进行合成的，且不包括"体育人才"、"校长提名"等方式入学的考生，如表 2‑20 所示。

表 2‑20　2016 年香港城市大学会计系工商管理学士录取权重[①]

入学评分与加权应用		示例案例	HKDSE 结果								分数计算与加权应用（4 核心＋2 选修科目具有最高加权分数）
S1002—会计系（工商管理学士—会计学）											
			英国语文	中国语文	数学（必答部分）	通识教育	选修科目			选修科目：其他语言	
							科目 1	科目 2	科目 3		
			权重 2	权重 1	权重 2	权重 1	权重 2（其他语言除外）			权重 1	
中位数	44	学生 A	3	4	5	4	5 *	4			$3\times2+4\times1+5\times2+4\times1+6\times2+4\times2=44$
		学生 B	4	3	5	3	5 *	4	4		$4\times2+3\times1+5\times2+3\times1+6\times2+4\times2=44$

---

① 2016 JUPAS（HKDSE）Admission Scores［EB/OL］.［2017‑05‑16］. https：//www. admo. cityu. edu. hk/hkdse_scores/scores_2016.

续　表

入学评分与加权应用	示例案例	HKDSE 结果							选修科目：其他语言	分数计算与加权应用（4核心＋2选修科目具有最高加权分数）
		英国语文	中国语文	数学（必答部分）	通识教育	选修科目				
						科目1	科目2	科目3		
		权重2	权重1	权重2	权重1	权重2（其他语言除外）			权重1	
下四分位数	43	学生 C	3	3	5	4	5	5	4	$3\times2+3\times1+5\times2+4\times1+5\times2+5\times2=43$
		学生 D	4	3	4	4	5	5		$4\times2+3\times1+4\times2+4\times1+5\times2+5\times2=43$

二是,招生院校划定一般入学要求。如香港城市大学的一般入学要求为英国语文3级,中国语文3级,数学2级,通识教育2级,选修1为3级,选修2为3级。

三是,具体学院与专业在学校最低要求的基础上,根据专业特点,上调相应科目的等级要求。如香港城市大学的BBA会计专业要求数学成绩为3级,比一般入学数学成绩要求的2级要高。

四是,多数专业对选修科目有具体的要求。多数专业都对选修科目有1项要求,少数专业对两门选修科目有两项要求。由此可以看出高校对学生专业能力的基本要求。

四、上海"3+1"高考方案选考科目的计分机制

(一)上海调整分

上海自1985年起开始实施教育部提出的"在完善普通高中会考基础上,科目设置"的改革;自1988年起在高考科目中设置"+1"科目,至今已经历了"3+1+X"、"3+1"等多种考试模式。其中,"1"为选考科目,根据所报考的高校和本人志愿,文史类考生在政治、历史、地理科目中任选1科参加考试,理工类考生在物理、化学、生物科目中任选1科参加考试。如表2-21所示。

上海市在"+1"科目中实施了"调整分"的分数校准政策,"+1"科目每科满分150分,经过分类调整后,按照4科合成总分排序。总分包括语数外3科的原始分加上"+1"科目的调整分。对选考科目进行的调整,主要是基于以下几点。

表 2-21 上海"3+1"考试科目组合

文史类	语文、数学(文)、外语、政治	理工类	语文、数学(理)、外语、物理
	语文、数学(文)、外语、历史		语文、数学(理)、外语、化学
	语文、数学(文)、外语、地理		语文、数学(理)、外语、生物

第一,不同选考科目的难易程度不同。如生物学科与物理学科相比,前者在中学的 6 个学期中需要学习 2 个学期,而后者则需要学习 6 个学期,由于课程的广度和深度的不同,导致考生在复习备考选考科目时所需花费的时间和精力也是不同的。选考科目之间的原始分数没有可以同时比较的基础,即理科选考科目中物理的 90 分与化学的 90 分不可比;文科选考科目中,政治的 90 分与历史的 90 分也不可比。因此,不能简单地加入到 3 门总分中,作为高考录取时的依据。

第二,配合相关录取政策。一是配合"兼报兼收"的录取政策。为了适当扩大考生填报志愿的范围和扩大高校招生的生源,在高校招生录取中实行"兼报兼收"办法,对于考生而言"兼报不须兼考"。即,考生除了可以报主考科目组的相关专业外,还可以报专业相近的主收其他科目组的学校或专业,高校可以兼收专业相近的其他科目组考生。例如,参加物理科目组(语文、数学、外语、物理)考试的考生可以兼报主收化学科目组(语文、数学、外语、化学)或生物科目组(语文、数学、外语、生物)的学校和专业。

二是配合"总分录取"的政策。由于实施的是"总分录取",在录取时按考生的"3+1"考试成绩进行总分排序。然而,考生选考的科目不尽相同,各门选考科目之间,相同的分数缺乏可比性的依据。另外,叠加选考科目经验性命题的因素,各选考科目的难度系数会出现不同程度的差别。因此,如果不对选考科目进行分数调整,直接计总分排序,会因为测量上的不科学,导致不公平现象的发生。

三是不同选考科目群体所具有的潜在能力不同。有关上海高考的多年统计数据表明,理工类考生中物理、化学、生物科目组的语文、数学、外语成绩的平均值依次呈现高、中、低的排序;文史类考生中历史、政治、地理科目组的语文、数学、外语成绩的平均值呈现高、中、低的排序。

(二)上海调整分的原则与具体方法

为了使分数调整做到比较科学、相对合理、误差较少,必须找出一个便于进行调整的共同基准。经过论证和统计分析,参照一些国外的学能测验,语文和数学成绩被认为与其他各科成绩有较高的相关性。语文和数学成绩高低,一般反映了考生相应的学习能力高低,而且语文和数学是考生的必考科目,所以确定将语文和数学标准分之和作为考生相关科目分数调整的一般能力指标。

上海调整分的原则是：通过调整，要保证考生相关科目成绩横向相对可比、纵向先后次序不变。即，调整后同类科目组间相关成绩可比，而不影响科目内纵向排列次序。同一科目组内考生原始分相同，调整分也相同。原始分高，调整分也保持相当水平。

分数调整的具体方法是应用计算机对全市考生成绩进行统计，以一般学习能力（语、数标准分之和）为横坐标（X轴），被调整科目成绩（原始分）为纵坐标（Y轴），分科做出散点图，按照最佳数学模型拟合成单科成绩曲线（共六条），然后按两类，分别将每类三条曲线再拟合成一条调整曲线。最后，根据调整曲线确定各科目的调整分。[①]

（三）上海调整分的特点与不足

上海调整分实现了选考科目的"可比"，避免了因选考科目试卷的难易程度不同而导致参加选考科目群体能力水平不同的现象的发生。同时，调整分在分数合成上与"语数外"三门科目进行总分合成，具有操作性强的特点。

但是，上海调整分也存在相应的不足。一是调整依据的科学性问题。现有调整方案是以语文、数学成绩作为学生一般能力指标对其他选考科目进行校准的。这一依据是根据上海市考生多年来的教育测量数据的结论，并参照了国内外教育、教学研究成果得出的。及至外语科目是否纳入到调整依据中的问题，其根据的是1986年上海市区县外语教育不均衡的现状，以及语文、数学、外语三门之间的文理平衡，其信度、效度需要进一步的检验。

二是，在"＋1"科目的选择上，考生往往是根据"分数最大化"的原则，通过相关调整数据来判断选考科目难易程度的年度变化状况并进行选考。如图2-15所示通过2012—2016年的物理科目调整分的调整范围分析，可以看出2012年的调整范围为5分以内，2013年的调整范围在1分以内，2014年的调整范围在2分以内，2015年的调整范围在16分以内，2016年的调整范围在2分以内，调整区间范围反映出了一定的年度变化规律。

三是，调整分的调整曲线表现为"接近平均分数处的成绩调整幅度最大，高分段考生和低分段考生的成绩基本不调整"。如图2-16至图2-20所示。2012—2016年5年的调整数据显示，上海调整分对高分段的考生而言，在加分科目上，其优势相对减小；在减分科目上，其优势相对增加。对低分段的考生而言则相反，在加分科目上，其弱势相对增加；在减分科目上，其弱势相对降低。

---

① 上海市教育考试院.高考各科成绩如何计分？相关考试成绩如何调整？[EB/OL].[2006-05-18].http://www.shmec.gov.cn/web/xwzx/jyzt_detail.php?article_id=28683.

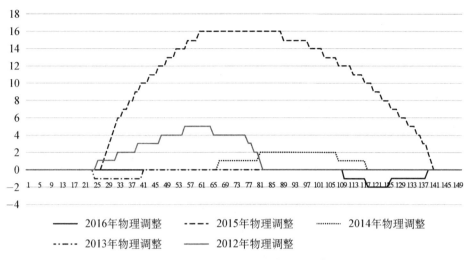

图 2-15 2012—2016 年物理调整分调整范围对比

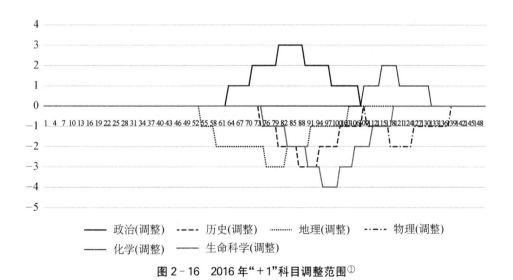

图 2-16 2016 年"＋1"科目调整范围①

---

① 上海市教育考试院. 2016 年上海市普通高等学校招生考试相关科目调整分［EB/OL］. (2016－06－23). https：//www. shmeea. edu. cn/page/02200/20160623/3088. html.

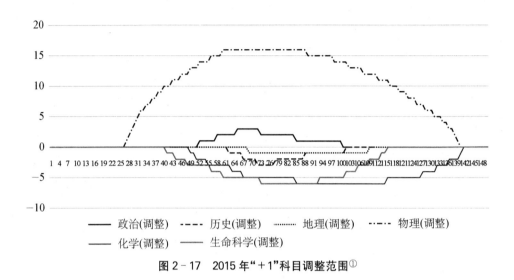

图 2 - 17 2015 年"＋1"科目调整范围[①]

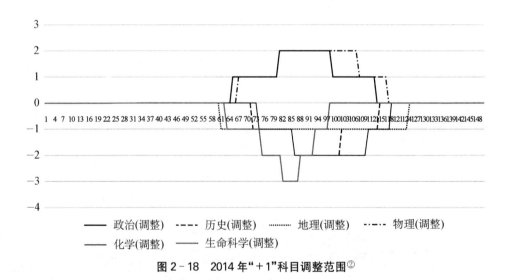

图 2 - 18 2014 年"＋1"科目调整范围[②]

① 上海市教育考试院. 2015 年上海市普通高等学校招生考试相关科目调整分［EB/OL］.（2015 - 06 - 23）. https://www. shmeea. edu. cn/page/02200/20150623/6534. html.

② 上海市教育考试院. 2014 年上海市普通高等学校招生考试相关科目调整分［EB/OL］.（2014 - 06 - 26）. https://www. shmeea. edu. cn/page/02200/20140626/3053. html.

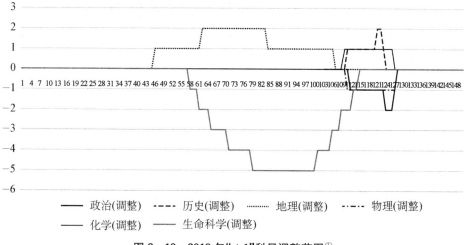

图 2 - 19　2013 年"＋1"科目调整范围①

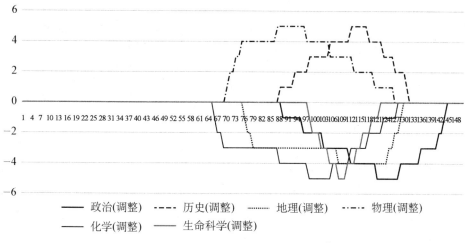

图 2 - 20　2012 年"＋1"科目调整范围②

五、江苏高考"08 方案"选考科目的计分机制

江苏高考"08 方案"是指，江苏省为配套 2005 年秋季开始的课程改革实验而实施的高考改革方案。该方案于 2006 年公布③④，在 2008 年实施并于后期进行微调。其主

① 上海市教育考试院.2013 年上海市普通高等学校招生考试相关科目调整分[EB/OL].（2013 - 06 - 26）. https://www.shmeea. edu. cn/page/02200/20130626/2216. html.
② 上海市教育考试院.2012 年秋季高考相关科目调整分[EB/OL].（2012 - 06 - 26）. https://www. shmeea. edu. cn/page/02200/20120626/4579. html.
③ 江苏省教育考试院.江苏省 2008 年普通高考方案[EB/OL].（2006 - 09 - 22）. http://www. jseca. cn/contents/channel_26/2007/05/705241421126. html.
④ 江苏省教育考试院.江苏省 2008 年普通高考方案作四项重要调整[EB/OL].（2006 - 10 - 09）. http://www. jseea. cn/contents/channel_26/2007/05/705241421128. html.

要模式为"3＋学业水平测试＋综合素质评价"。"3"是指统考科目,分别是语文、数学、外语3门;学业水平测试科目包括政治、历史、地理、物理、化学、生物、技术7门;综合素质评价包括道德品质、公民素养、交流与合作、学习能力、运动与健康、审美与表现6个方面。

(一) 选修测试科目的计分方式

江苏"08方案"中的学业水平测试,文科类考生与理科类考生都需要参加包括选修测试科目2门,必修测试科目5门在内的7门考试。其中,历史和物理分别作为文科类考生与理科类考生选修测试科目的必选科目,即文科类考生选修测试科目必须选择历史,另外,在政治、地理、化学、生物4门中选择1门;理科类考生选修测试科目必须选择物理,另外,在政治、地理、化学、生物4门中选择1门。7门学业水平测试科目中,考生选定的两门选测科目之外的5门为必测科目,如图2-21所示。

图 2-21 江苏"08方案"学业水平测试科目的组成

选测科目各科满分为120分,按考生原始分成绩排名划出六个等级,前5%(含)为A＋级,5%—20%(含)为A级,20%—30%(含)为B＋级,30%—50%(含)为B级。50%—90%(含)为C级,90%以后为D级,如表2-22所示。

表 2-22 江苏"08方案"选测科目等级划分表

A＋	A	B＋	B	C	D
5%(含)	5%—20%(含)	20%—30%(含)	30%—50%(含)	50%—90%(含)	90%以后

(二) 招生政策匹配计分方式的分数校准

现行江苏"08方案"中,文科类、理科类考生3门统考总分为480分,体育类、艺术类考生3门统考总分为440分。选测科目各科满分为120分,按考生成绩分布分为A＋、A、B＋、B、C、D六个等级。该方案采用统考总分与选考科目分数并列报告的方式。

为配套"08 方案"的考试方式和计分特点,根据"依据文理,满足等级,按分排序,遵循志愿"①的原则,各高校自主确定投档方式,明确录取要求。具体方式主要有以下几个方面②:

第一,在公布计划的方法上。高校分专业公布招生计划,同时公布对考生的学业水平测试选测科目要求和学业水平测试等级要求。一是,高校分专业对考生的选测科目提出要求。高校的每个专业须在历史或物理中确定 1—2 门作为对考生的选测科目要求,从而形成 1—3 个专业类,即以历史为选测科目的人文社会科学专业类、以物理为选测科目的自然科学专业类、以历史或物理作为选测科目均可的兼招专业类。二是,高校对考生的另一门选测科目原则上不作要求。个别有特殊要求的专业可在政治、地理、化学、生物科目中提出一门或多门建议选科。建议选科在录取中的作用由高校在招生章程中予以明确并在录取中按章程执行。投档时,只要考生选测的历史或物理科目符合院校的选科要求即可。

第二,在等级要求上。高校以学校为单位(不分具体专业),对考生的学业水平测试成绩提出等级要求。一是,高校不分科目,只在总体上对两门选测科目和五门必测科目提出等级要求,其表述形式如"选测为 2A,必测为 4C1 合格③";或"选测为 A+、A,必测为 4C1 合格"等等。二是,高校也可对历史或物理科目提出具体等级要求,并在此基础上对其余选测和必测科目提出总体上的等级要求,其表述形式如"选测历史为 A,物理为 A+,其他选测为 B,必测为 4C1 合格";或"选测历史为 A+,物理为 A,其他选测为 B,必测为 4C1 合格"等等。

第三,在划线办法上。对符合江苏省规定的填报志愿基本条件的考生(必测 4C1 合格),根据各批次高校招生计划数、统考分数和院校提出的两门选测科目等级要求,综合考虑,划定各批次省录取最低控制分数线和各阶段填报志愿资格线。

第四,在录取办法上。考生进档后供院校参考的排序办法主要有以下几种:一是,先分数后等级。对进档考生按总分排序,当总分相同时,再参考考生的学业水平测试等级排序。二是,先等级后分数。按选测科目等级将进档考生分成若干等级档次,在同等级档次内再按总分排序。三是,等级级差法。将进档考生的选测科目等级折算成等级级差分,在考生总分的基础上加上等级级差分后进行排序。

---

① 江苏省高等学校招生委员会、江苏省教育厅. 关于印发江苏省 2017 年普通高等学校招生工作意见的通知[EB/OL]. (2017 - 03 - 17). http://www. jseea. cn/contents/channel_26/2017/04/1704011641137. html.

② 江苏省教育考试院. 关于印发江苏省 2009 年普通高校招生录取办法的通知[EB/OL]. (2009 - 03 - 05). http://www. jseea. cn/contents/channel_26/2009/03/0903201459006. html.

③ 4C1 合格指有 4 个科目为 C 等,1 个科目为合格。

在具体实践上,遵循的是"不同层次,不同类型、不同规模、不同地域"的原则,各高校结合江苏的考试特点与计分方式,通过招生章程对选测科目提出要求。以下选取了2017年在江苏招生的清华大学、北京大学、华东师范大学、西北大学、西北工业大学、南京林业大学、扬州大学的招生章程进行比较。具体如下:

《清华大学招生章程》第十六条规定:清华大学在江苏省录取时,对学业水平测试两门选测科目等级最低要求为 A+、A;自主招生、领军人才选拔、自强计划、高水平艺术团、非通用语种等特殊类型考生两门选测科目等级最低要求为 B、B;高水平运动队、艺术类考生的学业水平测试等级要求按江苏省有关规定执行。①

《北京大学招生章程》第十七条规定:北京大学在江苏省录取时,对两门选测科目学业水平测试等级最低要求为 A+、A;自主招生、综合评价招生(博雅人才培养计划)、高校专项(筑梦计划)、高水平艺术团等入选资格考生两门选测科目等级最低要求为 B、B;高水平运动队考生的学业水平测试等级要求按江苏省有关规定执行。②

《华东师范大学 2017 年招生章程》第十九条规定:江苏省考生(含自主招生和高水平艺术团考生)报考普通类本科专业的资格要求是选测科目为 2 B,必测科目为 4 C 1 合格;对选测科目成绩达到 A+ 的,给予投档分加 2 分优惠(两门选测 A+ 可加 4 分)进入专业录取。艺术体育类专业要求是 7 门必测科目 D 级不超过三门(技术科目不合格视为 D 级)。③

《西北大学 2017 年全日制普通本、专科招生章程》第十七条规定:江苏省进档考生选测科目的成绩等级要求须达到 B、B(艺术类考生无要求),录取按"先分数后等级"、实行"分数优先,遵循志愿"的方式进行。分数和等级均相同时,文科依次按语文、数学、外语科目比较排序进行录取,理科按数学、语文、外语科目比较排序进行录取。④

《西北工业大学 2017 年本科招生章程》第十四条规定:对江苏省考生学业水平测试等级要求为普通类考生选考科目等级要求达到 A、B;自主招生、高水平艺术团等选考科目等级要求达到 B、B。专业安排实行先分数后等级原则。⑤

① 教育部阳光高考招生信息平台. 清华大学招生章程[EB/OL]. [2017 - 07 - 16]. http://gaokao. chsi. com. cn/zsgs/zhangcheng/listVerifedZszc-infoId-1814957720,method-view,schId-3. dhtml.
② 教育部阳光高考招生信息平台. 北京大学招生章程[EB/OL]. [2017 - 07 - 16]. http://gaokao. chsi. com. cn/zsgs/zhangcheng/listVerifedZszc-infoId-1821327035,method-view,schId-1. dhtml.
③ 教育部阳光高考招生信息平台. 华东师范大学 2017 年招生章程[EB/OL]. [2017 - 07 - 16]. http://gaokao. chsi. com. cn/zsgs/zhangcheng/listVerifedZszc-infoId-1814318821,method-view,schId-210. dhtml.
④ 教育部阳光高考招生信息平台. 西北大学 2017 年全日制普通本、专科招生章程[EB/OL]. [2017 - 07 - 16]. http://gaokao. chsi. com. cn/zsgs/zhangcheng/listVerifedZszc-infoId-1822600732,method-view,schId-545. dhtml.
⑤ 教育部阳光高考招生信息平台. 西北工业大学 2017 年本科招生章程[EB/OL]. [2017 - 07 - 16]. http://gaokao. chsi. com. cn/zsgs/zhangcheng/listVerifedZszc-infoId-1827444687,method-view,schId-547. dhtml.

《南京林业大学 2017 年招生章程》第十三条规定：江苏省普通文理科类考生,要求选测科目符合要求且达到 B、B(中外合作办学 UBC 项目达到 B、C),必测科目达到 4C,技术科目合格以上。第十四条规定:江苏省采用"等级级差"原则。先按选测科目等级 A＋加 3 分、A 加 2 分的方法,将进档考生的投档分加上等级级差分后折算成预投基准分从高到低进行排序,根据考生专业志愿逐个予以安排,如其第一志愿专业已满额,则看其下一志愿,直至处理完该考生的所有志愿,再视其是否服从调剂进行处理。预投基准分同分的情况下,按照江苏省同分排序规则进行排序。综合评价录取考生不重复计算选测科目等级加分。[①]

《扬州大学 2017 年全日制普通本科招生章程》报考条件规定:江苏省学业水平测试等级最低要求:选测科目等级:代码为 1381 的文理科均为 2B;代码为 1382 的理科(农科类专业)为 1B1C;代码为 1514 的理科(农村订单定向医学生免费培养)为 2B;代码为 1646 的文理科(中外合作办学)均为 1B1C;代码为 1794 的文理科(中美大学生双向交流项目)均为 2B;体育、艺术类考生只对必测科目提出等级要求。[②]

通过比较,江苏"08 方案"在高校录取政策上的主要特点为选修科目测试等级要求由高校自主确定。这进一步扩大了高校的招生自主权,不同层次的院校可以根据自身的办学定位和专业培养目标,在录取中对学业水平测试成绩提出不同的等级要求。为配合选测科目的计分方式,各高校根据自身的招生特点有针对性地提出了相应的录取要求,主要有以下几种方式:一是,分别对两门选测科目的等级提出最低要求。如清华大学与北京大学分别针对普通考生、特殊类型考生等提出不同的最低等级标准。二是,在录取方式上,不同高校采用不同的录取原则。如西北大学和西北工业大学采用"先分数后等级"的原则,而南京林业大学采用"等级级差"原则。三是,在录取时对较高成绩的选测科目给予优惠的方式,鼓励报考。如华东师范大学对选测科目成绩达到 A＋的,给予投档分加 2 分优惠(两门选测 A＋可加 4 分)。四是,同一高校不同专业之间提出了不同的选测科目的等级要求。如扬州大学代码为 1381 的文理科均为 2B;代码为 1382 的理科(农科类专业)为 1B1C。

(三) 江苏"08 方案"分数校准机制的特点与不足

江苏"08 方案"的学业水平测试包括必修科目和选修科目,在 7 门学业水平测试科目中,2 门选修科目之外的 5 门为必修科目。通过"选修科目覆盖该科目必修内容"

---

① 教育部阳光高考招生信息平台.南京林业大学 2017 年招生章程[EB/OL].[2017－07－16].http://gaokao.chsi.com.cn/zsgs/zhangcheng/listVerifedZszc-infoId-1826011320,method-view,schId-235.dhtml.

② 教育部阳光高考招生信息平台.扬州大学 2017 年全日制普通本科招生章程[EB/OL].[2017－07－16].http://gaokao.chsi.com.cn/zsgs/zhangcheng/listVerifedZszc-infoId-1825508383,method-view,schId-737.dhtml.

的方式,减少了学生考试的科目和次数。其中,选修科目中主要有两门选测科目,一门以2选1的方式让文科类考生或理科类考生在历史或物理中进行选择,一门为4选1科目,考生分别在政治、地理、生物、化学中选择一科参加考试。选测科目按原始成绩排名划分为六个等级,与统一考试科目进行并列报告成绩。与"按照排名划分等级"的等级计分方式相适应,各高校通过自身的招生章程自主提出录取方式与等级要求进行录取。这一选考方案的整体设计,较好地实现了选考科目的可比性。

但是,通过对江苏的调研发现,江苏"08方案"在实际运行过程中出现了语数外统考科目总分与两门选测科目等级不匹配的问题。在招生过程中,高校根据统考科目总分与等级进行录取,考生必须同时达到这两个标准。然而,在实际操作过程中出现了新的录取矛盾,即一些考生的选测科目等级较低,而统考科目的总分却较高,从而出现了因为一门科目等级较低而不能录取的情况。同时,还出现了高校减少选测科目限制而导致考生投机性选考的行为。

第四节　新高考选考科目计分的理论分析

一、国内外多科目选考计分的经验

(一) 科目之间比较的争议

科目之间的可比性一直存在争议。一方面是基于测量理论上的争议。反对采用科目成绩可比性程序的学者认为这种比较是没有意义的,他们认为各科的学习内容与所需要能力不同,就好像苹果与橙子一样,难以比较。但也有学者持不同看法,认为贯串学科之间有一种共通的学业能力,而且要满足成绩使用者的期望,有必要考虑这个问题。另一方面是基于实践的争议。在香港地区中学文凭考试中,有些学科教师对采取科目成绩可比性的措施持有强烈的反对意见,认为这种评级方法不利于其学科的发展,吓退了学生,损害了他们的信心,漠视了他们对某些科目的兴趣和努力。这些科目的教师强调,虽然学生的其他学科成绩较弱,但在某些科目有不错的表现,以其他科目的成绩来调整学生成绩比较好的科目是不公平的。[1]

(二) 标准参照的分数解释与科目之间的可比

国外多科目选考多采用标准参照的分数解释,避免考生异质性的影响。1962年,

---

① 康乃美,等.中外考试制度比较研究[M].武汉:华中师范大学出版社,2002:106.

匹斯堡大学的格拉泽(Glaser)首先提出了标准参照测验(Criterion Referenced Test，CRT)，并把测验分成了标准参照测验和常模参照测验(Norm-referenced Referenced Test，NRT)。[①] 尽管常模参照和标准参照解释之间的差异被着重强调，但两者不是相互排斥的。测验可以开发成既提供常模参照解释也提供标准参照解释的得分。两种解释都有积极的地方，并能提供有用的信息，如表2-23所示。[②]

表2-23　常模参照的分数解释与标准参照的分数解释

常模参照解释	标准参照解释
与一个制定的参照组比较——相对解释	与一个指定表现水平解释——绝对解释
解释需要一个相关的参照组	解释需要一个仔细定义的知识或技能领域
通常评估一个相当宽泛的知识或技能领域	通常评估有限的或狭窄的知识或技能领域
通常只有有限数量的试题来测量要测验的每个目标或技能	通常有足够的试题来测量要测验的每个目标或技能
选择的试题具有中等难度和最大方差；通常不包括非常困难和非常简单的试题	选择的试题提供良好的内容领域覆盖；试题的难度与内容领域的难度相匹配
例如，百分等级——百分等级的80分表示该考生的成绩比参照组中80%的考生要好	例如，百分比正确率——百分比正确率的80分表示该考生成功回答了80%的测验试题

现代心理测量学一般认为，依照测验分数解释时参照的标准不同，可以把测验分为常模参照测验和标准参照测验，前者是将测验结果与某个标准化群体的测验结果比较；后者是将测验结果与预先确定的标注水平对照，观察受试者是否达到或超过所要求的标准，而与其他人的结果无关。[③] 常模参照测验与标准参照测验的根本区别就在于解释分数的参照点不同。常模参照测验解释分数的参照点选取依赖常模群体的水平，属于相对评价范畴。标准参照测验的参照点是被测群体之外预先确定的教育目标或任务领域，它独立于特定的群体，属于绝对评价范畴。由此带来了一系列的差异，在编制与使用时，应当予以注意。但在实际过程中，常模参照测验中也借鉴了标准参照测验的一些思路，来深入细致地分析一些题目和数据，这样既可知道考生掌握了什么，又可知道其在群体中的地位。

常模参照的分数解释会受到考生异质性的影响，而标准参照的分数解释则不会受

---

① Wikström Criterion-referenced measurement for educational evaluation and selection ［D］. Sweden：Umeå Universitet，2005.

② Cecil R. Reynolds，等. 教育测量与评估(原书第二版)［M］.霍黎，霍舟，译. 北京：科学出版社，2015：81.

③ 张厚粲，龚耀先. 心理测量学［M］.台北：东华书局，2009：269—276.

到考生异质性的干扰。常模参照测验对测验结果的解释是用常模组的平均数来说明某个被试的测验成绩在标准化被试团体中的相对地位。以个体在团体中所处的位置来解释个体成绩的优劣,对测验成绩的解释完全依赖于常模组,脱离了这个常模组,就失去了对测验分数的解释功能。测验编制所基于的假设是:团体测验成绩呈正态分布。标准参照测验解释测验结果时,只需将个别被试的测验分数与标准(分界分数)相比较,从而对被试是否达到标准直接作出判定,被试之间的测验分数不必作比较,某个被试成绩的优劣不依赖于其他被试的行为表现。[1] 对于一个测验,既可以常模参照方式报告分数,也可以标准参照方式报告分数,还可以同时以两种方式报告分数。[2]

在应用上,多数采用选考科目的考试都是采用标准参照的分数解释,如美国 AP 考试、我国香港地区的中学文凭考试等。其中,香港中学文凭考试的评级所参照的标准广受国际认可,透明度高,明确而固定。[3] 24 个高中科目采用水平参照汇报成绩。水平参照是根据一套默认的能力等级来汇报考生所达到的水平。各能力等级附有等级描述,说明有关等级典型学生所达到的能力及表现。考生所得的成绩,能反映该考生所学到的知识及技能,无需跟其他考生比较,也不会受其他考生的表现而影响其所得的等级。等级描述有助学生及教师了解取得某个等级的考生所能达到的知识和能力水平。同时,采用一套预设的水平作评级机制,能确保年与年之间的水平稳定,并维持同一年内各科成绩的可比性。[4]

关于两个分数解释之间的关系,有研究认为"这两种评量最好视为一个连续体的二端,而非清楚的二分法"。如图 2-22 所示,标准参照测验强调表现的描述,而常模参照测验强调个人之间的区别。为了善用这两种测验的最佳特性,测验出版商试着让其出版的常模参照测验更具描述性,因而同时允许常模参照与标准参照两种解释。同样,测验出版商也在特别编制的标准参照测验中加入常模参照解释。使用双重解释的测验似乎日益增多,许多测验朝向连续体的中间移动,虽然这包括测验编制时的部分妥协和小心解释测验,但逐渐增加的多功能确实更有助于测验的有效使用。[5]

通过上述分析可以看出,考生的异质性主要在常模参照的分数解释中发挥作用。

① 王孝玲. 教育测量(修订版)[M]. 上海:华东师范大学出版社,2004:17,205.
② Frisbie D A. Measurement 101:Some Fundamentals Revisited [J]. Educational Measurement:Issues and Practice,2005,24(3):21-28.
③ 香港考试及评核局. 香港中学文凭考试评级程序与水平参照成绩汇报[EB/OL]. [2017-05-16]. http://www.hkeaa. edu. hk/DocLibrary/Media/Leaflets/HKDSE_SRR_A4_Booklet_Jun2011. pdf:2.
④ 香港考试及评核局. 香港中学文凭采用水平参照成绩汇报有什么优点?[EB/OL]. [2017-05-16]. http://sc. hkeaa. edu. hk/TuniS/www. hkeaa. edu. hk/tc/HKDSE/faq/q3/#3.
⑤ Robert L. Linn,Norman E. Gronlund. 测量与评量:在教学上的应用[M]. 邹慧英,译. 台北:洪叶文化事业有限公司,2003:52.

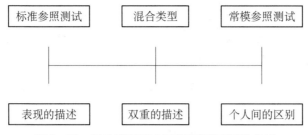

图 2 - 22　标准参照考试与常模参照考试的关系

标准参照的分数解释则不会受到考生异质性的影响。导致考生异质性对测验结果产生干扰的实质是对考生"人与人"的比较中忽视了考生"水平、能力"的问题。即,考试需要通过"测量考生知识掌握水平"来实施选拔功能,而考生之间相互比较的方法,并不能准确衡量学生的能力与水平。

(三) 选考科目计分需要进行分数校准设计

通过对英国 A-level 考试、澳大利亚新南威尔士州高中毕业证书考试以及国内的香港中学文凭考试、上海"3+1"高考模式、江苏"08 方案"所采用的计分及分数校准方式的比较,研究发现如表 2 - 24 所示。

表 2 - 24　分数校准的国内外比较

考试名称	特　点
A-level 考试	1. 各科成绩采用并列报告的形式。 2. 科目内模块化分数通过制式分(UMS)实现科目内模块间的校准;专家委员会在划定与校准特定分数段等级中发挥重要作用。
澳大利亚新南威尔士州高中毕业证书考试	1. 根据 HSC 课程考试分数校准"校本评量成绩"。 2. 通过平均分量表(AMS)方法校准各选考科目成绩。 3. 合成各科的 HSC 总成绩,并进行排名,得出学生的 ATAR(the Australian Tertiary Admission Rank)成绩。 4. 大学根据不同的 ATAR 进行录取。
香港中学文凭考试	1. 各科成绩采用并列报告并赋分的形式。 2. 科目内模块化分数通过"百分位等值法"实现科目内模块等值;使用"组间能力指数"校准分数段等级。
上海高考"3+1"模式	1. "+1"科目调整分与统考科目原始分相加。 2. 根据文理分科,基于语文、数学成绩,实现1门选考科目校准。
江苏"08 方案"	1. 选测科目与统考科目成绩采用并列报告的形式。 2. 等级比例制,与语数外科目并列报告成绩,实现2门选测科目的校准。

第一,无论采用何种分数解释方式,多科目选考在计分方式中普遍存在分数校准的功能设计,以实现不同选考科目之间的可比性。即,无论是标准参照分数解释的香港中学文凭考试、澳大利亚新南威尔士州高中毕业证书考试,常模参照的上海"3+1"高考模式,还是"软标准参照"的英国 A-level 考试,都需要对选考科目进行分数校准。英国 A-level 考试通过专家委员会,对不同选考科目的等级划定进行校准;香港中学文凭考试采用"组间能力指数"结合专家判断,校准不同选考科目的等级;上海高考"3+1"模式中,"+1"选考科目主要是根据语文、数学成绩进行分数校准;澳大利亚新南威尔士州高中毕业证书考试主要使用平均分量表法(AMS),对选考科目的成绩进行校准;江苏"08 方案"主要是通过等级比例制,与语数外科目并列报告等级的方式,通过高校自主确定录取等级,实现分数校准。

第二,主要存在"统计校准模式"与"非统计校准"两种分数校准模式。这两种模式并不是截然对立、完全分开的。香港中学文凭考试、上海高考"3+1"模式、澳大利亚新南威尔士州高中毕业证书考试主要使用"统计校准模式",在这一模式中也会使用专家意见法、录取配套等非统计方法,但主要使用数理统计方法作为调整不同选考科目难度的依据。

英国 A-level 考试和江苏"08 方案"的分数校准的设计,则分别通过专家委员会的判定、与招生政策配套等方式进行。"非统计校准模式"能够发挥作用的关键在于计分方式与招生方式是否受到其他影响因素的干扰,以及两种方式的匹配程度;"统计校准模式"能够发挥作用的关键在于专家能够结合统计数据与经验判断,确定需要校准的科目成绩的范围。然而,这两种模式的划分并不是绝对的,如上海高考"3+1"模式中的"调整分"主要采用"统计校准"的模式,但在确定分数调整区间及范围时,仍需应用专家判断的方法。

通过国内外比较可以发现,基于我国教育测量发展的实际,新高考分数校准的设计在"总分录取""考生群体发生变化"的前提下,要实现选考科目的可比性问题,基于统计方法的校准模式具有较强的操作性。

二、学科间比较的理论依据

(一) 量表化概念

霍兰(Holland)全面阐述了量表化(scale aligning 或 scaling)的概念。[①] 他认为量表化、预测(predicting)、等值(equating)是三个测验间分数转换的基本方式,"连接"

---

① Holland P W. A framework and history for score linking [M]// Linking and aligning scores and scales. New York, NY: Springer, 2007: 5 - 30.

(linking)是这三个概念的一般称谓。这一概念在 2006 年已被美国教育协会（American Council on Education，ACE）和全美教育测量学会（National Council On Measurement In Education，NCME）联合组织编写的《教育测量》(*Educational Measurement*)收录，用来指导教育与心理测量工作。

根据"连接"的定义，对于两个不同的测验，以托福（TOEFL）成绩估计雅思（IELTS）成绩的方式称为"预测"；量表化则是将数字或其他有序指标与考生在教育测验上的表现建立联系的过程，主要目的是使分数之间可以相互比较而不会改变其意义。新高考选考科目可比关系的建立，就是一个量表化的过程；浙江新高考试点"一科两考"，在同一科目不同测验频次之间建立可比性的过程，即为"等值"。

1. 使用"量表化"方法实现不同选考科目之间的可比

新高考计分机制需要在"量表化"的维度进行功能设计上的强化，才能消除考生功利性选考导致的计分不科学的现象。由于不同选考科目存在绝对难度和相对难度上的差异，以物理和地理科目为例，同样的 60 原始分没有可以比较的共同尺度，不能直接加以解释，无法判断考生的能力水平。量表化是将考生的原始分转化到另外一个分数量表上的过程，即不同选考科目的原始分，通过统计方法转化到同一个测量尺度，为选考科目的可比、可解释提供了可操作的路径。

量表化根据测验之间测量构念（construct）的相同或者不同，可以分为不同的类别，如图 2-23 所示。新高考根据在思想政治、历史、地理、物理、化学、生物等科目中自主选择三科计入高考总成绩的政策设计，出现了构念和考生总体都不同的情况。不同群体的考生接受三个测量构念不同的考试，需要这些考生接受共同的测量（锚测量），而采用锚量表化的方法即可实现不同学科的测量构念的可比。具体适用于"基于假设总体的量表化"（scaling on hypothetical population，SHP）和"基于锚测量的量表化"（anchor scaling）两类方法。

"基于假设总体的量表化"是指通过假设一个同时参加了所有科目的"假设总体"，借助一定的统计推断技术，可以在选考科目分数之间实现可比。澳大利亚大学入学排名（ATAR）所采用的平均分量表（AMS）即是假设"所有学生都参加所有选考科目的考试"[1]，实现选考科目之间的"连接"。新高考选考科目之间测量的是不同的构念，参加三门选考科目的考生分属不同的群体，可以假设"参加了所有选考科目的群体"，在选考科目之间形成"连接"，实现科目间的可比。

---

① 2017 MARKS ADJUSTMENT PROCESS FOR UNIVERSITY ADMISSION IN 2018［EB/OL］. (2017 - 11). https://www.tisc.edu.au/static-fixed/statistics/misc/marks-adjustment-process.pdf.

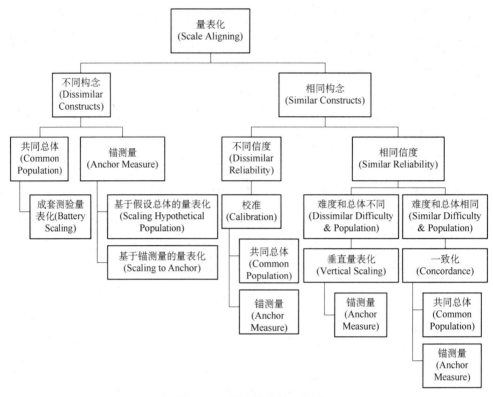

图 2-23　量表化分类示意图

　　"基于锚测量的量表化"是指两个测量之间具有共同的锚测验的情况。我国香港中学文凭考试所采用的"组别能力指数"方法，即是通过中国语文、英国语文、数学(必修部分)及通识教育科四个核心科目实现与选考科目的连接。在新高考统考科目与选考科目"3+3"的模式中，也可以将统考科目视为"外锚测量"，通过连接实现其他选考科目分数的可比。

　　2. 从技术上保障考生的选择权利与理性选考

　　量表化可保障考生的选择性权利，从"非理性选考"转变为"理性选考"。现行选考方案，事实上鼓励了高中学生的功利性选考，不利于学生的全面发展，使用量表化方法能够有效避免考生因为考试的"绝对难度"与"相对难度"而导致的投机性选考问题。学习应当取代"投机"成为考试科目选择的判断标准，考生应当根据自己的学习能力水平，自主决定选考科目。当前的选考方式，需要在高一完成熟悉各选考科目学科特点的任务，甚至确定"不选"的科目。然而，课程和选考科目的设置对应的是完整的教育教学体系，背后有着严密的逻辑结构，并不是像商品一样能够通过一段时间的"试用"体验来进行评价。对于某门学科的兴趣与爱好，需要通过不间断地学习进行积累和培养。选择的标准是多方面的，既可以兼顾高校要求、专业兴趣和自身特长的政策初衷，也可以是考试成绩。这无疑解决了考生群体变动对现行计分机制带来的影响,同时避免了考生功利性选考的弊端,给予了考生多次选择的机会。

(二)"量表化"与"测验等值"的概念辨析

量表化与测验等值都是实现测验可比的重要途径。量表化主要解决的是不同选考科目之间的可比性问题,而测验等值主要解决一门科目两次或多次考试之间的可比性问题。有两类因素共同影响选考科目的准确测量:一是,不同科目难度的不一致;二是,选考科目考生群体的动态变化情况,如图 2-24 所示。但两者的差异并不是绝对的,在选考人数较少的科目上,两者在应用上又存在相应的联系。

考生群体动态变化

不同科目难度的不一致

图 2-24 影响选考科目准确测量的两类因素

第一,在考试结果的可比性(comparability of examination results)方面,量表化与测验等值(the equating of test scores)是两个不同的概念。测验等值是假设一个共同的"维度"(dimension)测试分数量表,然后允许来自参加测试 A 的特定群体的个体在测试 B 中被赋予"等值"的分数。基本目的是通过一个数学变换,将测试 A 的分数按比例转化为测试 B 分数上的得分。[1] "测验等值"的理论基础是"单维度"(unidimensionality)假设,即每个与大纲相关的测验,评估的都是相同的基础能力。[2]然而"科目间考试结果的可比性"问题,则不能基于"单维度"的假设。以数学科目为例,数学相较于其他科目测量的内容和能力不同,因此呈现出不同的测量结果。[3]

第二,在应用方面,量表化主要表现在寻找两测验之间的预测关系,与寻找两测验之间的等值关系的测验等值是不同的。在等值中,不同测验之间的关系是平等的,所测心理品质一定是相同的。而预测关系中两测验之间的关系是不平等的,其中必定有一个预测源,一个预测目标,人们一定是从预测源出发来预测评估目标的水平。预测关系中两测验所测可能是同一种心理品质,也可能并不是同一种心理品质。[4]

第三,在影响因素方面,同一科目两测验之间如果是等值的,即使选用不同的被试群体,所测量的结果也是相同的,不受其他因素的影响。而在考试结果的可比性方面,不同科目之间由于分数解释或者所测量的内容和能力不同,导致"人数"(population)

① Holland P W, Rub D B. Test equating [M]. New York: Academic Press, 1982: 9-49.
② Goldstein H, Wood R. Five decades of item response modelling [J]. British Journal of Mathematical and Statistical Psychology, 1989, 42(2): 139-167.
③ Goldstein H, Cresswell M. The comparability of different subjects in public examinations: A theoretical and practical critique [J]. Oxford Review of Education, 1996, 22(4): 435-442.
④ 漆书青,戴海奇,丁书良. 现代教育与心理测量学原理[M]. 北京: 高等教育出版社,2002: 201—202.

等因素对考试结果的可比性产生了影响,进而需要通过相应的分数校准设计。分数校准主要是针对考生选考科目不同而通过定性或定量的方法进行的调整,目的是为了实现选考不同科目的考生之间的公平竞争。

三、新高考分数校准机制研究

(一)基于现行分数校准机制的配套政策调节

现行分数校准机制主要受到两个因素的影响:一是考生群体变动的影响。具体表现为选考科目的考生的异质性导致现行分数解释失灵。二是,录取方式的影响。具体表现为新高考主要按选考科目与统考科目总分录取的方式进行。通过分析,考生人群变量有"变化"与"稳定"两个属性特征;高考录取方式变量有"总分录取"与"非总分录取"两个属性特征。

采用"排列组合"的方法,对"考生群体"与"录取方式"两个变量的四个属性进行排列组合,将组合结果进行命名。将考生群体稳定、总分录取的情况命名为方案1;将考生群体变化、总分录取的情况命名为方案2;将考生群体稳定,非总分录取的情况命名为方案3;将考生群体变化,非总分录取的情况命名为方案4。通过分析可以发现,新高考改革方案中的"考试群体"和"录取方式"符合方案2的特点,如表2-25所示。

表2-25 "考生群体"与"录取方式"两变量四属性组合

变量		考生群体	
		稳定	变化
录取方式	总分录取	方案1	方案2
	非总分录取	方案3	方案4

通过对以上四个方案进行适用性分析,可以得出,通过对方案1、3、4变量的调节,均可以使现行计分与分数校准机制发挥作用。因此,衍生出两个基本变式,即变式1:调节"考生群体"变量;变式2:调节"录取方式"变量,如表2-26、2-27所示。

表2-26 调节"考生群体"变量变式组合

变式	方案	变量组合		策略
		考生群体	录取方式	
变式1	方案1	稳定	总分录取	调节"考生群体"变量
	方案3	稳定	非总分录取	

表 2 - 27　调节"录取方式"变量变式组合

变式	方案	变量组合		策略
		录取方式	考生群体	
变式 2	方案 4	非总分录取	变化	调节"录取方式"变量
	方案 3	非总分录取	稳定	

通过政策的可操作性分析,方案 3 需要对"考试群体"和"录取方式"中的两个变量同时进行调节,所需耗费的政策成本较高,且实施难度大;而方案 1 和 4,仅需要调节"考试群体"和"录取方式"中的一个变量,即可弥补现行计分与分数校准机制的不足,因此,可以通过方案 1 或方案 4 的变量调节,有效解决现阶段存在的问题。具体方法为在"总分录取"或"非总分录取"的条件下,通过调节"考生群体"变量,使变化的"考生群体"不再发生变化或变化的幅度降低到可控水平;或无论考生群体如何变化,控制"录取方式变量",采用非总分录取的方式,通过高校对学生的自主录取标准,调节不同学科的备考及测试难度带来的影响。

(二) 通过测量技术实现选考科目的可比性

通过测量技术调整实现选考科目的可比性主要是根据专家判断和统计调整两个方面进行的。古德(Good)等[1]调查了成绩评定标准的一致性和在不同考试中应用这些标准定义成绩的可比性水平。同时,考虑了另一种统计学定义,即不同版本的差异化考试成绩之间的可比性。建议不应仅仅根据专家委员会的判断来界定不同模块之间的可比性标准,而且应考虑到基于考生答卷的统计可比性的需要。也有学者[2]在控制了评分和考生个体差异的变量之后,发现专家判断法在生物学和社会学的评价在一致性上存在显著差异。他们认为,专家对标准的判断应当得到其他证据来源的支持,例如统计。

专家委员会在分数临界点的确定上发挥了重要作用,贝尔德等[3]通过实验研究比较了 A-level 考试中专家委员会在试题难度与学生能力水平之间的判断,其结果表明,当专家做出整体判断时,可以对考生的不同能力水平进行不同方面的补偿,但是当他

---

[1] Good F J, Cresswell M J. Grade awarding judgements in differentiated examinations [J]. British Educational Research Journal, 1988,14(3): 263 - 281.

[2] Scharaschkin A, Baird J A. The effects of consistency of performance on A level examiners' judgements of standards [J]. British Educational Research Journal, 2000,26(3): 343 - 357.

[3] Baird J A, Scharaschkin A. Is the Whole Worth More than the Sum of the Parts? Studies of Examiners 'Grading of Individual Papers and Candidates' Whole A-level Examination Performances [J]. Educational Studies, 2002,28(2): 143 - 162.

们对题目判断时,则没有做出这种补偿。当前较为成熟的划线方法有如安戈夫法(Angoff Method)①、书签法(Bookmark Method)②、临界组法(Borderline Group Method)和对照组图形法(Contrasting-Groups Method)③。

分数的技术校准重视统计方法在等级划定中的作用。Good④ 等通过将考试成绩转换到共同等级量表的三种方法,比较了等百分比和线性两种方法在等级划分前后的优点和缺点,得出了应该对等级在划定中使用缩放的方法,并且线性的方法可能是最令人满意的这一结论。同时,大量研究表明,通过多种数理统计模型能够实现不同选考科目之间的可比,如卡默(Carmer)等⑤、格拉斯(Glas)等⑥、博克(Bock)等⑦、多兰斯(Dorans)等⑧、温忠麟⑨、李传起⑩、杨志明⑪。

综上所述,无论是模块化考试中使用的"制式分"、"百分比等值法"还是统计技术与专家判断结合法都有长时间、大规模使用的基础,因此可以为新高考的分数校准提供有益的借鉴。

第五节　新高考分数校准机制的建议

由高考科目调整引发的不同科目成绩之间的可比性问题,已多次成为高考改革面临的一个难题。有关省份的改革经验表明,标准分在分数转换上有着明显弊端,并不是解决这一难题的理想方案。在原始分主导、总分录取等诸多前置条件的约束下,现行等级分也是一种简化的"标准分"。等级分在解决分数的可比性、总分的可加性上做出了有益探索,但也带来了一些不符合教学导向的消极影响。在不打破当前高考分数

① Angoff W H. Scales, Norms, and Equivalent Scores [M]// Educational measurement. Washington, DC: American Council on Education, 1971: 508 – 600.
② Karantonis A, Sireci S G. The Bookmark Standard-Setting Method: A Literature Review [J]. Educational Measurement Issues & Practice, 2010,25(1): 4 – 12.
③ Zieky M J, Livingston S A. Basic Skills Assessment. Manual for Setting Standards on the Basic Skills Assessment Tests [J]. Academic Achievement, 1977: 9,12.
④ Good F J, Cresswell M J. Placing candidates who take differentiated papers on a common grade scale [J]. Educational Research, 1988,30(3): 177 – 189.
⑤ Carmer S G, Swanson M R. An Evaluation of Ten Pairwise Multiple Comparison Procedures by Monte Carlo Methods [J]. Journal of the American Statistical Association, 1973,68(341): 66 – 74.
⑥ Glas C A W, Verhelst N D. Extensions of the partial credit model [J]. Psychometrika, 1989,54(4): 635 – 659.
⑦ Bock R D, Thissen D, Zimowski M F. IRT Estimation of Domain Scores [J]. Journal of Educational Measurement, 1997,34(3): 197 – 211.
⑧ Dorans N J, Liu J, Hammond S. Anchor Test Type and Population Invariance: An Exploration across Subpopulations and Test Administrations [J]. Applied Psychological Measurement, 2008,32(1): 81 – 97.
⑨ 温忠麟. 高考改革:政策公平性与技术相容性[J]. 全球教育展望,2014(2): 4—14.
⑩ 李传起. 非线性等值转换在大规模教育考试中的应用研究[J]. 教育学报,2015(5): 94—98.
⑪ 杨志明. 学业水平考试事后等值的概念、条件与设计[J]. 教育测量与评价,2016(11): 4—8.

使用方式的前提下,等级分在考试技术层面仍有改进的空间。[①]

新高考改革应综合考虑考生、教师、家长等利益相关群体的接受程度、博弈次数、各种配套方案的综合设计成本以及政策的稳定性等因素。因此,对计分方案的重大调整是不科学的,建议在现有改革成果上,推行渐进式改革,通过测量技术调整实现选考科目的可比。

一、量表化在分数校准中的应用:基于锚测量量表化的思路

在我国长期的考试测量实践中,基于统计分析,无论是"3+1"还是"3+X"考试模式中,考生的语文、数学、外语成绩与选考科目存在一定的相关关系。因此,可以将语文、数学科目的成绩,概括为学生的基本学习能力。考生在不同选考科目(政治、历史、地理、物理、化学、生物)上的成绩,与基本学习能力之间存在着对应的关系。以下以物理和地理科目为例,说明选考科目与学生基本学习能力之间的关系。

如图 2-25 所示,对若干年的选考科目("3+1"、"3+X"等)的统计研究发现,假定考生的学习基本能力相同的情况下,选考物理科目的考生的成绩

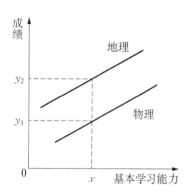

图 2-25 选考科目与基本学习能力之间的关系示意图

要低于选考地理科目的考生的成绩,这就造成了选考科目的成绩不能反映考生基本学习能力的现象。即,选考科目的成绩不仅受到考生自身能力的影响,同时也受到不同选考科目考试难度的影响,从而干扰了考试的公平性。为此,通过相应的测量技术手段,对其进行调整,以消解不同选考科目考试难度对考生能力测量带来的影响。

校准后的选考科目分数与选考的考生群体的"基本学习能力"有相同的均值和标准差。一个选考相关科目的考生的分数,受到两个方面的影响:一是在语文、数学两科成绩构成的"基本学习能力"上的表现;二是,选考科目成绩在选考群体中的排名。这一分数校准思路一定程度上避免了考生利用考试科目之间备考难度的差异而出现的投机性选考的行为。具体表现为两个方面:一方面,选考备考压力较小科目,但基本学习能力较弱的考生获得高分的可能性降低;另一方面,选考备考压力较大科目,但

---

① 章建石.关于选考科目等级赋分的改进:历史经验、现实限制与可能方向[J].华东师范大学学报(教育科学版),2018(3):79—86.

基本学习能力较强的考生获得高分的可能性增大。以地理选考为例，如果考生群体的基本学习能力较弱，即使在地理选考中取得了较高的分数，经过校准后，其地理选考分数依然较低。

二、相关风险点分析

计分作为新高考改革中的重要方面，需要整体、全面、慎重地评估改革措施对其他考试环节的影响以及相关配套方案的匹配程度。不能顾此失彼，只进行某一层次的改革，而忽视系统性风险。从整体上分析，全面考虑计分对考试各环节的影响，是维持教学秩序、促进计分科学、保障招生公平的必要改进措施。计分的科学化是全面推行新高考改革的前提，应对相关风险点展开进一步的研究。具体如下：

第一，应结合我国新高考实际，开展基于"锚测量"量表化方法的具体研究。新高考改革的科目设置分为"统考科目"与"选考科目"两类，因此在对选考科目"可比性"问题进行研究时，有以下问题需进一步探讨：一是，"选考科目"成绩与"统考科目"成绩的合成问题。由于"统考科目"使用原始分报告成绩，而选考科目使用的是导出分数，两种不同类型成绩加总的科学性值得探讨。二是，经验式命题引起的误差对测量结果的影响。我国当前多数科目采用经验式命题，某一科目或几科的年度数据异常对统计数据的影响需要进一步测算和模拟。三是，大众舆论的接受程度问题。相较于原始分，多学科选考科目的具体转化方法相对复杂，无论是"基于锚测量的量表化"还是"基于假设总体的量表化"方法，都需要具备专业的测量知识才能够理解，是否有良好的群众基础需要进一步研究。

另外，"统考科目"中的外语科目，实质上属于"统考科目"的"选考科目"，外语科目包括英语、俄语、日语、德语、法语、西班牙语等不同的选考方向。外语科目在"基于锚测量的量表化"（anchor scaling）方法中的使用值得探讨。一是，外语作为选考科目的性质能否作为"锚科目"之一的问题值得商榷。二是，如果将外语作为"锚科目"，各语种之间存在的难度差异对测量科学性的干扰问题。三是，如果不将外语作为"锚科目"，语文、数学两科作为其他选考科目的"外锚"依据的科学性问题，即语文、数学两科目是否能代表考生的一般能力水平。四是，选考科目与统考科目成绩报告的时间问题。选考科目需要依据统考科目进行校准，即选考科目的成绩报告不能早于统考科目，从而出现了对"随教、随考、随清"以及浙江选考科目"一科两考"成绩报告方式的政策设计调整问题。

第二，应对标准参照分数解释下的选考科目测验所需的条件准备进行研究。一是,应尽快划定不同学科的等级标准与公共等级标准。标准参照的分数解释系统需要根据一套系统的能力等级评定考生所达到的水平,并将考生的能力水平与预设的等级进行比较、判断。现阶段客观考试标准的缺乏,会失去"标准参照"的意义。二是,应加快专家队伍的建设。专家委员会在分数临界点的确定上发挥了重要作用,贝尔德(Baird)等通过实验研究比较了在 A-level 考试中专家委员会在试题难度与学生能力水平之间的判断,研究结果表明,当专家做出整体判断时,可以对考生的不同能力水平进行不同方面的补偿,但是当他们对题目进行判断时,则没有做出这种补偿。[①] 我国高考是世界上规模最大的考试之一,参与人数众多,区域分布不均衡。按照当前招生录取程序设计,从考试结束到公布成绩,仅有 15 天左右的时间。而我国当前教育测量专家较为缺乏,无法确保临界分数划定的科学性。三是,应加快教育测量技术对我国高考适用性的研究。标准参照分数解释下的选考科目的测量,需要教育、数学、统计等学科相关技术的密切配套。应根据我国高考科目设置的实际情况,借鉴国内外经验,研发适合高考实际的计分机制,才能适应教育发展的需要,科学选拔人才,促进教育公平。

---

① Baird J A, Scharaschkin A. Is the Whole Worth More than the Sum of the Parts? Studies of Examiners' Grading of Individual Papers and Candidates' Whole A-level Examination Performances [J]. Educational Studies, 2002,28(2): 143 - 162.

第三章　暂缓实施"一科两考"以保障考试评价的科学有效性

在新一轮考试招生制度改革中,为打破"一考定终身",减轻学生过重的课业负担和学习压力,促进学生健康发展和高校科学选拔人才,国务院和教育部做出了"创造条件为有需求的学生同一科目提供两次考试机会"的政策安排。"同一考试科目具有两次考试机会"(简称"一科两考")以及"学业水平考试 3 个科目纳入高考总成绩"(简称"选考")的制度设计①,意味着不同批次、不同科目、不同群体考生的考试成绩是需要而且能够进行横向比较的,这就对考试的科学性和评价的有效性提出了较高要求。"一科两考"的顺利实施,需要配之诸方面的成熟条件,才能达到理想的政策效果,否则会造成严重的政策失真,扭曲政策本意。

第一节　"同一科目两次考试机会"的政策安排

为促进学生健康发展、科学选拔和培养人才,打破"一考定终身"的局面,减轻学生过重的课业负担,2014 年《国务院关于深化考试招生制度改革的实施意见》(国发〔2014〕35 号)(以下简称《实施意见》)和《教育部关于普通高中学业水平考试的实施意见》(教基二〔2014〕10 号)均明确做出了"各地要合理安排课程进度和考试时间,创造条件为有需要的学生提供同一科目参加两次考试的机会"(文中简称为"一科两考")的政策安排。依据《实施意见》,2016 年以来各省市纷纷出台"深化考试招生制度改革的实施方案",对"一科两考"进行了不同程度的探索。"为需要的学生提供同一科目参加两次考试的机会",打破了"一考定终身"的局面,减轻了学生的课业负担和学习压力,为学生提供了多重选择,可谓意义重大。

一、"一科两考"的政策目标

其一,打破"一考定终身",减轻学生的学习负担。长期以来,我国统一高考制度造

---

① 注:《国务院关于深化考试招生制度改革的实施意见》指出,"创造条件为有需要的学生提供同一科目参加两次考试的机会"("一科两考")。同时,新高考改革中实行"外语科目率先推行一年两考",本文的研究结果也适合于外语科目,但本文对此不再详述。

成的"一考定终身"饱受非议。这一制度设计将学生的"命运"押付在统一高考中,依据一次考试成绩来决定高等院校的招生录取结果,带来了考试与评价的"分分计较",从而导致了我国应试化教育痼疾,给学生带来了沉重的学业负担和心理压力。在"一考定终身"弊端日益突显的今天,"创造条件为有需求的学生提供同一科目两次考试机会"的政策立意非常之高,旨在缓解、分散学生过度学习与集中应考的压力,打破"把所有学生捆绑在一次高考上"的传统,减轻学生过重的学业负担,扭转片面的应试教育倾向,为全面实施素质教育、促进学生健康成长提供突破口。

其二,增加考生的选择权,促进育人选才匹配度。新一轮的高考改革方案充分抓住了"选择性"这一核心概念,通过四层架构为增加学生的选择权"保驾护航"。一是选择高职院校分类考试还是选择普通高校统一招生考试;二是选择合格性考试还是等级性考试;三是自由选择六/七门科目中的三门考试成绩纳入高考成绩;四是为同一科目提供两次考试机会。在第四个层面,"一科两考"是对"一次性"考试的突破,学生可以从两次考试成绩中选择最优成绩计入高考总分,这有利于排除集中在两天时间内的考试中的随机、偶然因素的干扰,提高测试学生真实水平的信度、效度。另一方面,社会的多元化发展需要各类人才且更加注重毕业生的个体特质和学习潜能。"一科两考"与其他三类关于学生选择性的政策设计相互支持,有助于克服用"一次考试结果"来判定所有学生优劣的弊端,提高学校育人与高校、社会选才的匹配度。

二、"一科两考"的地区探索

依据《实施意见》,各省市自治区对"创造条件为有需求的学生提供同一科目参加两次考试的机会"做出规划,制定了不同的路线图。根据 31 个省市自治区新一轮高考改革方案资料的统计分析,关于"一科两考"的制度探索可以划归为四类情况(如表3-1所示)。

第一类是对合格性考试和等级性考试的考试次数未做区分,同一科目学生均可参加两次考试,典型代表地区是浙江省和江苏省。例如,作为高考先行试点地区的浙江省规定:"外语和选考科目成绩 2 年有效;选考科目每年安排 2 次考试,分别在 4 月和10 月进行;外语和选考科目考生每科可报考 2 次,选用其中 1 次成绩。"历经多次高考改革的江苏省也明确提出:"所设定的 13 门科目均列入必考科目范围,江苏省考生在高中期间可以享受同一必考科目参加两次考试的机会。"

第二类是根据合格性考试和等级性考试的不同标准,明确不同类型考试具有不同考试机会,未来将逐步创造条件为有需要的学生参加同一科目的两次考试及更换已选科目提供机会。例如,江西省的高考方案中规定:"普通高中在校学生均须参加学业水平考试,其中合格性考试允许考生在未通过的前提下多次报考;各科目的等级性考试,高中学生只能参加一次。逐步探索普通高中学业水平等级性考试向不同年级学生开放、提供两次及以上考试机会的可行性。"河南省则规定:"学生在校期间,可以参加同一科目的两次合格性考试、一次选考科目考试。"可见,这类地区均对等级性考试的考试次数做了"限考一次"的规定,而对合格性考试不做规定或提供两次考试机会。

表3-1 各地区"一科两考"改革情况一览表

	分类依据	地　　　区	所占比重
A类	每科都可报考两次	浙江、江苏	6.5%
B类	根据合格性考试和等级性考试确定考试次数	河北、宁夏、广西、江西、河南、福建、辽宁、天津	25.8%
C类	未来逐步探索"一科两考"	上海、甘肃、青海、海南、广东、山东、黑龙江、西藏	25.8%
D类	对"一科两考"未提要求	北京、重庆、陕西、四川、云南、安徽、湖北、贵州、内蒙古、吉林、新疆、湖南、山西	41.9%

第三类是未来将逐步探索为同一科目提供两次考试机会。作为高考试点地区的上海市,要求"各科目的合格性和等级性考试,高中生只能参加一次;逐步探索普通高中学业水平考试向不同年级学生开放、提供两次及以上考试机会的可行性"。黑龙江省的高考改革方案为"逐步探索学业水平考试向不同年级学生开放、提供两次及以上考试机会的可行性"。即,无论是合格性考试还是等级性考试,这类地区的新一轮高考改革中均暂不实行"一科两考",但将为"一科两考"积极创造条件。

第四类是对"一科两考"并未做出政策安排。占全国近42%比例的省市自治区在本次考试招生制度改革方案中,尚未对"同一科目提供两次考试机会"做出要求,同时也不曾表明未来会逐步探索"一科两考"的改革。

从各省市自治区招生考试改革方案对"一科两考"的制度安排来看,虽然逐步探索实施"一科两考"成为未来各地区高考制度改革的趋势,但大部分省市自治区对新一轮高考改革中推行"一科两考"持相对审慎的态度。本书在实施"一科多考"①的国家和地区推行这一政策保障条件的实证研究基础上,对我国推行"一科两考"的各方面条件进行综合考量。研究认为,当前我国推行"一科两考"的诸方面条件还不成熟,建议在新一轮高考改革中暂缓实施"同一科目提供两次考试机会",同时通过相应的综合改革,逐步为实施"一科两考"以及实现考试评价的科学性、有效性创造条件。

第二节　"一科多考"国家和地区及其考试类型的选择标准

对于世界上一些国家和地区实施"一科多考"保障条件的研究,首先需要厘清研究的对象和问题,这是研究具有可比性、参照性的重要前提。本书研究的首要问题是当前我国高中学业水平考试(尤其是等级性考试)实施"一科两考"是否具备可行性以及哪些保障条件可以保障"一科两考"的顺利实施。因此,在明晰"一科两考"考试性质与定位的基础上,根据相应的标准,再来选择国家和地区及其考试类型才具有比较和参考的意义与价值。

一、对我国"一科两考"的性质判断

在国家公布的新一轮高考改革方案,上海、浙江两地的实施细则以及各地区的高考改革方案中,"创造条件为有需要的学生提供同一科目参加两次考试的机会"被纳入到了"完善学业水平考试"这一范畴内,即"一科两考"主要是在高中学业水平考试的意义上来探讨的。

1.　高中学业水平考试的分类

高中学业水平考试,就其性质而言,应当是一种基于普通高中学业标准的水平性考试。考试的目的在于衡量学生通过一定时间的学习后,是否达到了国家规定学习要求的程度。测验的结果主要用于证明学生在高中毕业时达到了何种层级标准,然后给予其相应的水平认定。但在新一轮招生考试制度改革中,高中学业水平考试被划分为合格性考试和等级性考试两部分,考试成绩以"等级"或"合格、不合格"呈现。

其中,合格性考试覆盖国家规定的所有学习科目,是每一位高中毕业生都要参加的考试,主要用于检验学生的学习程度,是学生毕业和升学的重要依据②;而"计入高校招生录取总成绩的学业水平考试 3 个科目,由学生根据报考高校要求和自身特长,

① 注：不同国家通常为考生同一科目考试提供多次考试机会,本文统称为"一科多考"。
② 中华人民共和国国务院.国务院关于深化考试招生制度改革的实施意见[N].人民日报,2014 - 09 - 05(6).

在思想政治、历史、地理、物理、化学、生物等科目中自主选择",3个科目成绩以等级呈现,也即等级性考试。这种"选考"的制度设计实质上赋予了高中学业水平考试双重功能:衡定学生毕业水平和为高校选拔合适人才,分别由合格性考试和等级性考试来承担。

2. "一科两考"的适用范围

在对"一科两考"适用范围的限定上,《国务院关于深化考试招生制度改革的实施意见》仅在"完善高中学业水平考试"部分提出了"各地要合理安排课程进度和考试时间,创造条件为有需要的学生提供同一科目参加两次考试的机会";但在《教育部关于普通高中学业水平考试的实施意见》中明确规定:"各省(区、市)要积极创造条件,为有需要的学生参加同一科目两次考试以及更换已选考的科目提供机会"[①]。即,在一定程度上,"一科两考"的实施范围将聚焦于选考科目考试(等级性考试)上。

实质上,合格性考试作为衡定学生是否达到高中毕业标准的一种考试类型,为那些考试不合格或不理想的学生提供两次考试机会,不仅在公众认可而且在保障条件上,都很容易得到解释和满足。而等级性考试将3门选考科目的成绩纳入到高考总成绩中,与高风险、高利害考试相挂钩,一旦实施"一科两考",就会对学业水平考试测试结果的可比性、技术操作的便捷性等诸多方面提出严峻挑战。招生考试改革方案为学生考试提供两次考试机会,打破"一考定终身"的政策立意和目的导向,预示着等级性考试将是未来"一科两考"政策的推行范围,也是主要矛盾聚焦点,这类考试的性质和功能是本书选择参照对象的重要依据。

二、"一科两考"国家和地区及相应考试的选择

与高考招生密切相关的等级性考试是本书主要的研究对象,因此,在选择世界上不同国家和地区的改革经验时,应参照三个原则:(1)考试结果既是高中学生毕业的认定依据,也是大学选拔人才的重要参考资料;(2)该类考试已经实行了"一科两考"或"一科多考";(3)考试的性质是终结性考试,而非形成性考试,政策稳定性较强。

依据上述标准,通过对世界主要经济体考试招生制度以及高校入学资质考试类型的梳理分析,本书主要选取了四个国家和一个地区中符合条件的大学入学考试(或毕业文凭考试),分别是英国的 A-levels 考试(General Certificate of Education Advanced Level,简称 A-levels 考试),美国的学术能力评估考试(Scholastic Assessment Test,简

---

① 中华人民共和国教育部. 教育部关于普通高中学业水平考试的实施意见[EB/OL]. (2014 - 12 - 10). http://www.moe. edu. cn/publicfiles/business/htmlfiles/moe/s4559/201412/181664. html.

称 SAT)和美国大学入学考试(American College Testing,简称 ACT),法国的高中毕业会考(Baccalauréat,简称 BAC),芬兰的大学入学考试(Matriculation Examination),以及中国香港地区的中学文凭考试(Hong Kong Dioploma of Secondary Education Examination,简称 HKDSE)。

表 3-2　四个国家和一个地区的高校入学资质考试

国家	考试名称	考试作用	普通院校招生录取方式
英国	A-levels 考试	大学入学招生的主要凭证;"黄金标准"	根据 A-levels 考试或其他考试成绩、普通高中文凭考试成绩(GCSE)、学校推荐信、个人陈述、学生平时学业成绩记录、高校面试等进行综合评判。
美国	SAT	美国大学学习及奖学金的重要参考,素有"美国高考"之称	综合考量学生的 SAT 或 ACT 成绩、学业成绩测验(CBATS)、中学平时成绩、教师评语、校长推荐信、个人申请材料及面试表现甚至种族等诸因素决定是否录取。
	ACT		
法国	高中毕业会考 BAC	进入大学学习和就业资格的重要凭证	业士考试证书与大学自行组织或联合举行的专业考试,综合录取。
芬兰	大学入学资格考试	大学选拔人才的主要依据	高中三年的绩点、大学入学资质考试结果以及大学自己组织的考试结果,综合录取。
中国香港	香港中学文凭考试 HKDSE	作为申请大学和就业的主要参考	中学文凭考试结果和大学自己组织的考试结果,综合录取。

　　根据表 3-2 所示,这些国家和地区的高校在招录学生时一般都采用综合录取的方式,即根据统一考试成绩、学业成绩测验,以及学校校长推荐信、教师评语、个人陈述和高校面试等进行综合考评。但是在高校招生录取的过程中,一般将统一考试成绩作为选拔人才的重要依据,且这些统一考试均已实施"一科多考"。

第三节　推行"一科多考"应具备的条件

　　英国、美国、法国、芬兰等国家和中国香港地区在同一科目多次考试方面已经有了多年的实践探索,取得了相对成熟的经验。虽然这些国家和地区的经验与做法不能完全照搬到我国内地,但是通过对这些国家和地区"一个科目多次考试"共同实施条件的深入研究,可以对我国内地"一科两考"的改革产生借鉴意义。

一、考试类型为标准参照测试

标准参照考试是根据特定的标准对考试分数加以解释的考试。与常模参照考试以常模群体的整体水平为解释分数的参照点不同,标准参照考试的参照点是被测群体之外预先确定的教育目标或任务领域。测试分数的解释在于考查被试者在特定的知识领域是否达到了应该达到的掌握水平。世界主要国家和地区大学入学招生考试的性质基本上都属于标准参照测试,虽然基于不同的参照标准,采取等级制或标准分等不同的计分方式来呈现考试成绩,但每一等级或每一分数段都代表着考生实际掌握知识的情况和能力发展水平。这不仅实现了考试评价的科学化,同时也为高考选拔有学习潜能、适合自身招生要求的人才提供了合理依据。

标准参照考试的两个核心要素是科学的计分方式和适切的入学标准。在计分方式方面,等级制和标准分是实施"一科多考"的国家和地区所普遍采用的成绩判定方式。与此同时,这些国家和地区根据不同的计分方式划定了考试的最低分数线或等级线,达到标准即可具备申请大学的资格。

(一)采用等级制或标准分的计分方式

在标准参照考试的计分方式上,采用等级制或标准分进行评定是国际上的通用做法。其中,等级制是根据学生的实际学业能力来评定的,而非参照当次考试群体的整体水平来评定的。采用标准分计分法,则是根据不同的评分量表对分数进行等值转换,以确保学生每一科目不同场次的考试成绩在分数转换前后是守恒的,能充分、有效地与学生的能力水平相匹配。[①]

例如,美国 ACT 考试一年多次考试,为了保障不同考试结果的可比性,每个学科都建立了相对独立、客观、标准化的分数量表。根据分数量表,多项选题成绩(英语、数学、阅读和科学)的原始分(答对的题目数量)一般转化为 1—36 的标准分,总分是这四项标准分数的平均值(小数四舍五入),最低 1 分,最高 36 分。无论每科试卷所包含的试题数量多少、每次考试数据分布如何,都可以将考试的原始分数经过校正、拟合、等值等统计技术处理后,映射到同一量表上,转换成量表分数后再报告考试成绩。[②] 这一分数转换形式确保了不同测试形式或者同批学生的不同能力水平

① 注:在大多数标准操作测试中,都采用测验等值法进行分数的转换。而等值方法中基于 CTT 基础上的 Tucker 法、百份位数等值法以及基于 IRT 的三参数逻辑斯蒂等值法的等值误差较小。
② 任子朝,陈昂,单旭峰.高考分数的科学解释和利用——ACT 考试分数量表评介[J].中国考试,2015(11):44.

不会影响考生的测试结果,同时也使得不同国家和地区、不同批次考试的考试结果具有可比性。

表3-3 实施"一科多考"的主要国家和地区大学入学考试结果的呈现方式比较①

国家	考试名称	考试性质	考试结果呈现	
			呈现方式	呈现系统
英国	A-levels 考试	非标准参照 非常模参照	等第	A*、A、B、C、D、E 和 U7 个等第,A* 最高,U 不合格
美国	SAT	常模参照	量表分数	200—800 量表分数
	ACT	半标准参照	量表分数	1—36 量表分数
法国	高中毕业会考(BAC)	标准参照	量表分数	1—20 分
芬兰	大学入学资格考试	标准参照	等第	7 个等第从低到高 I、A、B、C、M、E 和 L
中国香港	香港中学文凭考试 HKDSE	标准参照	等第	1—5 个等级,第 5 级为最高等(含 5* 和 5**)

注:1. 英国的 A-levels 考试在分数等级的划定时,通常是以标准为参照的方法和以常模为参照的方法结合在一起使用,因此本表中称之为"非标准参照、非常模参照"。

2. SAT 的原始分通过相对成绩百分比转换为量表分,其中评定标准由考试委员会根据全体考生的考试成绩分布浮动而制定,反映了学生的相对水平,因此被视作常模参照。

3. ACT 之所以是半标准参照,是因为 ACT 经过多年研究,综合了美国多数州的课程标准以及高校对新生的要求,制定了一个标准——College Readiness Standards,并以此作为考试的标准,因此被称为半标准参照。

资料来源:(1) Edexcel A levels. Grade Boundaries Edexcel GCE AS/A Level and Applied GCE[EB/OL]. http://qualifications. pearson. com/content/dam/pdf/Support/Grade-boundaries/A-level/1606-A-level-Grade-Boundaries-V6. pdf/;(2) The College Board. UNDERSTANDING SCORES 2016[EB/OL]. https://collegereadiness. collegeboard. org/pdf/understanding-sat-scores-2016. pdf/;(3) Home/ACT. Using Your ACT Results[EB/OL]. http://www. act. org/content/dam/act/unsecured/documents/UsingYourACTResults2016-17. pdf/;(4)阮洁卿,阮来民. 法国普通高中毕业会考类别与考试科目研究——兼析我国普通高中学业水平考试的相关政策[J]. 外国中小学教育,2011,(11):32—39;(5)The Finnish Matriculation Examination. The Finnish Matriculation Examination[EB/OL]. http://www. ylioppilastutkinto. fi/se/english;(6)香港考试及评核局. 成绩汇报制度[EB/OL]. http://sc. hkeaa. edu. hk/TuniS/www. hkeaa. edu. hk/tc/hkdse/assessment/the_reporting_system/.

香港考评局早在 2007 年开始就在香港中学会考中用中英文两科试验水平参照成绩汇报制度以及配套的计分和评级方法。② 为确保成绩汇报的方式符合国际水平且透明度高及清晰明确,2012 年香港启动的中学文凭考试(含公开考试和校本考核)采用水平参照模式成绩汇报制度,其中对甲类科目的成绩汇报要求最为精细,由香港考

① 雷新勇,等. 高考内容改革研究——考试科目设置研究[M]. 上海:上海科学技术出版社,2016:66.

② 温忠麟. 高考改革:政策公平性与技术相容性[J]. 全球教育展望,2014(2):8.

评局全权负责。考生在甲类科目中的表现分为五个等级(1—5级),第5级最高等级;获第5级的考生中表现最佳者会获"5＊＊",随后表现较佳的则以"5＊"标示,表现低于第1级的会标示为"不予评级"。①

同时,香港考评局对各学科都附有一套等级描述,以说明该学科甚至某等级考生的典型能力水平,拟定这些等级描述的原则是正面描述考生能够展示的水平。除了各科的等级描述外,香港考评局也制定了一套共通等级描述,这是根据各学科共同的主要学业成果而拟定,其中包括对课程内容的认识和理解,应用概念和技巧的能力,诠释、分析、综合和评价等高阶能力以及传意能力。② 这一套描述涵盖不同科目,简略说明考生在不同等级上的表现水平。即,每一等级代表着学生在该科的整体表现水平,为高校更清楚地了解不同水平考生的实际能力,进而做出更适合的甄选决定服务。

(二) 制定等级区间和大学入学基准线

以明确的标准为依据实现测试的命题、解释分数和等级确定,对考生进行比较和评价,而非以考试群体的整体水平为参照,是标准参照考试的典型特征。不同的等级或分数标准,代表着考生的不同能力水平和学业表现,不会受到其他考生的影响,考试成绩作为申请大学资格或就业招聘的主要依据,能够真实地衡定学生的能力表现。在实行"一科多考"或"一年多考"的这五个国家和地区,除了在标准化考试中通过划定考试成绩的等级或分数区间来判定学生的学业水平和能力等级外,还会普遍根据当次考试试卷的信度、效度和考试的整体水平来划定申请大学资格的最低基准线,并以此作为判定学生是否具备大学入学资格的依据。

例如,美国ACT与美国高等教育执行办公室(SHEEO)合作研究开发了大学入学标准(College Readiness Standards,或称"大学与职业准备标准")。一方面ACT在深入研究的基础上将不同科目的考试量表划分为6个分数区间:1—12分、13—15分、16—19分、20—23分、24—27分、28—32分和33—36分,用于区别学生不同的学业水平。每个区间都详细规定了该学科学生应掌握的知识和能做之事,即考到相应分数的考生,可以进行哪些操作、具备哪些能力。③ 另一方面,ACT基于学生在大学学业表现的实证研究,划定进入大学的最低考试分数。例如,美国ACT机构于2013年,在对214所机构和23万多学生的考试情况进行分析后,确定英语、阅读、数学和科学的基

① 香港考试及评核局. 香港中学文凭简介[EB/OL]. http://sc. hkeaa. edu. hk/TuniS/www. hkeaa. edu. hk/tc/hkdse/introduction/.

② 香港考试及评核局. 香港中学文凭考试评级程序与水平参照成绩汇报[EB/OL]. http://www. hkeaa. edu. hk/DocLibrary/Media/Leaflets/HKDSE_SRR_A4_Booklet_Jun2011. pdf.

③ 任子朝,陈昂,单旭峰. 高考分数的科学解释和利用——ACT考试分数量表评介[J]. 中国考试,2015(11):43.

准分别为 18 分、22 分、22 分和 23 分。在 2015 年全美参加 ACT 考试的 1 924 436 名高中毕业班学生中,满足三项或四项 ACT 大学入学标准的学生比例达到 40%,完全没有达到标准的比例为 31%。[①]

法国的高中毕业会考一般分为三类:普通类会考、技术类会考和职业类会考。选择这三类的高中毕业生只要通过毕业会考,都可以取得相应的业士文凭证书,且这三类文凭证书在理论上是等值的。考生成绩平均分达到或超过 10 分则通过毕业会考,获得业士文凭证书,可以向多家大学或其他高等学府申请大学入学资格。其中,大于等于 12 分的考生将获得"评语",获得评语是学生能够进入筛选性高等教育,主要是工程师学校和大学校预备班进行深造的重要依据[②];12—14 分为一般,14—16 分为良好,16 分以上为优秀。考试平均分在 8—10 分之间的考生有权参加当年的补考,补考考生如果两次考试的平均分达到或超过 10 分也可获得业士文凭证书,但将不会获得评语。但考试平均分低于 8 分的考生需要来年重考。在法国,申请大学的条件是必须具备业士文凭证书,在大学竞争相对激烈的状况下,还需参加大学单独组织或者几所具有传统联系的大学校联合组织的专业考试,各校按照考生的成绩从高到低进行排名,按照教育部规定的名额择优录取。[③]

表3-4　实施"一科多考"的主要国家和地区大学入学考试的入学标准比较[④⑤⑥⑦]

国家	考试名称	入 学 标 准
美国	ACT	划定 6 个分数区间和学科最低分数线:例如,2015 年英语、阅读、数学和科学的基准分为 18 分、22 分、22 分和 23 分
法国	高中毕业会考 BAC	(1) 10 分及以上即可获得业士文凭证书,具备申请大学资格 (2) 12 分及以上可获得"评语",12—14 分为一般,14—16 分为良好,16 分以上即为优秀 (3) 取得毕业证书,还需参加大学组织的专业考试,择优录取

① 王建. 提升我国高考科学化和专业化水平——来自美国 ACT 考试的经验和启示[EB/OL]. (2016-04-12). 北京大学中国教育财政研究所,http://ciefr. pku. edu. cn/cbw/kyjb/2016/kyjb_8242. shtml.
② 阮洁卿,阮来民. 法国普通高中毕业会考类别与考试科目研究——兼析我国普通高中学业水平考试的相关政策[J]. 外国中小学教育,2011(11):33.
③ 张文军,周丽玉. 法国"业士证书(Baccalau réat)"制度及其启示[J]. 教育发展研究,2004(02):38.
④ Home/ACT. The Condition of College&Career Readiness 2016 [EB/OL]. http://www. act. org/content/dam/act/unsecured/documents/CCCR_National_2016. pdf/.
⑤ 阮洁卿,阮来民. 法国普通高中毕业会考类别与考试科目研究——兼析我国普通高中学业水平考试的相关政策[J]. 外国中小学教育,2011,(11):32—39.
⑥ The Finnish Matriculation Examination [EB/OL]. http://www. ylioppilastutkinto. fi/se/english.
⑦ 香港考试及评核局. 成绩汇报制度[EB/OL]. http://sc. hkeaa. edu. hk/TuniS/www. hkeaa. edu. hk/tc/hkdse/assessment/the_reporting_system/.

续　表

国家	考试名称	入学标准
芬兰	大学入学资格考试	(1) 极优秀(L)5%—7分、优秀(E)15%—6分、很好(M)20%—5分,好(C)24%—4分,满意(B)20%—3分,及格(A)11%—2分,不及格(I)5%—0分 (2) 如果学生在某一科中得到了I,那么就算整个考试没通过,需要重考。但如果单个科目没及格,考生可以通过其他考得好的科目在分数上进行补偿
中国香港	香港中学文凭考试 HKDSE	(1) 各考生在中学文凭的中国语文、英国语文科达到第3级,以及数学和通识教育达到第2级的成绩(简称"3322"),便符合资格申请修读大学教育资助委员会(教资会)资助的大学和院校的四年制学士学位课程 (2) 除了四个核心科目外,各院校仍会制定包括一个或两个选修科目的成绩要求,以及其他入学条件

二、标准化题库实现试题等值

实行同一科目两次考试,试题难度的稳定性与得分的可比性是其最基本的技术前提,因此,保障命题的科学性、灵活性和考试标准的稳定性是实施同一科目多次考试的核心要素之一。在此方面,建设标准化考试题库,即借助于科学的教育测量理论和成熟的计算机适用技术,通过试题的动态管理、试卷的自动生成与分类等,实现命题的科学性、合理性、稳定性、可靠性以及测验等值性,是这些国家和地区实现"一科多考"的一个重要保障条件。

实行"一科多考"的主要国家和地区的考试题目命制权限,或归属于国家和地区的主管考试部门(如芬兰大学考试委员会)及社会考试机构(如美国 ACT 和英国 CCEA),或者由各学区考试机构单独命题(如法国的大学区单独命题),具有一定差异性。但在考试试卷的命制上,大都采用标准化考试题库的方式生成试卷;同时,为了保障试题的信度效度,这些国家和地区每年度都会组织专业团队进行新试题的编写、审核、试用与分析、纳入试题库、外部审核与评价等,以保障每年度试题的等值性、稳定性、可比性,实现考试评价的有效性和高质量。以下主要以美国 ACT 考试题库建设为例,简要介绍标准化题库建设的过程。

美国 ACT 考试中心是一家在教育和职业发展领域提供测评、研究、信息以及项目管理服务的独立的非营利性机构,承担了 ACT 考试标准和规范的制定、试题编写和审核、试测、题目选择和形式建构等各个环节。在遵循"教育公平测试实践准则"和"教育测量专业责任准则"的基础上,ACT 考试中心面向全国招募和培训编写者(各地高中和大学的教师都可参与编写,而非一个试题编写小组),而后由 ACT 聘请的试题内容专家小组共同审核试题的准确性、年级水平的适当性、教育的重要性以及对所有考生的公平性,经过试测和统计分析后,试测合格的试题被纳入 ACT 试题库。考试试卷一般是基于内容标准、试题结构和统计特征从试题库中抽取规定数量的试题,编制成试卷初稿,再次经过外部审核论证,最终形成 ACT 考试试卷。同时,在每次试卷考试结束后,ACT 考试中心组织试题分析评价和试题功能差异评价,为下一轮的试题编制提供经验。经过 50 多年的发展,ACT 考试中心已经形成一套完善的考试试题库和相对成熟的试题编制系统,从而能够对考生的学业成就水平进行相对准确和公正的评价。

表3-5　实施"一科多考"主要国家和地区大学入学考试的命题方式及其比较

国家	考试名称	命题机构	命题方式
英国	A-levels 考试	社会考试机构,如 AQA、OCR、WJEC Edexcel、CCEA	从题库中抽题或直接命题
美国	SAT	教育考试服务中心 ETS	标准化题库
	ACT	ACT 考试中心	标准化题库
法国	高中毕业会考 BAC	大学区各自命制试题	标准化题库,且每年由命题小组每科目 3—4 人专门命题
芬兰	大学入学资格考试	芬兰大学入学考试委员会	标准化题库
中国香港	香港中学文凭考试 HKDSE	香港考试及评核局;各科目成立审题委员会	标准化题库

资料来源:(1)AQA. What we do [EB/OL]. http://www. aqa. org. uk/about-us/what-we-do.(2)ETS. What we do [EB/OL]. https://www. collegeboard. org/about? navId=gf-abt.(3)王建. 提升我国高考科学化和专业化水平——来自美国 ACT 考试的经验和启示[EB/OL].(2016-04-12). 北京大学中国教育财政研究所,http://ciefr. pku. edu. cn/cbw/kyjb/2016/kyjb_8242. shtml.(4)阮洁卿,阮来民. 法国高中毕业会考制度的发展及其特点研究[J]. 外国中小学教育,2007(8):31—35.(5)The Finnish Matriculation Examination [EB/OL]. http://www. ylioppilastutkinto. fi/se/english.(6)香港考试及评核局. 考评局简介[EB/OL]. http://sc. hkeaa. edu. hk/TuniS/www. hkeaa. edu. hk/tc/about_hkeaa/secretariat/.

美国 ACT 考试每年有 6 次考试机会,ACT 每年都会研发新试卷。为了保障不同试卷的等值性和不同日期考试的可比性,ACT 每年从全国六次考试中抽取一次考试的考生样本作为等值的样本,随机抽取每张试卷的考生超过 2 000 多人,以初始研制评分量表的试卷作为锚题(共同题),采用等百分位等值方法使在另一份考卷中获得的分数与评定量表等值。① 基于标准化题库生成的试卷以及根据评定量表对不同试卷所做的等值处理,保障了不同考生参与不同批次的 ACT 考试后所形成的报告分数具有相对可比性。

建设国家标准化题库在美国各类考试中较为普遍,与 ACT 同样具有"美国高考"之称的 SAT 考试,也是由美国教育考试服务中心(ETS)通过专门开发的标准化试题库生成 SAT 考试试卷的。此外,TOEFL 考试、GRE(美国研究生入学考试)、GMAT(国外工商管理硕士 MBA 入学考试)等也均采用 ETS 开发建设的标准试题库,保障了各类考试命题的稳定性、等值性以及试卷编制的便捷性、可靠性。

三、专业考试机构的服务与保障

教育考试机构是专门承担考试招生职能的特定组织,以其独立性、专业性、客观公正性和权威性为考试和评价提供服务。专业考试机构需要拥有专业的评价人才、评价技术与评价设备,具有理论和实践两方面的优势,在考试项目研发、命题、推广、评价与反馈等方面具有核心竞争力,并建立了与之匹配的组织架构和工作标准。② 无论是建立标准化题库实现试题等值还是建立标准参照的评价方式,"一科两考"的顺利推行都需要由专业教育考试机构的管理与服务予以保障。

当前,教育考试机构的专业化、职业化、独立性和服务性,已经成为全球考试与测评领域的一个基本共识。对实施"一科多考"的国家和地区考试制度的研究发现,成立独立性、专业化的教育考试机构,构建专业考试研究人员队伍,为国家考试与评价提供服务是这些国家和地区的共同选择。

(一)考试机构的性质与构成

1. 机构的相对独立性

当前世界上主要国家和地区的考试评价机构主要分为两类:

一类是具有非官方、非营利性的社会考试机构。美国教育考试服务中心(ETS)、英国 5 家 A-Levels 考试命题及评价考试机构、美国 ACT 考试中心和中国香港地区的考评局均属于此类。香港考评局成立于 1977 年,致力于举办各类高质素的考试及评核服务,是行政与财政独立的法定教育考试机构,与香港特别行政区政府不存在从属关系,但与教育署之间是合作关系。成立于 1947 年的美国教育考试服务中心,下设九

---

① 王建. 提升我国高考科学化和专业化水平——来自美国 ACT 考试的经验和启示[EB/OL]. (2016 - 04 - 12). 北京大学中国教育财政研究所,http://ciefr. pku. edu. cn/cbw/kyjb/2016/kyjb_8242. shtml.
② 申瑞杰. 专业第三方评价机构:教育考试机构的改革方向[J]. 教学与管理,2011(12):63.

个组织部门,是全球最大的私营非营利教育考试与评估机构。通过提供公平、有效的评估、研究和相关服务来提升教育的质量和公平是该考试机构的重要使命,当前为美国 K-12 学生评估项目和高等教育开发各种标准化考试,同时 ETS 也负责管理国际测试,服务覆盖面超过 180 个国家和地区,约 9 000 个地点,每年组织的考试约达 5 千万场。[①] 经过 70 多年的发展,ETS 已经成为专业考试与评价行业领域的重要引领者和创新者。

另一类是隶属于地方政府的专业考试机构。法国的大学区考试机构和芬兰大学入学考试委员会均属于此类。例如,芬兰自 1919 年起由芬兰大学考试委员会(The Matriculation Examination Board)负责大学入学考试的管理检查、安排和执行;同时,委员会制定考试大纲与指南、测试的实施与评估。芬兰大学考试委员会的董事长和相关工作人员(大概 40 人)是由教育部统一提名的。这些人员来自各地区的大学、高等教育研究机构以及国家教育委员会,涉及的专业覆盖了考试所包含的所有学科;试卷编制和试卷评价的具体工作由约 330 名不同学科的联合委员(associate member)承担,委员会秘书处约 22 名工作人员负责考试的技术问题、人员招聘、安全和协调等工作。[②]

建立一个独立性强、稳定性高的专业考试与评级机构,对于改善各个国家和地区的考试评价制度,全面统筹有限的人力、技术、财力资源,提高考试的成本效益和管理效应,是考试评价质量提升的重要保障。无论是大规模的社会考试机构还是政府举办的国家考试评价机构,相对独立性、客观公正性以及服务的中介性是这些考试机构的共同特征,也是其保持权威性和专业性的根本条件。

表 3-6 实施"一科多考"的主要国家和地区的专业考试机构情况一览表

国家	考试名称	考试机构	机构性质	人 员 构 成
英国	A-levels 考试	AQA、 OCR、WJEC Edexcel、CCEA	非官方、独立非营利性考试机构	以 AQA 为例,雇佣人员超过 1 000 人(管理者、执行者、设计者等);同时与 28 500 个教师、讲师、学科专家、研究者共同工作。

---

① About ETS〔EB/OL〕. http://www.ets.org/about/fast_facts.
② Studentexamen i Finland〔EB/OL〕. http://www.ylioppilastutkinto.fi/se/english.

续　表

国家	考试名称	考试机构	机构性质	人 员 构 成
美国	SAT	教育考试服务中心 ETS	私营、非营利教育考试及评估机构	(1)研究者、统计学家和心理测量师;(2)测试开发者;(3)领导开发绩效评估;(4)全球评估专家;(5)教育政策专家,超过 2 500 人。
法国	高中毕业会考 BAC	大学区的专门考试机构	地方政府教育考试机构	(1)委员会由学区领导人任命;(2)大学和中学的教师;职业高中考试委员会成员中有 1/3 是来自职业界的代表。
芬兰	大学入学资格考试	芬兰大学入学考试委员会	国家教育考试机构	(1)考试委员会成员约有 40 人,来自芬兰各地的大学、高级研所,涉及专业覆盖了考试所包含的所有学科;(2)300 多名助理帮助这些成员进行考试的准备和评估工作。
中国香港	香港中学文凭考试 HKDSE	香港考试及评核局	香港专责举办各项考试及评核的机构;行政和财政独立;	(1)委员会的 16 位成员主要来自中学、高等院校及政府机构,还有来自商界及工业界的专业人士;(2)秘书处聘用约 400 名专职人员;(3)每年会额外聘请数以千计考务人员,协助举办各项大型的公开考试。

资料来源:(1)AQA. AQA in numbers [EB/OL]. http://www. aqa. org. uk/about-us/who-we-are/aqa-in-numbers.(2)ETS. About ETS [EB/OL]. http://www. ets. org/about/fast_facts.(3)阮洁卿,阮利民. 法国普通高中毕业会考类别与考试科目研究——兼析我国普通高中学业水平考试的相关政策[J]. 外国中小学教育,2011,(11):32—39.(4)The Finnish Matriculation Examination. The Finnish Matriculation Examination [EB/OL]. http://www. ylioppilastutkinto. fi/se/english.(5)香港考试及评核局. 考评局简介(秘书处)[EB/OL]. http://sc. hkeaa. edu. hk/TuniS/www. hkeaa. edu. hk/tc/about_hkeaa/secretariat/.

2. 专业的人员队伍建设

拥有一支高水准的专业技术团队是教育考试机构专业能力和专业水平的一个重要体现。各个国家和地区的教育考试机构人员规模庞大,除了专职人员外,每年还会聘用考务人员、专家学者、教师等从事试题编制、试卷考核、考务管理等工作。例如,英国 5 家考试机构之一的 AQA 的雇佣人员已超过 1 000 人,同时还临时聘请 28 500 人左右的教师与专家人员共同工作。同样,香港考评局秘书处的专职人员有 400 人以上,包括考试及评核发展、考试行政、评核科技及研究等方面的专业人员;同时还额外聘请数以千计的考务人员协助举办各项大型的公开考试,其中大部分为中学及大学教师,协助拟定试题和评分准则,或担任阅卷员、口试主考员及监考员等。

此外,这五个国家和地区的教育考试机构人员构成复杂、专业覆盖面广,一般包括了测量与评级的基础研究人员、学科专家与研究者、大学和中学的教师、政策研究人员、考务管理人员等,队伍素质整体较高,专业性较强,为提高考试命题质量及考试评级服务能力提供了坚实的人力资源保障条件。例如,美国教育考试服务中心 ETS 的组成人员,涵盖了研究者、统计学家、测量学家、测试开发者、绩效评估专家和教育政策专家等各个领域。

(二)考试机构的基本职能

五个国家和地区专业教育考试机构主要为考试与评价提供服务职能,即从考前、考中和考后不同阶段,为考生、学校家长等提供全方位的服务。(1)在考试前,通过制定教学纲要、考试说明、考试练习资料、编写教材等为考生和高中学校提供信息与资料。同时,最关键的一个职能是命制试题和编制试卷,这几乎是每一个专业考试机构所必备的职能。(2)考试中提供考务管理、测试、教师培训等多项服务。(3)考试后不仅为考生、家长、学校和监督部门提供考试结果的分析报告以及颁发文凭证书资料等,还通过一系列的统计分析对当年当次考试的质量进行绩效评估、划定考试的资格分数线等。这一体系化、专业化、全面性的服务和管理活动,大幅度提高了考试评价机构的服务能力,体现了考试评价的质量水准,从而也为这些国家和地区顺利实施"一科两考"的科学性、合理性和有效性奠定了良好的基础。

表 3-7 实施"一科多考"的主要国家和地区专业考试机构职能情况一览表

国家	考试名称	考试机构	机构职能
英国	A-levels 考试	AQA、OCR、WJEC Edexcel、CCEA	(1)制定各学科科目考试说明及相应的教学纲要;(2)命制试题和确定评分标准,编写教材,对考卷的抽检与校正;(3)对当年试题质量做出分析,并划定各级别分数线;(4)向学生公布结果并授予考试证书;向监管部门提交考试的统计分析结果;(5)组织相关教师进行培训。

续 表

国家	考试名称	考试机构	机 构 职 能
美国	SAT	教育考试服务中心 ETS	(1)研究：教育测量研究与分析、创新产品开发等；(2)评估开发：规划、测试开发、出版、评分等内容；(3)测试管理：纸笔、单向、计算机和网络测试等的管理；(4)测试评分：最先进的评分技术、评分的绩效评估；(5)教学产品和服务。
法国	高中毕业会考 BAC	大学区各自命制试题	(1)考试命题和试卷编制；(2)考试的组织和实施；(3)试卷的评价和分析；(4)证书的评定与颁发等。
芬兰	大学入学资格考试	芬兰大学入学考试委员会	(1)考试的管理；(2)试题的编制和试卷的评价；(3)对学生考试成绩的复查等。
中国香港	香港中学文凭考试 HKDSE	香港考试及评核局	(1)考试命题；(2)考试报名和考生服务、监考；(3)举办考试、评核和汇报成绩等；(4)提供有关考试行政、命题和制定水平方面等专业培训；(5)出版多种考试及评核刊物，如考试课程及考试报告等。

资料来源：(1)AQA. About us [EB/OL]. http://www. aqa. org. uk/about-us. (2)ETS. What we do [EB/OL]. http://www. ets. org/about/what/. (3)阮洁卿,阮来民. 法国普通高中毕业会考类别与考试科目研究——兼析我国普通高中学业水平考试的相关政策[J]. 外国中小学教育,2011,(11)：32—39. (4)The Finnish Matriculation Examination. The Finnish Matriculation Examination [EB/OL]. http://www. ylioppilastutkinto. fi/se/english. (5)香港考评局. 考评局服务[EB/OL]. http://sc. hkeaa. edu. hk/TuniS/ www. hkeaa. edu. hk/tc/about_hkeaa/secretariat/.

四、对考试时间和方式的安排

"同一科目考试提供两次以上的考试机会"还关系到考试时间的安排和考试方式的选择这两方面的内容。在保障高中学校教育教学正常秩序的前提下,如何顺利推行"一科多考"是每个国家和地区在高考政策制度设计的一个关键点。

实施"一科多考"的国家和地区在考试时间的安排上,大致可分为两种情况：一是每年固定一个考试时间,其代表为英国、法国和中国香港；二是每年有 2 次或 6—7 次考试机会,但是有一定限制条件,其代表为芬兰和美国。但总体来看,每年仅提供 1 次考试时间是这些国家和地区的普遍选择。

(一) 每年固定在一个时间点考试

英国、法国和中国香港在考试时间的安排和考试方式的选择上,普遍采用每年固定一个考试时间,但为学生提供了多次考试的机会。

例如,法国的高中毕业会考一般只在每年6月份举行,但可以分为两个阶段进行考试。第一个阶段是高二学期末的提前考试,内容包括法语的口试和笔试,以及指导性个人活动的测试内容。第二阶段是每年6月份举行的高三结业考,学生可以有两次考试机会,如果考生第一次常规考试的评分大于或等于10分,就会获得高中毕业会考证书;如果平均成绩高于8分但低于10分,可以参加第二次的口语补考(7月初)。两次考试成绩取最高分进行记录,如果总评分超过10分,就可获得业士学位证书,依此向各大学申请入学资格。2013年,法国普通高中毕业生笔试会考及格率为82.5%,而口试补考后的总及格率达到86.8%,可见,补考制度为那些发挥失常的学生提供了补救机会。[①]

一直以来,英国A-levels考试在每年1、6月同时举行AS和A2阶段性考试,学生可以在两个高中学年段中无限制地重考,甚至毕业后也可以重考。这种考试制度设计为学生提供了多次考试机会,充分体现了考试自由,缓解了"一考定终身"的压力。例如,2012年英国夏天评价与资格联盟考试中近六成的学生进行了多次考试,32.5%的考生重考一次,17.5%的学生重考两次,7%的学生考了三次以上。一个极端的例子是,一位成年考生重考A级数学模块高达29次,以谋求获得最优异的成绩。"一年多考+一科多考"的无限制重考政策给英国高中以教学和学生发展带来了诸多弊端。为了防止多次考试而导致的分数膨胀、教学秩序紊乱等问题,自2014年起,英国大学招生考试制度开始进行改革,正式取消了1月份的考试,减少了一年多考的次数,每年仅在6月份举行一次考试,回归到在学年末采取线性评价的模式。

表3-8　实施"一科多考"的主要国家和地区大学入学考试时间和方式的比较

国家	考试名称	考试次数	考试时间
英国	A-levels考试	多次考试	每年6月
美国	SAT	每年举行7次,两年内不限次数	1/3/5/6/10/11/12月
	ACT	每年举行6次,两年内不限次数	2/4/6/8/9/10月
法国	高中毕业会考BAC	两个阶段:高二期末提前考和高三会考(有两次机会)	每年6月

---

① 卢苏燕.法国"高考"不是独木桥[J].辽宁教育,2014(9):41.

续　表

国家	考试名称	考试次数	考试时间
芬兰	大学入学资格考试	(1)已及格的考试科目只要在被授予高考合格证书之前,可以无时间限制重考;(2)未及格的必考科目可以在接下来连续三次考试中重考两次;(3)选考科目不及格,可以无时间限制地重考两次	每年在春季和秋季举行2次
中国香港	香港中学文凭考试 HKDSE	考试成绩可保留一年,第二年可以重考	每年3月底至5月

(二) 在限定范围内的"一年多考"

基于严格的标准化考试,美国和芬兰的国家考试一般每年会举行多次,但会对每个考生参加考试的时间或次数进行限定,以避免重复考试造成的刷分现象。

例如,美国 SAT 或 ACT 考试每年有7次或6次考试机会,在两年的成绩有效期内,考生可以多次参加考试,取最优成绩。芬兰每年在春季和秋季分别举行大学入学资格考试,学生可以在一年半内完成考试,也可以在一次考试中完成所有科目的考试。对于已经合格的考试科目,只要在授予入学考试证书之前都可以重考,并且次数不限,考试中获得的最好成绩将被记录在证书中①;对于未合格的必考科目,可以在紧接着的三次考试内重考两次;对于未合格的选考科目,则可以无时间限制地重考两次;考生重考后,可以选择与原先不及格科目不同层级的考试。

五、多次考试成绩使用的方法

在大学入学考试中,如果考试科目允许"一科多考"且取最优成绩计入考试总分的话,很容易产生考生重考次数增加,甚至复读生比例扩大的现象。在高风险、高利害的高校招生考试中,如何对待多次考试的成绩? 这是推行"一科多考"政策所应审慎考虑的。

对于同一考试科目的多次考试成绩,大部分国家和地区都采取无惩罚原则,即考试成绩取最高成绩计入高考总分。然而在重考成绩的使用上,不同国家和地区或高校(成绩使用主体)的态度迥异,但总体而言,由大学根据实际情况自主决定如何使用多次考试成绩是这些国家和地区的共同选择。

---

① 王旭.芬兰大学入学考试特色述评[J].世界教育信息,2008(8):79.

（一）限定范围内成绩"取最优"原则

在成绩认定原则上,实行"一科多考"的国家和地区均实行在限定范围内多考成绩取最优原则。

一类情况是在限定时间范围内可以取最优成绩,以英国、美国和中国香港地区为主。例如,在英国 A-levels 考试中,只要考试科目的成绩等级是考生在两年的高中阶段中所取得的,无论考多少次数都为有效成绩,假定考生在再次考试中失利,其先前成绩依然有效,计入 A-level 分数中的成绩以最高成绩为准。A-levels 考试"一年多考取最优"的这一制度设计推动了 A 级考试成绩的直线上升,2011 年学生重考后,整体 A 级考试成绩提升了 25％。

另一种情况是在限定次数范围内的考试成绩取最优。例如,法国的高中毕业会考 BAC 允许考生保留自己的成绩,可与下次重考成绩进行比较,选择最好的成绩计分;但三次或三次以上重读结业班的考生,必须重新参加所有考试,先前成绩不予承认。①

表 3-9　实施"一科多考"的主要国家和地区多次考试的成绩检定

国家	考试名称	"一科多考"认定原则	高校对多次考试成绩的使用
英国	A-levels 考试	高中 2 年内的成绩取最优	大学对重考成绩的认定态度有别
美国	SAT	每次成绩均寄发给所报考的大学,成绩有效期 2 年②	以最高成绩为大学选拔学生依据
	ACT	选择寄送最好的一次成绩	
法国	高中毕业会考 BAC	取最优成绩,但超过 3 次考试后,先前成绩将作废	选用最优成绩,但学校组织第二次专业考试
芬兰	大学入学资格考试	(1)合格科目的重考成绩在取得资格证书前取最优 (2) 不合格科目在重考两次限制内取最优	重考成绩(证书)为大学录取增加砝码

---

① 阮洁卿,阮来民. 法国普通高中毕业会考制度的发展及其特点研究[J]. 外国中小学教育,2007(8)：31—35.
② SAT Scoring Before March 2016 [EB/OL]. https://collegereadiness. collegeboard. org/sat-scoring-before-march-2016.

续　表

国家	考试名称	"一科多考"认定原则	高校对多次考试成绩的使用
中国香港	香港中学文凭考试 HKDSE	考试成绩可保留一年,重考成绩取最优	以最高成绩为依据,但各高校组织自主考核

注:在当前美国 SAT 成绩寄送上,如果考生重复参加 SAT 考试或参加不同的 SAT 科目考试,并且要求 ETS 发送最新的考试结果给招生机构,那么 ETS 将不再发送原先考试分数,而是仅仅寄送学生所要求使用的结果。

资料来源:(1) AQA. About us [EB/OL]. http://www. aqa. org. uk/about-us. (2)ETS. What we do [EB/OL]. http://www. ets. org/about/what/. (3)阮洁卿,阮来民. 法国普通高中毕业会考类别与考试科目研究——兼析我国普通高中学业水平考试的相关政策[J]. 外国中小学教育,2011,(11):32—39. (4)The Finnish Matriculation Examination. The Finnish Matriculation Examination [EB/OL]. http://www. ylioppilastutkinto. fi/se/english. (5)香港考试局. 考评局服务[EB/OL]. http://sc. hkeaa. edu. hk/TuniS/www. hkeaa. edu. hk/tc/about_hkeaa/secretariat/.

(二) 大学自主决定如何使用重考成绩

在重考成绩的使用上,不同国家和地区的高校具有不同的态度,但总体来看,各个国家和地区都是由高校自主决定如何使用多次考试的成绩。

一类情况是大学普遍选择考试最优成绩作为选拔人才的依据,更看重学生的学习潜力和发展潜力,以美国为代表。例如美国 SAT 和 ACT 考试,虽然前者在两年有效期内的每次成绩均须寄发给所报考的大学,后者只需邮寄最好的一次成绩,但在这两类考试成绩的使用上,大学普遍采取了"一年多考"取最优成绩的检定方式。在芬兰,如果一个考生成功地通过了大学入学考试,并对已通过的科目进行了重考,或者说通过了附加考试,该考生将多获得一张证书,这将为学生被大学录取增加砝码。[①]

另一类情况是由大学自主决定如何检定重考成绩,以英国、法国和中国香港地区为代表。例如,虽然大多数高校对于考生在高中两年内获得的重考成绩采取无歧视态度或较少歧视地接受,但面临着不断扩大的重考成绩比例,英国的一些选拔性大学逐渐对那些通过多次考试谋求高分的申请者们采取了相应的控制和制裁措施。例如,爱丁堡大学、伯明翰大学和谢菲尔德大学等顶尖大学明令禁止学生重考 A 级课程以追求炙手可热的法律和医学专业[②];诺丁汉大学动物医学与科学系"通常只承认 A 级考试中的第一次考试成绩,对于复读者尽管录取机会不大,但是也会考虑;对于 A 级课程周期内的第二次重考者,提高入学标准,由两门 A 级等级(AAB)上升为三门 A 级等

---

① 王旭. 芬兰大学入学考试特色述评[J]. 世界教育信息,2008(8):80.
② Graeme Paton. Universities Crack Down on A- level Resits [EB/OL]. (2011 - 08 - 15). [2014 - 07 - 06]. http://www. telegraph. co. uk/education/universityeducation/8702888/Universities-crack-down-on-A-levelresits. html.

级(AAA);对于重考两次以上的考生,则不予考虑"①。

第四节　我国推行"一科两考"的条件限制

根据以上研究,分数等值设计、大型标准化题库建设、专业考试评价机构建设、合理安排考试时间以及高校自主使用多考成绩是英、美、法等国家实施"一科多考"的重要保障条件。以此为基本参考标准,可对我国推行"一科两考"政策的主要条件进行考量。

一、国家标准化题库建设机制不完善

实现两次考试试卷的等值,增强学业水平考试成绩评价的稳定性、有效性,是推行"一科两考"所必须考虑的问题。根据国际上实施"一科多考"国家和地区的经验,通过建设标准化考试题库实现试题等值,是一种普遍的选择。

国内关于题库建设的问题研究由来已久。20 世纪 80 年代以来学者们对题库的内涵与功能、技术原理与方法、题库运行的机制保障等多方面进行了研究探讨。② 近十几年来,我国在题库建设方面也进行了多次尝试,取得了一定的成绩。截至目前,包括高考、研究生考试、自考、成人高考在内的国家教育统一考试的全部科目都被列入题库建设当中,已经形成了一定规模的以试题形式储存的 A 类题库和以试卷形式储存的 B 类题库。③ 但是,鉴于理论技术、考试安全保密、建库时间与人员能力等因素,目前我国的题库建设仍处于初级阶段,距离集管理试题、组配试卷和报告分数于一体的现代题库还有一定距离。④ 而针对选拔性的高中学业水平考试的题库建设更存在着建库意识不强、机制不完善等问题。

1. 建立学业水平考试的国家题库意识不强

我国高中学业水平考试采取"教育部指导、省级教育行政部门组织实施"的制度模式;从考试与评价的实践程序来看,在新一轮高考改革中,我国仍会采取分省命题、省内统考的形式。同时,即使部分省市、地区建立了高中学业水平考试的题库,但存在命

① 苗学杰.英国大学招生考试"一年多考"的制度设计、社会争论与发展趋势[J].比较教育研究,2015(4):66.
② 注:在中国知网(CNKI)中,以"题库"为主题词进行检索,可以查阅到 1985 年至 2016 年间相关期刊论文 12 103 篇;其中,关于"题库建设"和"国家题库"的文献分别达 3 109 篇、474 篇.
③ 李光明,等.教育考试国家题库理论与实践[M].北京:高等教育出版社,2014.
④ 戴一飞.效度论证范式下的 ECD 测试设计框架——我国教育考试国家题库的升级路径之一[J].中国考试,2016(11):28.

题质量不一、试题稳定性较差等问题;且一旦涉及高利害的大型考试,尤其是当前的等级性考试,各地的考试部门仍会采取"入闱"命题,即专家集中开会命制当年考试试题的任务型命题方式。这种考试命题组织形式相对封闭,容易出现内容的偏向性与不公平,也难以确保每次考试试题的难度基本相当、多次考试等值性等问题①。

2. 命题标准、考试标准尚在探索阶段

"标准"是开展命题工作的前提和基础,题库的整体建设也是围绕"标准"来进行的。高中学业水平考试涉及高中课程标准、学业质量标准、考试大纲等各层面,是"标准"考察的核心体现。就学业质量标准和课程标准而言,自2014年底起我国正式启动了高中课程标准修订和学业质量标准研制工作,其目标之一在于做好高中课程标准修订与高考改革政策的衔接,确保学和考的有机结合,增强育人效果。② 至今,课程标准修订工作已基本完成,但学业质量标准的研制工作还在进行中。可见,我国在国家高中学业水平考试题库建设所需的考试标准研究方面还处于起步与探索阶段,尚未形成系统化、实用性的成果。

3. 建设标准化题库需要较长时间

大规模国家标准化题库的建设是一项高度专业化的工作,也是一个长期、反复的过程。美国大学入学考试ACT在50多年的研究历史基础上,才逐渐形成了一套相对完善的标准化题库系统,但每年仍会面向全社会、组织专业人员进行试题命制和试卷开发。每套试卷都需经过严格的考试设计和规范、试题编写与审核、试测与分析、预测与校准、评估等各个核心步骤,一般均历时两年;此外,在正式投入使用前,每套试卷基本都要经历至少16次审校和评估。但是,我国面向全国范围的、高中学业水平考试的标准化题库尚未启动,在短时期内也难以完成。

在我国新一轮高考改革即将大范围启动之际,等级性考试若要实行"一科两考",其面临的试题等值问题将进一步凸显,对标准化题库的需求显著增强。但是,学业水平考试的命题技术并未同步跟进,标准化题库建设机制尚不健全,专业的命题机构部门未形成(详见下文),国家考试标准和题库命题标准研制尚不成熟,因此短时期内难以为等级性考试的国家题库建设提供有效的支撑。而这将成为制约"一年两考"政策实施与推行的主要因素。

---

① 王建. 提升我国高考科学化和专业化水平——来自美国ACT考试的经验和启示[EB/OL]. (2016 - 04 - 12). 北京大学中国教育财政研究所, http://ciefr. pku. edu. cn/cbw/kyjb/2016/kyjb_8242. shtml.

② 中华人民共和国教育部. 教育部召开普通高中课程标准修订工作启动会[EB/OL]. (2014 - 12 - 08). http://www. moe. edu. cn/publicfiles/business/htmlfiles/moe/moe_1485/201412/180670. html.

二、等级性考试仍属于常模参照测试

在新一轮高考改革方案中,各地区的高中学业水平考试被划分为合格性考试和等级性考试。对于合格性考试,我国实行的是水平参照测试,但是与高考成绩相挂钩的等级性考试采取的仍是常模参照考试形式。

1. 从计分方式来看

根据新一轮高考改革方案的政策安排,各地区考生的选考科目成绩将会以等级形式呈现,"以等级呈现成绩的一般分为五个等级,位次由高到低为 A、B、C、D、E",各省(区、市)根据基本教学质量要求和命题情况等对各等级人数所占的比例进行限定。例如,上海市高考改革方案规定:"等级性考试成绩以合格性考试成绩合格为基础,由五等细化为 A＋、A、B＋、B、B－、C＋、C、C－、D＋、D、E 共 11 级,分别占 5％、10％、10％、10％、10％、10％、10％、10％、10％、10％、5％。其中,A＋为满分 70 分,E 计 40 分。相邻两级之间的分差均为 3 分。"[①]浙江省选科科目则以当次当科考试考生的卷面得分(满分 100 分)为依据,划定为 21 级,并根据对应关系进行等级赋分。

这种等级制与英国、美国等国家和地区"一科多考"中所实施的等级制计分方式的意义完全不同。我国按照等级赋分制的原则,对考生的选考科目成绩进行转换的计分方式,实质上是依据当科、当次考生群体的学业成绩和能力表现来对每一个考生进行考核评价,最终体现的都是考生在参考群体中的相对位置,并不能完全测查出考生的实际水平。同时,当前我国高中学业水平的等级性考试采取的是分省命题的方式,考生的等级成绩仅代表着在全省范围内、当批次考试中考生群体的相对位置,若将此成绩加总到高考总成绩中,就存在着不同科目、不同批次考试成绩不等值的问题,将会严重影响考试的公平性、科学性、客观性。

2. 从大学入学标准来看

英国、法国、中国香港等国家和地区实施的"一科多考",均是基于一定的标准(如高中学业课程标准)来划定分数区间或等级区间,不同的等级或分数区间代表着学生在高中毕业时所达到的不同能力水平,只要达到一定的基准线即可获得相应的资格证书,具备了申请大学的条件。这在一定程度上避免了"分分计较"以及不断刷分所导致的分数膨胀等现象。

在我国新一轮高考改革方案中,考生的总成绩是由统一高考的语数外 3 科目成绩和高中学业水平 3 门选考科目的成绩组成,对录取分数线的划定并未给出具体意见。

① 上海市教育委员会. 上海市深化高等学校考试招生综合改革实施方案[EB/OL]. http://www.shmec.gov.cn/html/xxgk/201409/420032014012.php.

从高考的历史经验来看,我国高考"分数线的高低是由考生的整体考试成绩、选择志愿的偏好以及各种地域倾向等因素综合决定的"[1]同时,每年度高考后根据当年考试总体情况来划定"第一批本科和第二批本科最低分数线、全省录取最低控制分数线"等,作为大学录取考生的一个最低基准。即,作为选拔性测试,统一高考录取分数线主要是参照招生计划、考生的整体成绩来划定的。各省市的新一轮高考改革方案并未对等级性考试的分数等级意义进行明确区分与描述,再加上不同层次高校录取中传统的分数线划分方式,等级性考试依然是常模参照测试,这必然会导致等级性考试"分分计较"的现象。

三、国家教育考试机构的专业性不强

建立专业性、独立性强的考试评价机构,为考试与评价提供全面、系统的服务,是实施"一科多考"国家和地区的共同特征。等级性考试与高考总成绩相挂钩,意味着等级性考试将逐步成为国家考试的重要组成部分;而"选考"和"一科两考"更是对高中学业水平考试评价的科学性、有效性、稳定性提出了较高要求。因此,实现国家考试评价机构的专业性、权威性是保障招生考试改革顺利实施的迫切要求。

招生考试机构的专业化建设涉及招生评价服务理念、组织体系、理论研究、技术发展及队伍素质等方面,包括价值专业化、职能专业化、队伍专业化和技术专业化。[2] 针对新一轮招生考试制度改革的需求,我国考试机构专业化建设主要存在以下几个问题:

1. 高中学业水平考试仍由地方政府负责

从机构建设层面来讲,我国目前主要承担教育考试专项职责任务的机构有教育部考试中心和各省市教育考试院(或叫省招生办公室、考试服务中心、招生考试中心等名称)。其中,教育部考试中心下设有"高校入学考试命题处""题库工作小组""考务管理与监察处"等职能部门,承担着教育考试专项职责任务以及部分行政管理工作。但是,由于长期以来高中学业水平考试的职责由地方政府和相关部门来行使,因此教育部考试中心目前尚未具备与"高中学业水平考试"命题与管理有关的相应职责部门。

绝大部分市由省教育厅统一领导全省学业水平考试工作,实行省、市、县三级分工、逐级负责的管理体制,由全省统一命题、统一施考、统一评卷、统一成绩管理等[3],

① 李立峰.高考录取分数线的历史演化及理性分析[J].考试研究,2008(1):70.
② 李木洲.高考改革的历史反思——基于制度变迁的视角[M].武汉:华中师范大学出版社,2014:295.
③ 李欣.高中学业水平考试的中美比较[M].福州:福建教育出版社,2012:181.

由"学业水平考试办公室""考试服务中心""基础教育处"等机构组织实施考试的具体事务。这些考试机构在是否承担中学学业水平测试、中考、海外考试等业务方面各省（自治区、直辖市）情况有较大差别①，同时在是否具备命题中心等相关职能部门上也有所不同。

在新一轮招生考试改革过程中，选拔性考试的选考科目成为高利害、高风险考试，但我国高中学业水平考试仍由各省市组织实施，地区间考试机构建设的差异性导致了其在职能职责方面存在较大不同。这也将制约我国高中学业水平考试的稳定性和可比性。

2. 现有考试机构人员规模小且构成单一

从人员规模及构成上来看，无论是国家层面还是地方层级的考试部门，都存在着人员规模偏小、专业构成单一、整体实力偏弱的情况。在人员编制上，人数在 50 人以上的有 18 个省（占 78%）。其中，北京市、天津市、江苏省、上海市、山东省编制人数在 100 人以上，北京市最多，为 184 人②；省级常聘人员最多达 116 人，部分省市常聘人数超过或接近在编人数，北京市、天津市考试机构包括常聘人员在内的人数总规模分别接近 250 人③。

以北京市教育考试院为例，其下设有 16 个处室（含命题一处和命题二处）和 5 个直属单位，即平均一个处室或单位仅有 9 名工作人员。以安徽省教育招生考试院为例，全院共有核定编制 65 名，下设招生考试研究处、普通高校招生处、命题中心等 9 个处室④，即平均每个职能处室仅有 7 名工作人员。以江西省教育考试院为例，该院共有 78 名工作人员，其中命题处共有 8 名工作人员，而负责中等学校招生考试、普通高中学业水平考试和自学考试的工作人员仅有 3 名。这意味着各省市命题中心工作者不超过 10 位，他们要承担着各类考试管理工作，各类考试命题题库建设、安全保密、专家队伍建设与管理以及相关科学研究工作，其试卷编制、题库建设的科学性、专业性程度可见一斑。

同时，我国各地区的招生考试院大都属于直属或省属的事业单位，担负着一定的行政职能，工作人员通常是通过国家事业单位招聘或其他单位选调，且一般是教育研

---

① 教育部考试中心.专业化考试机构研究报告[G].国家教育咨询委员会.考试招生制度改革组专题调研报告汇编·下.北京：国家教育咨询委员会,2011：520.
② 李木洲.高考改革的历史反思——基于制度变迁的视角[M].武汉：华中师范大学出版社,2014：297.
③ 教育部考试中心.专业化考试机构研究报告[G].国家教育咨询委员会.考试招生制度改革组专题调研报告汇编·下.北京：国家教育咨询委员会,2011：521.
④ 安徽省教育招生考试院概况[EB/OL].http://www.ahzsks.cn/about_us/article.jsp?articleId=292250.

究、课程评价、信息技术等方面的人才,专业构成相对单一,尤其缺乏来自于测量学、评价学、政策学等领域的专业人员。

3. 考试机构的职能定位倾向于考务管理

从机构职能来讲,教育部考试中心和各省市教育考试院等机构,虽然也承担着招生考试信息的发布、试题命制和试卷编制、考试的组织与管理、高校招生投档录取等工作,但是由于大多数招生考试机构还是具有一定行政职能的事业单位,再加上长期习惯于行政型管理,尚缺乏主动服务教育的责任和意识,因此在功能定位方面还存在行政管理意识强、服务意识弱,考试组织功能强、评价功能弱的问题[①],对考试本身的评价和系统研究、试卷的研发与评价以及由考试所延伸的一系列评价服务方面的职能严重不足。

可见,无论是机构建设的完善性与独立性、人员构成的广泛性与专业性、职能定位的针对性与全面性,我国当前的考试机构部门都无法满足国家大规模考试的需要。为高中学业水平考试、统一高考提供专业服务的国家考试评价机构这一组织支持系统不健全,制约着“选科选考”和“一科两考”政策效果的发挥。

此外,在等级性考试的考试时间和考试方式的安排上,根据实施“一科两考”的浙江和江苏两省的政策方案,浙江省每年在4月份和10月份举行两次考试,与“一科两考”的推行相互支撑;江苏省虽然限定等级性考试仅在统一高考时举行,但“小高考”(高二年级的学业水平考试)的实质是为考生提供了又一次考试机会,当前在这两个地区已经产生了一系列违背教育教学规律的现象(具体见本书第五章),值得深思。同时,针对“由各高校自主决定如何使用重考成绩”这一点,我国招生考试改革方案对“一科两考”政策设计的原意之一就是为考生取得较好成绩提供第二次考试机会,而根据我国高校招生制度、文化及利益博弈等诸多因素,“两次考试成绩取最优”可能成为所有高校在使用重考成绩时候的普遍选择。

第五节　当前实施“一科两考”的潜在问题

根据以上对各国家和地区实施“一科多考”保障条件的研究、我国现阶段诸方面条件的考量以及江苏、浙江等改革地区的实践观察,本书认为我国等级性考试科目实行“一科两考”的条件尚不成熟。在新一轮高考改革即将全面铺开之际,如果在条件不成

① 李欣.高中学业水平考试的中美比较[M].福州:福建教育出版社,2012:296.

熟的情况下就实行"同一科目提供两次考试机会",可能会存在一系列的潜在风险。

一、技术上缺乏科学性：存在原始卷面分的分数不等值及等级赋分的不可比问题

根据高考方案政策安排,选考科目将会出现两个分数,一个是卷面分,一个是等级赋分,卷面分不代表最终的高考得分,而是将其作为等级赋分的依据。所有批次和科目的成绩呈现方式采取等级赋分制,即以高中学考成绩合格为赋分前提,根据事先划定的等级比例,对当科、当次所有考生的名次进行百分位赋值后计入高考总分。这一制度设计的前提是参加不同批次和不同科目考试的考生群体的总体水平是一样的,否则,对不同批次和不同科目成绩进行横向比较就具有非常大的风险。①

然而,现实情况是,一方面等级性考试的题库建设不完善,考试命题存在不稳定因素,可能导致两次考试试卷不等值;另一方面,每次考试赋分的比例是相同的,两次考试的考生基数不一致,考生整体水平不一致,同一考生在全省的排名前后就会不一致,从而被赋予不同等级,以相对应的等级赋分计入高考成绩。

以等级赋分制为例,假定一门物理学科在高二下学期(10月)和高三上学期(4月)分别组织了等级性考试,第一次参加物理考试的考生数有3万名,第二次参加考试的考生有2万名。根据浙江省的等级赋分方案,将有1%的考生划入A等级并赋分为100分,则第一次考试有3 000名的同学获得100分,第二次考试有2 000名同学获得100分。可能存在两种情况:

第一,如果一名考生同时参加了两次考试,卷面分数分别为90分、95分,第一次考试学生群体的物理学习能力偏弱,该名同学被划入了A等并获得等级赋分为100分;第二次考试却被划入B等并获得等级赋分为90分,显然,这与该考生物理学科的真实知识能力水平是不相符的。第二,第一次物理考试的3 000名学生(假定其原始分区间为90—99分)获得了100分,这批学生不再参加第二次考试;第二次考试学生的整体水平与前者相比可能下降(其原始分区间为85—90分),在等级赋分的计分方式下,第二批学生仍会有2 000名同学获得A等级,计为100分并被纳入高考成绩。实质上两批获得100分的同学在物理学科能力与水平上是具有较大差异的,这对于第一次获得A等级、原始分区间为90—99分的同学是极不公平的②。

---

① 柯政.不分文理科的历史经验、潜在风险及政策建议[J].教育发展研究,2015(24):30—36.
② 胡继雄.对高中学业水平考试选考科目成绩等值问题的探讨——基于对试点地区试行方案的思考[J].湖北招生考试,2015(4):14.

由此可见,同一考生在两次考试中的卷面分得分不仅取决于其在两次考试期间的努力程度、心理素质稳定程度等,还取决于两次试卷的难度、效度的一致情况,即两次考试分数是否等值。同时,根据等级赋分制的原则,该名考生的等级赋分得分(即计入高考的成绩)不仅取决于个体实力,在更大程度上取决于与他同批次考试学生的基数以及整体水准,极有可能出现得到较高的卷面分而等级分较低的情况。也就是说,等级分的获得靠实力更要靠"运气",这极大地损害了教育考试的科学性和公平性。

二、程序上缺乏公平性:存在个别同学再次考试刷分或占用名额排挤他人的现象

研究表明,考试次数增加倾向于能够提高平均总分。以美国 ACT 考试为例,2009年高中毕业前重考比例为 41%,2015 年上升到 45%。数据显示,拥有真实潜力的学生参加重考确实能够增加其总分,如在 2015 年的重考高中毕业生中,57% 的学生的总分在第二次考试中有所改善。[①] 2016 年,香港中学文凭考试的全体报考人数中,重考人数达到 1 万人,占报考人数的 15.2%;在考试成绩上,甲类科目的五科考试成绩达到 3级以上的重考生占当年全体考试人数的比例达到 41.2%,核心科目中取得"3322"(即达到学士学位课程入学标准)或更好成绩的重考生比例达到 11.1%。[②]

根据国家和试点地区的高考方案,合格性考试和等级性考试采用两种形式:浙江省高中学考和高考选考科目一考两用,同一科目设计两种试卷;上海则实行高中学考合格性考试和等级性考试两次考试,各自一张试卷的形式。从各省市所颁布的高考改革方案来看,这两种考试形式将成为高考改革的重要参照系。但无论是哪种形式,普通高中在校学生均须参加所有科目的合格性考试,参加统一高考的考生,还需要选择3 门科目参加等级性考试,一旦实施"一科两考",就意味着一门科目可能会有 2—3 次的考试机会。

一般来说,无论是知识积累量、应试经验和技巧还是心理素质等层面,高三学生相对来说都会比高二学生占优势。将等级性考试纳入到高考范畴成为一种高利害考试,在考试"利益"的驱动下,考生极有可能抓住每一次考试机会,再次参加考试进行刷分。尤其是在"高考指挥棒"的导向下,一旦实施合格性考试随教随考、普通高中学业水平

① 王建. 提升我国高考科学化和专业化水平——来自美国 ACT 考试的经验和启示[EB/OL]. (2016 - 04 - 12). 北京大学中国教育财政研究所, http://ciefr. pku. edu. cn/cbw/kyjb/2016/kyjb_8242. shtml.
② 香港考试及评核局. 2016 年香港中学文凭考试重考生成绩分析[EB/OL]. http://sc. hkeaa. edu. hk/TuniS/www. hkeaa. edu. hk/tc/hkdse/admin/student_s_handbook/.

等级性考试向不同年级学生开放,高中生更会倾向于在高二年级就参加合格性或等级性考试,提高自己应试的熟练度,为最终获得理想的高考成绩积累实战经验。若将高二年级学生选考某一科目的选考成绩与高三年级学生的选考成绩进行统一评价,这对高二就参加等级性考试的那些学生而言是极度不公平的。

此外,在等级赋分的制度规则下,等级性考试成绩的获得更多依赖于参加该科目考试的考生群体的相对水平,如此将会衍生出严重的投机行为。一些同学或学校会为了避开更强的竞争对手,通过"田忌赛马"的方式选择最优的考试组合和考试批次。一些成绩优异的同学则可能会为了打败潜在的竞争者而再次参加考试,扩大"分母"、抬高"顶端",通过占用名额来排挤他人,获得考试利益最大化,严重损害我国国家考试的公平性,背离了教育的本真目的。

三、目标上偏离政策目标:一考定终身变为两考定终身,加重学生、家长负担

打破一考定终身,弱化一次考试时偶然因素的影响,减轻学生身上过重的学业负担和心理压力,是"一科两考"政策设计的主要目标之一,但是在中国的国情、考情、民情下,"一考定终身"极有可能变相地成为"两考定终身",一次高考冲刺变成了高中三年中的不断冲刺,这将不断加重学生、家长以及教师的负担,偏离了政策旨意。

一是进一步加重学生的学习负担和心理压力。一旦"一科两考"在大学招生这一竞争性极强的考试中实施,又无配套的制度措施加以控制和保障,势必会加剧基础教育"为分数而学"的应试主义倾向。为了在最终的考试成绩中获得理想的分数,考生的高考压力提前到了高二年级甚至是入学初期。为了与自己博弈、与其他考生竞争,在高二年级考完选考科目后,学生仍不能有丝毫放松,整个高中阶段的学习将继续被"高考指挥棒"所掌控。那么在课堂教学中增加课时教学,学生在晚间和节假日参加校内外各类培训机构的补课、备考学习将成为常态,学生将大量学习时间和精力都安排在选考、备考和重考上,偏离了学习的初衷。

二是加重家长的心理负担和财力负担。同一科目两次考试,考生的每次考试成绩都会与高考总成绩紧密关联,在"望子成龙"的迫切期待下,家长"助考"、"陪跑"现象将愈加凸显,从而增加家长们的身心负担。同时,在课外补习已悄然成风的趋势下,凡是提早在校外补课的、具有较多考试经验的孩子,大部分会取得较好的成绩,这就滋长了家长通过"补课加料"提高孩子学业成绩的心态,相应地也会大幅度增加家庭在子女课外补习中的经济支出和精力支出,这无论是对经济状况一般或困难的家庭还是对经济

状况较好的家庭来说都是一个沉重的负担。

三是对于学校教师而言,在当前高考升学率仍被视作评价高中学校教学质量、教师绩效和学生学业水平最具权威性的指标的情况下,学生成绩越高,教师在评优活动中就越占优势,"提高学生学习成绩"依然是教师教学的主要目标。"一科两考"的政策架构只是为通过再次考试进一步提升学生的高考成绩提供了机会,可以想见,教师和学校管理者的重心将向对考试策略的研究上倾斜,严重偏离教学的宗旨,这样一来,教师的工作量和工作负担不但不会有所减轻,反而会加重。

四、操作上增加了不稳定性:存在扰乱正常教学秩序、增加考务及管理成本等问题

根据高考改革方案,各省市每年至少要组织两次学业水平考试(合格性考试和等级性考试,每次几乎覆盖所有学科),所有高中生均要参加,每年的 6 月份还要组织一次高考,这三次大型考试给学校教育教学、组织管理带来了诸多的困难。

一是多次考试将打乱学校正常的教学秩序。为了应对合格性考试"随学随考"、部分考生提早到高二年级进行选考的情况,一些非考试科目不得不暂时停课,学校、教师有可能详细制定重考策略、修订再考战术,全力为学生选考服务。选考变成了又一种"小高考","全面教书育人"转变为"精准教学"、"精准应试"。例如,在新高考改革试点地区之一的浙江省,目前就出现了"高一年级每学期开设的学考科目超过了 8 门,强赶教学进度;各年级每周选修课时少于 20%,或用考试科目暗中替代;在学考选考前不执行既定教学安排,全面停课,集中搞学科会战"等违规现象。[①] 可见,在诸方面保障条件不具备的情况下,一旦推行等级性考试的"一科两考","现行高考模式下高中学校所普遍采用的高中三年前半段赶进度、后半段分科复习准备高考"[②],将演变成高一、二年级抓紧进度复习应考,高三年级无课可上、全力复习应考的局面,这将严重扰乱学校教学计划,给学校的课程安排、师资结构带来严峻挑战,打破学校正常的育人生态。

二是多次考试将加大学校考务、管理成本。传统一年一次的高考,都要耗费巨大的人力、物力、财力,比如考场的设置、监考人员的聘请、无线电反舞弊设备的投入,考试周围环境的管理等。[③] 在新一轮的高考改革中,学校每年需要至少组织三次考试,

① 浙江省教育厅.浙江省教育厅办公室关于纠正部分普通高中学校违背教育规律和教学要求错误做法的通知[EB/OL].(2016-10-25). http://www.zjedu.gov.cn/news/147737035226665750.html.
② 马涛.学业水平考试给高中教育带来什么[N].中国教育报,2014-12-19.
③ 罗祖兵,秦利娟.将学业水平考试纳入高考的困境与对策[J].课程•教材•教法,2015(8):101.

例如浙江省的"选考科目每年安排 2 次考试,分别在 4 月和 10 月进行",每年度的统一高考为 6 月份,共三次大型考试。如果要为考生同一科目提供两次考试机会,则意味着每次考生的数量可能至少比以往增加两倍,这将大幅度加大高中学校、考试机构的考务管理成本。

三是多次考试将增加组织、监管难度。将学业水平考试纳入高考这一高利害考试范畴内,极大程度地增加了考试的风险。当前等级性考试是由各省市组织实施的,考试试卷的命题、命题人员的选择、试卷的保存等都存在着安全性问题。同时,在监考人员安排、考场设置、试卷批改、成绩使用中也相应地存在着一系列潜在风险,都将给考试的组织和监管带来难题。

对英国、美国、法国、芬兰和中国香港地区与高校招生录取密切相关考试"一科多考"实施条件的研究发现,成立独立性、服务性的专业考试评价机构,建立标准化考试题库,通过等级评定或标准分转换技术实现考试的水平参照,对重考的时间、次数做出适当限定等是顺利推行"一科两考"的重要保障。但是在我国,无论是考试评价机构的专业化还是题库建设机制的完善,或是考试的标准参照评定,这些问题的解决都需要耗费大量的人财物和时间才能完成。

借鉴英、法、美等国家和中国香港地区"一科多考"考试制度设计的共同经验以及我国境内考试改革实践的具体情况,我们认为在新高考改革启动实施的这一阶段内,高中学业水平考试的等级性考试实施"一科两考"的条件尚不具备。如果贸然推行,则有可能产生两次考试成绩稳定性差、可比性不强,个别考生再次考试刷分或排挤他人,加重学生、家长和教师的负担,扰乱正常教学制度,增加考务管理难度等问题,这将危害到我国考试评价的科学性与公平性、教学育人的方向正确性等。

因此,本书建议暂缓实施等级性考试的"一科两考",适当降低本次招生考试改革的政策目标,先集中精力把"从 6—7 门学科中选择 3 门科目成绩进行考试,并纳入到高考总成绩"这一项政策做好,稳定推进;同时从长远出发,全面布局,努力提升考试改革的系统性、协同性和整体性,积极为实施"一科两考"创造条件,提升考试评价的科学性、有效性与稳定性。

第四章　强化配套资源供给以有效落实"文理不分科"

"文理不分科"是本次教育综合改革以及高考改革的一个亮点,并作为国家意志被直接写入了十八届三中全会通过的《中共中央关于全面深化改革若干重大问题的决定》。这项改革引发的社会关注最多,大家的争议也很大,而且前期研究基础偏弱。我们需要密切追踪研究其在实施过程中出现的各种问题以及给中国基础教育和高等教育带来的各种影响,及时采取措施,预防可能风险,引导正确的发展方向。

第一节　"文理不分科"的性质

虽然大家都在谈文理分科,但对于什么是文理分科,其实并没有说清楚,至少很多理解是不一致的。这可证之于两个例子。

其一,从正式发表的学术论文来看,学术界谈到文理分科时普遍认为 1909 年清廷学部呈《学部奏请变通中学课程分为文科实科折》,建议实行文实分科为我国文理分科的起点。但文实分科说的其实是普职分科的事情,而普职分科直到今天并没有要改革的迹象。这至少说明政策所说的文理分科跟学术界所理解的文理分科并不是一回事。

其二,2010 年《国家中长期教育改革和发展规划纲要(2010—2020 年)》颁布时,教育部基础教育二司司长郑富芝说,国家其实是没有文理分科的制度设计的,而且教育部历来是反对文理分科的。可要不要取消文理分科恰恰是《国家中长期教育改革和发展规划纲要(2010—2020 年)》在咨询意见的时候重点提出的政策问题,在大家看来,文理分科显然是国家制定的现成制度。从中可见,即使是教育部内部,大家对什么是文理分科的理解也是不同的。

按照郑富芝的理解,普通高中的课程体系并未按照文理科来分别设置,因此是没有文理分科的。事实上,从学术的角度来看,这个理解更加准确。我国高中教育阶段只存在着普职分科,普通高中内部并没有分科现象,而只存在分班,并在不同科目的学习内容和难度上有区别而已。但在大部分人的理解中,文理分科说的其实是文理分科招考的政策。

分科招考在我国有非常漫长的历史。如果从广义上理解,所谓的科举就是分科举士的意思。早在汉代,朝廷就已经开始通过设置孝廉、秀才(东汉称茂才)、贤良方正(或贤良文学)、明经、明法、尤异、治剧、兵法、阴阳灾异等科目来招考人才,考生只要在这其中一科中表现出色,就可以得到录用。这跟今日文理分科的逻辑是基本一致的。

1952 年 6 月 15 日,教育部颁布了《关于全国高等学校 1952 年暑期招收新生的规定》,建立起新的统一高考制度。当时就把大学各专业进行了划分,包括文法财经、理工农医、艺术与体育等三类,各类虽然考试科目一样,但各科的权重不同。1954 年又把大学所有专业重新划分为理工农医类、非财经文科类、财经类,分别对应相应的考试科目。至此,历史上出现过的分科招考制度,在新中国也得到了恢复。之后几年,国家持续对大学科类做出微调,到了 1964 年,则不再分多类,而是统整为理工农医和文史这两大类。大学招考分文理两科(类)分别进行的传统由此形成。文革后,在邓小平的倡议下,国务院同意教育部《关于 1977 年高等学校招生工作的意见》,不仅恢复了统一高考制度,还明确指出"今年的考试分文理两类。文科考试科目:政治、语文、数学、史地。理科考试科目:政治、语文、数学、理化"。大学招考按文理分科分别进行的制度正式恢复,直至今天。

具有悠久历史且是改革开放以后作为拨乱反正内容之一的文理分科制度,为什么到今天却要被取消呢? 对近些年取消文理分科倡导者的言论(非常奇怪的是,虽然这个话题非常热,但学术界的相关讨论却非常少,罕有学术论文对取消文理分科的理据进行系统分析)进行分析可以发现,取消文理分科的一个基本理由就是认为文理分科限制了文理兼通人才的培养,而他们认为理科生多一点文史知识,文科生多一点理科知识是更有利于人才培养的。简而言之,改革者认为取消文理分科可以让学生的知识结构更加全面、合理。由此可见,我们要以高中生毕业生的知识结构是否更加全面合理作为实施文理不分科的政策出发点和落脚点,以及衡量这项政策是否取得了预期效果的基本依据。

第二节　"文理不分科"的政策目标

"文理不分科"是近年来教育实践中讨论较多的热点话题,也是国家相关政策规划高度关注的议题。2009 年,《国家中长期教育改革与发展规划纲要(2010—2020 年)》就有关重大问题向社会征求相关建议与意见,"高中取消文理分科的必要性和可能性"就是其中一条,后因社会争议较大,考生、家长、研究者、高中、考试命题机构以及高校的招生录取部门对此意见不一、莫衷一是,因此文理不分科并未作为一条改革与规划建议写入纲要之中。2013 年,中共中央颁布《中共中央关于全面深化改革若干重大问题的决定》,其中明确提出"探索全国统考减少科目、不分文理科、外语等科目社会化考试一年多考",文理不分科正式迈出阶段性步伐,作为一项制度化的改革议题被写入政策文件之中。2014 年,《国务院关于深化考试招生制度改革的实施意见》(国发〔2014〕35 号)指出"改革考试科目设置,考生总成绩由统一高考的语文、数学、外语 3 个科目成绩和高中学业水平考试 3 个科目成绩组成;计入总成绩的高中学业水平考试科目,由考生根据报考高校要求和自身特长,在思想政治、历史、地理、物理、化学、生物等科目中自主选择";《教育部关于普通高中学业水平考试的实施意见》(教基二〔2014〕10 号)要求"在实行高考综合改革的省(区、市),计入高校招生录取总成绩的学业水平考试 3 个科目,由学生根据报考高校要求和自身特长,在思想政治、历史、地理、物理、化学、生物等科目中自主选择"。

　　根据中央文件精神,为鼓励学生自主选择,为每个学生提供更多选择机会,促进学生发展学科兴趣和个性特长,上海市制定了《上海市深化高等学校考试招生综合改革实施方案》(沪府发〔2014〕57 号)以及配套的《上海市普通高中学业水平考试实施办法(试行)》,紧紧围绕"增加选择性"这一政策目标,设计了"思想政治、历史、地理、物理、化学、生命科学 6 门科目设合格性和等级性考试,高中学生在完成基础型课程学习的基础上,可根据高校招生要求和自身兴趣特长,从 6 门等级性考试科目中自主选择 3 门参加考试。各科目高中学业水平考试分散在高中三年中,其中高二下学期末(5 月中下旬)组织地理、生命科学 2 门科目的等级性考试,高三下学期末组织 6 门科目的等级性考试"等改革方案,并在为期三年的试点过程中采取多项措施扩大并保障学生的选择权,有效地引导学生既打好基础,又确立志向、保护兴趣、发展特长。

第三节　"文理不分科":何为及为何?

　　"文理不分科"实际上是科目选择及考试安排的一项结果,全面地说,"文理不分科"应是"改革考试科目设置,实行选科选考,最终实现'文理不分科'"。从各地改革方案和试点地区的实践来看,均是通过"选科+选考"的双层架构来破解文理分科的难题。改革试点地区上海市的高考改革方案规定考生自主确定高考考试科目,语文、数学、外语为必考科目,另从思想政治、历史、地理、物理、化学、生物 6 门学科中选择 3 门作为选考科目,简称"6 选 3"方案;浙江省在选考科目中增加了技术一科,简称"7 选 3"方案。新方案实行后,原来"3+文科综合/理科综合"、"3+X"、"3+1+X"等模式均已成为历史。

在国际上,大部分发达国家在普通高中阶段是不分科的,如美国;也有一些国家实行分科,但不是简单的文理分科,而是多种科目的组合或选择,代表性国家如澳大利亚、法国。现阶段,我国普通高中实行的"文理分科"教育其实也并非全面或彻底的分科。因为全体学生在高中一年级的时候都要修习同样的课程,到了高二、高三之后,才分别主修文科和理科。无论主修文科还是理科,学生都要修习作为基础课程的语文和英语,并考同样的试卷。同样作为基础学科的数学学科,文科与理科在课程内容和考试上稍有区别。准确而言,所谓"文理分科"是在文理交融的基础上有所侧重的分科教学模式。而在实践中又存在着明显的分科行为,文科生和理科生所学的课程、所接受的考试内容存在很大的差异,其原因主要在于我们的分科招考制度。① 对这种分科招考制度的安排在实践中造成了严重问题,亟需改革。

1."文理分科"容易造成人文精神缺失或者科学素养缺乏,从而导致"半个人的教育"

文理分科容易使学生的知识结构片面化发展,同时也会造成学生人文精神的缺失或者科学素养的缺乏。选择文科的学生不学习物理、化学、生物这些科目,他们获得的科学知识也相对比较薄弱,最终影响其科学思维与科学精神的形成。选择理科的学生不再学习历史、政治、地理等科目,由于涉猎的人文社会知识过少,可能会造成他们文化底蕴与人文精神的匮乏。总而言之,文理分科容易造成"半个人的教育",既不利于学生综合素养的提升,也不利于学生全面发展教育目标的达成。

2."文理分科"有悖于科学技术发展对人才的要求以及高校人才培养的趋势

随着科学的发展与技术的更新,创新越来越依靠知识的交叉与综合。社会与科技的发展使人的学习也必须打破传统的学科界限与藩篱,跨学科和通识教育成为发展的必然趋势。"文理分科"造成人在发展的过程中知识基础褊狭、专业过窄等弊端,这种劣势在终身教育的背景下更将会被放大。从国际上发达国家的社会发展以及高校人才培养的经验与趋势上来看,培养复合型、交叉型的人才是各国教育政策的重心所在。总而言之,文理分科有悖于时代发展对人才培养提出的新要求。

3."文理分科"不利于学生学习兴趣及个性特长的发挥,有悖于基础教育的目标要义

基础教育的目标是为学生的学习奠定基础,为学生的职业发展奠定基础,为学生

① 柯政.不分文理科的历史经验、潜在风险及政策建议[J].教育发展研究,2015(24):30—36.

的生命发展奠定基础。在现实中,学校不断提前实行文理分科的时间,从高三到高二再到高一,有的学校甚至在学生一踏进校门就开始让学生选择文理科。毫无疑问,过早地分科必然会忽视学生学习兴趣及个性特长的发挥。所有学科的学习都围绕着"高考指挥棒"来设计安排,片面强调应试导致学生的实践能力和创新能力相对薄弱,形成了广为社会所诟病的"高分低能"现象。学生的学习成了死记硬背和机械化训练,教学变成了主动灌输与被动接受。课堂中的兴趣、情感以及价值观的发展都"理所当然"地为应试目标所取代,学生成了"有温度的学习机器"。因此,很多学者大声疾呼"让课堂焕发出生命活力"①。"文理分科"在现实中已经造成了很大的问题,这些问题有悖于基础教育促进学生全面健康发展的目标要义。

第四节 "文理不分科"政策实施的现实困境

上述种种问题,使得"文理不分科"的改革势在必行。目前学界对此的意见比较一致,换句话说,"文理不分科"的争论焦点不在理念或认识上。事实上,落实"选科+选考"制度设计的实践遭遇了一些问题,这些问题使得"文理不分科"一直是政策目标而非实践事实。从公布的改革方案来看,各地均选择了"选科+选考"这种双层架构的顶层设计来实现"文理不分科"的目标。但比较明确的一点是,在落实这项政策的过程中,考生、普通高中和高校招生部门分别遇到不同层面的挑战。然而,"文理不分科"作为一项科目选择和考试安排的制度改革,其影响是整体性与系统性的。据研究者在上海、浙江、江苏三省调研发现,在落实"文理不分科"的过程中,学生、普通高中、高校招生部门三大主体遇到的困难与挑战最为艰巨与强大。只有解决了这些困难与挑战,完善了"选科+选考"的配套政策措施,"文理不分科"这项政策才会真正平稳落地。

一、学科教师结构性缺失,综合素养难以适应现实需求

实行"选科选考"之后,很多学校没有办法开出足够多的课程,高中学科教师总体短缺且结构性问题凸显。学科教师在不同时段、不同学校以及不同的学科之间,需求量将会出现"不足"或"富余"现象。当学生选科过分集中于某一科时,这门学科的老师就会"不足",而另一些学科必然就会出现教师"富余"现象。具体表现在:其一,从短期看,结构性问题显现。"3+3"招生考试模式改革打破了原先的考试模式,使得选考

---

① 叶澜.让课堂焕发出生命活力——论中小学教学改革的深化[J].教育研究,1997(9):3—8.

各门学科的考生比例有所调整。同时,允许学生自主选择考试科目,意味着每年度选考各学科的学生比例均会变动。这对学科教师的规模和结构产生了直接冲击,高中学校无法根据以往的工作经验配备师资。目前,学校教师的编制标准还是 1993 年制定的,远远不能满足新高考改革对教师的需求。新高考制度下,最为主要的问题就是教师队伍的结构性失衡问题:地理、生物教师缺口很大,物理和化学教师富裕。其二,从长期看,总量不足的问题凸显。等级性考试实施"6 选 3"或"7 选 3",推动高中实施分层、分类走班教学,教师的需求总量必然相应扩增;在当前"财政供养人员只减不增"的政策环境下,教师编制数额存在瓶颈。

随着新高考改革的实施,在原有学科教学如语文、数学、英语等方面,教师队伍需要重新学习和适应。无论是对课程标准、教学内容的把握,还是教学组织形式以及教学评价,不少教师感到迷茫和困惑。尤其是走班制下的学生管理更是考验着每位老师的教学与管理能力,让任教老师身心疲惫。在新高考背景下,有的教师需要同时任教合格性考试与等级性考试的班级,有的教师需要跨年级任教,这就需要教师的备课、教学、评价具有针对性,根据不同的教学对象有所区别。有不少教师感到无力应对,无暇顾及。频繁的走班教学,使得学科教师没有统一的时间参加统一备课和教研,没有空余时间参加外出培训,也无法参加必要的会议。甚至有校长和教师反映,教师生病请假都可能导致空堂,不得不让学生自习。

与此同时,随着新高考以及新课程改革的实施,在原有学科教学的基础上,更加强调对学生综合素质的培养与评价,对学生创新精神和实践能力的培养,对学生的生涯辅导和规划,这就需要开设综合实践课程、研究性学习课程以及生涯辅导课程等。这些课程在开设时遇到的最大问题就是缺乏胜任的教师,无论是数量还是质量方面,目前的教师队伍都无法满足这些课程改革的需求。

二、教室、实验室等硬件设施短缺,校际之间资源分配不均衡

实行选科选考必然会带来走班制,学科班级数量变多、班额变小等现象都会给学校资源配置带来巨大挑战,教室以及实验室资源的紧缺成为令学校管理者头疼的问题。为增加学生的选择性,各高中根据实际情况开展了不同程度的走班教学,这就增加了对教师、场地等硬件资源的需求。以上海市为例,虽然上海市通过加大教室建设力度、合理配置教室资源、加强创新实验室建设等措施盘活存量、拓展空间,但若未来要进一步推行"选课走班",各区县高中的教室、场地等资源仍存在着较大缺口。浙江省因选课走班教学的全面实施,现有教室配置数量和学校运行经费也面临着难以满足

现实需求的问题。调研资料显示,教室资源紧缺的问题突出表现在三个方面:其一,由于历史原因,中心城区的部分学校面积小、教室数量少,无法完全满足走班化教学的教室需求。这些学校在新高考改革之前就需要大量的教室资源,主要用于期末考试、拓展性课程、研究性课程等。新高考改革后,不同的选科科目组合,需要安排不同的走班组合,对教室的需求增加。其二,由于教学用房紧张,一些学校的创新实验室与专用教室无法满足要求,与高中学校设备设施相对均衡的要求尚有距离。为顺应新高考改革以及新课程改革的需要,培养学生的核心素养与综合素质,学校目前迫切需要重新规划和建设科技创新实验室、综合学科实验室、现代信息技术体验环境、心理辅导室等,以便开展科技创新活动、STEM 教学、人工智能教育、心理辅导和生涯规划等。人文社科类学科也需要建设相应的学科功能室、社团活动室等,以更好地培养学生的综合素质,如培养学生的高级思维能力、动手实践能力以及问题解决能力。不同学校对此类多功能的需求不同,具有较强的个性化。但也存在一个共同的诉求,即学校需要建设创新实验室和创新实验平台。然而,目前对实验室建设的设计思路、使用功能以及师资配备等,还缺乏明晰的规划和路径。其三,不同类型高中所需的教室资源存在显著性差异,如,相比于区级示范性高中和一般高中,市级示范性高中对教室资源的需求量更大。选课走班对普通教室需求的增加更多体现在市级示范性学校,这些学校占地面积、建筑面积有限,固有设施不能满足需求,而郊区学校的情况就会好一些。但是,对于各类创新实验室的建设,郊区学校和市级示范性学校有着同样的诉求。

三、走班教学给教学管理带来问题,冲击了正常的教学秩序

通过调查可见,实施分层走班教学后,班级管理难度明显加大,主要表现在行政班凝聚力下降,教学班的学生没有归属感,学生的思想品德养成、人际交往能力难以得到有效发展;教师主体责任不明;合格性考试和等级性考试分别实施后增加了考试次数,影响了学校正常的教学秩序。

以上海市为例,学校在高二下学期末开设地理、生物两门等级性考试,为了实现考试利益最大化,大部分学校会集中安排高中前两年的课程与教学计划,强赶教学进度。在高二开考前,一些非考试科目不得不暂时停课,学校全力组织学生复习应考;考试结束后,学校和学生则丢掉这两门科目的学习,全力备考其他 1 或 2 门选考科目的考试。这种做法严重扰乱了学校的教学秩序,打破了学校正常的育人生态。一方面,学业水平考试、等级性考试和统一高考,贯穿于学生的整个高中学习阶段,学生从高一到高三始终处于备考压力之下。考试时间安排在学期中间,每遇到考试,一些非考试科目不

得不暂时停课,学校全力组织学生复习迎考,往往会打乱以学期为单位的教学安排。上海高三下学期的学业水平考试与统一高考的时间距离较短,学业水平考试成绩在统一高考之前公布,对于学生的心理会造成严重的冲击。另一方面,学生的负担也较为严重。

对浙江省的调研结果显示,一些学校打着提高升学率的旗号,置教育规律和教学要求于不顾,在高一年级并开的学考科目超过8门,抢赶教学进度,大大加重了学生的课业负担;高一结束后就强制要求学生确定所有3门选考科目,限制学生自主选择时间,或用所谓的"选考套餐"限制学生的选择范围;各年级每周选修课程的课时比例少于20%,或用考试科目暗中替代、挤压选修课程的课时,甚至搞"阴阳课表";在学考选考前,全面停课,集中时间搞"学考会战";随意增加课时,占用学生晚间和节假日时间组织复习;诱导或要求学生参加各类社会培训机构以备迎考。同时,部分学校还以"为学生着想"为理由,让学生少选甚至不选物理等学科,导致了学科之间的不平衡性。

四、课程体系跟不上实践需求,教学与评估体系滞后

根据调研结果,各高中普遍反映新高考之后,原有的选修课程、校本课程明显被压缩。特别是一些重点高中,改革之前,这些学校大部分都还能在高一、高二开设相当数量的选修课程、校本课程,但改革之后,这些课程都被大幅压缩。直接的原因是学校教师觉得课时不够,就先把与考试不相关或者相关度不高的选修课放弃掉。而导致学校教师觉得课时不够的原因是考试次数增多,几乎每个学期都要备考。2012年国家课程改革强调开足开好选修课,但由于选修课和新高考不挂钩,加上要应对多次合格性考试和等级性考试,学生们在选修课上投入的时间更少。家长也反映"新高考这一届不那么注重选修课"。浙江的大部分学校只是象征性地开设校本课程。49.3%的浙江教师与38.1%的上海教师不认为新高考有助于高中开设内容丰富的选修课程。

在改革之前,中学普遍采用大班教学,教师按照既定的教学安排统一授课,所有学生的学习进度一致,然后通过测评来评估教师的教学质量。实行"选科选考"以后,学生的类型更加多样化。如何根据学生的个性化学习特征,准备不同的教学内容,采取合适的方法开展差异化教学,并科学合理地评估教学质量,是摆在教师和学校管理人员面前的关键问题。首先,表现在对班级评价的不完善。除了对行政班的考核,教学班也参与了评比,而教学班和行政班的班级模式差异大,两套评价机制的耦合性有待考虑。教师也反映,行政班较之前更松散,教学班没有真正发挥班级管理效用,目前只侧重于教学。其次,对教师的评价太笼统。部分学校对教师的评价直接由教师所带教

学班的成绩决定。这极不利于教师的专业发展,会误导教师只注重学生的学业,而忽略了对学生德育、体育、美育、劳育的培养,全面育人的目标也会变成口号,无法在分层走班教学中落实。而且在分层走班教学的探索阶段,学生成绩没有明显变化,这可能会严重影响教师对此次教学改革的积极性,不利于新高考改革的顺利推行。最后,对学生的评价机制太单一,除了考试成绩,任课教师和学生家长都很难再关心其他方面的发展情况。每堂课上完就是"曲终人散",连见面交流的机会都很少。

第五节　完善"文理不分科"政策实施的配套资源供给

一、核定高中教师编制,扩大各类别教师队伍

一方面,根据高考综合改革试点地区的实践,建议市级层面科学制定并及时出台中小学教师编制标准(尤其是高中教师编制标准),市区两级编制管理部门根据高中学校现有教师情况,科学合理地指导教育部门核定教师编制,调整优化教师队伍结构。另一方面,市级层面深入研究并建立高中教师与义务教育教师绩效工资标准联动调整机制,提升高中教师绩效工资额度标准,用绩效工资标准额度杠杆激发教师扎实推进改革的热情。此外,区域层面应有效整合高中学校间的教师资源以及教学资源,积极应对因选科走班而产生的高中学科教师结构性短缺问题;做好学科教师资源的培养、培训工作,以解决学科教师总量不足的困境。

为了更好地指导学生选课走班,需要重点增加以下几类教师:第一是生涯规划指导教师,第二是心理辅导教师,第三是研究性学习指导教师,第四是跨学科创新实验教师,第五是现代信息技术教师,第六是教辅管理人员。

二、加大基本建设力度,增加经费资源投入

因选课走班教学的全面实施,现有教室配置数量和学校运行经费难以满足需要。面对教室不足问题,普通高中学校积极应对,采取了行政班教室全流通、改造闲置场地、改造实验室、建设学科教室、新建教学用房等办法,以扩展教学场地,满足选课走班教学需要。面对课改和考改资金紧张问题,各地通过拨付改革专项经费、教学质量奖励经费等方法,在一定程度上弥补了学校经费缺口,解决了财物资源配套短缺的问题。由于学校基建和财物需要其他部门的协调处理,教育部门在推进高考改革落地方面显得"能力不足",受限于各部门之间的协调进度。因此,需要在区县乃至省市政府层面

调配教育资源,扩大学校基本教学设施。一方面,在高中学校排查已有空间资源、预测空间资源需求的基础上,区县政府相关部门针对有条件改扩建的部分高中学校,加大基本建设力度,保障这些高中分层走班教学对硬件资源的需求;针对改扩建可行性不大的高中学校,引导其挖掘潜力,采取教师功能调整优化等方式,保障教学需求。另一方面,各级责任部门应合理核算并科学预测高考综合改革所带来的各类经费资源需求量,做好经费的规划与分配工作,为新高考改革任务的深入推进和目标的顺利达成提供充足的资金支撑。

三、增加高中的课程供给能力,完善走班制教学

在调研中,我们发现很多高中缺乏整合与重构课程的经验与能力,这就意味着大部分的学校都要在探索中"摸着石头过河"。学校在整合重构课程时有一些原则可以参照:首先,组合后的课程结构应该体现"整合、选择、开放、减法"的特点;其次,学校课程结构整合后要分层、分水平推进;最后,课程形态一定要走多样化的道路。从国家与政府角度来看,课程体系的整合与重构就意味着要生成新的课程标准与教材,这也是"文理不分科"带来的必然结果。在普遍关注学生核心素养以及信息智能化的背景下,研制新的课程标准,开发与当前发展趋势吻合的课程体系,成为一个重要的命题。

为了保障走班制背景下教学组织职能的正常发挥,教学班也要参照行政班模式,建立相应的组织机构。首先,应当在学科教师的协调下,建设教学班班集体,成立班委会,选好课代表,协助教学班的日常管理,维持学习纪律,增强与教学班教师的沟通。建立教学班教师教学常规和学生学习常规。建立完善教学管理制度,包括课前候课、学生每节课考勤考核、班级安全、卫生包干、学生自我管理、教学班评价等具体管理制度。同时,加强"+3学科"的学习共同体建设,发挥教学班的育人职能。其次,加强学生走班过程中的流动性管理。通过信息技术的应用,加强对于学生日常管理中出现的流行病、缺课、恋爱以及突发事件等的危机干预与管理。明晰教学班教师的管理与育人职责,遇到学生事件与问题及时与行政班班主任沟通交流,共同协商处理。最后,优化学校中层管理机构与机制。处理好学校各部门管理与年级管理关系,适应行政班和教学班并存局面,做好三年统筹安排,明确各部门职责和管理流程,实现班级和学生管理的精准性和有效性。

四、建立分层课程体系,对接考试改革

第一,应当构建考试内容和课程设计的衔接体系。允许学生自主选择考试科目的

难易程度,是学生选择权增加的基本体现之一。为此,上海市高考综合改革中对合格性考试和等级性考试的难易程度进行科学区分,同时主动对接高中课程标准和内容。合格性考试内容以高中课程标准中的基础型课程要求为依据,主要立足于体现学科对高中学生的基础性素养要求,引导学生打好基础;等级性考试内容则以基础型和拓展型课程要求为依据,其中拓展型课程内容不仅着眼于发展学生兴趣、开发学生潜能,还能为高校选拔人才提供合理依据。

第二,需要加强高中课程标准与考试说明的匹配度。课程标准和考试说明对高中教育教学活动的开展有着直接影响力。为此,上海市相关部门紧密结合课程特点和人才选拔培养需求,调整完善各科目的课程标准,及时颁布各门科目、各类考试的考试说明,加强高中课程标准与考试说明的衔接统一,实现从"考什么教什么"向"教什么考什么"的转变,为高中教育教学适应新一轮考试改革要求提供指南。浙江省教育厅则要求各级教育行政部门和教研部门加强指导,指导学校进一步完善学校课程方案,统筹安排教学计划,以学段为单位详细安排课程、学考与选考时间、走班教学等,均衡安排课程与考试节点,分散考试节点,减轻考试压力,确保课程学习的系统性与持续性。2015 年为了进一步加强对基层学校的指导,浙江省建立了普通高中教研员定点联系制度,要求全省每所普通高中必须有一名县(市、区)高中教研员联系、指导学校课程改革,包括指导学校课程方案建设、指导学科体系建设、科学安排学科教学计划以及课堂教学改革等。

第三,应当实施"走班制"教学,提供个性学程。20 种选考科目组合由学生自主选择,充分赋予了学生按照自身意愿选学、选考的选择权,但由此也带来了"选了后如何上课"的问题。为应对这一挑战,在过去 20 多年高中特色多样发展改革及其积累的成果基础上,上海市打破原有的行政班教学形式,深入推行了高中课程分类走班教学改革,为学生提供了个性化学程。当前,上海市所有高中均采取"走班制"教学,并因校制宜地实施了"大走班"(所有学科、所有学生都实施走班)、"中走班"(语数外等科目仍然固定班级、6 门学业水平等级性考试科目全员走班)和"小走班"(学校综合学生选考情况重新安排教学班,仅少部分学科实施走班)等形式,学生"每人一张课程表"的个性化学习已成为普遍现象。同时,上海市积极在全市范围内全面推进在高中部分课程中实施分层走班教学模式的工作。浙江省则充分利用信息技术支持行政班和教学班的教学改革,依托"互联网+"和大数据技术,加强教学管理,加快推进教育教学创新,探索教育教学的精准教学与精准管理,满足学生的个性化学习需求,实现学生的全面发展。

第五章　综合素质评价的内涵与使用程序

第一节　综合素质评价的内涵与价值

一、综合素质评价的内涵

要科学理解综合素质评价,前提是对综合素质本身有清晰的认识。"所谓综合素质是作为一个独特个体所呈现出来的内在、有机、互融的整体性素质,它涵盖了德、智、体、美等诸多方面"[①],是一个包括智力在内但又远远超出智力因素的复杂的整体综合性构成物。它"不是各类素质的'组合''组装',不是'整体等于部分之和',而是发现不同素质间的内在联系,使之融合起来、变成个性整体"[②]。应该说,综合素质是一种同时包含了"学术能力"和"非学术能力"的整体性、系统性、关联性存在。其中,"学术能力"侧重学生在智力方面的素养与表现,"非学术能力"侧重学生在思想品德、身心健康、艺术素养、社会实践等非智力方面的素养与表现,两者共同构成综合素质的"双翼",缺少任何"一翼",都不是完整的、真正的综合素质。根据《教育部关于加强和改进普通高中学生综合素质评价的意见》(教基〔2014〕11 号)(以下简称《意见》)中的相关精神,综合素质评价是指以学生的成长记录为基础,通过描述和记录学生在校期间的学习行为和结果、日常表现以及参与社会公益活动、综合实践活动情况等,从德、智、体、美等方面对学生素质进行分析和评价,以发现和培育学生良好个性、促进学生全面发展的过程。就其本质而言,综合素质评价不同于以往的学生群体评价,它不用统一标准来评价所有学生,而是充分尊重学生基础不同、禀赋有异、环境有别等差异状况,主张从多个角度、多个层面对学生进行多方面评价,其针对性、适切性更强。过去的招生录取方式主要是以高考成绩为衡量标准对学生进行甄别与选拔,更多地考查学生在智力方面的学术能力与表现,绘制的是一幅学生的"群像画";而综合素质评价则更多地关注学生在批判思维、责任意识、人际沟通、问题解决、创新能力等方面的发展状况,为的是给每一个学生个体描绘一幅"肖像画"。因此,不论是从当前还是从长远来看,在高校招生中使用综合素质评价都有着重要意义与价值。

① 刘志军.关于综合素质评价若干问题的思考[J].课程·教材·教法,2016,36(1):40—44.
② 李雁冰.论综合素质评价的本质[J].教育发展研究,2011(24):58—63.

二、高校招生使用综合素质评价的价值分析

(一) 从选"分"到选"人"：实现高校招生选拔信息多样化

在传统高考模式下,高校录取考生基本上都是严格依据高考成绩来排序,从高分到低分,按照志愿顺序录取。这种简单依据分数纵向排序的人才选拔方式貌似"分数面前人人平等",实则是用表面的公平掩盖了实质的不公平,即"见分不见人""比分不比人",致使高校招生选拔信息极其单一化、片面化,无法充分尊重考生个体差异,无法真正发现和评价考生的综合能力,尤其是容易忽视考生未来适应大学学习和未来社会发展的能力和潜质。这样的招考制度显然无法满足大学尤其是高水平大学选拔人才的需要。那么,"除了依据高考分数之外,我们还能如何甄别考生?"[①]从新高考制度的设计初衷来看,将综合素质评价用于高校招生,可以全面呈现考生在高考成绩之外的思想品德、学业水平、身心健康、艺术素养及社会实践等方面的成长发展过程,从而为高校招生提供更加丰富、立体、多样化的选拔信息,有助于高校在人才选拔时"见分也见人""比分也比人"。从长远来看,这也有助于淡化当前招生过程中的功利性、即时性、结果性倾向,有助于建立基于多元评价指标体系的比较、甄别、选拔机制,实现从选"分"到选"人"的根本性转变,使高校能够选拔出更适合自己的而非只是单纯分数最高的考生。

(二) 从"应试"到"育人"：助推高中人才培养模式转型

高校招生历来对高中教育有着重要导向作用,这一点在综合素质评价工作上有着更为直接的体现。高等学校和高中学校在综合素质评价的使用与实施问题上既有互为因果的一面,也有相互掣肘的一面。在高等学校看来,如果高中学校提供的综合素质档案内容不真,则不能用;信息不当,则不好用;同时,如果高校自身的招生条件不足,也无法用。而在高中学校看来,既然高等学校招生不用综合素质档案,那它自然也不用枉费时间与精力去开展实施综合素质评价,倒不如一心"应试"更为稳妥。可以说,在综合素质评价的使用问题上,高等学校过于迷信权威,高中学校又过于看重结果,两者都忽视了综合素质评价独特的育人价值。从高中学校的实践逻辑来看,将综合素质评价用于高校招生,可以在短期内为综合素质评价在高中学校的"落地"提供一种直接动力,有利于促使综合素质评价工作渗透到、融合于高中学校日常教育教学活动中,实现综合素质评价实施的常态化。从长远来看,将综合素质评价用于高校招生,有助于"倒逼"高中学校更新人才培养目标,有效引导高中学校转变人才培养模式,注

① 施邦晖. 高校招生能力建设"四问"[J]. 华东师范大学学报(教育科学版),2017(1)：17—19.

重在各类教育教学活动中培养和提升学生的综合素质,在高中教育由"应试"模式向"育人"模式转变的过程中起到良性助推和长远导向的作用。

(三) 从"照办"到"自主选拔":满足高校招生改革现实需要

在"唯分数论"的招生录取机制下,招生以高考成绩为唯一依据,高校在招生工作上所做的有限,能做的也有限。有学者谑称高校的"招办"为"照办","招生处"为"收生处",这传神地反映了高校在考试招生过程中的无奈地位。在新高考背景下,高校被赋予了更多的招生自主权,但也面临着一系列的高要求和高挑战。高校招生需要更加缜密的招生原则、更加科学的评价指标体系、更加完整的个人信息资料、更加严谨公平的评审过程以及更加综合的数据分析和政策评价研究。其中,申请资料的评审能力尤为重要,它要求评审人员具备一定的专业水平,能够合理综合评审申请资料,并根据评审结果做出录取决定。可以说,提高高校招生能力已成为深化高校考试招生制度改革的关键环节。[1] 有研究者调查发现,目前高校招生能力与主导录取权责之间尚存在较大差距,大部分高校在具体执行落实综合素质评价问题上大多莫衷一是或一筹莫展,并没有明确的使用思路或科学办法。不少有自主招生资格的高校虽然前期积累了一些经验,但同时也面临着如何处理与新的综合素质评价改革精神对接的问题。[2] 改革试点地区涉及的高校"综合评价"招生方案,也多处于初次尝试和经验摸索阶段,在具体如何评判审核学生的综合素质材料信息、可能会存在哪些风险、如何有效防范等问题上,普遍缺乏系统思考和深入研究。总之,随着考试招生改革的全面推进,探索和研究综合素质评价在高校招生中的使用办法将是高校面临的一个既现实又紧迫的问题。

第二节　综合素质评价的使用程序

选拔录取工作是高校招生的关键环节,关系到高校能否选拔到理想的学生。在高校招生中以综合素质作为参考,是多元化考试评价和多样化录取的一项探索,国内部分高校和省份已进行试点,进入了高考改革的"综合素质评价阶段"。

在高校招生中使用综合素质评价是一项技术性、专业性很强的评价工作。《意见》明确提出:"高等学校在招生时要根据学校办学特色和人才培养要求,制定科学规范的综合素质评价体系和办法,组织教师等专业人员对档案材料进行研究分析,采取集体

---

① 袁振国. 高校招生能力建设七人谈·提高高校招生能力是深化考试招生制度改革的关键[J]. 华东师范大学学报(教育科学版),2017(1): 11—14.
② 张红霞. 综合素质档案在高校招生中的"初筛"构想与风险分析[J]. 全球教育展望,2017,46(10): 92—101.

评议等方式做出客观评价,作为招生录取的参考。"因此,借鉴人力资源测评中的履历分析技术,高校招生部门可以在参考考生申请材料的基础上,对考生综合素质发展状况进行"初筛"或"初评",以便初步预测考生各方面的能力与潜质,如有必要,还可以在接下来的复试环节采用各种测评方法进一步验证或考查学生的综合素质,最终在招生录取环节通过对评价结果的科学合理使用,实现高校选拔优秀人才的目的。在人才选拔中须遵循怎样的招录程序与顺序,需要高校根据专业描述加以确定,创造相应的选拔程序,通过选拔程序使高校得以识别候选人是否具备必要的知识、技能、能力和其他特征。而在确定程序和方法时,需确保选拔工具的有效性。

目前,综合素质评价在高校招生中的使用程序分为两个关键步骤,一是通过阅读学生综合素质档案及相关材料,开展初筛;二是开展初筛通过后的复试工作,以便综合考核学生的整体素质,择优录取。

一、初筛

高校一般采用申请者填写申请表和提交简历等材料的方式,获取申请者的背景信息。申请表能确保组织获得标准化的信息,组织可以使用一般性的申请表,也可创造符合自身特殊需求的表格。高校可以区分申请者是否具备最低要求的教育背景,以此进行排序,缩小候选人范围。此外,高校可通过简历的内容与清晰度等决定哪些申请人可以进一步深入调查。

(一)初筛依据

学生的申请材料是初筛的重要依据。根据《意见》精神以及综合素质评价的良性持续发展需要,一方面,高中提供的纪实性档案材料是申请材料的重要组成部分之一;另一方面,高校可以根据自身办学特色和人才培养需要,提出体现高校特色的材料要求。这两者共同构成了初筛的内容。

因此,初筛的内容组成应既包括统一性要求,也体现各高校的个性化要求。前者可以与高中综合素质评价校本化实施保持内在的高度联动,后者可以最大程度地满足高校选拔适合学生的需要,这在2017年高校"三位一体"招生方案中已经初现端倪。如,清华大学的初评是"根据学生的高中学习发展特点及全过程表现,包括平时学业成绩、学科获奖情况、参与课外研究或学习的情况、科技发明/文学创作/创意创新成果的情况、文体特长情况、参与社会工作/社团活动/社会实践/志愿公益活动的情况、综合获奖及突出事迹的情况、个人陈述及推荐情况等多方面进行综合评审"。再如,中国科学技术大学将"结合考生德智体美、竞赛成绩、平时成绩、爱好特长、遵纪守法、诚实守信等方面情况对申请材料进行审核"。这两所学校的初评或初审都是既包括综合素质档案的主要内容，也体现了各自的个性化要求，为初筛内容的选择提供了很好的实践范例。

（二）初筛标准

评价标准是评价工作开展的重要依托，直接决定着评价结果是否科学合理。一份良好的评价标准要同时满足客观性强、适切性好、区分度高等要求。除此之外，申请材料的初筛标准还要满足多元化要求，即高校应根据自身人才选拔需要，制定多元化的初筛标准，由招生人员参照多元化评价标准，对考生的申请材料进行筛选。如，清华大学历来有注重体育文化精神的优良办学传统，因此，初筛标准中有专门针对学生"文体特长"情况的考查；中国科学技术大学作为一所以理工见长、注重科技人才培养的高校，学生的科学学科竞赛成绩以及探究意识、创新能力是其十分看重的初筛标准。

（三）初筛程序

初筛程序指的是对考生申请材料进行初筛的工作流程或步骤。根据履历分析技术的基本要求以及考生申请材料的内容特点，初筛的程序大致包括以下三个步骤（如图5-1所示）。

第一步，阅读申请材料。阅读内容包括：（1）基本信息，用于了解学生的基本情况，如姓名、性别、生源地、主要奖惩经历等；（2）关键信息，主要考查学生的学术性素养、非学术性素养以及个性特长，重点阅读学生在思想品德、学业水平、身心健康、审美素养、社会实践等方面的典型事例或关键表现，如各类学习成绩、活动记录、自我陈述、高校要求材料等。阅读要求包括：（1）使用"关键指标"，即招生人员可以根据招生需要，依据某些"关键指标"初步确定或排除某些人选，如在重要考试中有严重作弊行为并被记录在档案中的考生可直接淘汰；（2）识别"含糊"信息，即识别档案中运用含糊字眼表达的某些关键信息，如考生在自我陈述中说自己"博览群书"，但在档案中又无明确证据证明该特征，招生人员应尽量识别，并做出恰当处理，如标记"面试时重点考查'博览群书'"等；（3）甄别"虚假"信息，即招生人员应对档案中的虚假信息或作假行为加以甄别，如学生在档案中标明自己获得过某高级别奖励，但证明材料中缺失或与事实不符；（4）分析内容"逻辑性"，即招生人员应关注档案中有关信息的逻辑性，包括是否前后矛盾、是否符合学生身份、是否不合常情等，如在自我评价中自称"细致耐心"，但在档案中却发现多处错别字。[①]

---

① 张红霞.综合素质档案在高校招生中的"初筛"构想与风险分析[J].全球教育展望,2017,46(10)：92—101.

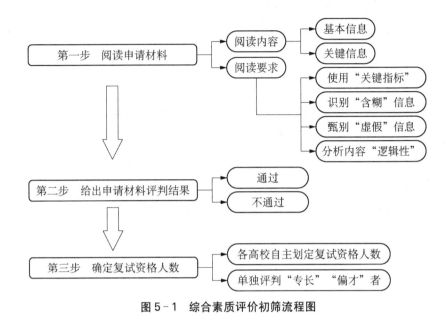

图 5-1 综合素质评价初筛流程图

第二步,给出申请材料评判结果。招生人员在阅读考生申请材料的基础上,依据一定的评价标准(可由高校根据实际需要自行确定),对考生申请材料进行"通过"或"不通过"的评判。如申请材料具有典型性、代表性,比较符合高校特色要求等,能够判断出有较好的综合素质者,视为通过;申请材料有表现欠佳的记录或内容、不符合高校特色要求等,视为不通过。

第三步,确定复试资格人数。获得复试资格的人数可由各高校根据招生复试人数比例自行划定。此外,考试中出现的"专才""偏才"者,可由高校招生部门单独讨论、分析并作评判。

二、复试

复试是在初筛的基础上,对通过初筛的考生进行进一步验证或深入考查的过程。如前所述,人才测评技术和方法可以对人的素质及其绩效进行有效测评与考查,为综合素质评价开展面试或复试提供了重要的方法基础。从已有的人才测评技术和方法的主要功能和特点来看,综合素质评价可以使用的复试方式方法有很多。比较适合高校综合素质测评的复试方式主要包括开放性面试、行为性面试、情景性面试、压力面试、无领导小组讨论、角色扮演法、集体游戏、即兴演讲、即兴写作、嘉宾演讲(专家讲座)、模拟课堂、实验室观摩等。

经过课题组的深入讨论、分析和比较,选取了技术含量比较高,能较好满足高校招生使用的 13 种方式。以下从含义、目的、方法、样例等四个方面对每一种方式进行介绍:含义回答了具体的综合素质评价复试方式"是什么";目的回答了具体的综合素质评价复试方式"为什么";方法回答了具体的综合素质评价复试方式"怎么做";样例则包括例题和评价参考两部分,例题紧贴考生的生活经验,都在其理解范围内,评价参考则仅供参考。在本部分介绍中,为方便起见,将评价参考分为了"A"、"B"、"C"、"D"四个等级。各高校在使用中可根据自身测评目的和需要选择不同的评价方式,或若干评价方式的组合。同时也可以选择使用不同的量化方式,既可以使用等级评价,也可以使用分数评价。

(一) 综合测评法

综合测评法是以测评对象的素质为中心的一组标准化的评价活动,其目的是选拔和诊断。其包括但不限于观察法、纸笔测验、心理测验、角色扮演等。下面选取 9 种测评技术展开分析。

1. 测验法

测验法是根据客观的标准化的程序来测量个体的某种行为,收集客观数据,以判定考生间的差别。一般分为能力倾向测试与成绩测试,前者评估申请者学习或获得技能等方面的能力,后者评估申请者现有的知识和技能,部分组织使用个性测试,以区分申请者是否具备与成功表现相关的个性特征。

各种测验是由一系列能引起考生反应的项目组成的,考官给每个项目的反应评分,根据得分的解释来间接推定考生的身体能力、心理特征、语言能力、数字能力、推理能力等。

具体的测试方法包括认知能力测试(智力测试)、人格测试等。高校编制测试科目的试题,题目具有明确的答案以及一定的挑战性,考生在规定时间内作答。在使用各项测试前,需要确保该项测试具有较高的信度和效度。

样例 1: 国内高校综合素质选拔中的测试

一、选择正确的或者最好的表达形式(10 分)

1. 为维护语言的纯洁,禁止在广告中用谐音字_____成语。

A 篡改　　　　　　B 窜改　　　　　　C 纂改

2. 大家推举在学界_____的朱德熙先生担任学会主席。

A 深负众望　　　　B 不负众望　　　　C 深孚众望

3. 只要有诚心,再厚的冰也会_____。

A 融化　　　　　　B 熔化　　　　　　C 溶化

4. 棋摊摊主卖个破绽,引路人_____,骗取钱财。

A 入网　　　　　　B 入瓮　　　　　　C 入彀

评价参考:

每个题目有明确的标准,以此进行评判和赋分。

2. 无领导小组讨论

无领导小组讨论一般由多个考生组成一个临时小组,依据给定的某个问题,在规定时间内进行充分讨论,并最终得出一致的结论。考官则根据每个考生在讨论中的行为表现,对其进行评判。

通过考生在无领导小组讨论小组中的表现,可以了解考生的个性特点,同时,可以全面测查考生的信息素养、批判思维、沟通能力、团队合作、责任意识、创新能力等各方面的素质。

无领导小组讨论让一定数目的考生(一般是5—7人)组成一组,在既定的背景之下或围绕给定的问题展开讨论。这个讨论一般要持续1小时左右,讨论过程中不指定谁是领导,也不指定考生应坐的位置,让考生自行安排组织。考官不参与讨论的过程,只是在讨论之前向考生介绍一下讨论的问题,给考生规定所要达到的目标及时间限制等。

样例2:

某天上午,你们坐飞机从某城到某城,就在经过一片没有人烟的雪野时,因大风雪飞机失事,坠到山林中。此时,气温低达-15℃。该机是双引擎机,可坐10人,失事后机身多处撞伤,并引发大火。飞机驾驶员及一名乘客死亡,其他9人则无重大伤害。飞机驾驶员还来不及告诉大家飞机的正确位置时就死亡了。但在飞机失事之前,你曾注意到飞机的高度显示:飞机是在3 000 M左右。失事地点正好在雪线下不远,地面崎岖不平,树林茂密,乘客穿着秋装,但每人有一件大衣。15件物品:该地区的航空地图、大型手电筒、四条毛毯、一支手枪及十发子弹、一支雪橇、一小瓶白酒、一面化妆用小镜子、一把小刀、四副太阳镜、三盒火柴、一瓶军用水、急救箱、十二小包花生米、一张塑料防水布、一支大蜡烛。

问题:在飞机爆炸之前,这群乘客从飞机中抢救出15件物品,请你将这15

件物品按照对生存的重要性,挑选出 5 件最重要的东西并进行排序,并且说明理由。请考生一起讨论,在 60 分钟内定出一个统一方案。

评价参考:

A 级:善于聆听他人的见解,尊重他人。发言主动,语言表达清晰,逻辑严谨,说服力强。情绪稳定,反应敏捷,驾驭小组能力强,具有良好的团队合作精神。

B 级:较好地倾听他人见解,尊重他人。情绪稳定性好,反应比较灵活。发言比较主动,表达清楚,比较有说服力,勉强能驾驭小组,有一定团队合作精神。

C 级:比较能倾听他人见解,尊重他人。情绪稳定性一般,反应不够灵活。发言比较主动,表达清楚,比较有说服力,但不能够很好地驾驭小组,团队合作精神欠佳。

D 级:发言被动,反应迟钝,语言表达不清,固执己见或人云亦云,情绪浮躁,不能与小组成员进行良好沟通。

3. 角色扮演法

角色扮演是指考官向考生描述一种假想的人际情境,让考生想象该情境真的发生了,并按要求做出行为反应,考官则对考生的言语和非言语行为及行为的有效性进行评定的一种测评方法。

角色扮演法主要用来评价考生在沟通能力、团队合作、创新能力等方面的素质。

角色扮演活动要求考生扮演某一角色并进入角色情境去处理各种问题和矛盾。考官通过对考生在不同角色情境中表现出的行为进行观察和记录,测评其素质潜能。

样例 3:

三人一组,分别扮演图书推销员(角色一)、高三(一)班班主任(角色二)、高三(二)班班主任(角色三),

角色一:你是高三(一)班的学生,因为家庭困难,一直利用周末推销图书,你想多赚点钱自己养活自己,减轻家里的负担。周六上午你正在街上推销图书,刚好遇见了你的班主任和高三(二)班的班主任。

角色二:你是高三(一)班班主任,周六上午你和高三(二)班班主任一起去买教学参考书,恰好看到你的学生在推销图书。你知道他家里特别困难,自尊心特别强,他想自己养活自己。你觉得这是学生独立的表现,并不想批评他的卖书行为,甚至还想买一些书帮学生渡过难关。但因为高三(二)班班主任也在场,你知道她向来反对学生做任何和学习无关的事情。

角色三：你是高三（二）班班主任，一次偶然的机会，你和高三（一）班班主任一起看到她的学生在推销图书。你认为学生就应该专心读书，不能做任何和学习无关的事情。你认为推销图书的学生不安心读书，不务正业。你想批评教育这个学生，但高三（一）班的班主任在场，你不想让她认为你管得太多。

角色扮演的规则：快速阅读关于所选角色的描述，然后认真考虑怎样扮演这个角色。小组内部商量对策，运用想象使表演持续10分钟。

评价参考：

A级：考生非常积极地共同商量对策，很好地理解不同角色的要求，能够很好地配合使表演持续10分钟。表演中考生的语言、行为能够表现出很好的人际交往和团队合作能力。

B级：考生比较积极地共同商量对策，较好地理解不同角色的要求，能够较好地相互配合使表演持续8分钟以上。表演中考生的语言、行为能够表现出较好的人际交往和团队合作能力。

C级：考生能够商量对策，能够理解不同角色的要求，能够相互配合使表演持续5分钟以上。表演中考生的语言、行为能够表现出一定的人际交往和团队合作能力。

D级：考生不进行商量，不理解角色的要求，不能相互配合进行表演。

4. 集体游戏

集体游戏是一种以完成某项实际学习或活动任务为基础的标准化的情景模拟活动，通过考生的模拟运作来观察其实际活动能力和素质。

在游戏过程中，考生通过充分发挥自己的积极性和主动性来完成任务，考官通过观察来评价考生的沟通能力、团队合作能力、创新能力等方面的素质。

集体游戏通常由数名（一般3—5人）考生组合成一个小组，就给定的材料、工具共同完成一项游戏任务，并在任务结束后就某一主题进行讨论交流。在游戏中，每个小组成员各被分配一定的任务，有的游戏还规定了小组成员的角色，不同的角色权限不同，但不管处于什么角色，都要完成任务，所有的成员都必须合作。在游戏的过程中，考官通过观察考生在游戏中的行为表现，对预先设计好的某些能力与素质指标进行评价。

样例4：

指导语：这是一个典型的团队活动，需要大家共同配合，不同的人会有不同反应，怎样取得最佳合作效果？让我们带着这些问题，再玩一次跳绳。

目标：使学员互助合作形成共识，完成低难度活动。

规则：请两个人各握住绳子的一端，其他人要一起跳过绳子，所有人都跳过后算一下，数一数整个团队总共能跳多少下。

讨论：

当有人被绊倒时，各位当时发出的第一个声音是什么？

发出声音的人是刻意指责别人吗？

想一想自己是否不经意就给别人造成了压力？

接下来我们应该怎么做，刚才的感觉才不会发生？

注意：

提醒膝盖或脚部有伤者，视情况决定是否参与。

场地宜选择在户外草地进行，以免受伤。

组合跳绳时应注意伙伴位置及距离，以免踏伤伙伴或互相碰撞。

备注：

可考虑不同的跳绳方式，如每个学员依序进入。

可用两条绳子，或变换用绳方向。

教具：粗棉绳一条。

评价参考：

A级：在跳绳过程中能积极主动参与，并能合理地指挥、协调组员的行动，积极为团队取得优异成绩出谋划策，具有强烈的责任心、极佳的合作意识与团队精神；当组员出现状况时能迅速冷静地决策、解决问题，并积极鼓励、真诚帮助。

B级：在跳绳过程中能主动参与，有一定的指挥与协调能力，能为团队的整体成绩出谋划策，有一定的合作意识与团队精神；当组员出现状况时，有一定决策能力，并能积极鼓励与帮助。

C级：在跳绳过程中能主动参与，能与其他组员积极协调、配合；当组员出现状况时，能积极鼓励与帮助。

D级：在跳绳过程中主动性不强，以自我为中心，缺少团队合作意识；当组员出现状况时，有指责倾向。

5. 即兴演讲

即兴演讲即考生按照给定的材料组织自己的观点,并且向考官阐述自己的观点和理由,在演讲之后,考官要向考生提问的一种测评方法。

即兴演讲主要考查考生的语言表达能力和批判思维,同时也考查了该考生思维的逻辑性和发散性。

考生抽取题目,略做准备之后进行演讲,随想随说,有感而发,不凭借文稿来表情达意。一般演讲时间5—10分钟,另外5分钟由考官对考生演讲内容进行提问,再由考生做出回答,考官根据考生的演讲和回答情况对其做出评价。

样例5:

谈谈你对"出国留学热潮"有什么看法? 有一个留学机会,你愿意去吗? 如果愿意你会选择哪个国家并说明原因。请根据该话题展开5分钟即兴演讲。

注:1.准备时间5分钟,演讲时间为5分钟;2.演讲时间不足3分钟或超过5分钟酌情扣分。

评价参考:

A级:表达能力强,思维敏捷,谈吐大方得体,逻辑严谨、清晰,有很强的文化自信,具有宽广的国际视野,有参与跨文化交流的强烈愿望。

B级:表达能力较强,谈吐大方,逻辑清晰,有较强的文化自信和国际视野,有参与跨文化交流的愿望。

C级:表达能力一般,文化自信,有一定国际视野,愿意参与跨文化交流。

D级:表达能力差,缺少文化自信,缺乏国际视野,不愿意参与跨文化交流。

6. 即兴写作

即兴写作就是在规定时间内要求考生发挥想象,写作一篇不限形式体裁的文字作品来表达自己观点的一种测评方法,具有题材范围广、篇幅短、时间短、内容集中等特点。

即兴写作主要考查考生的信息素养、语言文字的组织和运用能力。另外,文如其人,对考生的个性特点也能有所测查。

为保证测试的标准化,考生依据给定的主题进行写作,一般时间控制在40—60分钟,字数控制在800字左右。

样例 6：

"成人"与"成才"二者是怎样的关系？请结合自己的实例自拟题目，阐述"如何才算成人""怎样才能成才"的思考与感悟。

注：1.考试时间为 1 个小时；2.写作字数不少于 800 字。

评价参考：

A 级：观点新颖，思维活跃，有很强的语言组织能力，在"成人"的生活感悟中对自我有客观认知并悦纳自己；在"成才"的叙述中有恰当的人生规划和合理的学习计划。

B 级：观点有一定的创新，较强的语言组织能力，在"成人"的生活感悟中对自我有客观认知；在"成才"的叙述中有清晰的人生规划和学习计划。

C 级：观点没有创新，语言组织能力尚可，在"成人"的生活感悟中能比较客观地认知自己，但在"成才"的叙述中没有清晰的人生规划和学习计划。

D 级：思维混乱，语言组织能力差，在"成人"的生活感悟中过高或过低认知自己；在"成才"的叙述中没有人生规划和学习计划。

7. 嘉宾演讲（专家讲座）

嘉宾演讲（专家讲座）通过对一个考生未来面临的实际学习场景、学习内容进行抽样和模拟，然后观察其在这种与实际学习背景非常相似的情况下所表现出来的行为，进而对其特定素质做出评价。

通过对演讲内容的书面提问和交流，考查考生的信息素养、批判思维、创新能力等素质。

就特定的主题，邀请相关领域专家进行演讲，在演讲结束后由考官对考生进行书面提问和交流。

样例 7：

各位同学大家好，今天我想和大家谈一谈"钱学森之问"这个话题。

钱先生晚年多次提出一个关乎国家未来的疑问：为什么我们的学校总是培养不出杰出人才？在这里我们可以理解为是大师、创新型人才。

想必大家都会对"西方的月亮比中国的圆"等类似的论调感到反感。但是面对"钱学森之问"这个关乎中国教育事业发展的艰深命题，我们不得不把目光投向遥远的西方，寻找其中的差距或者说是不同。

中国学生后劲不足。

大家可以先看一下右上角一位网友的话。这位网友提出了中国教育的一个普遍问题，就是中国学生的学习后劲不足：中国的学生从幼儿园就开始紧张，小学、初中层层加码，到了高中弦绷得最紧，然而进入大学就开始松懈，读硕士生、博士生，就是为了找一份好工作。除此之外，很多人并不清楚自己为什么要继续学习。相比之下，西方鼓励的是个人智慧的发挥。西方的学生到了大学才开始提速，真正加码，最后他们的学生比中国的学生走得远，往往能在所学领域有所建树。中国学生前紧后松的学习，使学生既没有了童年的快乐，又丧失了成年后的收获。

中国人的读书兴趣早衰。

且不说普通大众，中国知识界的人，读书兴趣也早早就衰竭了。这里讲的读书，是扩大自己的知识面、提高自己的技能、在自己的领域中有所建树的学习行为，不是手里随便拿本印刷品、电子书就叫读书。中国人读书的目的性强，不少人读书，就是为了将来能生存，有个稳定的工作。一旦大学毕业找到了工作，就再也没有学习的动机了。留在大学或者科研机构的人，读书的生命会长一点，因为要评职称。但是，一旦评上了职称，特别是评上了教授、博士生导师，读书的兴趣就很难再有。这是学术界的普遍现象。高中毕业生最狂欢的事情是什么，就是撕书或是烧书。现在的家庭很少有书房，即使有，那也是孩子学习的地方，很少有成年人安静地坐在书房看书，即使空闲的时候也是在逛街、打麻将、看电视。

中国人过分强调知识。

学位的名称就能反映出东西方教育的价值观念不同。中文的"硕士"对应英语的"Master"，中文的博士对应于英文的"Philosophy of Doctor"。硕和博说的都是量特别多。然而英语中的"master"是掌握娴熟的意思，主要强调领会和动手能力。"doctor"在英语中有医生和博士的意思，最早指的就是医生，医生就必须具有临床经验，能够给病人治病。可以说，一个在某一行掌握了最高技艺的人，再加上具有"哲学"知识的头脑，这才是西方所理解的博士。在中国，学习强调的是整个知识体系的构建，把所学的东西翻来覆去地去考，然而在西方，学习强调的则是把所学知识应用起来，进一步转化为生产力。

听完报告后的问题：

您对"钱学森之问"的看法？

如何看待中美教育理念的差异与不同？

关于基础教育改革,您觉得应该重点关注哪些方面?

评价参考:

A 级:思维活跃,积极主动,语言表达清晰,逻辑严谨,说服力强,具有独到的见解,提出了有创见的想法或看法。

B 级:比较主动,文字表达相对清晰,逻辑较严谨,说服力较强,具有一定的创见或新观点。

C 级:文字表达一般,思考层次浅。

D 级:被动参与,文字表达一般,没有说服力。

8. 模拟课堂

课堂学习是考生未来接受高等教育的主要形式,模拟课堂通过设计真实的课堂讨论,让考生参与其中,然后观察其在课堂讨论中所表现出来的行为,进而对其特定素质做出评价。

考官依据考生课堂上的表现来考查他们的学习力、批判思维、沟通能力以及创新能力等素质。

模拟课堂有专门的主题,要求学生围绕主题展开课堂讨论,时间在 45—50 分钟。每个课堂由 15—20 个学生组成,以保证课堂讨论的参与度。

样例 8:

招生部门安排某经济学教授讲授一节课"博弈论",该教授重点谈到了博弈论中的经典例子"囚徒困境"。在课堂教学的过程中,教授不断地启发与引导学生,要求考生结合自身的学习和生活经验讨论符合"囚徒困境"的情景,最终对"博弈论"这一知识内容表达自己的观点和看法。

评价参考:

A 级:对知识点理解透彻,能举一反三。发言主动,语言表达清晰,逻辑严谨。情绪稳定,反应敏捷,思维活跃,积极主动,具有独到的见解,提出了有创见的想法或看法。

B 级:对知识点有清晰理解,能举出事例。发言比较主动,语言表达相对清晰,逻辑较严谨,说服力较强,具有一定的创见或新观点。

C 级:能基本掌握知识点,语言表达一般,思考肤浅。

D 级:被动参与,语言表达一般,没有说服力。

9. 实验室观摩

参与实验室实验是相关学科考生未来接受高等教育的重要形式,实验室观摩通过让考生进入真实的实验室场景,按实验要求进行协作、配合和操作来完成实验,并观察其在实验中所表现出来的行为,进而对其素质做出评价。

考官依据学生在实验室的表现来考查他们的学习力、责任意识、批判思维、团队合作、沟通能力、创新能力等素质,同时可以了解考生认真细致、科学严谨等个性品质。

将若干考生带入实验室,给他们布置实验任务,开展实验,考官在一旁认真观察考生行为并做出评价。

样例9:

实验室观摩活动内容

雾霾之下,必有净化利器。空气污染现在如此严重,快来到环境化学与污染控制实验室,看看我们到底能做什么。通过观摩活动,可以让考生一起参与实验课题组的组会汇报,感受课题组的学习交流氛围;带领考生参观实验室,大致了解实验室的研究方向科研内容、基础仪器、科研成果;实验室学生展示课题组基础实验,带领考生一起动手学习了解实验基础技能;与参观考生交流,解答关于课题组的一些问题。

实验室观摩活动后的问题或表现:

您对空气污染治理的看法或想法?

考生在实验室观摩活动的表现(如动手能力、实践操作)如何?

考生在实验室观摩活动中所呈现的合作意识如何?

评价参考:

A级:动手能力强、思维活跃,积极主动,语言表达清晰,具有独到的见解,提出了有创见的想法或看法。

B级:动手能力较好,语言表达相对清晰,说服力较强,具有一定的创见或新观点。

C级:动手能力一般,语言表达一般,思考不深入。

D级:被动参与,语言表达一般,没有说服力。

(二)面试

面试是选拔环节使用较多的方式,这一过程将申请者和高校的代表聚集起来,考官可以获取申请者信息并评估其资格,同时申请者也可以通过面试环节形成对高校的基本看法。通过面试,高校可以识别申请者的沟通技能和人际技能,并关注高校和专业所需要的知识和技能,核实申请者的申请信息和简历。但是,同时需要注意的是,由于面试存在不可靠、低效、对部分群体不公平的风险,以及费时、费财,具有较大主观性等缺点,因此,面试很可能不是决策的精确基础。为了规避风险,高校需要设计精密的、有结构的和标准化的面试。首先,确保面试所要实现的目标,以使得高校可以评价候选人可观察的行为;其次,面试不能尝试测评能力和技能(如智力);再次,高校应培训考官,使用多人面试,并采用结构化方式记录可观察的事实,而非主观性评价,避免个人偏见。面试的基本类型包括以下几种形式。

1. 开放性面试

开放性面试是指没有固定的面试程序,考官提问的内容和顺序都取决于考官的兴趣和现场考生的回答的测评方法。在整个面试过程中,只有少数问题是事先规定的,大部分问题都有较大的随意性,而且很少对考生的回答拟定规范的评价标准。

这种面试方式很像一次普通的谈话过程,因限制度低,所以降低了信度,考官的提问可能不相关甚至违法。为避免以上情形,招生人员可设计问题库,考官只能从问题库中提问,以此保证面试的信度和效度,这些问题覆盖高校和专业需要候选人具备的知识、处理专业相关情形的经历以及其他对个人的要求。

根据考生的回答考查其自我认知、沟通能力、批判思维等方面的素质。

这种面试方法给谈话双方以充分的自由,考官可以针对考生的特点进行有区别的提问,不同考生所回答的问题可能不同。

样例 10:

你有什么兴趣爱好?

评价参考:

A 级:能具体谈出积极向上的兴趣爱好,有例子。

B 级:仅限于读书、听音乐、上网等。

C 级:没有突出的业余爱好。

D 级:庸俗的、令人感觉不好的爱好。

2. 行为性面试

行为性面试是指要求考生描述其过去学习或生活经历的具体情况,以了解考生各方面素质特征的一种测评方法。面试官通常会要求申请者描述其过去如何处理一种情景,一般认为有关申请者过去真实经历的问题有较高的效度。

一方面,可针对阅读综合素质档案过程中的疑问之处设计有针对性的面试题目,以验证档案记录的真实性;另一方面,可基于考生对以往学习和生活事件的描述及考官的提问和追问,评价考生的学习能力、责任意识等素质,并以此预测其在今后学习和生活中的成就。

行为面试法的基本假设是:一个人过去的行为可以预测这个人将来的行为,所以考官一般在考生讲述其过去的具体事件后进行追问。追问问题时可采用5W1H法(即事件发生中的Who、What、Why、Where、When和How)和STAR技术(即Situation/情景:当时所面临的情景;Task/任务:当时的任务是什么;Action/行动:采取了什么样的行动;Result/结果:达到了什么样的结果)。通过一系列问题,如"这件事情发生在什么时候?""您当时是怎样思考的?""为此您采取了什么措施来解决这个问题?""最终达到了什么样的结果?"等等,收集考生在代表性事件中的具体行为的详细信息。

样例11:

你刚才说你在学习生活中比较有责任心,请举例说明。

评价参考:

A级:考生能够讲出非常具体的事件,并且考生在该事件中主动作为,尽职尽责,能够很好地对自己和他人负责,具有非常强烈的责任心。

B级:考生能够讲出比较具体的事件,并且考生在该事件中能够有所作为,履职尽责,具有较强的责任心。

C级:考生能够讲出相对具体的事件,并且考生在该事件中能够尽一定的责任,责任心一般。

D级:考生不能讲出具体事件,或者列举事件中不能履行职责,遇到责任问题时逃避推卸责任。

3. 情景性面试

情景性面试是通过向考生提供一种假定的情景,使考生扮演特定的角色,围绕特定的任务去接受考官的提问,从而有效观察考生在情景中的行为反应的一种测评方法。情景性面试在预测考生的后期行为表现上被认为是最为有效的。

情景性面试强调在情景中考查考生能力,重点关注考生的信息素养与批判思维,从而深入考查考生的创新能力和问题解决能力。

情景性面试假设"个体的意图和设想是未来行为的有效预测指标",通过询问没有确定答案的问题,使考生表达其真实意图,进而捕捉考生的个性特征。情景性面试使面试评价不再受考生口才和外表等无关因素的影响。考生通常在情景中无法伪装自己。

样例 12:

一名妇女得了一种特殊的癌症,快要死了。医生说只有一种药或许能挽救她的生命。这种药就是本城药剂师最近刚发明的一种新药。每一剂药的成本是400美元,药剂师要价4 000美元。患病妇女的丈夫名叫海因兹,他找到他所认识的每一个人去借钱并尝试了每一种合法的手段,但他最终也只能筹到2 000美元,仅够药价的一半。他告诉药剂师说他的妻子快死了,求药剂师将药便宜些卖给他或者让他以后再付钱。但是药剂师却说:"不行,我发明这种药就是要用它赚钱。"所以,在走投无路的情况下,海因兹感到绝望并考虑砸开药店为他的妻子偷药。如果你是海因兹,接下来你会怎么做?原因是什么?

评价参考:

A级:考生认为除了法律以外,还有诸如生命的价值、全人类的正义、个人的尊严等更高的道德原则。因此,海因兹有责任挽救任何人的生命,不管这个人是他的妻子、朋友还是路不相识的陌生人。

B级:考生认为法律不再是死板的、一成不变的条文,可以通过共同协商和民主的程序来改变。如果一个人感到法律有失公平,就有权利通过正当途径说服别人改变法律。

C级:考生认为每个社会成员都应当遵守全社会共同约定的某些行为准则,即强调对法律和权威的服从。因此,海因兹偷药值得同情,但不能宽恕,否则,社会就会发生混乱。

D级:考生认为每个人都有自己的意图和需要。海因兹为妻子偷药符合他的自身利益,药剂师赚钱也符合自己的自身利益。回答具有较强的自我中心的特点,即认为符合自己需要的行为就是正确的。

4. 压力性面试

压力性面试是指考官通过有意提问而营造出紧张状态,以了解考生将如何面对压力以及压力下行为反应的测评方法。

压力性面试在于考查考生的应变能力和沟通能力,需要考生具有敏捷的思维、稳定的情绪和良好的控制力。

考官通过提出生硬的、不礼貌的问题故意使考生感到不舒服,针对某一事项或问题做一连串的发问,打破沙锅问到底,直至考生无法回答。值得注意的是,这类题目的设置大多具有欺骗性,因此事后应向考生做出解释,以免引起误会。

样例 13:

你是学文(理)科的吧?有研究表明,学文(理)的只会说(做)不会做(说),务虚有余,务实不足(常常是做事只见树木不见森林)。你是否也这样?

评价参考:

A 级:情绪镇定,表情自然,能够用辩证的方式看待这一思维定势,指出其偏颇,说明其合理,并恰当地表现自己的优势。

B 级:情绪稳定,不慌不忙,能指出这一说法的正误两个方面。

C 级:基本能够控制情绪,虽然也能顾及这一说法的正误两个方面,但分析肤浅,突出自己的优势时表现不自然。

D 级:情绪浮躁,一味反驳题中说法,观点片面,过分强调自己的长处。

在复试环节,各高校可以根据学校的实际需要,从多种复试方式中选择一种或若干种复试方式的组合,同时评价结果可以采用量化评价方式,如等级或分数,也可以采用质性评价方式,如评语等,其目的在于通过可行的途径,选拔出适合自己学校的学生。如,复旦大学采用专家与考生多轮一对一面试的方式,面试专家在考虑性别、专业等因素的基础上随机分组,专家与考生一对一面试,每轮面试时间 15 分钟,每位考生共计面试 75 分钟,面试结束后每位专家独立评判打分,最后合计每位考生的面试成绩。再如,上海纽约大学采用的是校园日活动,包括自由交谈、结识朋友、欢迎晚会、集体游戏、团队活动、模拟课堂、互动交流、嘉宾演讲、单独面谈、即兴写作、校长总结等一系列小活动,以便于从不同角度考查学生的人生态度、价值取向、求知欲望、思维方式、英语水平、沟通能力、创新意识、批判精神、团队合作、学习能力、组织能力、领导能力等综合素质,由考官对每个学生的每项活动表现作出评价,并提出"建议录取/不录取"的意见,最终由招生委员会根据各个考官的评语评价决定是否录取学生。[1]

与初筛相比,复试能够更直观、更准确、更全面地了解学生综合素质的发展状况,实现高校招生选拔信息的多样化,这无疑是高校选拔优秀生源的有效途径之一。但由于复试本身的复杂性、科学性和专业性更强,对复试人员的要求也更高,选择什么样的人、由哪些人来进行复试、通过什么形式对复试人员进行哪些培训等都有待进一步探索。如,有高校通过建立复试专家库,每年从专家库中随机抽取复试专家,根据当年复试的具体要求,对复试专家进行集中培训,从而保障综合素质评价复试的顺利实施。

值得注意的是,高校招生录取机制改革是一项复杂而艰巨的系统工程,从目前来看,我国可能还不具备在高校招生中大规模推广使用综合素质评价的现实条件。在当前的环境下,建议可以先在少数学校部分考生群体中使用,如,首先在高校自主招生和综合评价改革试点项目上尝试探索综合素质评价的使用办法,在实践探索中积累有效经验,为今后各级各类高校招生使用综合素质评价奠定基础。这样有利于充分发挥高校招生的自主权和专业性,最终由各高校自主决定使用方式与使用范围,从而使综合素质评价在高校招生中使用的实践探索呈现更加健康、积极的样态。

第三节　综合素质评价在高校使用的路径

按照新高考改革"两依据一参考"的制度设计,高校招生综合素质评价结果的使用有三种可能方式或路径。

一、组合式招生录取路径

所谓组合式招生录取即是将考生的统一高考成绩、高中学考成绩(等级性考试成绩)和综合素质评价成绩按一定比例合成综合成绩后,再择优录取。如浙江大学公布的《浙江大学 2015 年浙江省"三位一体"综合评价招生简章》中规定:"综合成绩按'中学学业水平测试成绩(折算成满分 100 分)×10%+高校综合能力测试成绩(折算成满分 100 分)×30%+高考总分(折算成满分 100 分)×60%'计算形成。若考生综合成绩相同,则按单项顺序及分数高低排序,单项顺序排列依次为:高考总分、高校综合能力测试成绩、中学学业水平测试成绩。"

这种组合式的招生录取路径,打破了过往仅以高考分数为唯一录取依据的做法,

---

① 吴小玮. 选拔"最适合"的优秀学生——来自上海纽约大学自主招生的启示[J]. 全球教育展望,2013,42(12):118—125.

而充分关注到了学生在非学术性素养等方面所具有的独特个性与兴趣爱好。因此,此招生录取路径有利于高校选拔出综合素质更全面的优秀学生。同时,此录取路径在操作方式上通俗易懂,简单方便,更宜被社会公众所认可与接受,因而具有显著的教育学价值与意义。但正如世上没有一种放之四海而皆准的真理一样,此录取路径的流弊与不足也是显而易见的,区分效度低下是其最大症结与缺陷所在。"这类'拼盘式'多元评价方案,除了可能出现评价指标体系设计有争议、指标评分不合理、容易发生舞弊、腐败等问题,区分效度不高也是个难以克服的突出问题。同时,由于这种评价采用的是用一个统一的综合指标来录取新生,所以它无法满足不同学科专业对人才素质类型的个性化需求……此外,把不同性质、不同量尺单位的一些数字合成为一个总分,显然不符合测量学的基本原理。这也是降低区分效度的因素之一。"①

二、单门槛式招生录取路径

所谓单门槛式招生录取即是将"两依据"中的某一类考试成绩作为门槛条件,再依据另一类考试成绩,并参考综合素质测评结果综合考虑录取。在此制度设计下,各高校可以依据自身的办学定位和招生指标合理设置录取门槛,在"通过"或"达标"基础上的考生均可"入围"。这有两种搭配录取模式:

第一,将统一高考成绩作为门槛条件,再依据学业水平考试成绩,并参考综合素质测评结果,择优录取。该录取模式的优势在于,把统一高考成绩作为门槛条件具有较高的权威性、科学性和公信力,高校可据此对学生在高中阶段所取得的基本知识和基本技能做出相应判断。对于部分高校或专业,若对学生所选考科目没有相应的限制或要求的话,可依此录取模式进行招生。

第二,将学业水平考试成绩作为门槛条件,再依据统一高考成绩,并参考综合素质测评结果,择优录取。该录取模式的优势在于,把学业水平考试成绩作为门槛条件可以突显对学生专业性向的关注与考查,有利于高校依据自身的专业特点设置专业诉求。这样,考生只有符合了所报专业的门槛要求才有可能最终被录取,从而满足了高校招生选拔所需人才专业倾向、特点、品质以及高区分度的不同要求。

三、双门槛式招生录取路径

所谓双门槛式招生录取即是将统一高考成绩、学业水平考试成绩作为门槛条件,

---

① 杨志明.高考招生多元评价的区分效度——兼论"拼盘式"和"跨栏式"多元评价方案[J].教育测量与评价(理论版),2016(5):4—6.

并参考综合素质测评结果,择优录取。这种方式需要考生的统一高考成绩与学业水平考试成绩达到一定的底线标准后,才能进入高校的自主选拔阶段。在此阶段中,考生需要参加高校组织的综合素质测试(或面试),再由高校专业招生人员来对学生进行综合评价,从而决定考生是否被录取。这样,在综合素质测试环节,高校给予学生的评定也就有以下两种不同方式:第一,在综合素质测试(或面试)后,专家投票录取;第二,在综合素质测试(或面试)后,专家打分录取。该录取模式的优势在于,一方面强化了对学生学术性素养或智力因素的考量(即在学业成就上达到高校招生的底线要求),另一方面又使高校在招生环节上拥有了较大的自主权,可以充分调动高校人才选拔的积极性、主动性和创造性,有利于高校有的放矢地录取更适合自身人才培养目标的优秀学生。

概而论之,以上三种招生录取路径各具特点与特色,各高校应结合自身办学定位与人才培养目标来采取不同的招生录取路径。相比较而言,我们更倾向于采用门槛式招生路径。在此制度设计下,各项门槛的制定是根据学校的办学定位和专业要求来设置的,具有很强的客观性。面对门槛招生要求的层层限制,只有层层"过关"的学生才能成功入选,这对每个考生来说都是公平的。同时,对招生高校而言,这种录取路径具有很高的区分效度,招生人员只要依据这些门槛要求来挑选最适合的学生即可,这就大大提高了招生效率,降低了招生成本,并最终真正招录到最适合学校办学定位和专业需求的优秀人才。

第四节　高校招生使用综合素质评价的国际经验及现实可行性

一、综合素质评价在高校招生中使用的国际经验

就我国目前的情况来说,综合素质评价在高校招生体系中还是一个新生事物,没有成功的经验可以复制,各高校都在探索实验中。正所谓"他山之石,可以攻玉",我们可以借鉴国外不同类型、不同层次大学的招生经验,取其精华,弃其糟粕,从中吸取、借鉴其成功之处,进而为我们更好地将综合素质评价纳入高校招生,以及构建分类考试、综合评价、多元录取的现代考试招生制度奠定坚实的基础。

(一)学业成绩是高校招生的重要依据

纵观国外高校招生的依据选项,学业成绩仍是重要维度之一。有学者认为:"美国顶尖大学招生时的首要标准就是学业成绩。最近的 20 年,高中课程和成绩、AP 课程

以及 SAT(ACT)成绩在美国大学招生中的重要性始终位居前三位。"①也就是说,高校在招录新生时,除了综合考查该学生的个性特点、发展潜能以及学生对学校未来的可能贡献等因素外,其学业成就的优劣仍是高校判断学生综合素质高低的重要维度或指标,只不过它不再是唯一的评价标准罢了。事实上,反观世界诸多国家对综合素质的理解与界定,其"相同之处是它们都认为学生的学术能力或者学业成绩是学生综合素质的一个重要组成部分。在我们所搜索到的各种针对高中生的评价体系中,基本上都没有把学生的学术能力或者学业成就排除在综合素质之外,而都是把它作为一块十分重要的内容。把综合素质界定为除学生的非学术能力之外的素质的,则基本没有"②。如前文所述,学生综合素质评价是对学生"学术性素养"与"非学术性素养"的整体评价,所以,它绝不是不看学生的学业成就,恰恰相反,对于学生学业成就的评价仍是其不可或缺的重要组成部分。所以,学生的学业成绩仍是其入围高校的重要筹码。

(二) 高中期间参加活动的质与量是招生人员关注的重要内容

通过梳理国外高校招生的实践可以发现,学生在高中期间参加活动的质与量亦是其关注的重要内容。诚如哈佛大学的费兹西蒙斯所说:"学生智能上的创造力、人格风范与执行良好判断的能力,在录取过程中扮演关键角色,这些特质无法从标准测验的分数看出来,只能透过学生的课外活动、老师与辅导老师的推荐信,与他们和校友或职员的面谈中才能得知。"③基于此,国外高校在选拔人才时,绝不"唯分数论",而是在"分数"之外,更为重视该学生是在什么样的背景以及条件下取得相关成果的。也就是说,该学生的学习经历以及在实践活动中所取得的相关成果,更能从一个侧面反映出该学生的整体素质。对此,澳大利亚高校招生的做法更值得称道:澳大利亚各高校招录学生的关键不是看学生的高考成绩是否优异,而是在成绩水平符合条件的学生中,挑选具有相关学习经历或相关学习成果的学生,这使高中阶段课程的学习更显重要,避免了僵化的应试教育,不仅符合公平入学原则,也有利于院系人才的培养与学术科研发展。④ 由此可见,对学生综合素质的评价与判定并不仅仅是看考生取得了多少证书、考取了多高的等级、获取奖项的水平层次等,更为重要的是考查学生进行相关活动或取得成绩的情境性。这就需要高校招生部门在参考学生的综合素质评价信息时,评价学生相关成果的取得是在何种境况下完成的,如家庭经济状况、父母受教育水平、生存环境等因素,进而基于综合衡量做出恰当、准确的判断。而此时的综合素质评价也

---

① 秦春华. 美国大学招生为何实行综合素质评价[N]. 中国青年报,2015-01-05.
② 崔允漷,柯政. 关于普通高中学生综合素质评价研究[J]. 全球教育展望,2010(9):3—9.
③ 纽约时报. 美国大学申请录取标准[EB/OL]. (2013-12-04). http://zhan. renren. com/ivyeducation/? checked=true.
④ 蔡培瑜. 澳大利亚高校招生考试制度理念及其实现[J]. 考试研究,2013,9(3):9—15.

"不再是脱离生命的客体存在,而是承载着情感、态度与价值观,蕴含着历史、文化与生活底蕴的主体性、意义性存在"①。

(三) 作文或自我描述是招生人员做出专业判断的重要信息

学生综合素质档案已成为高校多元录取的重要参考,其"高利害性"特征得到进一步的凸显与强化。综合素质档案中的自我描述或作文是学生对高中生活的总结,涵括学生的个性特点、兴趣爱好、实践经历等信息,而高校招生人员正是根据这些体现自我特征的描述,来对学生现状和以后的发展是否符合该校的办学定位与专业特点做出相应的专业判断。如世界著名的普林斯顿大学在其入学申请及备选材料中,就要求学生提供短文(想让高校了解自己的自荐书)、中学报告、中期学校报告、两份教师推荐函、备选知情人推荐意见(可以是校长、议员等的推荐信)、备选才艺材料,以充分公正地显示其所具有的综合素质。② 可见,高校可以通过对考生的作文或自我描述等相关个人材料,做出应有的理性、专业判断。对此,诚如秦春华所指出的那样:"大学可以通过作文来考查学生的思维和看待问题的观点,也以此来了解学生在真实世界中的生活,特别是他(她)们如何克服生活中的实际困难。经验丰富的招生人员往往善于从作文中发现适合的学生,并有能力判断出真假。"③

(四) 对多种信息的综合判断是高校招生的共同特点

从看"冷冰冰的分"到看"活生生的人",反映与折射出了高校人才选拔理念的重大转变或转折。而"活生生的人"的构成则是复杂的、多元的、多样的,包括学生的生活背景、家庭构成、收入状况、种族身份、教育经历等多种因素。而对高校人才选拔来说,对学生多种信息的综合判断是其共同特点,而非只凭其中一条来做出判断与决定。有研究者指出,美国大学选拔新生依据的是丰富的、多角度的信息,这些信息主要包括以下6个方面:(1)大学先修课程成绩;(2)标准化大学入学考试成绩,主要包括美国学术能力评估考试(Scholastic Aptitude Test,简称 SAT)和美国大学入学考试(American College Test,简称 ACT);(3)高中各科成绩总评(Grade Point Average,简称 GPA),它是高校对学生在高中阶段每学期每门学科的平时作业和考试以及家庭作业、读书报告、课堂行为等加权平均后得出的分数;(4)自荐信和教师推荐信;(5)学生的社会参与能力;(6)学生展现出来的、可证实的兴趣。④ 事实上,美国高校对学生采用的综合判

---

① 田良臣、李栋. 生态位理论视域下教育综合改革新探——从"综合素质评价"走向"多元录取"[J]. 教育理论与实践,2016,36(10):25—29.
② 邹盟. 现阶段高中学生综合素质评价文献综述[J]. 现代教育科学,2015(8):80—82.
③ 秦春华. 美国大学招生综合素质怎么评[N]. 中国青年报,2015-01-19.
④ 戴伟芬、王依依. 美国普通高中实施学生发展性评价的保障机制分析[J]. 课程·教材·教法,2013,33(2):121—127.

断法并非自古有之,也经历了一个漫长的发展与变化过程,即从"学校个体录取标准"到"证书录取标准"再到"综合录取标准"的转变。"综合录取标准"主要包括中学学业成绩和所修课程难度、招生考试成绩、课外活动才能、推荐信和面试。[①] 时至今日,综合录取标准已成为美国各级各类高校招生的主要原则和策略。不同的高校依据自身的办学定位和人才培养目标制定了标准多元、风格迥异的招生办法,从而对美国的基础教育产生了较为重大的影响和引导作用。正如有学者所言,美国高校招生制度最显著的特色之一就是灵活多元,这种多元不仅仅是其招生方式的多元,评价判断标准的多元,更是其招收学生构成上的多元,即运用多元化的方式考查学生的综合素质,既要求考生具有较好的学习成绩等智力因素,也要求考生拥有较强的非智力素质;既考虑考生的个人条件,也考虑班级乃至年级甚至学校整个集体的互补性。[②] 无疑,正是基于对学生多种信息的综合判断,高校才能对评价对象获得更加全面、深入的了解,进而获得客观、公正、准确的评价结论。

(五) 招生人员的专业化和职业化是国外大学招生的重要特征

在未来的高校招生录取中,招生人员的专业化是决定招生事业成败的关键。国外著名大学的招生队伍建设,除了规模十分庞大、人员构成高度多元之外,其成员也都具有非常丰富的招生经验和精准的专业判断。在哥伦比亚大学,仅一个教育学院的招生人员就有五十多人,他们全年都在从事招生工作,有的人一干就是几十年,直至退休。在他们看来,招生录取是一项高度专业化的工作,招生人员必须是接受过系统训练的专业人士,录取决策必须由专业人士做出。对专业人士的尊重意味着排斥了非专业人士的干扰和影响——因为你不专业,所以你没有资格来决定录取。在一些欧美国家,即使是法院,也不能决定大学应该录取谁不录取谁,招生中复杂的教育决策应当交由具备专业知识的大学来决定。[③] 而正是这些"伯乐式"招生官的"独具慧眼",才在最大程度上保证了优秀人才的脱颖而出。"从美国一流大学的招生办来看,其机构设置、人员编制和专业化程度都给了我们极大震撼。通常其大学的常设招生机构人员都在20—50 人左右,其下属部门一般包括中学沟通、招生宣传、考生申请、资料录入、素质评价、学生录取、研究决策等相互连锁的部门。"[④]正是这种健全的招生管理机制的建立和充足且专业的招生人士的构成为其招生的专业化提供了坚实的制度保障和人力

① 程军,刘清华.美国大学招生考试与学校教育的双向互动关系——以 SAT、ACT 考试为例[J].教育学术月刊,2013(9):65—69.
② 吴小玮.选拔"最适合"的优秀学生——来自上海纽约大学自主招生的启示[J].全球教育展望,2013,42(12):118—125.
③ 秦春华.世界顶尖大学招生如何防止腐败[J].云南教育(视界综合版),2016(2):46—48.
④ 刘清华.中国大学先修课程:自主招生的一个制度设计[J].教育与考试,2016(4):51—57.

资源基础。而反观我国高校招生的专业化建设议题,其存在的问题与不足是十分明显的,诚如有学者所指出的那样:"和世界一流大学相比,目前中国大学——包括北大、清华等最顶尖大学——在这方面的人才储备不足,缺乏必要的专业训练,也没有积累起足够的识人选人经验,对于大学招生而言,不能不说是一个严重的制约因素。实际上,即使有了综合素质评价系统,如果没有专业化人士的操作,其效率和结果也会大打折扣。"[1]基于此,我国高校急需进一步加强招生队伍的专业化建设,建立健全招生管理体制机制,进而保障制度实施的权威性,促进招生工作的公平公正。

二、综合素质评价在我国高校招生中使用的可行性分析

国际经验为综合素质评价在我国高校招生中的使用提供了宝贵的借鉴,同时由于招生基础、体制机制及文化环境的不同,国外的成功经验很难直接照办或套用,需要对我国综合素质评价有整体的制度设计,对在我国高校招生中使用综合素质评价的可行性有着清晰的认识。

(一)综合素质评价使用原则:谁使用,谁评价

在传统的学生综合素质评价中,常常是由高中学校对学生的综合素质做出等级评价,并提供给高校招生使用。这一评价结果不论就其科学性还是其可用性都深受高校质疑,但高校招生人员仍会使用这样一种评价结果。在新高考背景下,综合素质评价遵循"谁使用,谁评价"的原则,即评价结果的使用者是谁,就由谁来对学生综合素质进行评价。这是对以往综合素质评价的重要制度性变革,既符合了综合素质评价结果使用的现实需要,也暗合了现代教育评价理念的本质追求。

具体来讲,综合素质评价的使用可以分为两种情况:第一,用于学生教育时,由高中学校对学生进行评价,评价方式可以多样化,评价结果主要用于指导学生学习与发展、校内学生评价以及改进教育教学等。第二,用于高校招生时,由招生院校对学生进行评价,高中学校只需将真实的综合素质档案提供给高校,不必也不能代替高校对学生综合素质进行评价。可见,"谁使用,谁评价"的显著特点在于将两类不同的利益相关主体区别开来,以便落实双方各自的责任,避免彼此之间的错位[2]。

(二)综合素质评价使用的前提:客观记录

客观记录是学生高中三年学习、生活点点滴滴的记录式再现,能够全貌式地呈现学生成长发展的历时性动态过程。《意见》明确指出,学生要客观记录其成长过程中能

---

① 秦春华.高考改革与综合素质评价[J].中国大学教学,2015(7):15—21.
② 柳夕浪.综合素质评价:怎么看? 怎么办? [M].上海:华东师范大学出版社,2016:51—56.

够集中反映其综合素质的重要活动信息,主要包括学生参加校内外各类活动的关键信息和代表性表现,如活动的时间、地点、内容、所承担任务、结果等,以及平时的考试成绩、学业水平考试成绩、选修课修习情况等。同时,要收集考生在各类活动中制作或创作的作品、相关的图片、音像资料、服务对象或实践单位的证明、报告以及获奖证书等作为佐证材料。除平时考试成绩、体质健康标准测试结果等由相关教师负责导入外,其他活动记录多由学生整理后,遴选其中的代表性记录信息构成综合素质档案的内容,作为学生综合素质发展状况的主要表征证据,用于高校招生的重要参考。根据"内外符应"理论的观点,"人的外部表现与内部素质具有一致性,即某种素质能通过相应的行为表现出来,而且某种行为能够说明人具备相应素质"[①]。因此,可以通过关键行为表现来判断学生是否具备某种素质。可见,客观记录是对学生综合素质进行评判的重要前提,其客观性、真实性至关重要。

客观记录的要求一般包括两个方面:第一,要写实,避免弄虚作假,即要求所作记录实事求是,客观准确,以保证成长档案的真实性。第二,要及时,避免集中突击,即要求开展活动后及时记录。有校级电子平台的学校,要能保证平台随时开放,学生在学校或在家中都可以随时记录信息、上传材料;以纸质形式记录的学校,要统一设计规范的活动记录表,便于学生留下活动的痕迹,其目的是让高校在参考综合素质评价时,能够有据可查、有证可依。

(三) 综合素质评价使用的依据:综合素质档案

综合素质档案是学生高中三年学习、生活的高度浓缩和精华提炼,它不仅包括了学生在学业水平方面的过程性和结果性表现,还包括了学生思想品德、身心健康、艺术素养、社会实践等各方面的成长发展状况,呈现的是一个鲜活的生命个体的动态成长历程,能够全面反映学生的综合素质发展状况。综合素质档案是最能代表和说明学生综合素质发展状况的关键性行为和代表性行为的提炼,相当于学生高中三年的个人履历。通过履历分析技术可知,以应聘者个人过去的历史作为评价依据来分析、预测未来的职务行为倾向或成就,这种经历内容详实、信息多样,且通常都是可以核实的。同样,综合素质档案是学生过去高中三年学习、生活等各方面典型或关键信息的写实记录,有证可查、有据可依,高校招生人员可以通过对学生个人背景、学习与生活经历中的关键事件的分析,来判断学生对未来大学学习及未来社会生活的适应性和发展可能。而且这一方式具有评价内容广泛、评价方式契合度高、评价结果科学性强、

① 罗祖兵.内外符应理论对高中生综合素质评价之启示[J].中国教育学刊,2011(8):53—57.

评价实施操作性强等特点,因此,可以作为高校对学生进行综合素质评价的重要依据。

学生综合素质档案的典型性和代表性是用于高校招生的基本条件,档案材料的要求一般包括两个方面:一是要重点突出,避免面面俱到。学生没有参加或事迹不突出的项目可以空缺。二是要个性鲜明,避免千人一面。能够体现学生个性、特长、优势的项目可以各种形式在档案中充分呈现,杜绝档案材料模式化、统一化倾向,以便真正帮助高校招生能用、好用、愿用综合素质档案材料。

（四）综合素质评价使用的技术支持:人才测评技术与方法

人才测评是通过一系列科学的手段和方法对人的基本素质及其绩效进行测量和评定的活动。其背后的基本原理是:第一,匹配性原理,即人才测评要对测量到的人才特征与人才需求标准之间的适合性做出明确的判断,为人才的使用和培养发展做出明确的肯定或否定的判断,而不是简单地对测量属性进行数字化描述。第二,推断性原理,即人才测评是通过抽样的方式对人的潜在特征及其与岗位要求的匹配度进行推断的结果,这是一种以概率论和数理统计为基础的科学的可能性推断,而不仅仅是个人经验的主观推断。第三,误差性原理,即人才测评的推断性结论是有误差的,不是百分百的绝对性判断,但误差原理并不否定测评的科学性和有用性,相反,通过减少和控制误差,把误差控制在可接受的范围内,才是一种科学的测评态度。[①] 基于上述基本原理,人才测评综合吸收并借鉴了心理学、组织管理学、行为科学等学科的知识和成果,形成了一套较为成熟的测评技术与方法,并广泛应用于企事业单位人才的选拔中。因其与综合素质评价有着内在的逻辑一致性,人才测评技术与方法也为高校探索适合人才培养定位的自主选拔办法提供了重要的技术支持。

将综合素质评价用于高校招生的实质即是高校通过一系列科学的技术与手段对考生的基本素质进行测量和评定,从而选拔出更符合学校培养定位的优秀学生。可见,人才测评的技术与方法在综合素质评价的过程中大有用武之地。首先,考生综合素质需要与高校办学特点及人才培养目标相适应,这一点仅仅通过高考成绩的数量化描述是无法获知的。其次,综合素质是个体所呈现出来的内在、有机、互融的整体性素质,这些素质特征大多不可能被直接测量,只能被间接测量,而间接测量的结果本身就是一种推断,而且是通过对考生已有行为样本的考查来推断其整体素质。最后,凡有测评必有误差,综合素质评价也不例外。由于考生的素质特性具有复杂性和间接性,

① 苏永华.人才测评概论[M].北京:中国人民大学出版社,2011:26—29.

评价结果往往因工具、环境、操作实务等环节产生误差。因此,设计和选择科学的测评方法和工具,以减少和控制误差就显得尤为重要。

附案例: 综合素质评价在高校招生中的使用举例

一、招生对象

热爱人文与科学,具有较强的批判思维、良好的沟通能力和团队合作精神,学习成绩优异且富有创新潜质的高中毕业生。

××大学对申请材料进行审核后,将邀请部分优秀的申请学生参加学校的复试(以面试为主)工作,并在复试基础上,结合高考、高中学业水平考试、综合测评情况等,通过综合评价录取学生。

二、初筛形式与内容

××大学招生委员会将对学生的申请材料进行初筛,综合考查学生高中学习成绩、特长、获奖及参加社会活动等情况进行遴选,通过初筛的考生将进入下一轮的复试阶段。

(一)初筛内容

1. 由××市普通高中学生综合素质评价信息管理系统提供的综合素质档案。

2. 高校自行提出的相关材料。

(二)初筛方式

相关材料由专业化的招生人员评审。通过阅读申请材料,参照一定的评价标准,重点考查学生的综合素质发展状况,并对申请材料做出"通过"与"不通过"的专业评判,从而确定获得复试资格的考生名单。

(三)初筛程序

第一,确立初筛标准

通过初筛环节,即是要选出那些能够和本校价值观、精神文化相匹配的优秀学生。××大学要选拔的学生要具有较强的批判思维(如具有问题意识,能独立思考与判断,能多角度、辩证地分析问题,做出选择与决定等)、良好的沟通能力(如具有通过表达、倾听、争辩等方式与他人进行有效的信息沟通的能力)和团队合作精神(如具有与团队成员相互协作、互帮互助的精神与能力),学习成绩优异且富有创新潜质。

第二,提取"关键"信息

通过阅读学生的申请材料,将能够反映学生批判思维、沟通能力和团队合作精神的事实性材料或典型表现提取出来,以作为评价的重要依据。

表 5-1 高校综合素质招生录取初筛标准示例表

	维 度	评价重点	事实性材料或典型表现
初筛评价	批判思维	学生具有问题意识,能独立思考与判断,能多角度、辩证地分析问题,作出选择与决定等。	……
	沟通能力	学生能通过表达、倾听、争辩等方式与他人进行有效的信息沟通的能力。	……
	团队合作	学生与团队成员相互协作、互帮互助的精神与能力。	……

第三,开展总体评价

初筛环节分组进行,每组不少于五位专家。每位评价专家依据提取出来的反映学生批判思维、沟通能力和团队合作精神的事实性材料或典型表现,开展总体评价。专家在他们认为可以通过的同学后画"○",并在后面打一个百分值;在认为不通过的同学后画"×"。

表 5-2 高校综合素质招生录取总体评价示例表

	评 价 对 象	总体评价	评价分值
同学 A	体现学生批判思维、沟通能力和团队合作精神特点的事实性材料或典型表现	○	90
同学 B	体现学生批判思维、沟通能力和团队合作精神特点的事实性材料或典型表现	×	
同学 C	体现学生批判思维、沟通能力和团队合作精神特点的事实性材料或典型表现	○	86
同学 D	体现学生批判思维、沟通能力和团队合作精神特点的事实性材料或典型表现	○	80

第四,给出初筛结果

汇总专家的认定与打分情况,分通过、不通过两档。"通过"的学生可参加复试,"不通过"的学生不能进入之后的考核环节。

(四)结果公示

1. 在 2017 年 5 月 10 日前以电子邮件形式通知学生初筛结果。

2. 在 2017 年 5 月 10 日前在××大学本科招生网上公示,接受学校和社会监督。

三、复试组织

本报告选取一系列的测试方式,组成一套综合素质评价模式,全面考查学生批判思维、沟通能力、团队合作等方面的素质。

(一) 评价程序设计说明

1. 不同类型高校、不同院系专业的选才标准和选拔程序存在较大差异,研究设计的评价程序相对适用于某些人文学科(如教育学)的人才选拔,在具体操作中,各高校可根据自身需求选择适合的评价程序。

2. 该综合素质评价的操作程序,时间跨度为一天;上午以团体测试为主,旨在促进师生间、生生间的沟通交流;下午以个体测试为主,旨在让招生考官对考生有更深入、全面的了解。

3. 操作程序中,每一项测试方法的选用均重点考查考生某一或某些方面的能力特征;通过一套测试,基本可以对考生的综合素质以及高校所需的独特特质进行全面、系统的考查。

(二) 评价程序的设计安排

上午场： 团体测试

1. 嘉宾演讲(专家讲座)(具体操作可参见附录,下同)

◆ 时间:时间一般控制在 60 分钟内。

◆ 流程:嘉宾(专家)就特定主题进行演讲;演讲结束后,由考官对考生进行书面提问和交流。

◆ 目的:重点考查学生的信息提取能力、信息整合能力、理解能力、批判思维能力等素质。

◆ 评价:考官(1 名主考官,2 名辅助考官)各自独立对考生作品作出评价,主考官负责对评价差异较大考生的作品进行第三次评价,必要时与前两位考官进行协调、讨论。

2. **集体游戏**

◆ 时间:40—60 分钟。

◆ 流程:由数名(一般 3—5 人)考生组合成一个小组,就给定的材料、工具共同完成一项游戏任务,并在任务结束后就某一主题进行讨论交流。在游戏中,每个小组成员各被分配一定的任务,有的游戏还规定了小组成员的角色,不同的角色权限不同,但不管处于什么角色,都要完成任务,所有的成员都必须合作。

◆ 目的：重点考核学生的团队合作能力、沟通能力等素质。

◆ 评价：游戏过程中，1名考官通过观察考生在游戏中的行为表现，对预先设计好的某些能力与素质指标进行评价。

3. 无领导小组讨论

◆ 时间：一般典型的6人无领导小组讨论会持续60分钟左右，根据考生人数和讨论材料的复杂程度，可以适当延长时间。

◆ 流程：无领导小组讨论让一定数目的考生（一般是5—7人）组成一组，在既定的背景之下或围绕给定的问题自由展开讨论（考生推荐1名代表做总结汇报），给考生规定所要达到的目标及时间限制等。

◆ 目的：重点考核学生的领导力、合作能力、沟通能力、责任意识等素养。

◆ 评价：讨论中，2人及以上考官根据考生表现，对其进行评分或评语。

下午场：个体测试

4. 即兴写作

◆ 时间：控制在40—60分钟。

◆ 流程：考生依据给定的主题进行写作，字数控制在800字左右。

◆ 目的：重点考查学生的语言文字的组织和运用能力、信息理解能力，个性，创新能力等素质。

◆ 评价：考官（主考官1人，考官2人）各自独立对考生作品作出评价。

5. 开放式面谈

◆ 时间：20—30分钟。

◆ 流程：考官按程序对考生进行正式面试提问（或自由交流），其他考官补充提问。

◆ 目的：重点考查学生的沟通能力、批判思维、自我认知能力等素质。

◆ 评价：考官（3—5名）对考试的面试表现以评分或评语的形式进行评价。

（三）评价成绩的呈现

表5-3　考生评价结果成绩单

	嘉宾演讲	无领导小组讨论	分项评价	总体评价
同学甲	行为表现描述	……	A/A	A+
同学乙	……	……	B/B	B
同学丙	……	……	A/B	A
同学丁	……	……	B/A	A

四、考生综合成绩

××大学招生委员会将根据学生高考成绩、学业水平考试成绩、复试成绩以及相关申请材料等信息,对每位学生进行严格的评价和讨论,并给予符合 ** 大学要求的学生相应录取政策。

A. 预录取:学生须参加 2017 年普通高考,高考成绩达到生源所在省本科第一批录取控制线(一二本录取批次合并的省为自主招生控制分数线),学业水平考试成绩全部合格,复试综合评价成绩为 A 的学生,××大学即予以录取。

B. 待录取:学生须参加 2017 年普通高考,高考成绩达到生源所在省本科第一批录取控制线(一二本录取批次合并的省为自主招生控制分数线),学业水平考试成绩全部合格,复试综合评价成绩为 A 的学生,××大学将依据招生名额择优录取。

五、注意事项

所有参加"综合评价"选拔的考生,需确保所交申请材料的真实准确。若申请材料中存在虚假内容,一经发现,××大学有权取消其申请资格;已经获得复试资格的,取消认定;已经入学的,按教育部相关规定处理。

高考体检不符合国家规定者,将根据国家有关规定取消录取资格或调整至适合专业。

我校综合评价招生的报名及测试不收取任何费用。考生因家庭经济原因参加复试存在困难的,可以向我校申请资助。

本工作实施细则由××大学招生办公室负责解释。

六、监督保障

1. ××大学成立本科招生"综合评价"领导组,统一负责招生的组织领导工作。

2. 本科招生"综合评价"的整个过程在××大学纪检监察部门的全程监督下进行。

3. 推荐学校和申请人应如实填写和报送相关材料,各中学的推荐人选和经我校考核后确定的"综合评价"考生须在考生所在学校进行公示。

4. 若所在中学参与弄虚作假,将取消该中学两年的推荐资格;若考生弄虚作假,则取消该考生已被认定的资格。

5. 其他违规行为按照上级教育主管部门有关规定处理。

第五节 综合素质评价在高校使用的风险与保障

将综合素质评价用于高校招生对高校选拔优秀学生大有裨益,同时,由于受评价对象的复杂性、评价实施的科学性、评价成本的高昂性等因素影响,在高校招生中使用综合素质评价也存在着一定的风险性,高校招生部门对此必须有清醒的认识,提前做好防范预案,积极确保条件支持。

一、综合素质评价在高校招生中使用的可能风险

(一)申请材料的真实性风险

综合素质档案及体现高校特色要求的材料的真实性是影响高校招生使用综合素质评价的决定性因素。调查显示,申请材料的真实性是高校招生部门最为看重的一点,也是决定高校招生是否使用综合素质评价的关键环节。由于申请材料的初筛与高校招生录取具有高利害关系,考生为了获得更好的初筛成绩,有可能出现从良就虚,精心"包装"档案,夸大或捏造事实等失信现象。要解决这一问题,除了高中学校要严格按照《意见》要求,遵循科学的评价程序,落实综合素质评价相关信息的确认、审核、公示制度外,高校也要通过设计评价工具、采用技术处理等方式,进一步加强对申请材料尤其是关键信息的真实性验证。

(二)综合素质评价细则的科学性风险

一份科学合理的评价细则可以有效发挥评价的作用,真正实现评价的目的,反之,则可能有悖于评价目的,无法真正发挥评价的作用。例如,如果评价内容中只重视考查考生的学业成绩,忽视考生在思想品德方面的发展,将有可能筛选出有才无德的人。再如,如果评价方式一味强调刚性、简单量化,忽视质性评价方式的合理利用,将有可能重蹈唯分数论的覆辙。因此,高校在设计、制定评价细则时,一方面,应与国家相关教育文件政策精神相一致,同时体现各高校人才培养目标要求、专业特色等;另一方面,应充分考虑各种评价技术与手段的适用性,科学设计合理有效的初筛评价细则。

(三)综合素质评价的效度风险

具有良好的预测效度是测评的重要优点之一,但综合素质评价方法本身具有随着时间推移预测效度越来越低的局限性,即考生对筛选过程的感知、接受程度等较低,会影响到考生今后在高校学习、生活的态度与行为,从而会潜在地降低初筛的实际预测价值,而且,时间越长预测效度也越低。因此,为了解决招生选拔过程的效度、信度和成本效率等问题,高校招生部门应尽可能选择具有较高预测效度和表面效度的评价方法与措施。如,加大综合素质评价宣传力度,组建训练有素的初筛人员队伍,或加强开展基于综合素质档案的面试等,尽量提高初筛的预测效度和表面效度。

(四) 评价人员的专业性风险

与传统的招生工作相比,综合素质评价对评价者有着较高的职业和专业要求。如,在初筛阶段,初筛人员的档案材料评审能力至关重要,包括是否掌握了初筛的理论与技术,是否熟悉初筛的内容、方法和基本要求等,是否能够客观、公正地综合评审申请资料,并根据评审结果决定是否录取等。而在复试阶段,考官应具有公平公正、实事求是等良好的人格品质,能够熟练掌握并科学运用各种复试方式,在复试过程中尽量减少个人主观性、经验性的判断。因此,高校招生部门应加强招生人员队伍建设,对招生人员进行专业培训和考核,使招生人员掌握一定的筛选、分析、评估技巧,提升其评价专业能力与素质,加强其职业道德规范与纪律等。

(五) 保密性、成本投入等风险

高校在开展综合素质评价时涉及大量需要保密的信息,如初筛的具体标准、复试的方式方法、招生人员组成等,如果上述信息被泄露给考生或家长,容易造成人们为提高评价成绩而"投其所好",或者有针对性地进行准备,或者请托关系等,影响综合素质评价的公平公正。因此,高校招生部门需要建立健全初筛制度规范,不断探索完善评价工作机制。此外,尽管初筛和复试方式具有高效的优势,但与传统的纸笔考试相比,初筛尤其是复试对时间、人员、场地等经济成本的要求都较高,各个环节常常涉及高校多个部门与大量工作人员,需要在一定时间内对大量申请材料或考生做出评判。对此,高校招生部门应有充分的认识,积极做好上下、内外系统的统筹协调准备。

二、综合素质评价在高校招生中使用的保障条件

(一) 综合素质评价电子平台

电子平台可以直观、便捷、高效地呈现综合素质评价信息,是综合素质评价校本化、常态化实施的重要保障,同时,也是提高综合素质评价真实性、有效性的重要手段。一般说来,综合素质评价电子平台的基本功能主要包括学生各类成长记录信息的录入、导入、存储、编辑、上传、呈现、统计、发布、生成等。根据电子平台开发和使用的主体不同,可以分为综合素质评价省级电子平台和校级电子平台。

1. 综合素质评价省级电子平台

省级电子平台是省级教育行政部门根据各省(区、市)普通高中学生综合素质评价实施办法,结合全国中小学生学籍信息管理系统,研制、开发、维护与督查省级电子平台。省级电子平台主要记录学生在思想品德、学业水平、身心健康、艺术素养、社会实践等方面的典型活动、表现以及课程学习成绩、学生体质健康测试结果等。学生毕业

时,从省级电子平台提取相关信息,生成并打印全省统一格式的普通高中学生综合素质档案。省级电子平台重在实现省域范围内的分阶段集中性填写、全过程统一化管理,主要用于高校招生提取综合素质档案信息服务。

2. 综合素质评价校级电子平台

校级电子平台是由学校自主研发、维护的综合素质评价电子平台,有条件的学校可以研制、开发符合学校实际、具有学校特色的校级电子平台;条件不具备的学校则可以采用电子版或者纸质的成长记录袋。

校级电子平台主要记录学生在思想品德、学业水平、身心健康、艺术素养、社会实践等方面典型活动的客观记录、感悟记录以及课程学习成绩、体质健康测试结果等(要包括成绩、过程及结果),可通过文字描述、图片音像资料、研究报告、获奖证书等全面、真实、客观地记录学生的成长过程。校级电子平台重在记录、呈现、交流、评价学生成长发展的过程性、动态性信息,主要用于促进学生自我改进提高、教师指导帮助学生以及学校开展学生评价。

有条件的地区可以将校级电子平台与省级电子平台有效对接,学生平时的过程性信息主要在校级电子平台上呈现,每学期末经过整理遴选和公示审核后,可直接将相关材料导入省级电子平台,既有助于保证过程性信息的真实性,也有助于提高高校招生使用的便捷性。

(二)提升高校招生能力建设

提高高校招生能力是深化考试招生制度改革的关键。当前形势下,改进和提升高校招生能力需要着力从三个方面入手:

第一,高校招生人员的专业化水平的提升。招生人员的专业化是高校招生能力建设的核心。在“唯分数论”的招生录取机制下,高校选拔学生的唯一标准就是高考成绩,招生人员无需也没有任何专业性可言。而将综合素质评价用于高校招生打破了“唯分数论”倾向,需要高校根据人才培养定位,对学生整体素质进行全面综合考察,从而选拔出更适合的优秀生源。这使高校招生人员在招生理念、招生内容、招生方式以及招生结果的使用等诸多方面发生了巨大变化,也对高校招生人员的专业化水平和能力提出了巨大挑战,如同医生和律师一样,需要他们只能是而且必须是具有专门知识的专业人士。目前来看,提升高校招生人员的专业化水平不仅迫在眉睫而且更为长远。

第二,高校招生机构的专业化转向。高校招生机构的专业化是高校招生能力建设的关键。传统高校招生工作更多是一种行政性事务,是大学组织管理运行的重要环节之一,招生机构也是学校行政体系中的一个组成部分,而并非一个独立的专业机构。因此,在招生过程中,行政力量往往远大于学术力量。有学者认为,招生是兼具学术性和行政性的学校事务①,在"两依据一参考"的招生录取机制下,高校招生机构亟待实现专业化转向,通过建立综合性自主组织,充分发挥其学术性功能,从政策制定、申请材料收集、综合素质评审、招生数据分析、招生政策研究等多个方面持续提升招生能力,确保招生过程的专业化。

第三,高校自主选拔活动的探索性实践。高校自主选拔活动的实践探索是高校招生能力建设的有效路径。长期以来,高校招生的自主权和自主空间十分有限,也使得高校在自主选拔活动中几乎"无所作为"。新高考背景下,统一化、模式化的招生录取机制已经无法适应改革的需要,允许也需要高校冲破传统的"照办"招生模式,充分发挥高校招生工作的实践智慧,自主探索灵活、多样的招生选拔办法。如,随着新高考试点地区迎来"收官"之年,北京大学、清华大学、中国科学技术大学、复旦大学、浙江大学等国内高校在自主招生、综合评价录取、"三位一体"招生中都纷纷制定并出台了各自的自主选拔方案,为综合素质评价在高校招生中的使用探索出了多样化的实践之路,也提供了宝贵的实践经验。相信随着新高考改革的深入推进,将会激活更多高校的自主选拔活力,在不同类型、不同层次的高校招生工作中逐步实现选拔活动的"百花齐放"。

(三) 建立健全诚信问题追责机制

综合素质评价的诚信问题是重点也是难点,其"保真"看似更多应由高中学校来保证,但实则与高校对诚信问题如何追责有着密不可分的关系。建立健全规范有效的诚信问题追责机制,不仅有助于促使高中学校真正做到、做好综合素质评价的"保真",长远来看也有助于真正改变高中人才培养模式,提高人才培养质量。因此,应针对不同的诚信责任主体,包括学生、教师、学校以及高校招生人员等,建立完善科学有效的诚信问题追责机制,一方面要鼓励提倡守信行为,增加诚信者的收益,另一方面要惩戒防范失信行为,增加不诚信者的成本,全面营造健康向上的诚信文化氛围和文化生态。

此外,2016年9月,中办、国办印发《关于加快推进失信被执行人信用监督、警示和惩戒机制建设的意见》,对失信执行人规定了37项联合惩戒措施,其中包含多达100余项的具体措施。各省也陆续出台了实施办法,形成了多方联合联动惩戒举措,构建了"一处失信、处处受限"的信用监督、警示、惩戒工作体制机制。这一思路在综合素质评价的诚信问题追责上也非常有借鉴价值,同样可以在教育系统上下、内外之间形成多方联合联动惩戒机制,共同促进诚信建设的局面,积极营造向上向善、诚信互助的社会风尚。

第六章　试点高校招生综合素质评价的实践探索

第一节　上海市高校综合素质评价招生的实践探索

一、上海市综合评价改革9所试点高校的实践情况

综合评价录取是指高考改革试点省份的部分试点高校在招生录取时,综合考量学生的高考成绩、高中学业水平考试成绩、学生综合素质评价、高校自主考核成绩以及高校自身的办学定位与培养目标,全面评价考生,择优录取招生。2015年,复旦大学、上海交通大学启动综合评价录取改革;2016年,上海综合评价录取改革试点高校扩大为9所,分别为复旦大学、上海交通大学、同济大学、华东师范大学、上海外国语大学、华东理工大学、东华大学、上海财经大学和上海大学。此次综合评价录取改革是在《国务院关于深化考试招生制度改革的实施意见》《上海市深化高等学校考试招生综合改革实施方案》等政策的指导下,进一步完善综合评价招生录取模式,明确综合素质档案使用方法,为2017年新高考制度改革全面推行作先行探索与铺垫。在高考新政陆续铺展开的情况下,对试点地区综合评价录取改革的价值创新、实践举措进行梳理和分析,发现实践中存在的有关误区及潜在问题,提出相关的政策建议是非常迫切和必要的。

一项完整的招生录取制度必然包含这些要素:招生对象、招生计划、招生专业、报名选拔、面试考核、成绩核算等规定。通览9校的招生简章,其核心规定都是围绕着这些要素来展开的。通过对9所试点高校招生简章内容的分析以及来自上海教育考试院所提供的有关数据①,我们可以大致明晰综合评价录取这项试点改革举措是怎么在实践中展开的,其关键内容对于核心关切者来说到底意味着什么,这也是本书接下来将要回答的问题。

(一)招生对象

招生对象为符合该年度上海市普通高等学校招生全国统一考试报名资格,且通过各科目高中学业水平考试的高中毕业生。2016年上海市共有5.1万名考试参加秋季高考,也就是说这5.1万名考生都是招生的"可能对象"。之所以称之为"可能对象",是因为并不是所有5.1万名考生都能够最终入围综合评价录取的校测环节,其原因将

---

① 注:本部分使用的是2016年的数据。

在后面的相关分析中详细阐述。

(二) 招生计划

大部分高校 2016 年在上海市综合评价录取的招生名额不超过学校该年度上海籍生源的 20%。其中,在招生人数指标的投放上,上海交通大学(含医学院)投放的指标最多,为 650 人;其次为复旦大学(含医学院),为 540 名;其余高校投放的指标都不多,7 所高校加起来共计 587 人。从综合评价招生录取的人数上来看,上海交通大学与复旦大学在总的招生人数中所占的比重非常大,两校的招生总数比其余 7 校招生人数总和的 2 倍还要多。

根据阳光高考网站 2017 年的数据,在综合评价招生录取中,上海交通大学(含医学院)录取 702 人,复旦大学(含医学院)录取 600 人,同济大学 240 人,华东师范大学 140 人,与上一年度各校文理科录取总数相比均有所增加,如下表所示。

表 6-1　2016 年、2017 年上海市 9 所试点高校综合评价录取人数

学　　校	2016 年招生数(人)	2017 年招生数(人)
复旦大学(含医学)	540	600
上海交通大学(含医学)	650	702
同济大学	60	240
华东师范大学	100	140
华东理工大学	139	148
上海外国语大学	46	80
上海财经大学	80	95
东华大学	82	65
上海大学	80	43
总　　计	1 777	2 113

注:数据来源于上海教育招生考试院和阳光高考网站。

(三) 招生专业

2016 年,9 所招生高校中,除去复旦医学院和交大医学院,只有华东理工大学在综合评价录取招生中未投放文科指标,其余学校均为文理兼收。

(四) 报名选拔

考生可以登录阳光高考平台"综合评价录取系统"或高校自主开发的报名系统进行报名并提交申请材料。申请材料包括个人基本信息、高中阶段的课程修习情况和相

关成绩、获奖情况、参加社会公益活动以及其他反映个人学科特长、创新潜质、全面发展的综合素质评价信息等写实性材料。高校将组织相关专家对所有考生的报名材料进行审核,公布通过审核的学生名单。除此之外,考生必须通过上海教育考试院划定的"自主招生控制分数线"。该控制线将在高考招生录取中起硬性参照控制的作用,达到该控制线的考生才能投档成功,招生院校可以在此基础上按照相应规则择优录取。上海市教育考试院根据考生的高考成绩与考生综合评价录取填报志愿,按照上海市教委划定的不超过 1:1.5 倍的比例,分别确定高校校测入围人选。

必须经过高校综合素质档案评价标准的审核,上海市教育考试院划定的自主招生控制分数线,以及 1:1.5 的校测入围比例等筛选方式,是上述提到的考生不可能全部参加综合评价录取校测的原因。2016 年,根据 9 所试点高校投放的招生计划数和 1:1.5 的入围比例计算,上海市共有 2 666 名考生能够入围校测环节。上海交通大学计划在上海市招生 650 人,为上海市最高;复旦大学计划招生人数为 540 人,按照 1:1.5 的比例划定入围人数;上海交通大学的入学人数是 9 所高校中最多的,比排在第二位的复旦大学在入围人数上多近 200 人。

（五）面试考核

2016 年、2017 年上海市 9 所高校综合评价录取的面试时间全部安排在同一天,这样安排的潜在考量是使考生只能在 9 所高校中选报一所学校。各校在面试的过程中,根据不同的办学定位及培养目标,在面试的程序安排和考试内容及侧重点上均有所不同。

复旦大学的面试采用专家与考生多轮一对一模式。面试专家综合考量专业、性别等因素随机分组,每组 5 名专家,专业包含文、理、医等领域,其中不乏长江学者、国家千人计划、青年杰出教授、特聘教授等领域专家;考生按照高考成绩组间无差异原则随机分组,每组 10 人。专家组与考生组临时配对,进行一对一面试,每轮面试 15 分钟。面试结束后,专家对考生进行独立打分,并在组内排序。面试总分为 300 分,成绩计算方式为:面试成绩 $=\sum[(31-每位专家排名)\times 2]$。在极端特殊的情况下,5 位面试官都将同一位考生评为第一名,将组内的另一位考生同时评为最后一名,根据面试成绩公式计算,两者在面试时分值最高差异能达到 90 分,按照"六三一"分值换算模式,按面试成绩占 30% 的比例折算后最终面试成绩为 27 分,足以颠覆高考分数的差距,实现成功逆袭。[①]

---

① 复旦大学. 2016 年上海市综合评价录取改革试点招生简章[EB/OL]. http://www.ao.fudan.sh.cn/contentViewCtrl.do? contentID=ff80808151d6d76c01541906ff43004c.

上海交通大学采用的是两轮"三对一"面试,即三位面试官面试一位考生,包括一位主面试官与两位副面试官。每位学生能够参加两轮面试,每次面试时间20分钟。面试考官根据评分规则独立打分,考生的面试成绩取两次成绩的平均分。根据评分规则及分值折算,相对于复旦大学而言,上海交通大学的面试成绩差异较小。

(六) 成绩核算

在所有试点高校中,综合成绩均按"六三一"模式计算,高考投档成绩占60%,校测成绩占30%,高中学业水平成绩占10%,最后合成总分,择优录取。其中,高中学业水平考试9门科目即语文、数学、外语、物理、化学、生物、政治、历史、地理的成绩将按等次折算为各科分数,A等100分、B等90分、C等80分、D等60分,学科水平考试成绩为9门学科折算后成绩的平均分(高中学业水平考试成绩=Σ各科折算成绩/9)。

从2016年上海教育考试院公布的各校投档线来看,文科、理科综合评价投档线最高均为复旦大学,其中文科比自主招生控制分数线450分高54分,理科比自主招生控制分数线438分高67分。由于入围人数数量的增加,上海交通大学的文科、理科"综合评价"投档分数线分别为493分与496分,在9所高校中文科排名第五,理科排名第四。9校中文科综合评价录取投档最低分数线为上海大学的469分,比自主招生控制分数线高19分,理科投档最低分数线为东华大学的463分,高出自主招生控制分数线25分。尽管综合评价录取的投档分数线与高校排名以及往年的投档分数线稍有差异,以上海交通大学为例,2017年的文理科投档分数线均不是最高,甚至不是前三,但这并不意味着我们能够得出上海交通大学放宽选拔条件或生源质量下降等结论,学校招生计划数等在客观上对投档分数线也存在一定的影响。从另一个层面来看,对于成绩不是特别突出但能入围综合评价录取校测的部分考生来说,这无疑是一件利好的消息。

表6-2　2016年上海市普通高校招生"综合评价"各校招生人数及投档分数线

院 校 名 称	招生计划数(文科)	投档线	招生计划数(理科)	投档线
复旦大学	140	504	280	505
上海交通大学	60	493	500	496
同济大学	12	498	48	498
华东师范大学	38	492	62	490
东华大学	22	471	60	463

续　表

院校名称	招生计划数（文科）	投档线	招生计划数（理科）	投档线
上海财经大学	22	500	58	497
上海外国语大学	23	494	23	488
上海大学	20	469	60	464
华东理工大学			139	474
上海交通大学医学院			90	489
复旦大学医学院			120	480

注：数据来源于上海市教育招生考试院。

二、上海市高水平大学综合评价招生程序

依据调研和社会反响，本研究选取具有较成熟的综合评价录取经验的复旦大学、上海交通大学与同济大学，以及在综合评价招生方面与国际接轨较为密切的上海纽约大学作为分析案例。基于座谈访谈和公开的文献资料，我们比较了四所高校开展综合评价招生录取的共性与特性。

上海市高校综合评价录取试点开展两年来，各高校积极探索适合本校的综合评价录取模式，基本形成了稳定的招生程序。整体来看，四所高校综合评价招生录取的程序为审核申请材料、确定校测名单、组织校测选拔、综合评价录取等四个环节，其中高校校测是考生与高校招生专家的互动交流环节，是考核学生综合素质的重要途径。

（一）审核申请材料

在学校的招生简章中，四所高校均要求参加上海综合评价招生的申请者在高考前按要求向学校提交报名材料。复旦大学、上海交通大学、同济大学明确申请者仅需完成网上报名即可，其中的申请信息包含基本信息、中学信息、成绩信息、个人陈述、综合信息等。上海纽约大学要求考生按要求提交通用申请（Common Application）后，将校园日活动申请表、高中成绩单、高中学业水平考试成绩、获奖证书及其证明材料等书面申请材料寄送至学校。

在申请环节，除了需要高校向考生明确报名要求外，还需要考生充分认识高校的招生理念，以提高匹配度。在复旦大学、上海交通大学、同济大学公布的《普通高中学生综合素质评价信息使用办法》中，均要求综合评价招生的录取对象应体现本校人才培养特色。复旦大学致力于培养具有人文情怀、科学精神、国际视野和专业素养的人

才,着力选拔符合学校培养目标的拔尖人才。上海交通大学基于以学生为中心,知识探究、能力建设、人格养成"三位一体"的育人理念,本着具有社会责任感、创新精神、实践能力、人文情怀和国际视野的拔尖创新人才培养目标,注重考察学生的理想抱负与社会责任感、学习与认知能力、创新精神与实践能力。同济大学以"知识、能力、人格"全面发展的创新型人才为培养目标,重点考察考生的学科特长、创新潜质和品德修养。上海纽约大学在招生方案中也明确提出了招生对象的特点,旨在招收能适应国际大都市竞争环境、向往走向世界、渴求新知识、勇于挑战新事物、学习成绩优异的高中毕业生。

学生提交申请材料后,各高校组织专家或者招生团队审核考生的报名材料,全面了解考生的综合素质以及对学校办学理念的认同度。复旦大学结合人才培养目标,在材料审核阶段重点参考学生综合素质评价中的志愿服务(公益劳动)情况,社会实践情况,在党团、班集体等组织里参与活动的情况,高中学业水平考试成绩与基础型课程成绩,拓展型、研究型课程修习情况,参与调查研究、撰写实验报告、研究性课题报告情况,发表论文、获得专利等情况,参与文艺、体育活动情况。同济大学依据研究性学习经历与专题报告等信息考察考生的独立探究、创新精神和实践能力,通过学生学科类、科技类等市级及以上奖励、自我介绍及其附件等信息了解其专业兴趣和学科特长,通过高中前五个学期的基础型课程成绩和自主选修学习情况了解考生的学习能力,依据参加志愿服务和社会实践活动的情况了解学生的品德发展与公民素养,参考学生艺术活动和体育(比赛)等市级及以上奖励及个人作品等信息了解学生的身心健康与艺术素养水平。上海纽约大学则细化了"优秀且适合"的学生选拔标准,在学业优秀的基础上重点考查学生在申请书中所表现出的人生态度、思维方式、价值取向、创新意识、英语应用能力等,以及对上海纽约大学的教育理念、培养模式、校园文化的认同度。

从上文可以看出,在审核考生申请材料环节,高校通常根据本校的办学特色和人才培养理念,确定人才选拔标准。其中,考生的综合素质评价纪实报告是高校审核的重要信息。通过考生提交的信息,高校可以较为全面地了解考生的学习能力以及学习之外的能力,如独立探究能力、创新精神和实践能力,专业兴趣和学科特长等。同时,上海纽约大学通过"申请文书"了解申请者的英语写作水平、性格特质、思考能力、人生态度等情况。经过高校专家的筛选,初审通过的考生将进入下一程序。

(二) 确定校测名单

提交了个人申请材料之后,学生参加高考。复旦大学、上海交通大学、同济大学三所高校结合当年的高考自主招生控制分数线,依据通过初审考生的高考成绩和志愿填报情况,按院校专业组招生计划数的 1.5 倍确定入围参加校测的考生名单。上海纽约大学则根据学生递交的申请材料和通用申请,每年从申请学生中邀请约 500 名学生参加校园活动日活动,活动通常安排在当年春节后,大概二、三月份。

(三) 组织校测选拔

高校校测选拔为学校和学生提供了面对面双向选择的机会,是综合评价录取的关键。各高校可以根据学校特色和招生经验,确定校测的具体内容和校测程序,这也是高校招生自主权的体现。从考生参与的面试或者活动看,四所高校的校测考核选拔可以分为多轮面试、单轮面试和校园日系列活动三种类型。

复旦大学和上海交通大学均采取多轮面谈的方式。其中,复旦大学采取专家、考生五轮一对一的面试模式,考生分别与来自文、理、医等不同学科领域的 5 名专家进行面谈,每位专家和学生面谈 15—20 分钟。在与学生面谈前,专家阅读学生提交的个人材料,以确保对学生的基本认识。2017 年,复旦大学设置三个院校专业组,分别为"不限组""物理、化学组"和"物理、化学、生物组"。"不限组"对选考科目不作要求,主要为中文、历史、新闻、社会科学等传统文科专业;"物理、化学组"包括经济、管理、数学、自然科学以及工科专业,要求考生其中一门选考科目为物理或化学;"物理、化学、生物组"主要为临床医学等医学类专业,要求考生其中一门选考科目为物理、化学或者生物。对于专家的面试问题,复旦大学招生办并没有作统一要求。研究者从访谈中了解到,面试过程中专家根据学校的人才培养理念,注重学生的品德、学习习惯、自主学习能力以及是否热心公益事业和社会活动。面试结束后,专家对每位考生独立评判打分,并进行排序。调研中知悉,在综合评价录取环节,约 20% 的学生尽管按高考成绩不能录取,但因综合素质较高而被录取。在综合评价录取环节中淘汰的学生,通常参与的社会实践活动较少,且缺乏内在的学习动力和明确的专业志向。

上海交通大学采取"三对一"两轮面试模式,每名考生由两组共计 6 位专家面试,每组 20 分钟左右的时间。每位专家根据同一评分规则独立打分,以综合考察学生在考试成绩以外的其他综合能力,增强学校与学生的匹配度。在面试前,学校将学生的综合素质评价记录信息呈现给专家,供专家在面试中使用和参考,并将其作为面试评分中的重要依据。在 2016 年公开发布的"上海交通大学综合素质评价信息使用办法相关问答"信息中,学校强调"对考生综合素质评价信息的解读是将考生放在其所处环境与背景中进行综合的判断……希望学生应跳出分数,聚焦于做最好的自己"[①]。面

---

① 上海交通大学招生办. 交大招生办管理员上海交通大学综合素质评价信息使用办法相关问答[EB/OL]. [2018-01-06]. http://zsb.sjtu.edu.cn/web/jdzsb/3810134-3810000001163.htm? Page=87.

试专家围绕学校人才培养目标,基于综合素质评价信息,结合面试情况,对学生进行全面综合的评价。2017年,上海交大首次采取分专业组面试,根据各专业组的选考科目要求,科学合理安排面试专家。面试时,专家结合考生所提交材料及其兴趣特长进行提问,例如,"你喜欢航空航天,如果让你设计月球车,那么它与地面车辆有什么不同之处?""有没有什么发明创造?为什么对工科试验班感兴趣?以后的理想是什么?""你去过最远的城市是哪里?""伦敦。""那么你告诉我伦敦现在是几点几分?""你社会实践活动参加得那么多,是如何管理自己的时间的?""你所拍的音乐短片(MV)是什么内容?"

同济大学采用单轮面试的形式,每5位专家(2016年改革试点时是7位专家)组成一个面试小组,每位考生面试时间在20分钟左右。专家来自设计学、人文、理学、心理学、外语类、工学等学科领域,全面考察考生的专业兴趣、学科特长、创新潜质、综合能力、身心健康。按照是否选考物理,同济大学设置了"物理"和"不限"两个专业组,其中"物理"专业组的专业类有24个,"不限"专业组的专业类有5个。两个专业组在客观评价考生综合素质评价信息的基础上,分别按照"综合面谈+研究潜力"与"综合面谈+人文素养"两类考核方式进行考核。对于"物理组"的学生,同济大学预先准备了50个科技类的影片,涉及50种物理现象,考生在观看一部约半小时的短片后分析物理现象背后的原理。对于"不限组"的学生,重在考察其人文素养,考生观看相关电影片段后进行评析。此外,面谈内容还涉及三个方面:一是求证学生综合素质内容的准确性;二是考察在笔试中难以测量的表达能力、沟通能力等;三是围绕着同济大学"扎根中华大地、建设一流大学"的办学特色的问题,考察学生对国情、国学、民族精神、历史、传统文化和社会主义核心价值观等方面的理解和掌握情况。研究者从访谈中得知,为提高评价的客观性,同济大学将综合素质评价分为5大项目,细化为30个指标,包括思想品德、体育、艺术、课程、创新、科研等,每个指标分为基准分和加分项。

上海纽约大学借鉴纽约大学阿布扎比校园的做法,依据办学条件设计了校园开放日活动。[1] 不同于传统的笔试、面试环节,上海纽约大学在校园日活动中设计了以下系列活动:自由交谈,结识朋友,欢迎晚会,集体游戏,团队活动,模拟课堂,互动交流,嘉宾演讲,单独面谈,即兴写作,校长总结等。在校园日活动中,学生被分为若干小组,每个小组配备一名工作人员、两名纽约大学在读的中外学生,参与除即兴写作和单独面谈的其他校园日活动,并对学生表现进行评价。招生委员会针对各个环节设置了具

---

① 吴小玮. 选拔"最适合"的优秀学生——来自上海纽约大学自主招生的启示[J]. 全球教育展望,2013,42(12):118—125.

体的评价方法和考察重点,并划分为"典范、有潜力、不确定、不推荐"四个等级。每个活动的设计均有各自的考察重点,如,团队活动考察学生的英语能力、团队合作、沟通与领导能力、冒险精神、随机应变与反应能力,分析思考能力以及创造力;模拟课堂考察学生的学习理解能力、求知欲、分析和批判性思维能力、语言表达能力、开放性等素质。

为保证面试过程的公平公正与科学性,各高校采取多项措施确保面试过程的公平合理,主要涉及如下四项工作:其一,在考虑性别、专业等因素的基础上,面试专家随机分组,遴选出的专家具有深厚的学科造诣并经过专门的培训;其二,考生按高考平均成绩进行组间无差异的随机分组;其三,专家组与考生组现场抽签配对;其四,面试当天学校将专家与考生的各类通讯方式全部屏蔽,每个考场的考核选拔过程全程录音录像。

(四)综合评价录取

四所学校最终的录取都在高考结束后进行。复旦大学、上海交通大学、同济大学三所学校的最终录取根据高考成绩、校测成绩与高中学业水平合格性考试成绩三者的综合总分进行排序,三者分别占比60%、30%和10%。在学业水平考试成绩中,将语文、数学、外语、物理、化学、生物、思想政治、历史、地理、信息科技等10门科目的成绩进行折算,合格记为10分,不合格记为0分,占综合评价总分的10%。考生按综合成绩从高到低进行排序。

上海纽约大学的正式录取虽然在高考结束之后,但是在校园日活动结束之后,考生即可获得"预录取、待录取、淘汰"三种类型的反馈,由来自纽约大学与上海纽约大学的招生团队组成的招生委员会根据学生的高中学业成绩、通用申请以及校园日活动的表现讨论决定。相比于其他三所高校,上海纽约大学对学生高考分数的要求并不是特别高,获得"预录取"资格的学生,其高考成绩仅需达到一本以上即可(一二本录取批次合并的省为自主招生控制分数线,浙江为第一段分数线);获得"待录取"资格的学生高考成绩达到一本线以上后,学校将结合高考成绩、校园日活动评价和高中学业成绩,根据综合评价择优录取。[1]

三、上海市综合评价招生录取的成效

从上海市综合高考改革的试点看,在教育部门、高等院校与高中学校的共同努力下,高校综合评价招生录取终于迈出了关键一步,尽管当前还仅仅试用于小范围的

---

[1] 周鸿.上海纽约大学招生制度和实施办法[Z].课题内部资料,2017.

"点"上招生,但是已取得初步成效,表现在如下四个方面:

(一)提升高校人才培养与学生发展潜能的匹配度

研究者在与高校招办负责人的座谈中发现,高校普遍认可综合评价录取方式,并希望今后能继续扩大招生名额。以"校测"为主的综合评价,既是高校了解学生综合素质的过程,也是学生了解高校专业的过程。通过双向了解,高校能够选拔出更加适合本专业培养的学生,学生也能够选出更加适合自己的专业,从而提高了高校培养与学生发展潜能的匹配度。在校测面试过程中,可以甄别高分中综合素质不高的学生,最终遴选到综合评价结果比较好的学生。据统计,2017年,上海9所综评试点高校通过综合评价录取方式在上海地区录取考生2 113人。在2016年、2017年度的综合评价录取中,按照1∶1.5投档后,因校测成绩优异而被录取的考生比例分别为20%、17%。调研中,有高校招生办主任认为,校测面试30%的成绩在最后的录取中发挥着非常重要的作用。

上海交通大学招生办主任郑益慧教授表示综合评价录取模式非常受欢迎,"它不仅可以更全面地考核学生的综合素质,还可以在单一考分之外找到真正适合学校的学生,考生也可以找到适合自己的学校"。复旦大学通过目的性抽样,对综合录取评价选拔生与高考统招生的在校表现做了一项对比研究。研究发现,在多数情况下,自主选拔生的高考平均成绩要低于统招生的高考平均成绩,但他们在大学期间的平均成绩、获得国家奖学金、学术研究兴趣和主动性、参与校际国际交流等情况均优于高考统招生,体现出整体的综合优势。

(二)引导高中学校开展素质教育

在综合评价招生模式下,学生首先要提交申请资料,包括个人的综合素质评价报告;通过初审后,是否能够进入校测面试环节,要看学生的高考成绩是否达到了各高校专业组的自主招生控制分数线。这就意味着,学生高考成绩达不到一定的要求,就进入不了校测面试环节,意味着学生不能通过综合评价招生环节被高校录取。高校最终的录取是根据学生的考试成绩、平时表现以及校测面试表现综合而定的。诚如一位市实验性示范性高中校长所言:"综合评价录取模式下,学生没有高分进入不了高校面试的名单,但是仅有高分也会在面试时被刷下来,也不一定被录取。"上海纽约大学在2018年招生常见问题问答中也明确写到:"优秀的学业成绩是必不可少的,但这还远远不够,学校还将全面评价学生的综合素质。首先,学生必须具备良好的沟通能力和较强的英语听说读写能力;其次,在个性方面,上海纽约大学的学生具有强烈的求知欲和好奇心,勇于挑战自我,乐于尝试新事物,能够适应国际化竞争环境,并且愿意成为跨文化沟通桥梁。"①所以,在综合评价录取模式下,学生的高考成绩与面试综合表现都非常重要,显然这对高中开展素质教育具有重要的引导功能。调研中也发现,不少实验性示范性高中的校长已经明显地意识到了这一点,并计划以此为导向改进本校的人才培养模式。

(三)校测程序展现高等院校的招生能力

校测是高校综合评价录取中极具特殊性的环节。从要求考生提交材料、专家筛选、开展校测到最终录取,均可以体现一所高校的招生理念和招生能力。与国内普通高校相比,作为中外合作办学的上海纽约大学自始至终贯彻综合评价招生,具有相对成熟的综合评价招生制度,有招生的评价标准、专业的评价人员以及评价结果呈现方式。从提交报名申请开始,学校便强调自身特色,考察学生申请材料中体现出的人生态度、思维方式、价值取向、创新意识等。上海纽约大学精心组织校园日活动,科学设计校园开放日中的系列活动,由一批专家和招生人员从不同角度考察学生的综合素质。同时,学校并不特别强调考生的高考分数,而是基于考生在校园日的表现做出是否录取的预判,即学生的综合素质是其中的"第一关",在初步筛选后,"预录取"学生达到高考分数要求即可录取,"待录取"学生将由招生委员会结合高考分数综合考察学生的多方面素质决定是否录取。从招生录取依据看,上海纽约大学采用的是以综合素质评价为主的"多门槛式"招生录取。

其他采取综合评价招生的普通高校,尽管在综合评价校测环节均采取面试形式,但是在具体的面试专家的学科来源和面试程序方面因校而异,复旦大学与上海交通大学基本沿用学校早期采用的面试模式,分别采取多学科专家"一对一"、"三对一"的多轮面试,同济大学在面试中还增加了心理学专家。因新高考学生选考科目差异,上海交通大学、同济大学根据是否选考物理等科目采取分类面试的方式。在录取结果的确定上,三所高校将高考成绩、高校校测、高中学业水平测试三者折合形成的综合总分作为依据,这是一种"组合式"的综合评价招生录取方式。相比于以往以高考分数作为唯一录取依据的招生方式,上海市9所综合评价录取试点高校在招生程序上迈出了关键一步,展现出学校招生能力的提升,尽管困难重重,但系统的反思总结有利于进一步提升高校招生管理的科学性。

(四)高考招生从"招分"向"招人"整体转变

实施高中学生综合素质评价是落实《国务院关于深化考试招生制度改革的实施意

---

① 上海纽约大学招生办.招生常见问题问答[EB/OL].[2018-04-30]. https://shanghai.nyu.edu/cn/zsb/faq.

见》中"两依据,一参考"的要求,即依据统一高考成绩和高中学业水平考试成绩,参考高中学生综合素质评价信息。综合素质评价通过对学生全面发展状况的观察、记录、分析,反映学生的全面发展情况,发现和培育学生的个性特长,注重考查学生的社会责任感、创新精神和实践能力,推进素质教育的一项方向性的重要制度。

从制度设计层面考虑,一是要着力克服考试成绩本身主要反映学生认知水平,而不能反映学生行为表现和综合素质情况的局限性。二是要着眼构建把考试成绩与综合素质评价情况相结合,形成更加科学、较为全面的选拔人才机制,有助于扭转单纯用考试分数评价学生的做法。

评价一名学生,不仅要注重"考三天",还要"看三年"。除了统考之外,高中学业水平考试和综合素质评价将实实在在地在综合评价录取成绩核算中占据重要比例。高中学业水平考试,以合格和不同等级来评判,每一门课程学完即考,减轻不必要的课业负担。综合素质评价,主要考查学生品德养成、身心健康、兴趣爱好、实践能力等方面的发展情况,促进学生全面提高自身素质。学业水平考试与综合素质档案评价主要分散于高中三年学习过程中内,高校校测的表现也有赖于高中阶段学生的不断沉淀与积累。通过这样的设计,过程性评价就与结果性评价有机结合起来了。可以说,高考加入综合素质评价,将使高考招生从"招分"向"招人"整体转变。

五、上海市综合评价招生存在的问题与改进建议

综合评价招生改革作为探索多元录取招生模式的关键,是对"唯分数论"的破解,使高校招生从"招分"走向"招人"。浙江省与上海市高考综合改革试点有力地推动了高校实施综合评价录取。上海市实行的9校综合评价录取试点与浙江省实施的"三位一体"综合评价招生改革,为其他地方的综合评价招生录取提供了可推广的经验。综合评价录取发挥了高校在招生工作中的主动性,为选拔符合高校办学理念的人才提供了有效途径,但在当前高校招生能力和既有政策框架下,以下问题还需要审慎考量。

(一)高校综合评价招生应进一步彰显办学理念与办学特色

成功的高校一般都具有自身独特的招生理念。[①] 在经济和社会转型期,高等教育面临结构调整的现实任务,高校的分类发展应体现在招生理念和培养理念上。综合评价招生模式为高校招收符合办学理念的学生提供了契机,然而从上海市9所综合评价录取改革试点高校公布的招生简章看,并没有充分体现出高校的办学理念、招生理念

① 唐滢.美国高校招生考试制度研究[M].武汉:华中师范大学出版社,2016:70.

和人才培养特色。对于综合评价的招生对象,各高校普遍以"综合素质优秀、品学兼优、身体健康"为限定,部分一流大学要求报名学生"具有学科特长、创新潜质,综合素质高、全面发展"。从现有的招生简章看,高校普遍未将本校的办学理念融入到招生环节中,尽管这一方式可以为更多考生提供机会,但是不利于引导考生筛选符合自身发展规划的高校,也给高校的招生选拔带来了不必要的负担和压力。此外,综观 2016 年上海市 31 所高校发布的《普通高中生综合素质评价信息使用办法》,虽然各高校均提出所招收的学生要体现学校的人才培养特色,但是在 31 所高校中依然有 8 所高校没有涉及本校具体的人才培养理念、办学理念,仅提出"遵循学校在人才培养方面的基本原则,突出学校特色"等较为泛化和笼统的要求。

反观具有较为成熟的综合评价招生经验的国外高校,在呈现本校的招生要求时均体现出学校希望招收的学生的特征。如,在麻省理工学院(MIT)的招生方案中,要求招生人员始终将"学生与学校匹配"作为价值导向,其中的关键要素是:与 MIT"让世界更美好"的学校使命相一致,具有合作精神、首创精神、冒险精神、实践创造精神,拥护和维持 MIT 社区,具有处理平衡的能力等。上海纽约大学借鉴纽约大学的招生特色和经验,在招生方案中强调选拔具备所要招收特质的学生,并将招生理念细化于校园开放日的各类活动中。与此相较,我国不少高校依然囿于传统的招生惯性,并未真正发挥综合评价招生的优势和作用,学校办学理念与招生工作未实现接洽。

(二) 综合评价招生程序的科学性和专业性有待提高

在以高考成绩作为唯一录取依据的时期,招生工作的技术性要求并不高,但是采用综合评价招生录取的方式则要求更为科学的招生程序,包括缜密的招生原则、科学的评价指标体系、严谨的评审过程及综合的数据分析能力等。[1] 自实施全国统一高考以来,我国高校不具备完全的招生自主权,招生工作难度低、招生周期短,因此很多高校并未单独设置招生办。根据各学校公布的机构设置情况,在上海市 9 所综合评价招生试点的高校中,单独设置招生办的学校仅 4 所,其余高校的招生办或设于教务处,或设于学生处。此外,高校招办的工作较为模式化,集中在制定招生政策、提出招生来源计划、宣传招生工作、组织特殊类型招生等。而当前的综合评价招生对高校招生办的工作提出了更高的要求,但从目前高校招生办的组织运行和人员组成来看,难以直接承担复杂的综合评价招生工作。相比较而言,国外实施招生的组织机构是由招生委员会和招生办公室共同组成,前者的人员由入学事务处主任、各系教授代表及学生代表

---

① 常桐善.高校招生能力建设七人谈·以美国大学为例:谈大学本科"综合评价"的招生力[J].华东师范大学学报(教育科学版),2017(1):22—24.

等组成,具有较为成熟的招生团队。①

在实践中,高等学校对如何参考高中学生的综合素质评价报告依然存在困惑。虽然上海市 31 所高校均要求在招生录取中参考高中综合素质评价纪实报告,但是从公布的使用办法以及实际实施情况来看,存在以下问题:其一,高中综合素质评价报告依然是在若干招生"点"上使用,尚未在"面"上参考综合素质评价结果,对于大多数学生依然是以高考分数作为录取依据。其二,高校难以直接使用高中综合素质评价报告,对于面试专家而言,报告难以帮助其有效判断学生的综合素质。

在综合评价招生改革试点中,高校虽然逐渐认识到综合评价的重要意义,招生不能仅看分数,还需要与学生的兴趣相结合,但由于改革尚在初始阶段,综合评价招生试点高校的校测以"考官阅读材料+面试"为主要模式,学生最终的录取按照"60%的高考成绩、30%的校测成绩和10%的高中学业水平考试成绩"进行折算。但是,这种"组合式"招生录取方式将不同性质的数字合成总分,其效度易受质疑。为选拔与高校人才培养方向一致的学生,高校在综合评价招生中还应重视结合高校办学理念,确定人才选拔的目标和定位,根据人才需求与特点,建立综合素质评价体系,形成完善的招生决策机制②,从而提高综合评价招生程序的科学性和专业性。

(三) 提高综合评价招生的资源保障,扩大招生范围

2016 年,上海市共有约 5.1 万考生参加了秋季高考,9 所试点高校综合录取招生投放的指标共 1 777 人,按 1∶1.5 的面试入围比例推算,共 2 666 人入围综合评价录取校测,不到 6%的考生能够入围校测环节。从庞大的考生基数与入围校测的考生数对比来看,通过综合评价录取进入高校的通道还是过窄,参加综合素质评价校测仍如"千军万马过独木桥"。很多考生和家长都感慨综合评价录取是"学霸"们竞争名校的战场,对于占绝大多数的成绩平平的考生来说,仍是"可望而不可及"。实施综合评价录取为考生进入高校提供了多元化的通道,同时也为高校根据自身的特色选拔优质的生源提供了巨大的空间。尽管综合评价录取改革已由 2 所高校扩容到 9 所高校,但除了复旦大学和上海交通大学外,其他高校在沪招生名额的大头仍然是本科普通批次录取。如何破解"千军万马过独木桥"的困境,有两点建议。首先,可以让更多的高校参与到综合评价录取改革中。其次,鼓励高校将更多的招生指标计划投放在综合评价录取中,争取实现综合评价录取的招生指标多于本科普通批次录取。

---

① 唐滢.美国高校招生考试制度研究[M].武汉:华中师范大学出版社,2016:91.
② 秦春华,林莉.高考改革与综合素质评价[J].中国大学教学,2015(7):15—21.

从调研中看,高校普遍欢迎综合评价招生中录取的学生,部分高校在两年的试点中增加了综合评价招生的指标。但与此同时,综合评价招生的资源问题引起了高校的关注,影响了综合评价招生的成效。与传统招生方式相比,综合评价招生工作的成本更高。试点高校采用综合评价招生需要单独制定招生简章、审核申请者材料并专门组织面试,需要配套的人力、财力和时间等资源保障。为开展综合评价招生面试,高校普遍建立来自各学科的专家库,并在面试前组织培训。为确保面试过程的公平公正,高校成立监察部门进行全程监督,面试现场采取录音录像等保障措施。对于一般高校而言,这些举措显然增加了大量招生成本。调研中,有高校招办负责人表示,尽管招生成本有了显著增加,但是如果这是必要且有效投资时,高校愿意投入并挖掘充分的人力物力资源。

此外,高校综合评价招生也受到时间的局限。2017 年的综合评价招生录取工作需要在三天内完成,极大增加了部分高校在这段时间内的工作量,部分高校需要在两天内完成 900 余人的面试。事实上,考官对考生的充分了解是综合评价招生有效性的保障条件之一。美国等国外高校的招生时间周期较长,考生提供的材料可以供招生委员会充分了解。由此可见,为提高综合评价招生的质量,高校和管理部门还需采取有效措施保障综合评价工作的充分开展。

(四)分数依然是录取博弈中最关键的筹码

对于考生来说,最为关切的是综合评价录取分数线高还是参加统招录取分数高,哪个录取方式更为合算且能实现考生更多的利益考量。据笔者调查,绝大部分通过综合评价招录的学生使用统一高考的成绩也能够进入相应的大学,部分高校甚至承诺通过统一高考录取的考生可以确保第一志愿专业。这就存在一个潜在的风险,当大多数考生意识到参加综合评价录取更加适合"博学校"的时候,很多高分考生可能会选择放弃参加综合评价录取,因为高分考生不仅可以凭借分数优势进入自己心仪的学校,而且在专业志愿申报上也有很大的潜在优势,选择参加综合评价录取反而是选择了"困难模式",还有可能使自己的选择受到局限。这样的潜在风险不仅会削弱高分考生参加综合评价录取的积极性,同时也会削弱综合素质档案在招生录取中的地位与作用。在招生录取过程中,分数仍然意味着一切,改革依然没有绕过"唯分数论"的怪圈。

对于高校来说,根据办学定位、培养目标和专业特色招录到优质生源是改革的一大初衷,这一目标的实现有赖于综合素质档案的评价与校测环节的考核,如何科学合理地设置校测考核,使双方真正适合的考生脱颖而出是一大难题。

（五）功利性的面试培训可能会过度"雕饰"考生

对于广大考生来讲，校测中的面试提供了一个展现自己综合素养、个性特质、研究潜力以及人格魅力的舞台。然而，研究者在调研中发现，很多考生为了在校测面试中取得良好的成绩，纷纷报名参加面试培训机构的专项培训。有些培训机构打出经验丰富的面试专家团队、"一对一"、"小班化"、"校测实战模拟"等旗号招揽考生。面试培训最集中地体现了考生和家长的教育功利性追求，但是通过短期的"特训""填鸭式"灌输技巧，反而过度"雕饰"了考生，导致错失展示综合素养与个人特质的机会。

如何避免考生和家长功利性的面试"突击"培训？目前比较切实可能的解决途径有正面引导和改进完善面试两种。上海大学在招生简章中明确提出学校不举办任何形式的考前辅导班，并严禁任何中介机构参与招生工作。尽管这条规定不具有强制性，但是传达出的信号很明确：反对学生功利性的培训，让学生在面试中展示出综合素养和"原汁原味"的个性特征。高校在校测面试中应该改进和完善面试的内容，丰富和及时更新面试题集，当这种功利性色彩浓厚的面试培训在面试中发挥不出作用，考生与家长必然会转向通过高中阶段的努力来踏踏实实提升各方面能力。

第二节 复旦大学综合素质评价录取的理念、方法与成效

一、复旦大学人才培养理念

本世纪初，复旦大学提出建设成为世界一流大学的"三步走"战略，其中第二步是在基本完成向研究型大学转型之后走内涵发展道路，使若干学科率先达到世界一流水平。这关键一步的重要任务是推动通识教育改革，提高人才培养质量。2005 年，复旦大学时任校长王生洪表示，"人才培养是大学的根本使命……我们希望所培养的学生能够具有更为宽阔的视野和情怀。这种'宽度'正是研究型大学本科教育的关键所在"①。

2007 年，复旦大学时任党委书记秦绍德在论述高素质人才培养体制问题时指出："复旦大学坚持培养全面发展的高素质人才，把提高学生的创新能力和实践能力作为教育改革的核心任务。作为一所争创一流的大学，我们必须首先树立崇高的人才培养目标。这种目标是全校性的，因为未来社会需要更多的栋梁之才……我们不仅要培养具有专业研究和创造能力的人才，而且要使各类人才都具有更高的综合素质，他们应该具有开拓进取精神、崇高的道德品质和责任感、综合分析和解决问题的能力、适应急

---

① 王生洪. 迈向一流的百年复旦[J]. 复旦学报（社会科学版），2005(3)：1—4.

剧变化和竞争的能力、良好的协作和交流能力和终身学习的能力。在我们的人才培养目标里,学生的自我负责精神、选择与适应能力占有重要位置。"①

之后,经过不断总结、提炼,复旦大学的人才培养理念被归纳为"坚持通识教育的培养理念,注重学生的全面发展,尊重学生自我管理,培养具有人文情怀、科学精神、国际视野、专业素养的人才",并被正式写入 2014 年公布的《复旦大学章程》②。

在"双一流"大学建设的新时期,复旦大学于 2017 年 6 月发布《2020 一流本科教育提升行动计划》,再次强调将紧紧围绕一流育人质量目标,注重学生"德才兼备、全面发展",为振兴中华、促进人类文明进步培养具有"人文情怀、科学精神、专业素养、国际视野"的领袖人才、行业栋梁及社会英才。③

二、复旦大学人才选拔的理念

基于现有人才选拔制度的不足,结合自身人才培养理念,复旦大学在开展人才选拔制度改革探索时,首先在理念上确立了三大原则:

1. 招生要体现学校人才培养理念

招生与培养两个环节不可分离,招生是基础,培养是关键。招收更多符合培养理念、具有培养潜质的学生是一所大学实现人才培养目标的必要条件。纵观当今世界一流大学,无一不是根据自己的使命和理念选拔招收学生,并形成了适应国情、富有特色的招生办法。

2. 选拔要展现学校学术与文化内涵

一所学校有自身独有的学术与文化特色,这些特色既是人才培养理念的外在表现,也是一所学校招生与培养方式区别于他校的基本依据。教授的学识与风貌是学校学术与文化内涵的最集中表现。充分依靠教授是科学选拔创新人才的关键一环。

3. 大学要有引领社会进步的职责

应试是必要的,但片面的应试教育无法使创新人才培养落到实处,突破片面应试教育模式是培养创新人才的前提。当然,也应看到片面应试教育在现阶段还无法完全扫除,但是要以积极倡导素质教育来"冲击"片面应试教育,这是大学不可推卸的社会责任。

---

① 秦绍德,蔡达峰. 复旦学院——高素质人才培养的体制探索[J]. 复旦教育论坛,2005(5)：21—23.
② 复旦大学. 复旦大学章程[EB/OL]. (2014 - 11 - 12). http://www. fudan. edu. cn/cms/files/20141112finalzhangcheng. pdf.
③ 徐晶晶. 铸造一流本科品牌：复旦大学发布《2020 一流本科教育提升行动计划》[J]. 上海教育,2017(7)：50—52.

三、复旦大学招生制度改革的基本思路

复旦大学科学选拔创新人才的整体思路是,肯定现有高考制度的基础地位和关键作用,在教育部相关文件精神的指导和要求下,自主提出选拔标准,自行决定选拔方式,自主组织笔试和面试,按招生章程规则录取考生。其操作方案的思路可以简述为:改革试验地区符合高考报名条件的考生均有资格参加选拔,竞争入学申请资格;获得入学申请资格的考生可自主向复旦大学正式提出入学申请,并提供反映其高中阶段学习成绩、平时表现、学科特长和综合素质能力的证明材料;专家组在审阅申请者提供的材料的基础上,按照招生计划数的一定比例给予申请者面试资格;进入面试的考生需经过5位资深正教授的分别面试,综合排名靠前的考生将获得录取优惠政策;获得优惠政策的学生参加当年高考并满足相应要求后即可被复旦大学正式录取。

四、人才选拔的方法

(一) 主要措施

复旦大学科学选拔创新人才改革"破冰"之初既有赞誉也有质疑。当时社会的质疑主要集中在三点:其一,面试题目的随意性很大,甚至没有标准答案,如何保证科学性;其二,单凭面试取舍,对口才不好的考生不公平;其三,会否产生新的腐败。[1] 复旦大学一边摸索,一边总结,不仅针对社会质疑不断完善方案,更重要的是依据人才培养理念,坚持人才选拔方式改革既定的理念和思路,不断改进之完善之。概况而言,复旦大学主要从以下四个方面采取措施推进改革。

1. 要倡导素质教育、全面发展的理念。长期以来,片面应试教育已经成为一种固化的教育理念、思维定势,渗透到人才培养的各个领域和评价体系中,高校也习惯于在统一的高考中按分数段录取考生。分数段在相当大的程度上决定了各所学校的地位,这与各校的选才要求、培养特色脱节,高校因此也缺少了倡导素质教育的社会责任和动力。复旦大学在广泛的招生选拔中对学生提出综合素质、全面发展的要求,是倡导科学发展理念最有效的社会导向,这也与复旦本科通识教育理念一脉相承。

2. 要确立一套全面考查学生学业成绩和综合素质的评价标准。基本的学业成绩很重要,但在考查学生的课程知识水平外,还要对学生的思想品德、社会责任感、理想

---

① 钱钟.关于复旦大学面试的一些思考[J].湖北招生考试,2006(8):12—14.

信念、发展潜质和其他专长与天赋等各方面有所评价,选拔与复旦理念相符合的优秀人才,以便在高等教育的第一阶段就最大程度地实现选拔与培养的对接。

3. 要充分依靠教授,建立一套体现教授治学,展现学校学术与文化特点的评判机制和专家面试队伍。教授在面试中自主命题与评判,考查学生无法通过笔试反映的素养。这一过程充分融汇了学校人才培养理念,也展现了复旦的学术涵养与文化积淀。

4. 要建立一套既基于高考又体现高校自主性的严密的选拔办法,并形成严格实施的制度,以最终实现科学选才目标。生源群体巨大、教学水平差异明显、高考公信力最强等现状,是目前我国基础教育到高等教育衔接环节的突出特征。复旦大学立足这一国情,在具体实践操作中立足三点:其一,高考在当前的国情条件下,是最有群众基础和社会公信力的考试形式,要坚持高考的主体地位不动摇;其二,与政府教育主管部门积极沟通,配合政府的整体布局;其三,根据教育现状和条件及时调整选拔方式。在严格的制度保障下,以高考为基础,复旦大学自主确定标准、设计程序、实施选拔,创设"笔试+入学申请+面试"模式,兼顾自主性、科学性与公平性。

(二)选拔录取方法

复旦大学科学选拔创新人才的探索自 2006 年开始在上海实施自主选拔录取改革试验方案,2009 年、2010 年又将这一方案分别推广至浙江省、江苏省。2015 年,基于《国务院关于深化考试招生制度改革的实施意见》的整体部署和前期自主选拔录取改革试验的经验,复旦大学在教育部的直接领导和具体指导下,在沪、浙教育主管部门的大力支持与配合下,在两地实施综合评价录取改革试点方案。次年,这一选拔办法被推广到其他一些试点高校。

1. 笔试

复旦大学科学选拔创新人才的探索分为两个阶段:2006—2014 年自主选拔录取改革试验,2015 年至今综合评价录取改革试点。在自主选拔录取改革试验阶段,"复旦大学优秀高中毕业生文化水平测试"是笔试的主要形式。"复旦大学优秀高中毕业生文化水平测试"简称"复旦水平测试",内容涵盖高中语文、数学、英语、政治、历史、地理、物理、化学、生物和计算机 10 个科目,200 道选择题,满分为 1 000 分,考试时间为 3 小时,评分规则为"选对得 5 分、选错扣 2 分、不选不得分",最终以标准化分数的形式公布成绩。标准化分数将卷面分数折算为满分 800 分,不改变考生原始成绩的排序,有利于多年数据的对比研究。复旦水平测试主要用于对学生基本学业情况的综合考量,同时作为划定入围面试考生的成绩依据。

综合评价录取改革试点阶段，复旦大学直接以统一高考成绩为笔试成绩。一方面高考成绩可以作为划定入围面试的考生的成绩依据，另一方面高考成绩也是作为录取依据的综合总分的一部分。

2. 入学申请

笔试成绩达线或由中学校长直接推荐且公示无异议的优秀考生（综合评价录取改革试点阶段取消直接推荐）可以自主提出入学申请，并提交《入学申请手册》。《入学申请手册》包含申请人的个人基本信息、个人陈述、专业志愿、高中阶段成绩单、代表本人能力或水平的各类证明材料，还可以提交推荐信。学校组织专家审核申请者提交的材料，审核通过者进入面试选拔。

3. 专家面试

教授是复旦大学人才选拔的核心力量，是保证科学选拔创新人才目标得以实现的关键因素。每年根据生源情况，组织250—300位在复旦大学工作6年以上的正教授参与专家面试。所有教授在面试前均接受学校组织的统一培训。培训并不涉及具体的考核内容，而主要从技巧、角度、学校选才的宏观要求等方面进行。同时，具有丰富经验的教授也会向学校反馈意见，形成良性互动，不断优化细节。

面试教授分成50—60个专家组，每组5名专家，在考虑其面试经验、学科、性别等因素后由电脑随机分组。考生根据笔试成绩组间无差异原则随机分组，每组10人。面试当日专家组与考生组在现场抽签配对。面试前，专家有75分钟的时间阅读考生提交的《入学申请手册》（2017年在上海的面试中以全市统一的《上海市普通高中学生综合素质纪实报告》取代原申请手册）和其他辅助材料，依据材料信息和考生的综合情况设计面试题目。每名考生分别面对5位专家，依次接受一对一的面试，每位专家面试一名考生的时间为15分钟。面试主要通过沟通、提问等形式来考查考生的综合素质，包括但不限于以下四方面：其一，品德纯正、有社会责任感、有理想；其二，具有学习研究的潜力，包括对自然、社会、科学的兴趣，有自学能力、归纳总结能力、批判精神等；其三，具有社会活动能力，包括组织能力、交往与沟通能力等；其四，有某些特长或专长，表现出他人所不及的天赋和潜力。

面试结束后专家独立评判互不影响，最后综合5位专家的评分成绩进行排名（不足10人的考生组线性折算），从高到低择优给予考生优惠政策。综合评价录取改革阶段，考生面试成绩依据规则折算为具体分值。以2017年为例，根据《复旦大学2017年上海市综合评价录取改革试点招生简章》《复旦大学2017年浙江省综合评价录取改革

试点暨"三位一体"综合评价招生简章》规定,面试成绩折算公式如下[①②]:

$$面试成绩 = \sum [(31 - 每位专家排名) \times 2]$$

4. 高中学业水平考试

综合评价录取改革试点阶段,根据"两依据一参考"原则,即"探索基于统一高考和高中学业水平考试成绩、参考综合素质评价的多元录取机制",高中学业水平考试成绩经过换算计入作为录取依据的综合总分。

上海以 2017 年为例,《复旦大学 2017 年上海市综合评价录取改革试点招生简章》规定,高中学业水平合格性考试折算如下 10 门科目的成绩:语文、数学、外语、思想政治、历史、地理、物理、化学、生物、信息科技。合格科目的分数折算为 100 分,不合格或无成绩科目的分数折算为 0 分。高中学业水平合格性考试成绩满分折算为 100 分。折算公式如下:

$$上海高中学业水平合格性考试成绩 = \sum (各科折算成绩 \div 10)$$

浙江也以 2017 年为例,《复旦大学 2017 年浙江省综合评价录取改革试点暨"三位一体"综合评价招生简章》规定,高中学业水平考试折算如下 10 门科目的等第成绩:语文、数学、外语、历史、地理、物理、化学、生物、思想政治、技术(非应届毕业生的"技术"科目成绩,取信息技术、通用技术两个科目成绩的平均值),其中各科成绩按 A 等 100 分、B 等 90 分、C 等 80 分、D 等 60 分进行折算。高中学业水平考试成绩满分折算为 100 分。折算公式如下:

$$浙江高中学业水平考试成绩 = \sum (各科折算成绩 \div 10)$$

5. 录取

自主选拔录取改革试验阶段初期,考生通过面试,即可根据招生计划择优录取。2011 年后复旦大学要求考生的高考成绩达到当地第一批本科录取控制分数线。

综合评价录取改革试点阶段,根据"两依据一参考"原则,作为录取依据的总分由三部分组成,其中,高考成绩占 60%,面试成绩占 30%,高中学业水平考试成绩占 10%。以 2017 年为例,上海、浙江作为录取依据的综合总分合成公式如下:

① 复旦大学招生网.复旦大学 2017 年上海市综合评价录取改革试点招生简章[EB/OL].(2017 - 04 - 28). http://www. ao. fudan. edu. cn/index! list. html? sideNav=302&ccid=9404&topNav=282&t=1517213332545.
② 复旦大学招生网.复旦大学 2017 年浙江省综合评价录取改革试点暨"三位一体"综合评价招生简章[EB/OL].(2017 - 05 - 01). http://www. ao. fudan. edu. cn/index! list. html? sideNav = 302&ccid = 9406&topNav = 282&t = 1517213332545.

上海综合总分＝高考成绩×600÷660＋面试成绩＋高中学业水平合格性考试成绩

浙江综合总分＝高考成绩×600÷750＋面试成绩＋高中学业水平考试成绩

（三）议事与监督机制

复旦大学在招生制度改革的同时配套制定了较为完整的管理和监督办法，包括《复旦大学招生领导小组工作章程》《复旦大学招生工作委员会工作条例》《复旦大学招生工作管理办法》《复旦大学招生工作领导小组议事规则》《复旦大学本科生招生监察工作细则》等多种规范准则。招生简章、招生计划、分数线等均由招生工作领导小组集体决策。重要政策出台前均咨询招生工作委员会的意见。所有招生项目均全程接受校监察处监督。议事与监督机制保证的是公平性，从本质上讲，仍是为了确保科学选拔创新人才的目的能够真正实现。

五、评价

复旦大学开展科学选拔创新人才的探索至今（2006—2017 年），共计录取 8 163人，占录取本科生总数的 22％，对于提升本科生源质量与教学质量、促进科学选才等多方面起到了积极作用。这项改革措施坚持十多年，逐步得到了考生、家长、高中学校和社会舆论的认可，取得多项创新和制度性成果。

（一）创新点

1. 选拔理念创新。近四十年来，高考有两个重大转变：一是从强调出身，即从工农兵推荐入学，到强调分数，凭统一高考入学；二是从凭单一分数到强调素质，凭综合素质入学。第一个转变早已完成，也是高考制度的巨大成果，而第二个转变正在进行中。这一转变的实质性推动，是从复旦大学开始实施科学选拔创新人才的改革探索开始的。在基本学业成绩之外，同时考查学生的思想品德、社会责任感、理想信念、发展潜质和其他专长与天赋等无法通过笔试反映的素养，这是选拔理念的创新。

2. 招考模式创新。考试分数是衡量人才水平的重要指标，但片面的"唯分数论"极大地消解了考试和分数本来的选才作用和引导意义。找到一种科学、合理、平衡的招考模式，将考试（笔试）的"刚性"，与综合评价的"柔性"结合起来，是从量到质的变化。复旦大学在充分利用高考成绩的基础上，通过"笔试＋入学申请＋面试"方式选拔学生，是一种既适应当前国情和社会的一般标准，又能顺利导入学校人才培养理念和选才标准的合理模式，是确保人才选拔目标得以实现的招考模式创新。

3. 评价方式创新。通过综合素质评价选才是一种理念,但理念要落地还需要一种切实可行的评价方式。从本质上讲,人才选拔与人才培养的内在统一,人才选拔的评价方式需要用人才培养的根本动力来开启。教授是大学学术涵养与文化积淀的承托者,依靠教授就是依靠大学治学育人的根基,是开展综合评价牢固可靠的途径。在结合笔试成绩、学生全面发展的综合性材料的基础上,多领域教授与考生一对一多轮面试,最后独立评价学生,使全面考查学生综合素质得以实现,是评价方式的创新实践。

(二) 成效与经验

1. 探索出了一套具有科学性和广泛社会基础、具有示范作用乃至可推广可复制的人才选拔办法。复旦大学人才选拔的基础(高考、学业水平考试)、方式(笔试＋面试)、途径(入学申请＋面试)既具有科学性,又具有广泛的社会基础,得到了政府主管部门的认可。2017 年开始在上海综合评价录取改革试点中使用的《上海市普通高中学生综合素质纪实报告》,包含"基本信息和自我介绍""品德发展与公民素养""修习课程与学业成绩""身心健康与艺术修养""创新精神与实践能力"等内容,与复旦大学长期使用的《入学申请手册》的内容大体具有一定的对应关系。而复旦大学科学选拔创新人才的第二阶段,即综合评价录取改革试点,本身也是因为复旦大学在十多年的改革探索中积累了丰富的经验,打下了坚实的基础,才能在《国务院关于深化考试招生制度改革的实施意见》发布后,首批获准开启新一轮探索。

复旦大学科学选拔创新人才的原则和办法,也得到了众多兄弟高校的认可,并在自己的改革探索中引用或借鉴或受到启发。在上海,综合评价录取改革试点推广到另外七校(2016 年),而浙江大学、南京大学、西安交通大学、山东大学等校也于所在省开展了类似的改革探索。

2. 通过确立基于人才培养理念的评判标准,保证了一流本科教育的一流生源,从而证明复旦大学人才选拔方法的科学性。一大批综合素质优秀且适合复旦培养的学生来到学校,带动了学生整体层次的提升,学校的人才培养质量也随之显著提高。表6-3 至表 6-5 复旦大学在统计了上海、浙江、江苏三地自主选拔(综合评价)与高考统招录取分数之间的差异,可以看出自主选拔(综合评价)录取学生的高考成绩普遍低于高考统招录取分数(不过这种差距有缩小的趋势),但从表 6-6 至表 6-8 可以看出,这些学生在进校后的学习成绩却是名列前茅。同时,还有大量回顾性对比研究证明不仅在课程学习(绩点)方面,还在获得奖学金的人次、参与本科生学术研究的积极性、出国出境交流深造比例,以及就业创业等多方面,综合评价选拔的学生都展现出了他们的优秀特质。① 这些数据一方面证明了复旦大学通过这样的人才选拔方法确实招收到了一批最适合自己培养的优秀学生，另一方面也坚定了复旦大学坚持招生改革探索、推进选才方法创新的信心。

表 6-3　复旦大学上海录取分数

上海		理工		文史	
录取年份	录取方式	总人数	高考平均分	总人数	高考平均分
2006	高考统招	864	546	286	549
	自主选拔	250	531	37	536
2007	高考统招	727	528	240	523
	自主选拔	251	528	28	517
2008	高考统招	356	540	171	544
	自主选拔	380	528	73	519
2009	高考统招	231	529	136	546
	自主选拔	382	519	75	521
2010	高考统招	157	532	83	526
	自主选拔	431	519	78	521
2011	高考统招	69	536	49	537
	自主选拔	567	528	120	532
2012	高考统招	62	496	52	496
	自主选拔	512	493	104	495
2013	高考统招	51	477	42	500
	自主选拔	519	482	106	495
2014	高考统招	52	485	36	491
	自主选拔	498	494	100	499
2015	高考统招	59	475	37	480
	自主选拔	407	494	135	500
2016	高考统招	77	473	57	487
	自主选拔	400	509	140	517

---

① 丁光宏,等. 复旦大学综合评价自主选拔录取改革的探索与实践[J]. 中国考试,2017(4)：5—13.

表6-4 复旦大学浙江录取分数

浙江		理工		文史	
录取年份	录取方式	总人数	高考平均分	总人数	高考平均分
2009	高考统招	42	720	36	680
	自主选拔	94	699		
2010	高考统招	54	677	48	677
	自主选拔	88	654	3	679
2011	高考统招	65	692	31	660
	自主选拔	140	659	10	640
2012	高考统招	52	716	23	693
	自主选拔	107	688	9	670
2013	高考统招	32	726	21	699
	自主选拔	125	703	11	671
2014	高考统招	29	727	29	709
	自主选拔	132	695	13	687
2015	高考统招	16	732	12	718
	自主选拔	135	708	45	697
2016	高考统招	17	725	10	698
	自主选拔	150	702	50	679

表6-5 复旦大学江苏录取分数

江苏		理工		文史	
录取年份	录取方式	总人数	高考平均分	总人数	高考平均分
2010	高考统招	62	416	48	396
	自主选拔	83	397	2	376
2011	高考统招	61	401	32	390
	自主选拔	135	382	3	398
2012	高考统招	43	407	28	398
	自主选拔	118	386	19	375
2013	高考统招	53	400	24	390
	自主选拔	137	378	13	364

续　表

江苏		理工		文史	
录取年份	录取方式	总人数	高考平均分	总人数	高考平均分
2014	高考统招	32	395	25	385
	自主选拔	132	380	15	370

表6-6　复旦大学上海生源的在校学习情况(平均绩点 GPA)

录取年份	录取方式	大一平均绩点	大二平均绩点	大三平均绩点	大四平均绩点
2006	高考统招	2.95	2.99	2.99	2.99
	自主选拔	3.09	3.11	3.08	3.06
2007	高考统招	2.95	2.99	2.99	2.98
	自主选拔	3.17	3.18	3.13	3.11
2008	高考统招	2.98	3.01	2.99	2.98
	自主选拔	3.23	3.25	3.20	3.19
2009	高考统招	2.97	3.00	2.99	2.98
	自主选拔	3.13	3.16	3.14	3.12
2010	高考统招	3.02	3.05	3.04	3.02
	自主选拔	3.12	3.14	3.09	3.08
2011	高考统招	2.84	2.90	2.90	2.89
	自主选拔	2.84	2.96	2.97	2.98
2012	高考统招	2.71	2.81	2.80	2.79
	自主选拔	2.82	2.97	2.97	2.98
2013	高考统招	3.03	3.03	3.03	3.01
	自主选拔	3.10	3.12	3.12	3.11
2014	高考统招	3.00	3.07	3.07	3.08
	自主选拔	2.88	2.89	2.89	2.88
2015	高考统招	3.15	3.10	3.10	3.08
	自主选拔	3.11	3.09	3.09	3.08
2016	高考统招	3.06	3.10	3.10	3.09
	自主选拔	3.05	3.04	3.04	3.03
总计	高考统招	2.96	3.00	2.99	2.99
	自主选拔	3.03	3.07	3.05	3.04

表6-7　复旦大学浙江生源的在校学习情况(平均绩点 GPA)

录取年份	录取方式	大一平均绩点	大二平均绩点	大三平均绩点	大四平均绩点
2009	高考统招	3.24	3.25	3.21	3.19
	自主选拔	3.27	3.26	3.20	3.16
2010	高考统招	3.29	3.28	3.20	3.19
	自主选拔	3.36	3.32	3.21	3.17
2011	高考统招	2.93	3.03	3.05	3.04
	自主选拔	2.98	3.07	3.03	3.02
2012	高考统招	2.93	3.04	3.04	3.03
	自主选拔	2.98	3.09	3.10	3.09
2013	高考统招	2.79	2.88	2.88	2.88
	自主选拔	2.72	2.78	2.78	2.79
2014	高考统招	3.04	2.98	2.98	2.96
	自主选拔	2.99	3.03	3.03	3.03
2015	高考统招	2.85	2.93	2.93	2.91
	自主选拔	3.05	3.02	3.02	3.01
2016	高考统招	3.23	3.21	3.21	3.19
	自主选拔	3.04	3.05	3.05	3.03
总计	高考统招	3.06	3.10	3.08	3.07
	自主选拔	3.02	3.06	3.04	3.02

表6-8　复旦大学江苏生源的在校学习情况(平均绩点 GPA)

录取年份	录取方式	大一平均绩点	大二平均绩点	大三平均绩点	大四平均绩点
2010	高考统招	3.18	3.19	3.17	3.15
	自主选拔	3.27	3.25	3.17	3.14
2011	高考统招	2.76	2.91	2.93	2.94
	自主选拔	2.94	3.02	3.02	3.01
2012	高考统招	2.82	3.01	3.05	3.06
	自主选拔	2.83	2.98	2.98	2.97
2013	高考统招	2.91	2.94	2.94	2.93
	自主选拔	3.01	3.01	3.01	3.00

续　表

录取年份	录取方式	大一平均绩点	大二平均绩点	大三平均绩点	大四平均绩点
2014	高考统招	2.60	2.67	2.67	2.69
	自主选拔	3.24	3.18	3.18	3.16
总计	高考统招	2.90	2.98	2.98	2.98
	自主选拔	3.04	3.07	3.06	3.05

3. 推进了本科教育教学改革。从人才选拔的工作本身来看，它带动了全校一系列工作的合力推进。复旦大学每年300多位正教授直接参与本科招生选拔，这在全国高校中恐怕也属个例。一方面当然是出于教授们对于学校人才选拔和培养的高度重视与付出，另一方面也得益于学校本科教育教学改革的整体部署，促进了招生与教学的联动。通过邀请大批一线教授参与人才选拔，各院系在制定培养方案、设计课程内容时更了解学生的特点、需求，将学校人才培养理念融入其中，从而推动本科教育教学的改革。

从更长远的视角来看，人才培养目标的提升反映了人才培养质量的提升，而人才培养质量的提升，正是包括人才选拔在内的上述一系列联动活动的最终成果。正如前文所述，复旦大学的人才培养理念和目标在不断深化，从笼统要求综合素质的"宽度"到"开拓进取精神、崇高的道德品质和责任感、综合分析和解决问题的能力、适应急剧变化和竞争的能力、良好的协作和交流能力和终身学习的能力"的具体要求，从"栋梁之才和领袖人物"的口号到"掌握未来的复旦人……从全球视野来看，就是志在四方、服务国家、脚踏全球的领袖人物、行业精英、社会英才，是一群走在社会前列的人"①的具体描述，都反映了教育教学改革成果的不断积累和升级，这其中离不开人才选拔的推动作用。在新时期，复旦大学《2020 一流本科教育提升行动计划》聚焦于"双一流"建设中人才培养这一核心问题，着眼于全面提升本科教育质量，通过系统性、制度性的整合革新，打造全员、全过程、全方位的综合育人系统。② 这一系统必定不能缺少科学选拔创新人才与教育教学改革的更进一步的协同推进。

4. 落实了素质教育理念、全面发展的育人观在复旦大学的人才选拔实践中得以体现，正向引领了基础教育和社会价值取向。一方面，通过考查的内容和要求，复旦大学向社会传递了大学需要综合素质高、全面发展的学生的信息，引导中学实施素质教

---

① 徐晶晶. 复旦大学党委书记焦扬：打造全员、全过程、全方位的综合育人系统[J]. 上海教育，2017(7)：53.
② 徐晶晶. 复旦大学校长许宁生：培养掌握未来的复旦人[J]. 上海教育，2017(7)：53.

育,使其开始注重提高学生的综合素质,起到了"指挥棒"的作用;另一方面,复旦大学在人才选拔中坚持的基本原则和严密而规范的实施制度,在海量的媒体报道和社会舆论中,始终在绝大多数方面占据正向位置,增强了社会大众对素质教育的信心,起到了"定心丸"的作用。此外,我国高校长期以高考单一总分为标准选拔考生,使得高校人才选拔意识不强,选拔能力差,而国外境外大学则以自由灵活的选拔方式吸引了众多优秀学子,这已直接导致我国高校损失了一批拔尖、有发展潜力的人才。复旦大学倡导的育人观掀起了全社会对于我国创新人才、高端人才乃至"创新高地""全球化智库"现状更大范围、更深程度的关注和讨论,使更多民众意识到我国高校现有人才选拔制度与世界一流大学之间的差距,也意识到未来的人才竞争不仅仅是国内的竞争,更是世界舞台上的竞争,起到了"警示灯"的作用。

(三) 完善方向

1. 高中学生综合素质评价材料仍需进一步完善。高中学生综合素质评价材料要能够作为人才选拔的重要参考,必须可信、可靠,并且具有社会公信力。所谓"可信",是指信息要真实、客观;所谓"可靠",是指内容要全面并体现特色,高校能够依据这些材料对学生做出正确的判断。而这一措施要真正能够推广,必须要建立社会公信力。许多省市都已形成高中学生综合素质评价材料的机制,但就复旦大学的经验而言,目前较为完备可用且被社会普遍接受的,只有上海市的相关材料,这也是复旦大学仅在上海综合评价录取改革试点中使用高中学生综合素质评价材料的原因。

当然,上海这套记录办法并非没有可以完善之处。比如,《上海市普通高中学生综合素质评价实施办法(试行)》在"记录方法与程序"部分规定,"以高中学校为记录主体,采用客观数据导入、高中学校和社会机构统一录入,学生提交实证材料相结合的方式,客观记录学生的学习成长经历",其中有权导入数据的社会机构实际就是学生"有效"参与课外活动或实践的机构。[①] 这类机构是否有明确的更新、淘汰的机制尚不明确。学生可以记入系统的活动固然需要遴选,但如果学生必须参加某些机构的活动才可以被录取系统,那么这些不变的机构是否会在新的选拔体制中形成"优越性"? 这是我们不得不警觉的。

2. 面试选拔机制仍需进一步完善。复旦大学通过教授面试选拔人才有一个默认的前提,即教授这个群体的选拔标准就是学校的选拔标准,个别教授判断的自然浮动或个性化特点,并不影响整个群体的选拔标准。学校也通过长期的面试训练和面试前

---

① 上海市教育委员会. 上海市教育委员会关于印发《上海市普通高中学生综合素质评价实施办法(试行)》的通知(沪教委基[2015]30 号)[EB/OL]. (2015 - 04 - 15). https://www.shmec.gov.cn/html/xxgk/201504/402162015002.php.

统一培训来宏观规范这一标准。但是,在实际选拔中,排除公正性问题以外,我们也确实发现极个别教授的评判长期或多次与绝大多数教授的判断差异明显,这种差异会掩盖在整体的统计数据中,但在个体的评价中,这位教授的评判,可能会对某位学生产生重大影响。我们相信这位教授有自己的理由,但从面试选拔的标准化来讲,这种"异常值"应该被去除。当然,在下一次的面试中不再邀请这位教授是一种解决办法,但这并不是一种科学的操作办法,具有一定的偶然和随机性,还可能存在没有发现的"异常值",并不利于面试选拔水平的整体提升。在后续阶段,复旦大学应继续开展相关培训,同时建立相应的专家库和评分库,根据长期的、大量的数据统计,动态掌握专家组的整体情况,构建新的专家组构成机制。

第三节 浙江省"三位一体"综合评价招生改革实践

本部分旨在分析浙江省"三位一体"综合评价招生改革的实施情况、实施成效、存在问题、对策建议及风险规避,为全国高校综合评价招生改革提供经验借鉴和政策参考。

一、实施情况

(一)实施背景

考试招生制度是国家基本教育制度,对国民教育有着重要意义,是教育改革的重心和关键。2010 年,《国家中长期教育改革与发展规划纲要(2010—2020 年)》提出,要"以考试招生制度改革为突破口,克服一考定终身的弊端,推进素质教育实施和创新人才培养",并强调"普通高等学校本科招生以统一入学考试为基本方式,结合学业水平考试和综合素质评价,择优录取"。2011 年,浙江省在浙江工业大学与杭州师范大学两所高校试点"三位一体"综合评价录取招收改革并取得良好成效。2014 年,浙江省"三位一体"综合评价录取经验转变为国家教育政策方向。《国务院关于深化考试招生制度改革的实施意见》(国发〔2014〕35 号)发布,并明确提出探索基于统一高考和高中学业水平考试成绩、参考综合素质评价的多元录取机制。从改革的具体推进根据试点高校的范围、试点内涵的深化和试点制度的成熟程度来看,浙江省"三位一体"综合评价录取大致可划分为省内发展和全国拓展两个阶段。第一阶段(2011—2013 年)是改革试点的启动及省内发展阶段,主要扩增省属地方院校试点,逐步扩大招生规模,完善招生制度。第二阶段(2014 年至今)是改革试点持续深化并向全国拓展阶段,主要拓展高水平大学试点,大幅增加招生计划,进一步完善招生模式,并形成具有学校特色的多元化选拔体系。[①]

(二) 程序方法

"三位一体"的实质是融高中学业水平测试、统一高考和综合素质评价三方面评价要素为一体,使评价更全面更科学。其中,综合素质评价包括中学综合素质评价和高校综合素质测试。高校以中学综合素质评价合格为前置条件,可以把高中学业水平测试成绩的相应等第作为前置条件,也可提出相应的选修课要求作为前置条件,学生参加试点院校的综合素质测试和高考。高校将学生高中学业水平测试、综合素质测试(特殊才能测评)和高考成绩按一定比例合成综合成绩,并择优录取。

1. 报名条件

报名条件由各个高校根据自身人才培养的定位和需求设定的,一般按高中学业水平测试等级及学科特长情况设置和计算。现行报名条件的设定具体分为以下四类:

第一类,对高中学业水平成绩无明确等级要求,只需要全部科目合格,但特别注重学科特长。设置这一类条件的高校多为国内排名靠前、影响力较大的高水平大学。如,2016 年浙江大学、复旦大学等高水平大学的报名条件为:通过各科目高中学业水平考试(无不合格科目),具有学科特长、创新潜质,综合素质高、全面发展的学生。对于符合条件的考生,该类大学再根据具体的学业水平等级赋分公式进行成绩换算,最终确定入围资格。

第二类,明确设定高中学业水平测试等级个数要求,并对有学科特长的学生适当放宽。采用这一类条件的学校在"三位一体"招生学校中所占的比例较高,且多为省内的本科院校。不同层次的学校还会根据各个专业往年的高考分数线情况设置等级个数要求,从 11A 到 2A 不等,为各个层次的考生提供了选择报考的机会。例如,2016 年浙江工业大学要求考生高中学业水平测试成绩 11 门(含)以上科目为 A 等,但有学科特长的考生可放宽至 5 门(含)以上科目为 A 等。2016 年浙江科技学院部分专业要求考生高中学业水平测试成绩 6 门(含)以上科目为 A 等,但有学科特长的考生可放宽至 3 门(含)以上科目为 A 等。

第三类,对高中学业水平测试等级进行赋分,将赋分后的成绩进行分数线设置作为报考条件,学科特长考生适当降低分数线。例如,2016 年浙江理工大学将高中学业水平测试折算成绩满分为 110 分(计分科目不含自选综合科目,共 11 门),其中,A 等计 10 分,B 等计 5 分,C 等不计分。一般考生要求高中学业水平测试(高中会考)成绩

---

① 盛兰芳.浙江高校招生改革:探索现实版综合评价[J].人民教育,2016(19):61—65.

达到 90 分及以上,具有学科特长的考生只需要 70 分及以上。

第四类,只要求高中学业水平测试全部合格,且综合素质评价均为 P 等以上。设置这一类条件的高校均为高职类院校,不再只注重文化成绩,而更多地注重对职业技能的考核。

2. 初审遴选

高校依照报名条件,组织专家组对考生高中学业水平测试(高中会考)成绩、竞赛成绩、高中综合素质评价等情况进行分析,筛选出入围考生。

针对普通考生,目前初审遴选的方式主要有两种。

第一种是只要满足报名条件,经专家书面评审后即可进入合格名单。比如 2016 年浙江工业大学、浙江工商大学均采取这种方式。这种方式往往会出现入围考生很多的情况。如果全部考生都参与面试势必会导致考试组织成本变大。因此,部分高校为了控制招生考试成本,减少面试规模,通常会在初审确定入围名单后,组织笔试淘汰一批考生,再组织面试。

第二种是从满足报名条件的考生中,根据书面评审成绩(一般为高中学业水平测试和中学阶段综合表现专家评分两个部分的综合分)从高到低按照计划数的倍数确定合格名单。设置这一类条件的高校在注重文化成绩的同时,还比较注重考生在中学期间的综合素质表现。例如,2016 年浙江师范大学、浙江工商大学均根据考生的书面材料评审成绩(书面材料评审成绩=高中学业水平测试折算成绩×70%+中学阶段综合表现专家评分×30%)从高到低排列,按原则上不超过招生计划数 5 倍的比例,确定入围测试的考生名单。这种方式可以有效控制入围考生的规模,控制招生组织成本。

此外,部分高校为中学推荐或在学科特长方面有突出表现的考生设置“绿色通道”,可不受高中学业水平测试限制,直接获得综合测试资格。从某种程度上,这样的设计可以进一步促进高校与中学的有效对接,促进中学对学生素质教育的重视。

3. 综合素质测试

综合素质测试是“三位一体”招生模式中的核心环节,体现出了各高校自主招生的意志,充分给予了高校自主权,因而受到高度重视。高校可根据自身的办学定位和专业培养目标决定具体形式和测试内容。综合素质测试重点考察考生的知识结构、思维方式、学习兴趣、探究精神、学科性向、专业素养、专业潜质以及个性特长等各个方面。

从目前“三位一体”试点高校的综合素质测试方式来看,主要分为“统一共性测试”“按专业个性化测试”和“按学科分类测试”三类。从测试组织形式来看,主要分为“先笔试(初试)后面试(复试)”、“笔试+面试”、“面试”三种。对于同一种形式,各个高校也有不同的组织方式。比如,在笔试环节,主要测试学生的知识素养及运用知识的能力,采用的形式有问卷作答、作品创作和写作等。在面试环节,高校采取的形式也是五花八门,包括多对一面试、一对一面试、无领导小组讨论、辩论式面试、结构化面试等。

测评合格的标准也由各个高校自主把握,主管部门只建议高校一般可按不超过招生计划数 1 : 5 的比例确定入围考生名单。对于有突出特殊才能的考生,高校可以特殊才能测评代替综合测评。目前,绝大多数高校按 1 : 5 的比例确定入围考生名单,极少数高校采用 1 : 3 或 1 : 4 的比例。例如,浙江音乐学院按该培养方向招生计划以 1 : 3 的比例确定入围考生名单;若该培养方向报考人数低于招生计划数的 3 倍时,按该培养方向招生计划 1 : 1.5 的比例确定入围考生名单。

4. 录取规则

分析各高校"三位一体"录取规则可以发现,现有录取规则设定主要为以下两类:第一类,考生高考投档成绩不低于本科第一批次最低录取分数线,进档考生按照综合成绩从高到低录取。采用该类录取规则的高校主要为高水平大学。第二类,考生需参加相应批次的科目考试,但不需要达到相应批次的省批次线,进档考生按照综合成绩从高到低录取。浙江省内本专科高校基本都采取此类录取规则。

对于综合成绩中综合素质测试成绩、高考成绩、高中学业水平测试成绩三者的权重以及具体算法也由各个高校自行设定,全省不设原则性限定,只建议高考成绩占比一般不低于综合成绩的 50%。分析现有综合成绩算法,发现各高校对于上述三者的权重各有不同。可分为以下三类:第一类,综合素质测试成绩、高考成绩、高中学业水平测试成绩所占比值为 3 : 6 : 1。国内高水平大学主要采用这一比例,说明此类高校在看中考生学科特长的同时,依然认可高考的选拔能力。第二类,高考成绩占 50%,综合素质成绩与学业水平测试成绩的比值在 4 : 1 至 3 : 2 之间。浙江省内高校主要采用此类权重,各高校在保证高考成绩不低于 50% 的前提下,按照各自培养人才的需求设置权重,以期达到最好的招生效果。第三类,综合素质测试成绩、高考成绩、学业水平测试成绩所占比值为 6 : 3 : 1。美术学院、浙江音乐学院等艺术类院校主要采用该权重比例,此类高校由于专业的特殊性在选拔人才时更看重学科特长,因此也是唯一一类将高考成绩比例制定在 50% 以下的高校。

各校对于高中学业水平成绩的折算方式也有所不一。大致可以分为二种,一是按等级赋分,比如浙江师范大学将 A 等赋 10 分、B 等赋 5 分、C 等不赋分。还有一种是按缺 A 扣分,如中国科技大学规定高中学业水平等级分满分为 100 分,全 A 为满分,少一个 A 等减 5 分。作为平时成绩拔尖的考生,在这个环节的比试中,区分度应不太明显。

为确保招生质量,浙江省还规定若考生志愿填报人数未到计划数的110%,则录取人数控制在志愿填报人数的85%以内。学校按文理科招生计划数1∶1分别划定校内投档基准线,并按"分数优先,平行志愿"的原则择优录取,专业间不设级差分。

(三)保障机制

为确保公平选才,浙江省专门印发《浙江省普通高校三位一体综合评价招生试点管理暂行办法》,对试点高校审核、招生章程备案、考生报名、综合测评、入围名单公示、录取、监督检查的全过程进行严格规范。

试点单位深入贯彻落实暂行办法,完善各类机制,保障招生工作顺利展开。

第一,责任落实机制。省主管单位、高校、中学等各部门明确职责、各司其职,相互配合又相互制约。省教育考试院与试点高校签订工作目标责任书,部分试点高校再与相关招生专业的学院签订工作目标责任书,确保责任层层落实。此外,省教育考试院还制定了处罚退出机制,对高校组织管理不完善导致严重后果和不良影响的,视情况给予警告直至取消试点资格。

第二,公平公开机制,包括完善信息公开制度、保密制度,严格执行亲属回避制度、考场随机分配制度等。试点高校通过省教育考试院网站、院校招生门户网站以及各个媒体平台,将招生政策、招生计划、报考条件、资格名单、录取分数、录取结果等信息进行全部公开,给考生和家长提供便捷服务的同时接受社会监督,确保考试过程阳光透明。高校出台保密办法,制定了从报名、资格审查、命题、评分到最后录取等各环节的操作流程及细则,严格规范,层层签订保密协议书。严格执行考场随即分配制度,部分高校还采取考生和评委抽签"双随机"以及"双盲制",以确保整个过程的公平公正。

第三,全面监督机制。在整个招生考试过程中,高校既是被监督者也是监督者。高校在整个招生过程中接受上级主管单位的巡考,接受本单位纪检部门"全方位、全过程、全覆盖"的监督,最为重要的是通过信息公开的方式接受社会的监督。同时,高校也承担着监督考生的职责,通过严格的材料审查,身份识别仪器的核实,全程的录像监控,确保考生诚信考试。

二、实施成效

(一)招生规模不断扩大且受到社会广泛认可

自2011年两所高校13个专业试点招生260人以来,"三位一体"招生模式取得了良好成效并迅速扩展。2012年新增了浙江师范大学等12所本科院校及3所高职院校,全省招生计划共 1 689 人。2013 年,试点高校扩大到 22 所,并最终招收录取 1 885 人。2014 年,试点高校进一步扩大到 37 所,新增上海交通大学和中国科技大学 2 所外地"985 高校",以及 11 所省内本科院校和 2 所高职院校。2015 年,参与院校扩增至 52 所,其中再次新增复旦大学、中国科学院大学和香港中文大学(深圳)3 所省外部属"985 高校",招生计划增加到 5 200 余名。2016 年,参与高校已壮大到 54 所,包含清华大学、北京大学在内的 8 所省部属"985 高校",招生计划人数达到 7 754 人(8 所省部属高校 1 197 人,46 所省内高校 6 557 人),与 5 年前相比增加了近 30 倍。"三位一体"综合评价录取 6 年来"零投诉",得到了学生、家长、高中学校的广泛认可。

(二) 选拔了一批优秀、适合且具有潜力的学生

"三位一体"综合评价录取不仅规模在扩大,质量更是在提升,选拔了一批优秀、适合且具有潜力的学生。吕慈仙的研究表明,"三位一体"招录学生的专业匹配指数普遍高于一般招录学生,群体学业排位指数并不落后于普通招录学生,甚至略好于普通招录学生。[①] 浙江理工大学"三位一体"招录学生在高考成绩方面普遍低于一般招录学生,但一年后的专业学习质量基本能与普通学生持平,且校内获奖较多,并在社团、学生组织参与以及学院综合评价等方面超过普通高考招录学生。[②] 温州医科大学"三位一体"招录学生的录取最低分和平均分低于对照组,但加权平均分和平均分绩点均高于对照组。[③]

浙江省考试院通过访谈、问卷等方法获得的调研结果支持上述结论:"与统一高考学生相比,'三位一体'学生学习成绩并未成为短板,而且专业思想更为稳固,专业特长优势更加突出,时间管理和职业规划能力更强,担任学生干部比例和活动参与度更高,评奖评优表现更好,心理调适能力更强,总体综合素质表现更好。"[④]

浙江省教师教育质量监测中心的调研结果也验证了上述结论:浙江省"三位一体"招录师范生更"乐教",对师范专业、职业的认同感更高。"三位一体"招录师范生在社会交际、组织领导力、社会参与、专业技能特长(语言表达、弹唱舞书画等)等方面具有相对优势,且这类优势并不存在录取层次与批次的差异,即不存在学校层次水平的差异。[⑤]

---

① 吕慈仙. 高校"三位一体"综合评价招生模式的效率判据——基于学生群体学业表现的大数据分析[J]. 高等工程教育研究, 2015(4):129—134.

② 夏青. 高校"三位一体"生源质量跟踪研究——以浙江理工大学为例[J]. 浙江理工大学学报(社会科学版),2016,36(4):414—418.

③ 陈峰,杨春燕,曹红,王世泽,孟军. 温州医科大学"三位一体"综合评价招生实证分析[J]. 温州医科大学学报,2016,46(8):622—624.

④ 盛兰芳. 高校"三位一体"综合评价招生改革跟踪研究[J]. 教育评论,2016(9):67—71.

⑤ 注:为深入了解浙江省师范生"三位一体"招录实施情况,在浙江省教育厅师范处的组织领导下,浙江省教师教育质量监测中心于 2016 年对全省开展师范生"三位一体"招录的本专科院校进行了巡查调研。其中,包括浙江师范大学、宁波大学、温州大学、杭州师范学院、湖州师范学院、台州学院、衢州学院、嘉兴学院、丽水学院、绍兴文理学院、浙江外国语学院、浙江海洋大学、金华职业技术学院、宁波教育学院等 14 家单位。

(三) 形成了系列成熟的制度、程序和方法经验

通过6年的积累,浙江省考试院以及各高校形成了"三位一体"综合评价录取的系列制度、程序和方法经验,为"三位一体"综合评价录取经验的应用推广奠定了基础。

三、存在问题

(一) 高校需进一步转变观念

"三位一体"招录已被纳入高校的自主或综合评价。目前,大多数学校以综合面试为主,少数高校在面试之外还有笔试。与普通招录相比,"三位一体"招录在人力、物力和时间成本方面显著增加。随着"三位一体"招录规模的扩大,招生成本的问题将更加凸显。在此背景下,部分高校扩大"三位一体"招录规模的意愿不强且有所顾忌。这既与成本增加有关,也源于高校招生投入(如招生人员的配比、招生经费投入)不足。高校的顾忌既有对成本或腐败责任的考量,也与观念滞后相关。高校需进一步转变观念,将选拔优秀、适切、有发展潜力的人才看成是高校教育教学研究的重要构成部分之一。

(二) 招生科学性需继续提升

尽管"三位一体"综合评价录取学生总体上优于普通高考招录学生,但也存在学校层次和专业差异。例如,绍兴文理学院"三位一体"招录师范生2014级四个学期的平均绩点和2015级两个学期的平均绩点,均低于普通招生录取学生。宁波教育学院反馈,单招单考学生的专业技能较强,但基本素质和学习能力比普通高考录取的学生稍差一些。另外,金华职业技术学院也反馈,普通招录学生比五年制学生具有更扎实的文化基础,学习习惯与学习动力更足。上述数据表明,第二、三层次学校尤其是职业院校"三位一体"招录效果存在相对差异。这也说明高考成绩选拔具有一定的科学性。"三位一体"综合评价录取的学校适切性以及不同学校、不同专业综合评价录取的科学性需进一步完善。

(三) 公平公正问题有待解决

公平公正问题既包括过程公平,也包括结果公平。如不同面试小组间的标准统一问题,综合评价录取考题多为主观评价,如何增强、保证评价的客观性和科学性等。结果公平方面,因教育资源存在地区、城乡间的差异,使得农村考生的知识面、综合素质评价、面试技巧等落后于城市考生,在竞争中处于不利的位置。部分"县中"表示,"三位一体"招生使得"裸分"考入顶尖大学的通道更为狭窄。同时,因传统普通高中教师缺乏"三位一体"辅导指导能力,学生被推向社会辅导机构,增加了考试的成本。学习

态度、能力的竞争变成了家庭经济的竞争。如何保障农村、欠发达地区,以及社会弱势群体学生的入学权利需要进一步考量。

(四)高校招生能力有待提升

浙江省实施"三位一体"招生的学校普遍缺乏自主招生的经验,在初次实施"三位一体"招生时出现了许多问题,如在志愿者服务组织、考官统一组织管理、招生流程优化等方面的经验不足。另一方面,因高校自主招生权力不足,各高校反映命题测试专业人才不足,急需笔试、面试题库等问题,都展现了高校招生队伍的薄弱和缺乏专业性。各校普遍反映的招生科学性问题,其本质也归根于其自身招生能力不足。与此同时,省级教育行政部门以及考务部门的组织、服务、保障工作有待进一步加强。

四、对策建议及风险规避

(一)对策建议

对策建议一:深化浙江省"三位一体"招生制度改革

举措1:分层分类推进浙江省"三位一体"招录试点工作。积极推进重点本科、一般本科院校"三位一体"招录工作,改进并完善专科院校的"三位一体"招录工作以及试点地区省级层面分层分类(专业)的综合素质测试。

举措2:建立浙江省"三位一体"报考统一平台。平台集报名、收费、材料核对、信息审核、成绩公布等功能,分解高校组织工作压力。

举措3:实施高等院校招生能力建设工程。组织开展普通高校"三位一体"专题研讨会和培训会,加强问题研究和经验分享,提升各高等院校自主招生经验和能力。

举措4:建立第三方"三位一体"综合评价录取研究中心,开展对综合评价录取内容和方式的研究,实施"三位一体"学生追踪研究,建立基于研究和证据的政策改进机制,最大限度保证综合评价录取的科学性。

对策建议二:推广应用浙江"三位一体"招生制度改革

立足深化考试招生制度改革需要,结合各省推进的高考改革实践,在总结、提炼、完善浙江省"三位一体"综合评价录取的基础上,扩大"三位一体"综合评价录取试点省份,有序、渐进地扩大"三位一体"综合评价录取规模,让"三位一体"综合评价录取成为重要的多元录取途径之一。

(二)风险规避

1. 招生腐败风险及其规避

权力往往与腐败密切相连。高校招生自主权的下放存在招生腐败、权力寻租等潜在风险。规避策略包括但不局限于以下策略：

（1）建立阳光招生机制，公布公开招生章程、实施细则、咨询及申诉渠道等招生信息，推进名单公示制度，接受社会、公众、媒体监督。

（2）建立规范招生流程，加强命题保密工作，实行专家、学生、考场综合随机原则。

（3）建立监督制约机制，纪检监察部门全程参与、记录录取过程，建立倒查追责机制。

2. 公平公正风险及其规避

公平公正风险包含两个层面，一是因制度设计不合理或能力不足引发的不公平现象，如综合评价面试中的组间主观差异引发的不公平现象。二是程序公平公正但实质上存在不公平不公正的风险，如社会经济地位更高的学生更容易被录取。

规避策略包括但不局限于以下策略：

（1）完善综合评价技术。实行评价专家的培训试测，统一评测标准，建立专家打分的分析诊断系统，动态淘汰不合格专家。

（2）实现选拔与公正功能相分离原则，建立社会经济地位弱势群体学生的专项名额补偿制度。

第四节　浙江师范大学"三位一体"综合评价录取的质量与公平研究

一、研究设计

（一）研究问题

研究主要聚焦如下问题：高校"三位一体"综合评价录取制度是否优于普通高考录取制度？是全面优于还是部分占优？如果部分占优，又在哪些层面以及何种意义上成立？高校"三位一体"实施过程中，存在哪些问题？如何看待并解决这些问题？就进一步发展而言，高校"三位一体"招生制度改革又该如何推进？

（二）研究对象

课题组以浙江师范大学为典型个案研究对象。样本选择主要考虑全面、深入获取数据的可能性。浙江师范大学为浙江省省属重点大学，2012年开始"三位一体"综合评价录取改革。从高校综合评价方式来分，学校自2012年至今先后经历了三个阶段的发展。第一阶段（2012—2014年）是不分专业的"笔试＋优选面试"；第二阶段（2015年）是去除笔试，采取"审核通过后集中面试"；第三阶段（2016年以后）采取的是"审核通过后分专业面试"。

初审遴选方面,浙江师范大学同浙江工商大学一样,均根据考生的书面材料评审成绩(书面材料评审成绩＝学业水平测试折算成绩×70％＋中学阶段综合表现专家评分×30％)从高到低按原则上不超过招生计划数 5 倍的比例,确定入围测试的考生名单。这类做法可有效控制入围考生规模,控制招生组织成本。

目前,浙江省"三位一体"试点高校的综合素质测试方式,主要分为"统一共性测试""按专业个性化测试"和"按学科分类测试"三类。从测试组织形式来看,主要分为"先笔试(初试)后面试(复试)""笔试＋面试""面试"三种。2017 年大部分高校都是采用面试的形式,只有少部分高校有笔试,主要目的是为了筛选过多报名学生。浙江省内各高校采用的面试主要包括结构化面试、半结构化面试(或者叫混合型面试)、无领导小组讨论等。其中,浙江师范大学采取的是结构化面试。以浙江师范大学小学教育专业为例,相关面试测试内容包括口头表达(35％)、思维品质(30％)、书写表达(10％)、仪表仪态(15％)、特长展示(10％)。综合评定分综合展示、即兴回答、动作展示、特长展示四个测试环节。综合展示是让参考学生随机抽出一段文章,首先进行朗读,其后说出其主要观点,然后板书其主要内容。此部分综合考察学生的口头表达、思维品质与书写表达以及仪态仪表。即兴回答部分随机抽取一个问题,然后即兴回答。此部分考察学生的口头表达能力与思维品质。动作展示要求考生按照考官要求即席展示几个动作。此部分主要考察考生的仪态仪表。特长展示环节,考生可以提供相应的证书等佐证材料,亦可进行现场的展示。

自 2012 年开始,浙江师范大学先后有 7 个专业招录 908 名"三位一体"学生,这 7个专业省内普通高考招生的学生数为 1 565 人。908 人构成本研究的研究样本,相应的 1 565 人作为参照群体。

表 6-9　浙江师范大学"三位一体"学生及其参照群体样本情况

专业	"三位一体"招生人数	浙江省内普通高考招生人数	备注
小学教育	241	223	2012—2015 级统一面试,2012—2014级有笔试,2015 年没有笔试;2016 级分专业面试无笔试
学前教育	402	334	
汉语言文学	80	431	2015 级统一面试,无笔试;2016 级分专业面试,无笔试
数学与应用数学	20	77	2015 级统一面试,无笔试;

续　表

专业	"三位一体"招生人数	浙江省内普通高考招生人数	备注
英语	77	329	2015 级统一面试,无笔试;2016—2017 级分专业面试,无笔试;2017 年普通类按外国语言文学类招生,含英语、翻译、日语专业。
思想政治教育	40	72	2016—2017 级分专业面试,无笔试。
生物科学	48	190	2016 级分专业面试,无笔试;2017 年普通类按生化科教类招生,含生物科学、化学、科学教育专业。
合计	908	1 656	

(三) 研究方法

该研究主要采取比较研究方法。课题组以浙江师范大学为研究对象,比较两种不同招录制度录取学生的质量和公平问题。课题组主要聚焦招生质量和招生结果的公平性问题。质量方面,课题组主要关注了专业认同、学业质量、党团学生任职情况、获奖荣誉、就业升学等维度。公平方面,主要聚焦学生城乡生源占比情况、困难及特困学生占比情况。比较维度及其具体指标参见表 6‑10。

表 6‑10　比较维度及其指标

维度	具体指标
专业认同	转专业率
学业质量	平均学分绩点(GPA)
党团与学生组织任职	入党积极分子占比;预备党员占比;正式党员占比;班干部占比;学院及校级学生组织任职占比
获奖与荣誉	1. 奖学金:国家奖学金占比;省政府奖学金占比;校优秀学生奖学金(一、二、三等奖)占比;校单项奖学金占比 2. 学科竞赛:国家级获奖占比;省级获奖占比;校级获奖占比 3. 荣誉称号:省级及以上荣誉占比;校级荣誉占比;省优秀毕业生占比;校优秀毕业生占比
就业升学	就业率占比;考研录取占比;985、211 考研录取占比;出国深造占比
生源家庭情况	城乡生源占比情况;困难及特困学生占比

二、结果与分析

（一）与同专业普通高考招录的浙江省学生相比，"三位一体"招录学生的高考成绩相对偏低，按照普通高考招录方式，绝大部分"三位一体"录取学生达不到普招专业录取线，小部分"三位一体"学生达不到重点线

以小学教育专业为例，"三位一体"学生与参照群体的文科最低高考平均分分差为16.3分，理科为20.4分；文科最高高考平均分分差为23.9分，理科为35.4分。2017年不分文理科之后，两者分差为25.1分。小学教育"三位一体"考生中，没有达到重点线的学生比例幅度是12.5%—60%，而低于本专业普招录取分数线的比例则是80%—100%。换言之，如果没有"三位一体"考试，至少80%的学生不能被小学教育专业录取。

表6-11　小学教育专业"三位一体"学生高考成绩分析

年级	高考平均分分差		高考分低于重点线比例		高考分低于普招专业最低分比例	
	文	理	文	理	文	理
2012	21.0	22.0	60%	40%	88%	80%
2013	23.9	23.5	60%	31.3%	100%	100%
2014	18.4	28.5	17.4%	29.4%	100%	94.1%
2015	16.3	20.4	20%	20%	95%	95%
2016	23.1	35.4	18.8%	37.5%	87.5%	95.8%
2017	25.1		12.5%		95%	

类似的情况也存在于学前教育专业。学前教育文科最低高考平均分分差为19.0分，理科为23.4分；文科最高高考平均分分差为39.2分，理科为45.9分。最低有17.4%的学前教育"三位一体"学生没有达到重点线，最高有78.8%不能达到重点线。[①] 93.3%及以上的"三位一体"招录学生无法通过普通高考被本专业录取。与小学教育专业相比，学前教育专业不论是在年度差异，还是在绝对差异上都更大。

表6-12　学前教育专业"三位一体"学生高考成绩分析

年级	高考平均分分差		高考分低于重点线比例		高考分低于普招专业最低分比例	
	文	理	文	理	文	理
2012	19.0	23.4	100%	100%	81.1%	93.3%

[①] 注：学前教育专业2012年招生为第二批录取，"三位一体"在第二批提前批，故此处没有算2012年的数据。

续　表

年级	高考平均分分差		高考分低于重点线比例		高考分低于普招专业最低分比例	
	文	理	文	理	文	理
2013	35.6	43.9	78.8%	76.7%	94.2%	96.7%
2014	26.7	37.9	17.4%	29.4%	93.5%	100%
2015	22.9	28.2	20%	20%	90%	100%
2016	39.2	45.9	71.4%	65.6%	96.4%	96.9%
2017	25.8		56.8%		91.9%	

数学与应用数学专业只在 2015 级录取了一届。"三位一体"录取学生与省内普招学生高考平均分分差为 20.3 分,5% 被"三位一体"录取的学生没有达到当年高考重点线,85% 的学生没能达到当年数学专业录取线。

表 6-13　数学与应用数学专业"三位一体"学生高考成绩分析

年级	高考平均分分差	高考分低于重点线比例	高考分低于普招专业最低分比例
2015	20.3	5%	85%

汉语言文学专业方面,文科最低高考平均分分差为 12.6 分,理科为 17.1 分,至少有 20% 的文科生没能达到省重点线。与之相对,该专业理科生源的成绩相对较好,2016 年有 8.3% 的理科生没有达到重点线,但 2015 年全部达到重点线。在是否达到专业线方面,2015 年,60% 的文科来源学生、90% 的理科来源学生未达线。而在 2016 年,这一数据呈现了对立转化。94.4% 的文科来源学生未能达到专业线,理科生源未达专业线的学生比例下降到了 66.7%。文理不分科之后,所有学生都达到了重点线,约 80% 的学生不能达到专业线。上述数据表明,文理不分科改革之后,低分生源比例明显减少,都过了重点线,但绝大部分仍然还达不到本专业普招专业录取线。

表 6-14　汉语言文学专业"三位一体"学生高考成绩分析

年级	高考平均分分差		高考分低于重点线比例		高考分低于普招专业最低分比例	
	文	理	文	理	文	理
2015	12.6	17.1	20%	0	60%	90%
2016	27.3	22.3	27.8%	8.3%	94.4%	66.7%
2017	15.9		0		80%	

与汉语言文学专业类似,文理不分科之后,英语专业学生的高考平均分分差、低于重点线学生比例,以及低于专业线的比例都呈现下降趋势。这表明,该专业的录取学生质量呈现上升趋势。这一现象也存在于生物科学专业。相比较而言,思想政治教育专业则相对稳定,文理分科前后差异不大(参见下表6-15)。

表6-15 英语专业"三位一体"学生高考成绩分析

年级	高考平均分分差		高考分低于重点线比例		高考分低于普招专业最低分比例	
	文	理	文	理	文	理
2015	23.2	21.7	23.1%	8.3%	92.3%	100%
2016	18.1	30.9	0	23.5%	77.8%	88.2%
2017	12.7		3.8%		69.2%	

表6-16 生物科学专业"三位一体"学生高考成绩分析

年级	高考平均分分差	高考分低于重点线比例	高考分低于普招专业最低分比例
2016	29.9	41.7%	87.5%
2017	18.4	8.3%	79.2%

表6-17 思想政治教育专业"三位一体"学生高考成绩分析

年级	高考平均分分差	高考分低于重点线比例	高考分低于普招专业最低分比例
2016	17.9	5%	95%
2017	18.4	5%	95%

概言之,与同专业普通高考招录的浙江省学生相比,"三位一体"招录学生高考平均分与参照群体至少相差10分以上。按照普通高考招录方式,绝大部分"三位一体"录取学生达不到普招专业录取线,小部分"三位一体"学生达不到重点线。

(二)与同专业普通高考招录的浙江省学生相比,"三位一体"招录学生转专业率相对更低,专业认同感更高

从已有数据显示来看,与同专业普招浙江省学生相比,"三位一体"学生转专业率略低。如小学教育专业是0.62%对3.31%;学前教育专业是20.33%对23.97%;数学与应用数学专业是5%对7.79%。汉语言文学和英语专业都没有转专业情况。思想政治教育和生物科学两个专业不允许转专业。需要指明的是,学前教育专业存在

20%以上的转专业率是有其内在原因的。根据了解,该专业转专业率高主要是因为幼师行业的社会地位、待遇以及专业认同等偏低。

表6-18 "三位一体"招录学生与省内同专业普招学生转专业率对比

专业	"三位一体"学生转专业率	省内普招转专业率	备注
小学教育	0.62%	3.31%	2016、2017 级"三位一体"不允许转专业,相关指标排除在外。
学前教育	20.33%	23.97%	
数学与应用数学	5%	7.79%	2015 年数据

(三) 高考成绩相对偏低的"三位一体"招录学生平均学分绩点存在专业和学年差异,与同专业普通高考招录的浙江省学生相比,整体上高于参照群体

平均学分绩点(GPA)是高校学生管理实践的重要指标。GPA 与学生评优、获奖、保研等息息相关,是衡量学生学业水平的指标之一。

小学教育专业方面,除 2012 级第一学年、第二学年,2013 级第一学年、第四学年"三位一体"学生 GPA 低于参照群体之外,其他年级各学年都高于参照群体(详见图6-1)。从 2014 级开始,小学教育专业"三位一体"学生 GPA 已全面超过参照群体。将各年级各学年 GPA 累计相加再减去同专业浙江省普招学生相应年级各学年 GPA

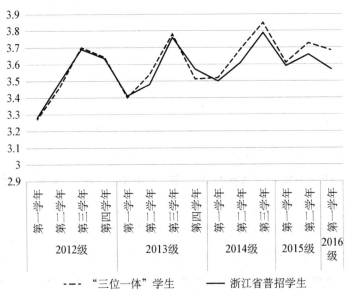

图6-1 小学教育专业"三位一体"学生与参照群体 GPA 对比

累计相加,可看出不同年级 GPA 总值的差异。数据显示,小学教育专业除 2012 级之外,"三位一体"学生 GPA 总值都高于参照群体。这一数据也表明,尽管高考成绩普遍低于参照群体,但小学教育专业"三位一体"学生 GPA 总体上优于参照群体。

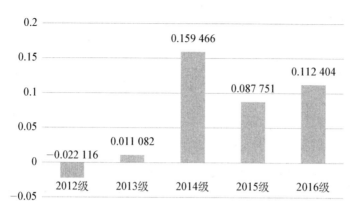

图 6-2　小学教育"三位一体"学生与参照群体 GPA 累加差值

与小学教育专业不同,学前教育专业则存在较大差异。数据显示,学前教育专业"三位一体"学生 2012 级第一学年,2013 级第一、第二、第四学年,2014 级第一、第二学年都低于同专业参照群体。从各学年累计 GPA 与参照群体的差值比较来看,2012 级、2013 级、2014 级学生都落后于参照群体,2015、2016 级学生则反超领先。

图 6-3　学前教育专业"三位一体"学生与参照群体 GPA 对比

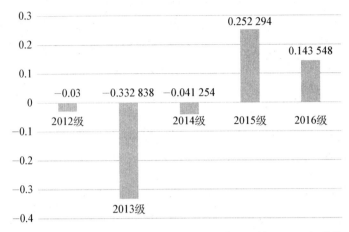

图 6-4　学前教育专业"三位一体"学生与参照群体 GPA 累加差值

除上述两个专业外,汉语言文学专业 2015 级"三位一体"学生第一、第二学年 GPA 为 3.66 和 3.598 619,高于参照群体的 3.48 和 3.412 654,但 2016 级第一学年,"三位一体"学生 GPA 为 3.334 68,低于参照群体的 3.451 914。2015 级数学与应用数学第一、第二学年"三位一体"学生全部低于参照群体(3.2∶3.45;3.343 081∶3.488 2)。

2015 级英语专业,"三位一体"学生第一学年 GPA(3.72)高于参照群体(3.6),第二学年 GPA 为 3.540 427,低于参照群体的 3.638 551。不过,两个学年的 GPA 累加,2015 级"三位一体"学生仍略高浙江省普招学生。2016 年英语专业,"三位一体"学生第一学年 GPA(3.790 144)高于同专业浙江省普招学生(3.663 992)。2016 年生物专业"三位一体"学生第一学年 GPA 为 3.206 601,低于参照群体的 3.274 739。2016 年思想政治教育专业"三位一体"学生第一学年 GPA 为 3.790 144,高于参照群体的 3.663 992。

(四) 与同专业普通高考招录的浙江省学生相比,"三位一体"招录学生总体上参加党组织和学生组织更多,尽管个别专业存在差异,但在院校干部担任方面,"三位一体"招录学生全部领先于参照群体

党组织和学生组织任职方面,小学教育专业的历年数据汇总显示,除入党积极分子落后于浙江省同专业普招学生之外,预备党员比例、正式党员比例、班级干部、院校干部比例等全部领先于参照群体。其中,正式党员以及院校干部比例存在较大领先优势。正式党员比例是 14.87% 对 9.15%,院、校干部则是 75.77% 对 58.01%。

从学前教育专业历年总体数据来看,"三位一体"学生入党积极分子占比相对更高,且担任院、校学生干部比例相对领先,但在预备党员、正式党员以及班级干部占比等方

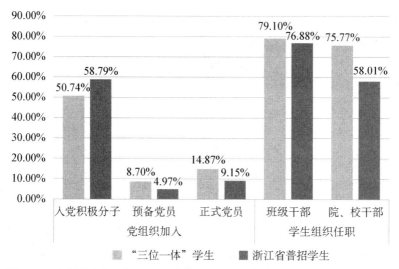

图 6-5　小学教育专业"三位一体"学生与参照群体党组织、学生组织加入对比

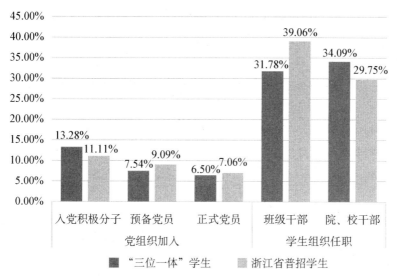

图 6-6　学前教育专业"三位一体"学生与参照群体党组织、学生组织加入对比

面相对落后于参照群体。通过对比发现,学前教育专业不论是"三位一体"还是同专业普招浙江省学生,在班级干部、院校干部担任比例方面都远远落后于小学教育专业。

2015 级汉语言文学专业,除预备党员这一指标之外,其他各项指标均高于参照群体。学生组织任职方面,115%和 135%的学生分别担任过班级干部和院、校干部。①

———————————

① 注:这里的数据超过 100%,是因为数据统计的是学生组织任职的人次,在实践中,存在一个人同时或不同时担任不同职务的情况。

2016年汉语言文学专业"三位一体"学生入党积极分子落后于参照群体(26.7%对31.4%);预备党员各只有1人,分别占比是3.3%对0.65%;班干部任职人次比例是53.3%对50.3%,也同样领先于参照群体。

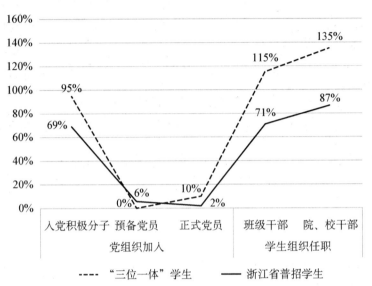

图6-7　2015级汉语言文学专业"三位一体"学生与参照群体党组织、学生组织加入对比

2015级数学与应用数学的相关数据则呈现交替交叉现象。在入党积极分子、预备党员、正式党员等方面,"三位一体"学生落后于参照群体,但在班级干部、院校干部任职方面领先于参照群体。

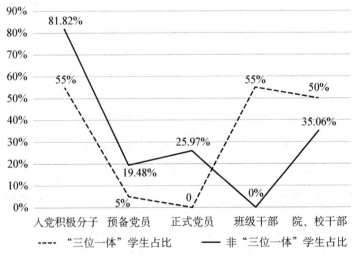

图6-8　2015级数学与应用数学专业"三位一体"学生与参照群体党组织、学生组织加入对比

2016级生物科学专业"三位一体"学生入党积极分子占比与参照群体的对比是33.3%对21.4%;担任班干部人次比是54.2%对40.47%;担任院校干部人次对比是37.5%对21.4%。相关数据全部高于参照群体。这一现象也存在于2016级思想政治教育专业中。该年级"三位一体"学生与同专业普招学生在入党积极分子、班干部以及院校干部等方面的比例比分别是35%:12.8%、65%:5.1%、50%:23%。

2015级英语专业研究样本与参照群体入党积极分子占比对比是24%对30.5%;预备党员占比对比是8%对15.8%;班干部占比对比是80%对56.8%;院校干部占比对比是64%对47.4%。2016级英语专业样本群体与参照群体的入党积极分子占比相对领先(46.2%对41.9%),班干部略有领先(50%对49.5%)。

总体而言,除学前教育、数学与应用数学专业之外,总体上"三位一体"录取学生参与党组织和学生组织更多。在担任院校干部维度,所有专业的"三位一体"学生都领先于参照群体。

（五）与同专业普通高考招录的浙江省学生相比,"三位一体"招录学生在获奖、竞赛、荣誉获得比上存在专业差异,总体领先于参照群体

小学教育专业方面,除国家奖学金获奖人次比、校级学生奖学金人次比、校级荣誉奖人次比落后于参照群体外,"三位一体"录取学生在其他各项指标上都优于参照群体(见表6-19)。

表6-19 小学教育专业"三位一体"学生与参照群体获奖占比对比

	"三位一体"学生	省内同专业普招学生
国家奖学金获奖人次比	1.20%	7.10%
省政府奖学金获奖人次比	6.83%	3.87%
校级学生奖学金获奖人次比	62.73%	87.29%
校单项奖获奖人次比	11.80%	11.60%
国家级学科竞赛获奖人次比	6.83%	2.21%
省级学科竞赛获奖人次比	11.18%	3.87%
校级学科竞赛获奖人次比	25.47%	16.57%
省级荣誉获奖人次比	4.35%	1.66%
校级荣誉获奖人次比	70.15%	84.92%
省优秀毕业生人次比	8.64%	2.97%
校级优秀毕业生人次比	24.69%	13.86%

整体而言,学前教育专业呈现了相反的数据。除校单项奖获奖人次比、国家级学科竞赛获奖人次比、省级学科竞赛获奖人次比、省优秀毕业生人次比之外,学前教育专业"三位一体"招录学生在其他指标方面都落后于参照群体(见表6-20)。

表6-20 学前教育专业"三位一体"学生与参照群体获奖占比对比

	"三位一体"学生	省内同专业普招学生
国家奖学金获奖人次比	0	0.83%
省政府奖学金获奖人次比	3.93%	4.13%
校级学生奖学金获奖人次比	61.97%	69.42%
校单项奖获奖人次比	21.97%	19.83%
国家级学科竞赛获奖人次比	0.66%	0
省级学科竞赛获奖人次比	4.26%	2.48%
校级学科竞赛获奖人次比	19.34%	15.29%
省级荣誉获奖人次比	0.33%	0.41%
校级荣誉获奖人次比	55.41%	69.42%
省优秀毕业生人次比	4.24%	3.55%
校级优秀毕业生人次比	15.76%	17.73%

不过类似现象在2015级汉语言文学和英语专业中又不存在。整体上,这两个专业样本群体的表现要整体优于参照群体(见表6-20、表6-21)。此外,2016级生物科学样本群体在校级学科竞赛获奖也领先于参照群体(45.83%对38.10%)。进一步研究发现,样本群体在校级学生奖学金获奖人次比方面,全面落后于参照群体。不过总体而言,除学前专业、数学与应用数学专业(后文会论述)外,其他各专业的绝大部分指标都领先于参照群体。

表6-21 2015级汉语言文学专业"三位一体"学生与参照群体获奖占比对比

	"三位一体"学生	省内同专业普招学生
国家奖学金获奖人次比	5%	0
省政府奖学金获奖人次比	5%	3.80%
校级学生奖学金获奖人次比	45%	38.61%
校单项奖获奖人次比	5%	5.06%
省级学科竞赛获奖人次比	25%	1.90%

（续　表）

	"三位一体"学生	省内同专业普招学生
校级学科竞赛获奖人次比	25％	3.80％
校级荣誉获奖人次比	50％	24.68％

表 6-22　2015 级英语专业"三位一体"学生与参照群体获奖占比对比

	"三位一体"学生	省内同专业普招学生
国家奖学金获奖人次比	0	1.05％
省政府奖学金获奖人次比	8％	4.21％
校级学生奖学金获奖人次比	32％	35.79％
校单项奖获奖人次比	8％	1.05％
省级学科竞赛获奖人次比	4％	2.11％
校级学科竞赛获奖人次比	36％	8.42％
校级荣誉获奖人次比	52％	51.58％

（六）与同专业普通高考招录的浙江省学生相比，"三位一体"招录学生就业率、考研率及其质量更高，出国进修比例略低

升学就业是学生出口质量的重要维度。在浙江师范大学招录"三位一体"的专业里，已有 2012 级、2013 级小学教育和学前教育两个专业学生。2013 年相关数据尚未统计完整，从 2012 年的统计数据来看[1]，小学教育专业"三位一体"学生就业率为 92.31％，同专业浙江省普招学生就业率为 81.03％，前者高于后者十多个百分点。2012 级学前教育专业就业率则没有差异，"三位一体"学生就业率为 95％，参照群体就业率为 95.05％，二者几乎等同。

升学方面，2012 级小学教育专业"三位一体"学生考研率为 10％，略高于省内普招生源考研率的 8.47％。但在 985、211 大学考研录取方面，"三位一体"学生为 2.5％，略低于普招学生的 3.39％。出国进修方面，"三位一体"学生有 1 人，没有省内普招学生出国。2013 年小学教育专业"三位一体"学生考研率为 9.76％，远高于普招学生 2.38％。其中，考取 985、211 大学的"三位一体"学生有两人，普招学生没有。出国进修方面，没有"三位一体"学生出国进修，有 1 位普招学生出国进修。

学前教育方面，2012 级"三位一体"学生有 6.02％的考研率，高于普招学生的

---

① 注：统计数据截至 2016 年 10 月。

2.97%。"三位一体"学生与普招学生出国人数对比为2.41%对0.99%。2013级学前教育"三位一体"学生考研率为4.88%,且全部为985、211大学,省内普招学生没有学生考取,出国人数比率对比为3.66%对5%。

总体而言,"三位一体"学生的考研率相对高于普招学生,且考上985、211大学的概率要高于普招学生。出国进修方面,"三位一体"学生占比略低于非"三位一体"学生。不过,因出国人数本身极少,有待对大样本的观察。

(七) 与同专业普通高考招录的浙江省学生相比,"三位一体"招录学生城镇生源比例普遍偏高,困难及特困生比例相对偏低

关于公平的测量评估,国外学术界往往关注入学机会公平和结果公平。前者包括是否有入学机会方面的限制,包括是否为弱势群体提供入学机会。结果公平更多是通过毕业率来衡量的。但显然上述监测指标不大符合我国高等教育实情,尤其是在结果公平方面。因为中国高等教育入学制度是基于严格高考选拔的"严进宽出",与西方的申请—淘汰机制存在差异,毕业率显然不能很好地反映结果公平问题。与上述思路不同,欧洲学生调查(Eurostudent Survey)等调查数据侧重对学生社会经济地位的比较。严格意义上,高校"三位一体"综合评价录取的公平研究应该比较申请"三位一体"考试学生与已通过"三位一体"招生录取学生社会经济地位的差异。但因这类调查数据非常难获得,且样本量巨大,所以课题组退而求其次,重点比较了"三位一体"招录学生与同专业省内普通高考招录学生的城乡差异和特困、困难学生的比例。

城乡二元结构是中国社会结构的典型特征。在一定意义上,城乡差异能够更恰当地反映家庭社会经济地位差异。公开数据显示,2016年浙江省城镇常住居民人均可支配收入47 237元,农村常住居民人均可支配收入22 866元,城乡居民收入比(城镇常住居民人均可支配收入/农村常住居民人均可支配收入)为2.066①。换言之,城镇居民人均收入几乎是农村居民人均收入的两倍。与此同时,困难学生及特困学生是高校资助社会弱势群体学生或存在经济困难学生的重要制度,在很大程度上也能够反映学生相应的社会经济地位。

从浙江师范大学的数据来看,同"三位一体"招录学生相比,同专业省内普招学生中农村生源比例普遍偏高,困难及特困生比例相对偏高。研究发现,"三位一体"学生农村生源占比远低于同专业浙江省内普招生源。如图6-9所示,农村生源占比最少的是数学与应用数学专业,为30%,而同专业省内普招学生中有74%为农村生源。7

---

① 2016年浙江城乡居民收入交出成绩单[EB/OL]. 新浪财经, http://finance. sina. com. cn/roll/2017-01-20/doc-ifxzutkf2167337. shtml.

个专业汇总核算，"三位一体"学生中有 35.10% 的学生来自农村，而在与之对比的参照群体中有 68.50% 为农村生源。

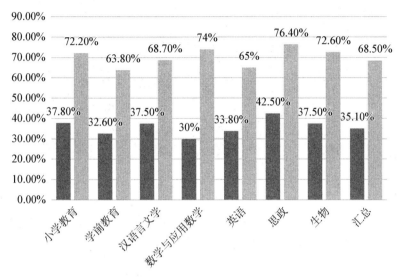

图 6-9　浙江师范大学"三位一体"学生与参照群体农村生源比例对比

　　从浙江省城乡人口比例来看，2016 年末全省常住人口中，城镇人口为 3 745.3 万人，农村人口为 1 844.7 万人。城镇人口占总人口的比重（即城镇化率）为 67.0%，农村人口占比为 33.0%。"三位一体"总体农村生源占比 35.10%，与浙江省农村人口比例基本持平。但从与浙江师范大学近五年学生城乡生源比例以及浙江师范大学近五年省内师范专业城乡生源比例的对比来看，"三位一体"学生农村生源比例远远落后。数据显示，浙江师范大学过去五年的农村生源有微弱下降趋势，但最低也是 55.83%，说明浙江师范大学的农村生源学生多于城镇生源学生。为进一步提升比较的科学性，课题组还比较了浙江师范大学过去五年师范专业省内生源的城乡比例（图 6-11）。数据显示，师范专业省内农村生源的占比要大于学校整体数据，最低一年也高达 59.86%，远远高于"三位一体"学生的 35.10%。相关数据表明，"三位一体"综合评价录取更有利于城镇学生脱颖而出。

　　除城乡差异外，困难学生和特困学生比例是另一参照维度。从总体来看，各 4.85% 的"三位一体"学生被评为困难或特困学生，而省内普招学生中困难及特困学生的比例为 7.73%。

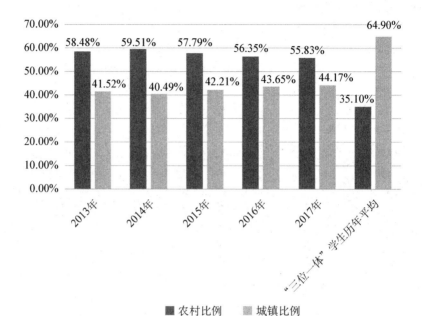

图6‑10　浙江师范大学学生"三位一体"学生与参照群体农村生源比例对比

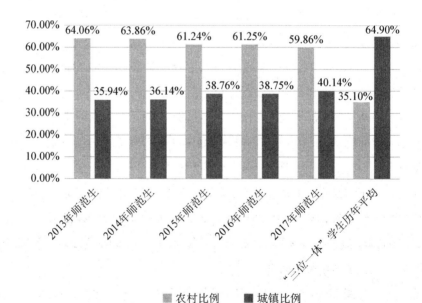

图6‑11　浙江师范大学师范专业省内学生城乡结构与"三位一体"历年平均水平对比

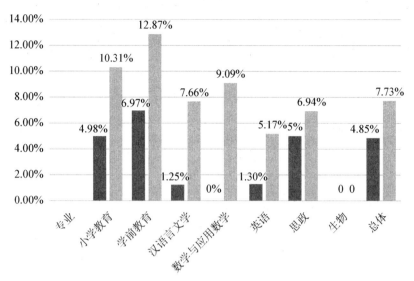

图6-12　"三位一体"学生与参照群体困难及特困学生比例对比

三、进一步的讨论

（一）高校"三位一体"综合评价录取改革如何定位？是否成功有效？在何种层面上成功有效？

高校"三位一体"综合评价录取与高校自主招生在功能上有所类似,但也存在较大差异。尽管从国家政策层面来看,自主招生的侧重点前后有变化,但总体而言,高校自主招生倾向于选拔具有创新精神、实践能力强或具有学科特长的学生。例如,2005年教育部要求试点院校通过自主选拔录取,"切实选拔综合素质高、有创新精神和实践能力强的人才"。2011年则变为"选拔学科特长以及全面发展且具有创新潜质的人才"。2013年4月,教育部颁布《关于进一步深化高校自主选拔录取改革试点工作的指导意见》,将自主招生定位于选拔"具有学科特长和创新潜质的优秀学生"。在一定意义上,高校自主招生凸显的是"特长生"选拔,不论是学科特长、创新特长还是实践能力特长。这一制度在高考统考统招的基础上为"怪才""偏才"提供了一条通向高校的途径。

与高校自主招生不同,高校"三位一体"综合评价录取则强调多元化招生评价体系制度的改革,基于高校培养目标和学生发展潜质选拔学生,并引导基础教育阶段素质教育、学生综合素质的发展。《浙江省普通高校三位一体综合评价招生试点管理暂行办法》(浙教试院〔2012〕39号)明确指出,深化完善"三位一体"综合评价招生试点旨在贯彻国家和浙江省中长期教育改革发展规划纲要精神,建立学业水平测试(高中会考)、综合素质评价和统一选拔考试(以下称"高考")"三位一体"的多元化招生评价体系,有利于高校选拔符合培养目标、具有专业发展潜质的学生,有利于引导和促进中学实施素质教育,有利于学生发展和展示综合素质和个性特长。在此意义上,高校是否选拔出了符合培养目标且具有专业发展潜质的学生是判定"三位一体"制度的根本依据,也是其区分于高校自主招生的独特功能定位。就价值功能而言,高校"三位一体"综合评价录取改革更立足于高校和专业,具有不可替代的价值与意义。

就本研究以及现有其他研究的结果来看,高校"三位一体"综合评价录取的学生总体上在大学期间展现出的综合素质和专业素质更高。从实践层面来看,该录取制度也得到了高校、社会和学生的认同。综合选拔学生质量以及实践认同来看,高校"三位一体"综合评价录取总体上是成功有效的,达到了既定的改革目标。但这一改革是否全面成功有效,仍需进一步探讨。

以浙江师范大学为例,尽管绝大部分专业"三位一体"学生的综合发展要优于非"三位一体"学生,但也存在数学与应用数学专业的反例。如下图所示,浙江师范大学2015级数学与应用数学专业"三位一体"学生除在班干部及院校干部任职比例上大于非"三位一体"学生之外,在其他各项数据都要落后参照群体。学分绩点方面,该专业"三位一体"学生第一学年绩点为 3.2,落后于参照群体的 3.45,第二学年绩点为 3.343 081,落后于参照群体的 4.488 2。

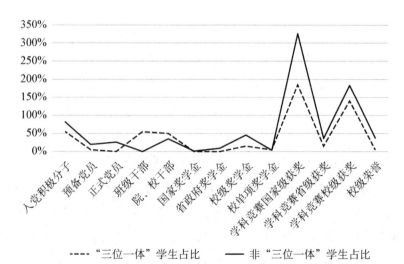

图 6-13　数学与应用数学专业学生发展数据对比

针对个别反例,亟需反思综合评价录取,尤其是高校综合素质测评的科学性。据了解,2015级浙江师范大学数学专业的综合评价测试是与其他师范专业合一的统一面试。该测试更多地强调了师范性(如从教意愿、口头表达能力)测试,而忽视了数学教师的专业性测试(如数学学科的基础知识)。正如前面提及的,高校综合评价测试应更多地聚焦于是否符合培养目标和专业潜质测试。如果忽略了这一点,就极有可能引发实践错误。当然,这一实践反例并不能构成全面否定"三位一体"综合评价录取改革的定位和意义,因为它属于一个可控的科学技术操作问题。为了应对这一问题,浙江师范大学在后续改革进程中将师范专业的统一面试改为了分专业的小组面试,一定程度上规避了反例的再次出现。本质上,偶尔出现的实践反例与制度推进的科学性相关。如何进一步提升"三位一体"综合评价录取的科学性需要实践层面的深入探索。

与个别反例不同,实践中出现的普遍意义上的反例则需要重点关注。调研数据显示,尽管"三位一体"综合评价录取学生总体上优于普通高考招录学生,但也存在学校层次和专业差异。例如,绍兴文理学院"三位一体"师范生2014级四个学期的平均绩点,2015级两个学期的平均绩点,均低于普通招生录取学生。宁波教育学院反馈单招单考学生的专业技能较强,但基本素质和学习能力比普通高考录取的学生稍差一些。另外,金华职业技术学院也反馈普通招录学生比五年制学生[1]具有更扎实的文化基础、更良好的学习习惯和更充足的学习动力。上述数据表明,第二、三层次学校尤其是职业院校"三位一体"招录效果存在相对差异。[2]

这一现象促使研究者进一步思考:"三位一体"综合评价录取是否符合所有的学校或专业? 这一问题可以进一步深化为:高考成绩是否是一项可靠的(reliable)选拔制度,不同层次学校的"三位一体"成绩中高考成绩占比是否应该一致? 相关数据是否表明对"一本"或"重本"学生而言,20—50分的高考分差可能并不影响学生入学后的表现,但对"二本"尤其是"三本"的学生可能存在较大差异? 当然,上述假设还有待于进一步深入研判分析,但从目前的数据来看,不分学校层次"一刀切"地推进"三位一体"综合评价录取改革可能存在政策风险。

(二) 如何看待并解决高校"三位一体"综合评价录取的公平问题?

公平问题是高考制度无法回避的核心问题之一。高校"三位一体"综合评价录取制度反映出来的公平问题,一类与科学性有关,另一类则与价值及其制度设计有关。已有研究基本呈现了两类公平问题,即过程性公平(如综合评价的信效度问题,不同测

---

① 五年制学生指三年高中,两年大学,获学前教育大专文凭。
② 浙江省教师教育质量监测中心.浙江省师范生"三位一体"招生实施的调研报告(内部报告)[Z].2016年12月.

试小组间的标准统一问题等)和结果性公平(如城乡差异)。过程性公平问题的解决可以通过评价程序和评价方式的科学性的提升得以逐步缓解或解决。

结果性公平问题很大程度上彰显了选拔制度本身的科学性。教育社会学相关研究成果早已表明,学生的家庭社会经济地位与其学业成就成正相关关系。如果现有数据反映"三位一体"学生的城乡差异与普招学生没有差异,反而证明这一制度本身可能存在问题。但也不能因此认为结果性公平就不是一个问题,这取决于透视高考制度的视角。如果将高考制度作为社会公平的维持稳定机制,就需要考虑如何避免"三位一体"招生制度沦为城镇学生的专属制度。这里的"专属",并不是机会公平意义上的专属,而是结果公平意义上的专属,即通过"三位一体"录取的学生最终都是或绝大部分是城镇学生。

关于结果公平的解决,有两种不同的做法。一种做法是将群体弱势因素纳入选拔制度之中。如美国一些大学实行的"平权法案招生政策",侧重录取少数族群。不过这一做法最近也引起了争议,有人就指出,"平权法案招生政策"变相地歧视了白人及亚裔申请学生。美国甚至出现过印度裔美国人在申请高校被拒绝之后伪装成黑人被多所知名高校录取的案例。[①] 另外一种做法是通过补偿性原则,在招录名额中增加社会弱势群体比例。例如,《教育部关于做好 2017 年重点高校招收农村和贫困地区学生工作的通知》提出,2017 年继续实施面向农村和贫困地区学生的三大专项计划:国家专项计划、地方专项计划和高校专项计划。其中,"国家专项计划"将进一步扩大招生规模,今年增加 3 000 名;"地方专项计划"今年安排招生计划原则上比 2016 年增加 10%以上。[②] 事实上,这两种做法都有各自局限,尤其是第一种做法将社会弱势因素卷入录取过程,将科学性与公平性混杂在一起,更容易引起争议。而第二种做法的问题在于名额相对较少,且存在辐射盲区,并仍存在科学性争议问题。根据调研,部分"县中"表示,"三位一体"招生使得"裸分"考入顶尖大学的通道更为狭窄。同时,传统普通高中教师缺乏"三位一体"辅导指导能力。而这些县中的绝大部分生源又是城镇生源,无法享受"国家专项计划",这样造成县中考入一流名校的可能性大为降低。长此以往,容易形成经由教育向社会高层流动的障碍。

高校"三位一体"录取涉及的公平问题,关涉科学性维度的公平,尚有解决方向和完善空间。针对结果性公平问题,目前没有一个较好的解决方案。需要明确的是,结

---

① 观察者网. 美国印度裔男子申请医学院被拒,伪装成黑人之后被顺利录取[EB/OL]. http://www.guancha.cn/america/2017_08_07_421673.shtml,2017.
② 阳光高考网. 2017 年三大专项计划帮农村学生上好大学[EB/OL]. https://gaokao.chsi.com.cn/gkzt/sdzx2017.

果性公平问题并不仅仅发生在高校"三位一体"综合评价录取中。以往的高校自主招生、普通高考招生等都存在同样的问题，只是在程度上有所差异。就与中国国情的适切性而言，专项补偿计划优于美国的"平权法案招生政策"。从逻辑上来看，公平问题涉及价值判断，教育内部改革只能立足科学或效益，二者属于不同的逻辑轨道。因此，结果性公平问题无法从教育改革内部得到完全解决。它的解决需跳出教育改革，从社会治理、社会发展角度寻求解决方案。如通过解决城乡差异、提升职业教育学生社会出路和地位等社会改革来寻求对问题的最终解决。

四、结论与展望

尽管存在专业和学年差异，"三位一体"招录学生在专业认同、学业成绩、组织能力、获奖荣誉、升学就业等方面整体优于参照群体。在结果性公平方面，"三位一体"招录的城镇生源比例更高，困难及特困学生比例更低。换言之，"三位一体"综合评价录取可能更有利于城镇生源学生。总体而言，高校"三位一体"综合评价录取改革实现了预期的改革目的，整体上成功有效，但是否适合所有层次学校全面推进，仍有待探索研究。本研究仅仅立足省属重点师范院校，其他层次学校以及其他专业的研究有待进一步跟进。

"三位一体"综合评价录取制度改革的科学性同样具有提升空间，需在实践中进一步探索前行。基于补偿性原则的专项计划虽然也存在问题，但目前为止仍是相对适切的公平解决方案。本质上，录取制度的结果性公平问题的解决依托于社会公平的解决。

第七章　提高高校招生能力以保障综合素质评价的使用

　　2014年9月,国务院颁布《国务院关于深化考试招生制度改革的实施意见》(以下简称《实施意见》),标志着新一轮考试招生制度改革的全面启动。2017年,浙江省和上海市首轮高考综合改革试点工作落地。按照中央的部署,2017年秋季,北京、天津、山东和海南四个省市继续开始改革试点,为全面推广探索道路,积累经验,到2020年全面建成新的高考制度。

　　"新"高考制度和"旧"高考制度之间的根本区别在于,是否能够充分发挥高校在大学招生录取中的主体性作用,从被动录取转向主动招生,使高校的招生录取标准在促进学生健康成长成才的过程中发挥正向引导功能。如果高校招生机构不能或无法转化职能,仍然完全根据分数录取学生,将有可能进一步恶化目前的"应试训练"和"分分计较"格局,非但不能根治改革之前的痼疾,反而可能由于等级赋分、多重计算方式的转换比较以及等值等诸多复杂性问题的介入而引发更多的问题。反之,如果高校招生机构能够根据新高考制度的要求转化职能,把"两依据一参考"的精神真正落到实处,则有可能从根本上实现中央提出的"立德树人"目标,才能让"目前在改革试点过程中出现的诸多趋利避害型的问题也可以迎刃而解"。

　　让高校成为招生考试的主体的关键在于高校要有自主招生的权力和能力。恢复高考40年,在招考制度改革不断探索与深化的过程中,政府逐步向高校下放了一定的招生自主权,为高校尤其是试点高校自主选拔人才、加强自主办学等发挥了积极作用。新一轮高考改革提出了"高校要根据自身办学定位和专业培养目标,研究提出对考生高中学业水平考试科目报考要求和综合素质评价使用办法"。《实施意见》中的这些规定在政策上赋予了所有高校在考试科目、考核形式等方面的自主权限空间,力图打破"统一考试、统一招生、统一录取"局面,这对于高校能否根据自己的品味进行招生意义重大。然而,对这次招考改革,大家议论较多、关注密切的,不仅在于高校招生自主权是否得到真实扩大,更在于高校能否将有限的招生自主权更好地贯彻落实,也即在政府赋予高校一定招生权力的前提下,高校如何"接得住、用得好"这些招生权力。这既是推进新高考制度改革的关键所在,更将直接影响着招生制度改革的实际成效。

第一节 提高高校自主招生能力的必要性

一、招生能力缺失制约着招生自主权的扩大与落实

恢复高考制度以来,为更好地选拔适应于社会发展和高校需求的人才,国家通过考试招生制度的设计、调整,不断地探索向高校下放招生自主权。例如,2003 年,教育部正式启动自主招生政策,允许试点院校制定自主选拔录取方案,在招生计划、考试命题、考核形式上先后赋予了高校一定的自主裁量权。尤其是 2014 年,《实施意见》又进一步在考试科目、考核形式方面赋予了所有高校一定的自主招生权限,这些规定为高校根据自身需求选拔人才提供了较大的政策空间。相比自主招生政策,新高考改革实实在在地给予了高校自主权,使得广大高校都拥有了按自己办学地位、办学特色、办学优势的招生资格,但是在现实中,社会各界尤其是学术界却依然强烈地呼吁要扩大与落实高校招生自主权。针对这一现象与问题,相关研究更多聚焦于对招生自主权自身的分析。比如,教育法有关高等学校自主权的规定过于笼统,缺乏具体的解释,可操作性差,使得政府和高等学校之间缺乏清晰的权力边界[①];我国对高考招生长期实行高度集中管理,下放与落实高校招生自主权不是一蹴而就的事情[②];高校招生内部权力配置不合理、运行机制不完善[③]……这些研究更多地立足于政府与高校间的关系探讨招生自主权的下放问题,关注的问题焦点在于招生自主权"放得下"的问题,却忽略了高校对于这些招生自主权的运用问题,即高校能否"接得住、用得好"招生自主权的问题,这就涉及到高校运用招生自主权的招生能力。

以考试科目选择权的改革为例,为"推行素质教育、发展学生个性及扩大高校办学自主权"积累经验,在教育部的部署下,广东省早在 1999 年就率先实行"3+X"高考科目改革方案,其中"3"为语、数、外 3 门必考科目,"X"是由高校根据专业的学科特点、办学水平和层次、生源的实际情况,从物理、化学、生物等 6 个科目或综合科目中自行选择的 1 门或几门考试科目。同时,为了解决各高校各专业生源不平衡的问题,规定高等院校各专业除了指定选考科目以外,还可以指定兼招科目,考生可以填报有相应兼招科目的专业等[④],这实质上给了高校较大的考试科目选择权。但在当年的实施过程中,面对较大的自主空间,高校的表现却有些差强人意,几乎所有在广东省招生的高

① 侯蓉. 关于我国高校招生自主权的思考[J]. 高教发展与评估,2015(1):12—15.
② 田建荣. 论高校招生自主权的意蕴[J]. 陕西师范大学学报(哲学社会科学版),2010,39(4):32—36.
③ 吴根洲,甘齐. 高校招生自主权:实践探索与理论思考[J]. 陕西师范大学学报(哲学社会科学版),2017,46(4):13—19.
④ 卢羡文. 广东率先推行"3+X"高考改革[N]. 中国教育报,2009-09-23.

校在"X"科目的指定上不约而同地选择了"1",造成了事实上的"3＋1"①。这种情况或现象实质上是高校在面对政府赋予的自主招生空间时,缺乏主动用权、积极用权的意识和能力,进而导致了"招生自主权"的异化。面对高校的"差劲"表现,广东在试行了2年后,于2001年不得不将"3＋X"方案调整为"3＋大综合＋1"模式("3"是语、数、外,大综合为物、化、生、政、史、地的综合考试,"1"由学生在高校制定的6个科目中任选1门)。然而在现实中,高校对"1"的反应依然不甚积极。最终,2010年广东省将高考方案调整为"3＋文科综合/理科综合",重新回到考试科目"大一统"并一直沿用至今。

上述情况在2014年新一轮高考改革方案的实施中重新上演。在给予高校指定考试科目要求的自主空间内,却出现了多数高校不指定考试科目或不敢提出过多、过高要求的现象。如2017年在浙江省招生的1 400所高校里,有500多所高校没有提出选考科目要求,在一定程度上反映了高校的尴尬境况:一方面在大声呼吁高校招生自主权,另一方面在面对招生自主权时高校却"接不住""用不好"。造成这种尴尬境况的关键原因在于高校行使有限招生自主权时招生能力的欠缺与薄弱。

同样,在自主招生政策改革试点中,也有类似"用不好"招生自主权的问题。2003年《教育部办公厅关于做好高等学校自主选拔录取改革试点工作的通知》规定"自主选拔录取招生人数控制在试点学校年度本科招生计划总数的5％以内",2005年进一步规定"试点高校自主选拔录取招生人数原则上占其年度本科招生计划总数的5％,考生人数较多且生源质量好的高校可以有所扩大"。然而,在实际的招生录取工作中,规定所给予的5％自主招生空间并没有被高校充分利用,多数高校的自主招生名额都远少于这个比例。例如,2003年北京大学本部普通本科生共录取2 695人,但自主招生最终录取不到50人,离5％的比例相差甚远;2003年浙江大学招生6 000人,但自主招生只有111人通过考核,远不及5％的比例。②

对于质量与特色较为优异的重点院校,在自主招生政策试点中都存在这类"接不住"与"用不好"招生自主权的现象,而对于一般性的高校而言,其高校招生能力更让人忧虑。有学者一针见血地指出:"如果现在就把考试招生主导权交给高校,高校也承担不了,因为高校根本没有做好准备,或者说根本没有这个能力。"③由上可见,在我国推

① 李木洲. 高考改革的历史反思——基于制度变迁的视角[M]. 武汉:华中师范大学出版社,2014:155,77.
② 郑刚. 高等学校自主招生若干问题的研究[D]. 天津:天津大学,2006:24.
③ 袁振国. 高校招生能力建设七人谈·提高高校招生能力是深化考试招生制度改革的关键[J]. 华东师范大学学报(社会科学版),2017(1):11—14.

进招考制度改革的过程中，不仅存在着招生自主权"放不放得下"的问题，还存在着高校能否"接住并用好"招生自主权的能力问题，高校的招生能力是自主招生权落实的根本保证。

二、大学在新一轮高考制度改革中的关键作用

(一) 大学是新一轮考试招生制度改革的总枢纽

新一轮考试招生制度改革共涉及四个利益相关者，即地方政府(省教育考试院)、中学、考生(家长)和高校。从总体上看，四者的目标是一致的，都是为了实现考试招生制度改革的总目标：促进学生的健康成长成才，维护社会的公平公正，有利于高校的科学选材。但是，在具体执行的过程中，由于四者各自具有自己的目标函数，"各有各的算盘"，很容易在多次重复博弈中导致个人理性和集体理性相互冲突的"囚徒困境"，轻则出现目标分化，"政策走样"；重则导致改革举步维艰，甚至失败。

比如，地方政府的最大利益诉求可能是社会稳定。特别是当某些改革举措可能引发社会上的强烈反对意见时，政府有可能把维护社会稳定列为首要的政策目标，而暂时延缓甚至放弃某些政策措施。中学的最大利益诉求可能是"北清率"的最大化，以快速提升学校的声誉和地位。[1] 考生(家长)的最大利益诉求是尽最大可能上更好的大学，"把分数用足"。高校的最大利益诉求是招收到更好的学生。当社会用录取分数线衡量高校质量时，"更好的学生"就可能被"分数更高的学生"所替代。可以清楚地看出，这四个利益相关者的具体目标函数并不一致，有些甚至相互冲突。如果能够把四者的利益协调一致，汇聚成一股力量，就可以使考试招生制度改革这辆马车顺利前行；如果四者的利益不能协调一致，甚至"各吹各的号，各唱各的调"，就有可能"四马分尸"，导致车仰马翻的局面。因此，为了实现考试招生制度改革的总目标(整体利益)，我们就必须把四个利益相关者的利益诉求(个体利益)整合在一起。"我们"是指牵涉进这场改革的所有人。

我们必须清醒地认识到，改革本身不是目的。改革的目的是为了实现更好的教育。这里的关键词是"引导"，通过考试招生制度改革的措施来改变中学和学生(家长)的行为方式，使他们走上更好的教育之路。因此，人们一定不能把关注的重点放在招生上，而要始终落到教育上。特别是，政府要尽量避免使用行政力量去强行推动改革，而要让各个利益相关者自发自觉地积极采取行动。"大道至简"，对地方政府而言，改

---

[1] 注：中学对于"北清率"的狂热追求，很可能与地方政府将其作为"教育政绩"有直接关系。

革的措施尽可能不要太琐碎,规定得过于细致。对于中国这样一个幅员辽阔、情况复杂的国家来说——对于一个省也是一样——我们不可能预见到所有的情况并及时做出应对。规定得越琐碎,出现投机的可能性就越大,就越可能导致你不想看到的问题和局面。

大学,只有大学而不是政府,才是这场考试招生制度改革的总枢纽。中学和考生(家长)不一定完全听从政府的倡导和指挥,在个别极端情况下,甚至会反对政府的某些举措,但他(她)一定会完全听从大学的意见。只要能够实现他们上大学和上好大学的目标,中学和考生(家长)可以为之采取任何行动,付出任何代价——这不正是今天我们要改变的教育现状吗?因此,一个好的教育政策,应当通过发挥高校在大学招生录取中的主体性作用,引导中学和考生(家长)采取符合教育规律的正确行动,尽可能地少付出或不付出代价。它体现了大学的使命。

(二) 招生录取标准体现了大学使命

大学招生录取的实质是谁有资格上大学或上好大学。如何得出这一结论呢?这关涉到招生名额的分配问题。为了决定某物品的正当分配方式,亚里士多德认为,我们需要研究被分配之物的目的或意图。比如,假设我们在分配长笛,谁应当得到最好的长笛呢?亚里士多德的回答是,那些最好的长笛吹奏者。因为这是长笛存在的目的——产生动听的音乐。那些能够最佳地实现这一目的的人,就应当拥有最好的长笛。[①] 如果这一逻辑是正确的,那么,大学的招生名额又应当如何分配呢?为了决定大学招生名额的正当分配方式,我们就需要研究大学招生的目的或意图,即大学为什么要录取学生?

这一问题背后隐含的问题是,大学的使命是什么?大学录取学生的目的是为了实现它的使命。只有在明确了大学的使命之后,那些能够实现这一使命的最佳人选才有资格进入大学。正是在这个意义上,哈佛大学法哲学家罗纳德·德沃金极其深刻地指出:"录取中的公正并不是在奖赏优点与德性,只有当一所大学界定了自己的使命时,我们才能知道,什么才算是分配大学新生名额的公平方式。"[②]换句话说,大学的招生录取并不是一种对优胜者的褒奖或荣誉。事实上,只要学生对满足该大学的社会目的有所贡献,那么录取他(她)就是正当的,而并不是因为它奖赏学生的那些被单独界定的优点与美德。

大学应当是各具特色的,因为每一所大学都拥有不同的使命。大学的使命不同,

① Sandel M J. Justice: What's the Right Thing to do? [M]. New York: Farrar, Straus and Giroux, 2009: 187 - 188.
② Sandel M J. Justice: What's the Right Thing to do? [M]. New York: Farrar, Straus and Giroux, 2009: 174.

选拔学生的标准也就相应地有所不同。是使命而不是分数赋予了大学的不同价值和意义。大学的不同,应当体现为人才培养的使命与特色的不同,不是录取分数的不同,更不是通过录取分数的高低来区分出大学质量的三六九等。

目前的大学招生录取制度没有体现出这一点。大学在招生简章中没有提出自己独具特色的使命。即使提出了使命,因为无法通过用考试的方式进行测量,也和录取结果无关,因而对招生录取不具有实质性意义。由于高考试题的难度越来越低,那些心思缜密、对知识点熟练掌握的学生可以凭借微小的优势偶然性地胜出,但他(她)们未必是实现大学使命的最佳人选。即使中国大学的使命全部集中于培养社会主义事业的合格建设者和可靠接班人,它也更需要录取那些拥有正确的价值观、社会责任感、忠诚、创造力等品质的人。寻找和发现拥有这些品质的学生,不能依赖于考试分数,而需要专业化的人员和技术。

(三) 招生是最复杂的教育决策,应当由专业人士独立做出

对人的认识是最困难的。人们往往通过考察一个人的过去而预测他(她)的未来,但"知人知面不知心",这种预测往往并不准确,有时候甚至是失败的。尤其是大学的招生录取,并不是对学生过去成绩的奖励,而是对国家和社会未来发展的投资;大学并不是要挑选高中成绩的拔尖者,而是要选拔未来能够引领社会改变世界的优秀人才。这是世界上最复杂的教育决策,同时也是回报率最高的教育投资。越是顶尖大学,其招生录取模式越复杂。它不能将自己的未来不负责任地轻易交给机器去做简单化的决定,而要由最具智慧和见识的人来主动地作出判断,以提高人才选拔的精确度和效率。

招生是寻找和发现的过程。在确立了大学的使命之后,招生机构需要去寻找和发现与这一使命相匹配并最终能够实现这一使命的人。这样的人不会自动送上门来,需要经受过训练的专业人士像古代的伯乐一样,睁大了眼睛,在茫茫人海中去发现属于自己的千里马。一个人在哪所大学接受本科教育,他(她)的气质和未来的人生道路也会被深深地打上这所大学独特使命的烙印。这赋予了大学招生办公室以特殊的责任,即通过决定谁可以进入这所大学而同时改变个人和大学的命运。

寻找和发现的过程并不容易,需要招生人员具备教育学、心理学、社会学等多学科的背景和知识,有时候甚至还需要一些除此之外更为广泛的学术背景,比如,数学、物理、化学等等,以帮助他们更好地做出判断。在做出判断时,科学是必须的;但在更多的时候,艺术、审美甚至直觉发挥了更为重要的作用。大学的招生人员,就像是一场冰上芭蕾比赛的裁判①。选手们的确需要做出一些通用的规定性技术动作来满足要求，但是，区分出谁是真正优秀的选手而谁不是，依赖的是评判者对美的艺术追求和直觉把握。

三、新高考改革对高校自主招生能力提出了新挑战

人才培养是高等院校的核心工作，培养适应于社会发展需要的各类专门人才是高等院校的根本任务；而高校人才培养工作的前提，是筛选出特定的考生群体。就此而言，考试招生是高校办学的起点和重要条件，制约着人才培养的规模和质量。对于高校而言，要不断提升自身的自主招生能力，才能提高生源选拔的科学性、丰富性和准确性，招收到适合自身办学理念与特色、有潜力的学生并加以培养。

但是，长期以来，我国实施"统一考试、统一招生、统一录取"的高考招生制度，高考成绩是大学招生的主要依据甚至是唯一依据，大学在招生录取时只需要依据考生的分数排名与大学的录取批次（分数线）进行匹配招生即可。在"统一"考试招生制度下，绝大多数高校在招考中一直处于被动地位，扮演"旁观者"角色，招生的主人翁意识几乎不存在，他们一般没有必要去关心、也不愿意花心思去考虑怎么进行科学招生的问题，只需按分数来"录取"而非"选拔"大批合格型的生源。在此制度背景下，高校是否具备自主招生能力并不影响招生的进程及其效果。

然而，在新一轮高考改革中，我国提出"分类考试、综合评价、多元录取"考试招生模式改革的基本思路，这就对高校的招生目标定位、专业标准、评价指标与综合素质信息评审分析等方面的招生工作能力提出了更高要求。比如，赋予各个高校自主决定选考科目的权力，需要高校首先明确院系专业人才的培养特点和目标，厘清各学科、专业对学生专业素质和知识积累的基本要求，并能够根据自身的办学理念、发展思路、培养模式等提出适切的考试科目要求。再如，允许各高校参考综合素质评价进行招生录取，这要求高校及其院系专业清楚自己要招具备何种品质的学生，能够科学地研究、设计针对学生水平考试及综合素质能力考核的标准和实施办法。而且，在新一轮高考改革中，选考引发了考生知识与能力结构的根本变化、高考成绩区分度的降低、校内专业间生源质量差异加剧、考生专业选择前置等问题，对于高校的招生与人才培养提出现实而又紧迫的挑战。② 因此，在新高考模式下，如何利用新高考改革的契机，以招生改革为杠杆，选拔到适合而优秀的生源，这对各高校的招生能力提出了新的严峻挑战。

---

① 注：感谢哈佛大学中国区资深面试官汤玫捷女士给予的启发。
② 王小虎，潘昆峰，苗苗. 高考改革对高水平大学招生的影响及其应对[J]. 中国高教研究，2017(4)：56—60.

在新高考改革面前,所有高校都处于同一起跑线。高校必须正视这一问题,提前应对,不断提升自身的招生能力,才能真正利用好新高考改革的制度红利。

第二节 什么是高校的自主招生能力

高校的自主招生能力直接影响着高校招生自主权的落实,也影响着高校能否以恰当的方式选拔出适合自身办学定位与发展特色的生源。在新高考改革呼唤高校责任主体回归的过程中[①],深化高校自主招生能力的理论认识是其中的重要前提与关键一步。

一、高校的招生能力与招生自主权相辅相成

一般来说,高校自主招生能力就是高校依据自身的目标定位与专业培养要求开展招生工作、选拔合适生源的能力。作为一种能力,它的发挥离不开具体的招生实践。如果在招生实践中,高校可以通过恰当的测评手段选拔到优秀、适合的人才,就意味着高校具备一定的自主招生能力;如果能够顺利、高效地完成这一目标或任务,则意味着高校拥有较强的自主招生能力。

如果说自主招生能力是实施与完成特定招生工作目标的本领技能,那么在发挥这一能力时,还涉及一个前提性条件,即高校有无资格来施展这一能力,这就关系到高校的招生自主权问题。招生自主权作为高校依法享有的基本权利,是特定主体"为实现一定利益,依法直接拥有或依法为他人设定的做一定行为或不做一定行为的可能性"[②]。换言之,权利(或力)意味着主体具有特定的资格与可能;但是主体能否最终实现自身利益,能否将可能性转变为现实,则需要特定的能力素质予以支撑和保障。招生能力的有无决定着高校自主招生权实现的可能,而招生能力的高低则决定着高校自主招生权实现的多少。反之,招生能力如果缺乏招生权利(或权力)这一资格前提,也就失去了可以发挥的空间,即"英雄无用武之地"。由此可见,在高校招生实践中,招生自主权与招生能力相辅相成,缺一不可。

高校具备的招生权越多,高校自主招生能力可以发挥的空间就越大。在西方发达国家顶尖大学的招生工作中,他们拥有较为充分的招生自主权,其背后更有着专业与高超的能力作为基础支撑。而在我国多年的高校自主招生改革试点中,理论界聚焦与

---

① 傅维利. 高考改革与高校责任主体的回归[J]. 中国高等教育,2015(12):12—14.
② 吕世伦、宋光明. 权利与权力关系研究[J]. 学习与探索,2007(4):99—106.

讨论较多的是招生自主权的来源与归属问题,但实践界面临的真实问题却不局限于此,高校招生实践中的"腐败""掐尖""公平"等问题体现了高校自主招生能力不足的窘境,政府在"放权"和"收权"之间的现实反复更凸显了建设与提升高校自主招生能力的现实紧迫性。

二、鉴别和选择能力是招生能力的核心体现

高校招生是一个涉及诸多环节与事务的综合性工作,因此,高校招生能力是贯穿于高校招生整个过程与诸多环节的诸多能力的综合体现。

一般来说,从高校招生实践来看,可以将招生简要划分为前、中、后三个阶段。招生前一般来说包括招生政策宣传、招生简章制定、招生目标定位与招生标准指标构建等方面;招生过程中包括具体考核程序、考核内容与方式、结果的记分方式等;招生过程后包括依据一定标准确定录取范围与名单,结果公示,以及申诉、权利救济等。为了更好地完成招生的前、中、后三个阶段的诸多工作,还需要特定的支持与保障工作,比如招生平台网络建设,数据分析处理等。这些工作职能不同,相互配合,共同保障与促进高校选拔到适合自身需求的学生。就此而言,高校的招生能力贯穿于整个招生过程中,涉及到多个方面,需要系统建设与整体提升。

在高校招生能力的诸多内容中,鉴别生源、选拔生源的能力是其中的核心所在。[①]鉴别与选拔能力是决定高校能否根据经济社会发展需求、学校办学定位与特色、人才目标需求等来科学、有针对性地甄别与选拔人才的最关键的能力。选择鉴别考生涉及两项基本内容:其一,选拔鉴别的标准;其二,如何进行选拔鉴别。对于前者而言,涉及高校招生的目标定位与选拔标准的构建。高校对于自身的办学定位、专业规划与特色发展越清晰,其在招生中的目标定位与标准设定就会越鲜明。就此而言,高校自主招生不是招收高考成绩最优秀的学生,而是要招收适合本校、最具发展潜质的学生。后者关系到选拔鉴别的方法与程序的问题。单一的考核评估方式无法综合评估考生的多元才能,就如同传统的纸笔测试可以很好地测试考生的知识学习与认识能力,但对于社会性合作、领导力等方面的鉴别则不太适合一样。因此,依据招生标准,选择科学、适切、多样的鉴别方式也是高校招生工作的关键能力之一。鉴别与选拔能力是高校自主招生能力的核心所在。

具备独特、较强的鉴别与选拔能力是世界上多数国家重点高校的普遍特征。根据

---

① 袁振国.高校招生能力建设七人谈·提高高校招生能力是深化考试招生制度改革的关键[J].华东师范大学学报(社会科学版),2017(1):11—14.

招生录取方式的不同,可以划分为综合选拔制、证书制和考试制三种招考制度。[①]其中,实施"综合选拔制"的典型代表美国,其不同层次、不同类型高等院校的招生录取标准是各不相同的。各校自主选择招生方式与录取标准,全国没有统一的规定,各校针对自己的专业特点、培养需求和实际操作能力来进行新生的选拔工作。[①] 日本是实施"考试制"的典型代表,其高校在招生中具有极高的招生自主权,均能够根据学校需求和专业特点来制定多元化的评价尺度,并按照本校的招生办法通过多样的考核程序来自主招收新生。例如,个别大学仅凭高中调查书、体检健康表等材料就可录取新生,有的大学只根据大学入学中心考试成绩选拔学生,一些大学则采取自主招生、综合评价的方式来选拔人才,不同的选拔标准和考核形式均由高校决定。英国是实施"证书制"国家的典型代表,在招生过程中,各个高校和专业均根据各自的具体条件和办学特点,制定本校、本专业的招生规定和办法;招生标准的高低、难易由高校决定,招生政策和选拔标准大多也因校而异。招生评价标准是高校保障生源质量的基本尺度,在政府赋予高校充分的招生自主权的基础上,高度的鉴别和选拔能力为这些高校通过科学、多元的招考程序选拔出的适合学校培养的有潜质的申请者提供根本保障。

三、专业的招生机构是招生能力的组织载体

人才培养是大学最核心的使命,而招生是人才培养的首要环节,高校应高度重视招生工作。在当今时代,鉴别与选拔合适的生源是一项专业性极强的工作,应该由专业化的招生机构与招生人员来保障实施执行。

一般而言,高校的招生组织机构包括招生委员会、招生办公室以及辅助招生的相关机构等。其中,招生委员会是高校招生的目标定位与选拔标准的决策机构。对于高校的目标定位与选拔标准而言,不是学校领导与招生办拍脑袋决策的结果,而是需要由那些真正懂行的大学和教育的专业人士通过研究与讨论才能确定。[②] 这就意味着,招生委员会迫切需要以专家教授为代表的学术权力主导,因为他们对于招收什么样的学生能够适应学校与专业办学目标最了解也最有发言权。招生办公室是高校招生政策的具体执行机构,依据招生政策来开展具体的招生工作。因此,招生办的人员应熟悉了解大学招生原则和指标体系,具备专业化的鉴别能力和高度的职业素养,在招生过程中能够始终坚持公平公正。此外,辅助性机构包括对招生政策的宣传与解读、申请资料与评审平台的建设、数据分析与招生结果评价等提供支持的专门机构,这些机

① 樊本富.中国高校自主招生研究[M].武汉:华中师范大学出版社,2010:116.
② 秦春华.高校招生能力建设七人谈·什么是大学招生的专业化[J].华东师范大学学报(教育科学版),2017(1):14—17.

构对于招生工作来说是重要的辅助与支撑,可以更好地服务于大学招生的决策、执行与改进。除了校内的招生机构外,学校之间的招生联盟以及行业协会也是高校招生机构的重要支撑,这些机构可以通过制定行业规则与章程、组织专业会议和职业培训、提供招考信息等为高校招生录取工作的开展提供系统化的服务。

在美国,几乎每所高校都设有专门的"招生办公室""招生政策委员会"或"选拔新生委员会"。其中,招生办公室具有业务管理和行政管理的双重职能,成员大都包括招生专职职员、顾问、教授及学生辅导员等;招生委员会是招生政策的制定、审议及咨询机构,同时负责监督招生办公室的工作,一般由教授、招生办公室负责人和学生代表组成。① 澳大利亚本科招生以高中毕业证书申请为主、其他多元入学方式为辅,各大学设立有招生办公室,负责招生宣传和制定招生政策;为了协调各大学招生录取工作并提高效率,多数大学将学校招生业务委托给了本州的大学招生中心负责。② 作为第三方、非营利性的招生服务机构,大学招生中心受大学委托,开展招生宣传,统一接受和处理入学申请和录取通知,以及协调高校间的招生事务工作;然而,最为核心的招生标准和入学要求的制定、大学申请材料审核和选拔录取等工作,均由大学各院系招生部门自主决定。可见,尽管由于政府管理模式、考试招生制度、大学管理传统等方面的不同带来了各国高校招生组织机构和管理模式的不同,但建立专业化、独立性的招生考试组织机构,聘用专门的招生人员,均不同程度地体现了各地区高校极为注重招生工作的专业性,较大程度地提高了大学选拔人才的能力和水准。

此外,高校招生的系统管理能力也是高校招生能力的重要方面。高校招录人才包含诸多事项,除了涉及技术问题外,还涉及招考的信息披露与监管、社会信息的分析与研判、校内资源的配置与调节、人员的安排和激励等的制度设计、机制建立、程序设定等,涉及公平公正公开的规范和技术、生源多录与少取的应变能力等。③ 随着招考制度改革的不断推进以及高校在招生过程中作用的日渐扩大,高校在考试、招生、录取等各环节协调、管理能力的重要性愈加凸显。因此,要保障招生录取的顺畅进行以及工作效率的提高,高校应具有系统的招生管理能力。

① 李木洲. 高考改革的历史反思——基于制度变迁的视角[M]. 武汉:华中师范大学出版社,2014:77.
② 蔡培瑜. 澳大利亚大学本科招生制度的特点及启示[J]. 教育测量与评价,2016(8):24—29+36.
③ 袁振国. 高校招生能力建设七人谈·提高高校招生能力是深化考试招生制度改革的关键[J]. 华东师范大学学报(社会科学版),2017(1):11—14.

第三节 如何加强高校招生能力建设

新一轮考试招生制度改革对高校的招生能力提出了更高的要求,高校能否在理论与实践探索中不断提升自身招生的综合能力成为招生考试制度改革的关键。然而,高校招生能力的建设与发挥不仅仅是高校本身的事务,也不是一蹴而就的,它需要诸方面条件的支持与保障,必须超前谋划、积极建设。

一、充分的招生自主权赋予

正如前文所述,高校自主招生能力与招生自主权之间相辅相成、互相促进。没有相应的能力,权力的实现是不大可能的;没有一定的权利空间,能力也是难以施展的。因此,充分的招生权力获得是高校招生能力发挥的必要前提,这在世界多数国家均有明显体现。

由于各国的政府管理体制、社会文化传统、招生考试制度、公众接受度以及大学自身的自治传统与能力等因素等存在普遍差异,一些国家的高等教育具有大学自治、学术自由的传统,高校可以自主决定包括招生在内的各项事务[1];另有一些国家在招考制度改革、政府与高校利益博弈中逐步调整了政府与高校的关系,逐步向高校下放了招生的自由裁量权。但总体来看,赋予高校充分的招生自主权是多数国家的共同做法。因此,多数国家的政府一般并不直接影响或干预大学的招生、考试以及录取各环节的具体事务,而往往通过宏观政策的制定、招生计划的调配、招生程序的监督、财政资金的拨付等形式来指导、服务大学招生工作,协调各方面的利益关系,并力图保障招生、考试的公平公正性。高校则基于充分或高度的招生自主权,在整个招生中的地位较高,可以自主依据自己的办学层次与定位来确定自己的招生录取标准和办法,并据此开展人才选拔工作。拥有较高的招生考试自主权允许高校各院系、专业自主来制定招生政策,构建明确的选拔标准,选择科学化、针对性的考核程序,进而通过多元途径来测评大学申请者,从而甄选出优秀、适合、有潜质的人才来加以培养。这一过程既有利于高校在招生中进行独立的专业决策,发挥其固有的招生能力和自主招生潜力;更有助于提高大学主动选才的意识和科学选才的能力,促进高校明晰自身办学理念和发展目标,整体提升高校的自主招生能力,以此带动高校办学实力的提高和办学品牌的构建完善。

在新一轮高考改革的过程中,政府应在细化权限范围的前提下继续向高校下放适

---

① 郑若玲.高考改革的困境与突破[J].厦门大学学报(哲学社会科学版),2017(3):1—10.

度的招生自主权,尤其是在最为核心的选拔标准、招生计划环节要逐步赋予高校(尤其是入学竞争激烈、办学特色明显和办学水平较高的高校)一定的自主权限,允许与鼓励这些高校自主确定选拔鉴别人才的标准和尺度,为高校提供一种按照自己办学地位、办学特色、办学优势进行招生的资格,提升高校的招生能力和选才水平。然而,招生自主权的下放不是盲目的、一刀切的,这涉及各级政府、教育部门以及高等院校的责任分担和权力分配问题。在统一高考制度的基本国情下,我国应根据政府管理方式、社会接受程度、区域教育水平等诸方面因素的综合考量,在加强高校招生的国家权益和保障不同类型高校招生自主权之间寻找最佳的平衡点和稳妥的过渡方式,以保障大学考试招生的稳定有序实施。

二、提高高校主动招生的意识和能力

"高考"是"普通高等学校招生全国统一考试"的简称,高等学校在高校考试招生过程中理应发挥主导作用,如果高校不能发挥主导作用,高考改革就难以取得真正的突破。[①] 然而,高校能否有效发挥在大学招生录取中的主体性作用,取决于其自身的招生能力。加强高校招生能力建设至少应当包含以下几个方面的内容:

(一)积极主动的招生意识

在历史的招生录取制度中,高校仅需根据学生填报志愿以及高考成绩的高低,依顺序进行录取,高考分数是高校招生的主要也是唯一的参考依据,高校招生主人翁意识几乎不存在,高校不关心、也不愿意花心思去考虑这个问题。因此,高校的"招办"往往被戏谑为"照办","招生"被称为"收生",高校"录取"而非"选拔"人才。扩大高校的招生自主权,高校则变成了招生录取的第一责任方,由高校根据自身办学定位和特色开展自主招生,这就需要高校及有关招生部门增强自身的主体意识,变"被动"为"主动",加大招生宣传力度,深入挖掘高校的招生潜力,制定合理有效的招生策略,动员高校招生办公室、各院系甚至是教授、校友等优势资源参与;也可以利用大数据和"互联网+"所带来的优势,精准分析申请报考的潜在优质生源,多层次立体宣传;同时,可以加强与中学的合作,通过举办"宣讲会""夏令营"等方式,增强双方直接的沟通与理解,吸引优质、合适的生源。

(二)科学合理的招生理念

深化考试招生制度改革,旨在形成分类考试、综合评价和多元录取的考试招生模

① 袁振国. 高校招生能力建设七人谈·提高高校招生能力是深化考试招生制度改革的关键[J]. 华东师范大学学报(社会科学版),2017(1):11—14.

式,通过"两依据一参考"为高校选拔优秀人才并促进学生健康发展,这一制度设计反映了国家人才观、质量观和评价观的变化。相应地,高校应明确大学的使命,树立科学、合理的招生观念,才能通过多元、多层次的招生评价体系来选拔优秀、适合的生源。具体体现为:一方面,学生的良好学业成绩固然重要,但是这不应成为高校选拔人才的唯一价值追求。在日益迅速发展变化的世界中,学生的社会责任感、创新精神和实践能力等更具适应性的"可迁移能力"和"道德品质",应受到同等程度的重视,这需要高校在招生中对考生素质进行全面评价,关注考生那些单凭考试成绩不能反映的能力和品质,选拔真正适应于社会发展需求的人才。另一方面,将有潜力的学生选拔出来并实现精心培育是高校的核心任务,然而学生自身的个体生命是不断成长、发展的过程,学生的潜力不仅体现在最后的考试成绩中,更多地体现在学生日常活动和行为表现中。因此,高校应转变通过单向的考试结果来评判学生的观念,更加重视每一个学生的潜能优势和发展差异,提高选拔人才的科学性和专业性。

(三) 有效的招生综合评价体系

这套体系包括但不限于独立运行和决策的招生办公室;具有操作性的选拔录取学生的标准;完备的计算机远程阅读审核系统;在一定范围内(在招生委员会内)公开透明的录取制度等等。

其中,高校尤其要提升鉴别和选拔生源的能力。鉴别与选拔能力是决定高校能否根据经济社会发展需求、学校办学定位与特色、人才目标需求等来科学、有针对性地甄别与选拔人才的最关键的能力。其中,鉴别能力涉及高校招生的目标定位和选拔标准,高校自主招生不是招收高考成绩最优秀的学生,而是要招收适合本校、最具发展潜质的学生。高校的招生标准越明晰,特色越鲜明,越利于考生选择定位,越有助于大学选拔到满意的生源。基于此,大学应在明确本校在高校布局和同类高校中的位置、特点、目标和前景的基础上不断深化自身办学定位,明晰育人目标,基于学校在国家需要、地方发展和行业贡献中的地位、作用和特色,结合自身学科特点和专业特色,规划明确院系与专业的选才标准,为考生提供清晰可选的专业方向。同时,选拔能力涉及大学选拔人才的方法与程序的问题。就此而言,在明确招生标准的基础上,选择科学、适切、多样的鉴别方式并开展测评工作,也是高校提升招生关键能力、实现科学招生的关键所在。

(四) 独立专业的招生机构

1. 招生机构的独立性

招生机构的独立性体现在两个方面:(1)机构设置的独立性。机构设置的独立性是指招生办公室不应当是学校行政系统的一个组成部分,它只能而且必须独立于院系和其他行政机构。① 招生工作不同于院系的教学和科研工作,为学校和院系选拔人才是学校和院系的基础性事务,能否招到人才以及是否招收到优秀人才关系到院系和高校的发展前景。因此,招生是学校组织管理的重要一环,带有强烈的行政性功能。② 然而,招生工作与学校其他行政机构的职能存在较大差异。其他行政部门的任务是为学校教学、科研、管理提供服务,以保持学校的基本运转;招生机构则同时具有强烈的学术性功能,在招生过程中学术性力量往往要大于行政性力量,可以说招生是兼具学术性和行政性的学校事务。

(2) 机构运行的独立性。机构运行的独立性是指招生机构的工作不应受到社会和学校其他行政力量的影响与干扰,能保证招生机构根据自身的目标和标准来独立做出专业判断。③ 通过考试招生选拔到合适人才,是高校招生机构的重要使命,只有保持其独立自主性,才能肩负起促进高校选拔人才和社会公平正义的责任。

基于此,高校招生办应积极转变工作职能,为学校招生制定招生政策、招生章程、招生计划等,提高为各院系专业招生服务的意识。同时,招生办应对院系招生进行监督与规范,受理一些招生的争议、投诉,具体落实的权利。

2. 招生机构的专业性

招生机构的专业性主要体现在招生人员的专业性和以招生人员为执行主体的招生程序的专业性两方面。其中,招生人员的专业化是招生机构专业化的核心。唯有招生人员的专业化,才能实现并保障高校招生能力的专业化。建设并提高高校的招生能力,必须将招纳与培训招生人员,提升其专业性作为重中之重。

建立一支专兼结合的考试招生专家队伍,对这些招生人员进行专业的人才测评训练、模拟评审训练以及招生政策培训等,采取多种措施不断提高他们的人才鉴别能力和水平,保障大学招生能力的提升,这种做法在国际上较为普遍。例如,韩国在借鉴美国和日本现行的"入学司正官/查定官"(Admissions Officer)制度的基础上,自 2009 年开始实施入学审定制度。"入学司正官"指的是各个高校旨在通过多种方法和渠道,实现能够自由选拔录取富有创新精神、良好素质和潜能,并且和学校发展目标、建校理念高度吻合的优秀人才而任用的专人④,是大学内独立于其他行政组织、独立执行人才选拔任务的专业人士。随着大学入学司正官制度的巩固以及实施该制度的大学范围

① 秦春华.高校招生能力建设七人谈·什么是大学招生的专业化[J].华东师范大学学报(教育科学版),2017(1):14—17.
② 秦春华.高校招生能力建设七人谈·什么是大学招生的专业化[J].华东师范大学学报(教育科学版),2017(1):14—17.
③ 秦春华.高校招生能力建设七人谈·什么是大学招生的专业化[J].华东师范大学学报(教育科学版),2017(1):14—17.
④ 李建忠,张雷生,孙进.考试招生改革:世界在何去何从[N].中国教育报,2014-09-24.

的扩大,大学聘用的专职司正官规模也不断增加。到 2012 年,66 所得到政府财政拨款的大学共聘用了 618 名专职入学查定官,平均每所学校达到了 10 名。[①] 与此同时,由于大学入学查定官在人才选拔中的作用是决定性的,其专业能力的高低直接决定着高校招生的效果,韩国政府和有关部门建立了专业入学查定官培养制度,专门培养和培训入学查定官。2013 年,首尔大学、庆北大学等 5 所大学开展了培训研修工作,合计培训人员 440 人。同样,美国大学的招生官员,特别是主任级别的官员都有丰富的招生工作经验,绝大多数人员都是终身从事招生工作[②],这些大学对招生工作人员的选择也相当谨慎,往往要经过较长时间的考察。在进入招生季之前,招生办公室会组织专业化的培训活动,以此来保障招生的准确度。例如,作为全美最顶尖的公立大学之一,加州大学伯克利分校每年都会对报考材料阅读者进行长达两个星期的培训,目的在于尽可能降低阅读评估时的误差。当然,招生不仅仅是这些招生机构工作人员的事务,还应是全校各院校专业的共同责任,在招生过程中调动各院系的资深教授甚至优秀毕业校友的积极性,聘请专门的人才评估专家、教育学专家学者等的共同参与,也是各国实施自主招生时的有效经验。

然而,目前我国大多数高校的专职招生人员数量尚不能担负自主招生的面试工作,近年来在自主招生报名人数增多、面试环节要求愈加谨慎但工作日程安排紧张的情况下更是如此。新高考改革背景下"两依据一参考"的实施,将进一步加大对招生人员的需求量;同时,招生人员的能力和水平也难以满足和适应"综合评价"招生录取制度下人才选拔的专业需要。因此,无论是各级政府、教育行政部门抑或是高等院校,应提前规划,全面布局,努力构建一支专业化程度高、稳定性强的招生人员队伍,大力提升高校招生能力。

首先,招生人员应具备基础的教育学、心理学知识。招生是育人工作的第一步,也是培养人才的重要组成部分。只有在正确认知教育教学规律、人才成长规律和思想品德发展规律的基础上,才能树立起科学的人才观、评价观和育人观,从而系统全面地评价学生,在尊重学生差异的前提下挖掘学生优点和潜力并能客观看待学生的不足,将优秀人才从众多考生中挑选出来。

其次,招生人员应具备基本的评价学、测量学知识。招生是一项基于学生学习成果和现实表现对学生的能力、潜力做出科学评判的工作,要求招生人员能够在短时间内从学生的考试成绩、综合素质评价成果或面试表现中辨识出学生的能力和品质,从

① 任晓礼. 韩国入学查定官制度现况与运行机制考查[J]. 当代韩国,2013(4):95—104.
② 秦春华. 高校招生能力建设七人谈·什么是大学招生的专业化[J]. 华东师范大学学报(教育科学版),2017(1):14—17.

而对其能否被录取做出裁决。招生人员只有具备一定的评价学和测量学的专业知识，才能在招生工作中做出合理判断而不致偏颇。

再次，招生人员还应具备相应的学科专业素养，对现代文明成果始终保持高度的敏锐性和感知度。招生服务于高校，更服务于院系专业，是为学科专业选拔适用生源的过程。作为院系招生的代理机构和执行人员，招生人员应全面掌握各类院系专业的人才选拔标准，这不仅需要其与院校专业保持紧密的联系和充分的沟通，更需要其具有足够宽广的视野并对学术发展前沿知识具有高度的敏感度，唯有如此，才能担当起精确地选拔到人才的责任，才能体现招生的科学性和专业化。

三、充足的财政资金支持

加强高校的招生能力建设，需要建立专门的招生组织机构、聘用和培训专业的招考人员；同时，在招生录取尤其是开展综合评价的过程中，需要审核大量的申请资料、组织面试与笔试、聘请专家进行评审等以便能更加全面而专业地考察和评估考生，选出"好才"，这些都需要耗费大量的人力、物力、财力资源，高校的招生成本极高。例如，在 2012 年，美国大学招收每位入学学生的平均花费是 2 432 美元，也就是说一所新生入学人数是 5 000 的大学每年所花费的招生费用约为 1 200 万美元。[①] 我国的一所中外合作大学——上海纽约大学，在实施自主选拔招生中，每年招收 151 名中国学生的费用也要高达 300 万元之巨。所以，高校的自主招生制度往往被称为"昂贵"的招考制度，且在实际操作中，排名越靠前、生源越充足的高校，其招生成本越高。[②]

大规模的招生经费需求对政府和高校的财政资金分配、统筹能力带来了挑战，也提出了更高要求。为了保障高校自主招生录取的顺利实施，一些国家高校在政府拨付经费之余，积极在经费支出项目中做出招生预算，专门的经费投入为其运用招生能力开展自主招生工作提供了根本保障。例如，美国大学的招生办公室对招生进行专门预算，通常预算除了员工薪酬和奖金以外，还包括招生信息发布费用、邮寄费、员工有关录取和注册的差旅费、申请单打印费和处理费、网络维护费以及招生部门或者第三方承包人的其他活动费用等。[③] 另一些国家的政府或高校则在考试招生制度改革中不断加强了对招生的财政资金拨付力度。例如，韩国在实施入学审定官制度的过程中，政府的关注及财政支援也在逐步增加，对于符合条件的大学给予充足的财政支持。在

① 秦春华. 高校招生能力建设七人谈·什么是大学招生的专业化[J]. 华东师范大学学报(教育科学版),2017(1)：14—17.
② 付小倩. 深化高校自主招生制度改革：逻辑、障碍与路径[J]. 高校教育管理,2015,9(5)：36—40.
③ 陆一、黄傲寒,黄温馨. 考后双向自主选择的招生体系成本研究：以美国大学为参照[J]. 清华大学教育研究,2015(1)：111—118.

示范实施的 2007 年,政府预算为 20 亿韩元,随着这一政策的逐步落实和参与大学数的增加,2013 年政府的财政支援已经增加到了 395 亿韩元;而且,政府计划对此项制度将提供持续的财政支持,以促进大学招生的完全自主化。[①]

目前,我国大多数普通高校采取投档录取的方式,即地方考试院及相关部门根据考生的考试成绩将考生成绩档案投档到高校,高校招生办公室接收档案、依据院系录取分数线由高到低录取新生,这一招生录取过程并不需要高校过多的人力、财力投入。然而,通过综合考评来选拔优秀、合适人才则需要高额的运作成本,高校要想在招生工作中有所作为,就必须大力增加招生经费预算,保证招生经费资源的充足性。根据我国《2017 年度普通高等学校招生工作规定》,当前各省(区、市)招生经费由地方教育事业费列支,高校的招生费用一般在本校事业费中列支。政府部门以及高校,尤其是实施自主招生的重点院校,应在事业费中明确列支各项招生费用或逐步将招生费用单独列支;同时在对招生成本进行科学核算的基础上,合理调配资源,加大对招生的经费支持力度,为高校招生工作的开展提供足够的资金经费。

四、构建透明公正的招生程序

高校招生自主权是一种自主权而非自由权,通过透明公正的招生程序来保障高校权力的正当运用,既是政府权力下放的前提,也是高校招生能力的体现。

一是健全招生考试信息公开制度。高校招生考试信息的全面公开,能够规范高校招生运作机制,赋予考生和公众充分的知情权、参与权与监督权,维护各方人员的合法利益。高校考试招生尤其是学校自主组织测试,涉及考试方式与内容、录取标准的制定、选拔程序与结果呈现等诸方面。社会大众关注更多的是选拔标准和选拔方式是否公开公正,政府部门则较多关注于高校能否正当地行使权力。因此,高校应提前公布报考条件、考试科目与选拔标准,及时公示考核结果和录用名单,使考试招生录取程序运作在阳光下,提高招生考试的透明度和公正性。

二是完善招生考试程序的制度设计。通过系统、完善的招生考试程序来全面地评价与考核学生,是高校招生专业能力的重要体现,也是防范权力滥用的有效手段。高校自主组织的考试,要加强选拔程序的系统设计,提高考核评价的专业水准(例如由专业人员负责专项测试,最终综合评价),减少因考试程序漏洞或个人判定权力过大所造成的权力腐败现象,维护考试的公平性和有效性。

---

① 索丰,常波.韩国大学招生制度及其实施效果研究[J].外国教育研究,2014(12):31—41.

五、完善招生监督惩戒机制

一是建立有效的权力监督机制。招生的公平、公正是考生、家长、社会各方面最为关切的问题，不仅关乎高校的声誉，更关乎每一位考生的命运。在高等教育尤其是优质高等教育资源依然相对匮乏的情况下，高校招生不可避免地会受到学校内外部权力、人情、金钱等的诱惑和压力，易滋生"走后门""拉人情"等腐败现象。如何抵抗住这些压力，在选拔考生中做出公正、合理的判断，是高校招生机构面临的挑战和考验。在这一过程中，一方面应强化招生考试机构的自我约束和自我管理能力，保证信息渠道畅通，增强透明度，使招生工作在阳光下运行；"必须突破单纯的'权力收放'的改革逻辑，以高校办学环境为着力点，利用声誉机制的作用来实现一种有效地高校自我约束"①；另一方面应建立开放的社会监督机制，形成高校自我监督、政府宏观指导和社会广泛监督的良好机制。

二是加大招生腐败的惩戒力度。有责任就有约束。赋予高校招生自主权，让高校在大学招生录取过程中发挥主体作用，绝不意味着高校及其招生机构自此就可以为所欲为，想怎么招生就怎么招生，想录取谁就录取谁。恰恰相反，它意味着对高校及其招生机构更强有力的监管和对违法违规行为更大程度的惩戒。只有让违法违规者付出惨痛的代价，才能以儆效尤，让心存侥幸者不敢轻易涉险。惩戒主要针对两个方面：一是造假和作弊；二是利益输送，违规录取。在中国历史上，科场舞弊历来是重案，违反者重则杀头，轻则流配；在国际上，考试招生作弊也是重罪，对作弊者的一生都会产生无法估量的影响。

事实上，违规成本过低正是目前考试招生录取中作弊违规屡禁不绝的重要原因。在优质高等教育稀缺的情况下，大学招生录取的利益巨大——特别是对具体的家庭和个人而言——如果违规成本过低，心存侥幸者就会铤而走险。这不仅是违规违法问题，更严重的是，它腐蚀人心，引诱人走上说谎和腐败的道路。因此，对于违反招生录取规则的学校和个人，必须加大惩戒力度。目前，高考作弊已经入刑，对于招生违规，也要使相关的机构和个人付出沉重代价。关于招生录取违规处理，应加大处罚力度。譬如，对于违规招生的大学和中学等，应中止其招生资格一年乃至若干年；削减财政拨款；罚款；撤销校长及主要负责人职务或更严厉的惩罚，等等。对于违规的个人，应按照有关规章制度承担责任，接受惩戒，并计入其个人诚信档案，使其未来在贷款、保险、就业、升职等一系列方面都会受到限制和制约，等等。

---

① 王寰安.运用办学竞争和声誉机制推动高考制度改革[J].中国教育学刊,2015(7)：22—25＋31.

六、结语

新高考改革是教育领域里最深刻的一场革命,也是"牛鼻子"。扭住了这个"牛鼻子",教育领域中的许多困难和问题都可以迎刃而解。但是,谁来扭这个"牛鼻子"呢?答案只能是大学。只有让高校成为大学招生录取的主体,赋予高校招生自主权并提高其招生能力,才有可能真正牵着教育改革的这头"牛"沿着正确的方向,到达成功的彼岸,满足人民群众对美好教育的向往。

《国务院关于深化考试招生制度改革的实施意见》明确提出,新高考制度的核心是"两依据、一参考"。"两依据"和"一参考"是一个整体,二者必须结合起来才能发挥作用。失去了"一参考"的平衡,"两依据"不但独木难支,而且会因为对考试分数的不合理使用而引发更大的问题,使"应试培训"之风愈演愈烈。"一参考"的钥匙在大学手中,要想让"一参考"真正发挥作用,就必须赋予高校招生自主权,让其在招生录取中发挥主体作用,由此开启促进学生健康成长成才之门。

第三部分 高考改革环境和条件研究

第八章　适应新高考学校完善环境资源

第一节　适应新高考学校教学资源的建设

新高考综合改革背景下,因选课走班等制度的实施,学校需要重组现有资源,增加新的教学资源。以上海高考综合改革为例,基于大走班(让学生自主选择所有 3 门高考科目并自主选课)、中走班(绑定 1 门,允许学生选择 2 门高考学科并自主选课)和小走班(绑定 2 门,仅允许学生选择 1 门高考学科并自主选课)的需求,本研究对学校深化课程教学改革中所需的教师、教室、经费等几方面的教学资源进行了调研分析。结果与建议如下。

一、适当增加教师队伍编制人数

目前对学校教师的编制标准还是停留于 1993 年制定的编制标准,远远不能满足新高考改革对教师的需求。新高考制度下,最为主要的问题就是教师队伍的结构性失衡问题:地理、生物教师缺口很大,物理和化学教师富裕。调研中,校长反应,新高考改革对教师数量,尤其是地理和生物教师的需求量如下:如果满足大走班的需求,需要增加 20% 的教师;如果满足中走班的需求,需要增加 15% 的教师;如果满足中小班的需求,需要增加 10% 的教师。

除了对地理、生物老师的需求和教师总量的需求增加之外,为了顺应新高考改革的需要,培养学生面向未来的竞争力,以下几类教师在当前高中学校中的缺口很大。

1. 生涯规划教师。为了更好地指导学生选课走班,指导学生进行生涯规划,学校需要开设生涯规划与指导课程,避免过度功利化选课。而学校这方面教师的数量和质量都急需提升。

2. 心理辅导教师。学校当前的心理辅导教师数量有限,一方面需要给学生开设心理咨询与辅导课,同时需要对前来咨询的学生进行咨询和辅导。随着新高考的推进,课程开设的工作量越来越大,心理咨询的压力也越来越大。学校也需要增加这方面的教师。

3. 研究性学习指导教师。新高考以及新课程改革强调培养学生的研究性学习能力,培养学生的创新意识和实践能力,上海的课程类型中有专门的研究性学习课程,但是目前能够胜任的教师却不多,一是数量有限,二是现有的教师中对学生开展研究的指导能力弱,对学生课题研究的认识不够,学生研究性学习成果也不显著。新高考背景下尤其要强调对学生综合素质的培养和评价,而研究性学习是其中非常重要的一部分内容,但是能够胜任研究性学习指导的教师则明显不足。

4. 跨学科创新实验教师。上海高中学校校长都很重视开展跨学科实验教学,如STEM教育、创客教育等,以培养学生的科技创新能力和综合素养。为此,多数校长开始谋划和行动,开始了创新实验室的设计与建设。但是这方面的教师也是奇缺,年龄长的教师的知识结构相对固化和成型;刚刚毕业的大学生多数是专攻一业,缺乏复合型、跨学科的教学能力。

5. 现代信息技术教师。对学生信息技术能力的教育,已经被学校高度关注;与此同时,学校教学和管理也需要信息技术专业人员来维持和保障。原有的信息技术教师不仅数量不足,教师的专业技术能力也不强,不能满足新的发展需要,如人工智能教育、创客教育等。

上述几种类型的教师,有的学校根本没有这方面的专职教师,有的学校只有1—2个,远远不能满足需求。需要在原来的基础上增加100%—200%。

6. 教辅管理人员。随着选课走班制度的实施,对排课、调课乃至打印复印资料的要求都比以往大幅增加,一般高中学校需要从原来的3位教辅管理人员增加到5—6位,增加幅度应为85%—100%。

随着新高考改革的实施,原有的学科教学如语文、数学、英语等方面,教师队伍需要重新学习和适应,无论是对课程标准、教学内容的把握,还是教学组织形式以及教学评价,不少教师感到迷茫和困惑。尤其是走班制下的学生管理更是考验着每位老师的教学与管理能力。

为解决因选课走班带来的教师结构性缺编和潮汐现象,一方面应增加教师编制,招聘新的教师教课;另一方面,也可以区域为单位,如一个学区、一个集团或是一个区域教育局等,统一排摸区内教师总量、结构和各学科对教师数量的需求,做好支持和保障,进行区域内统筹,解决教师的结构性短缺和潮汐现象,保障各学科的教学质量。

二、适当改扩建教室

新高考背景下,学生选课走班,需要增加教室的数量,更新相关的设施设备,重建学科实验室和学科功能室。

1. 增加普通教室。其实,在新高考改革之前,不少学校的教室就存在不够用的情况,主要表现在期末考试无法安排,拓展性、研究性课程开课需求无法得到满足等。新高考改革后,除了上述问题之外,还存在不同的选科科目组合,需要安排不同的走班组合,对教室的需求增加。

走班教室具体增加多少,和学校的学生规模、班级规模有一定关系,就上海而言,多数普通高中学校的规模为:学生 1 000 人左右(800—1 200 人),教职工和学生比例为 1∶10 左右;每个学段 6—10 个班级,班级规模 40 人左右。据此规模,一个学校如果按照一个年级 10 个班、一个班级 40 个学生的规模,选修教室需要占到原有行政教室的 25%—30%,也有校长提出如下的教室增加需求:如果满足大走班的需求,需要增加 40% 的教室;如果满足中走班的需求,需要增加 30% 的教室;如果满足中小班的需求,需要增加 20% 的教室。

2. 更新设施设备。在教室改扩建的过程中,需要同步进行教学设备、教学仪器等的添置,以及信息技术软硬件环境的建设等,学校这方面的需求同样很大,调研获得的意见是:如果满足大走班需求,需要增加 100%;如果满足中走班需求,需要增加 80%;如果满足小走班需求,需要增加 60%。

3. 重建创新实验室。除了传统意义上的普通教室和设施设备的增加之外,上海多数高中校长认为,为顺应新高考改革以及新课程改革的需要,培养学生的核心素养与综合素质,目前学校迫切需要重新规划和建设科技创新实验室、综合学科实验室、现代信息技术体验环境、心理辅导室等,以便于开展科技创新活动、STEM 教学、人工智能教育、心理辅导和生涯规划等。人文社科类学科也需要建设相应的学科功能室、社团活动室等,以更好地培养学生的综合素质,如培养学生的高级思维能力、动手实践能力以及问题解决能力。不同学校对此类多功能的需求不同,个性化较强,但其共同的诉求是学校需要建设创新实验室和创新实验平台。然而,目前对实验室建设的设计思路、使用功能以及师资配备等,还缺乏明晰的规划和路径。

选课走班对普通教室需求的增加,更多体现在市区学校,学校占地面积、建筑面积有限,固有设施不能满足需求,而郊区学校的情况就会好一些。但是对于各类创新实验室的建设,郊区学校和市区学校有着同样的诉求。实践中,有学校因地制宜,挖掘现有教学潜力,提供了宝贵经验,如同济一附中在教室改造和实验室建设方面的做法值得借鉴。一是教室实验室化,将教室打造成学科教室,比如在化学等级班和物理等级班,配备比较安全的、能操作的实验设备,学生在教室里可以自主进行实验,提高动手能力;二是实验室智能化,因为学校在信息技术方面有一定的基础,所以想通过智能化的改造,使学生能自主管理,利用一些空间,可以自主取出、使用实验记录仪器;与此同时,学校也通过利用信息技术进行教学管理,如网上选课走班、答疑辅导,拓展时空。三是公共空间自主化,在教室、实验室以外的公共空间给予学生学习的资源,让学生自主学习,提供泛在学习的时空。

三、适当增加办学经费

实施新高考改革以来,随着选课走班的实施,教师编制增加、设施设备更新以及学生管理等方面的费用增加,对学校办学经费的需求也在增加。据教育部、国家统计局、财政部关于 2015 年全国教育经费执行情况的统计表明,上海市高中生的生均公共财政预算教育事业费 2014 年是 30 819.14 元,2015 年是 35 632.31 元,2015 年比 2014 年增加了 15.62%。就高中生的生均共用经费投入而言,2014 年上海市公共财政支出是 9 380.18 元,2015 年是 10 183.46 元,较上年增长 8.56%。

另据上海市教育委员会、上海市统计局、上海市财政局的统计结果表明:2016 年,各区高中在校学生人均实际支出 47 377.13 元,较上年增长 16.25%,增长较快的为虹口(73.65%)、长宁(64.05%)和金山(57.92%)3 个区。另一数据显示,2016 年,上海市高中生人均公用经费支出 12 841.86 元,较上年增长 8.20%,增长较快的为长宁(146.76%)、金山(111.19%)和虹口(81.75%)3 个区。不同区之间的差距较大。2017 年的高中生均支出经费还没有统计出来,但是比较明确的是,新一轮高考结束,各项改革举措平稳落地后,上海市财政给每位高中教师平均发放了 2.5 万元的高考改革绩效津贴。

需要说明的是,上海市高中生的生均公用经费是 2 200 元/年,针对一些小规模的高中学校,为了维持学校的正常运转,区财政按照基数托底的方式,解决学校的办学经费。比如,在崇明区,不满 500 人的高中,区财政按照 500 人的基数下拨生均公用经费;在普陀区,不满 800 人的高中,区财政按照 800 人的基数下拨生均公用经费。总的结论是:如果满足学校大走班的需求,需要增加 30% 的办学经费;如果满足学校中走班的需求,需要增加 20% 的办学经费;如果满足学校小走班的需求,需要增加 15% 的办学经费。

增加的经费主要用于如下三方面的支出:一是教师编制的增加需要更多的经费投入;二是学生走班后各项日常费用的支出增加;三是新购置的教学仪器和设备等。与此同时,多数上海高中校长认为,所增加的经费中,相当大的部分要用于满足学生个性化学习、个性化指导与管理的需要。

第二节　适应新高考学校的课程安排

高考改革的一大目标是缓解学生"一考定终身"的压力。但是由于功利动机带来的学校"抢跑"问题也随机产生。表现为学校为了提高升学率,抢赶教学进度,加重学生课业负担;在等级考选考前,停课集中复习"会战";压缩不考试科目,用考试科目暗中替代或挤压选修课程课时。高中学校的这些功利行为严重影响着正常的课程安排,影响着学生学科学习的持续发展,影响着学生素养的综合提升。为了保证开齐开足国家规定课程,促进学生全面发展,总结上海的经验和校长们的建议,提出如下意见。

一、多维度保障学校在规定课时内开齐开足各类课程

在规定的课时内开齐开足各类课程,既是贯彻国家课程总体要求的需要,也是促进学生全面发展、提高学生综合素养的重要保障。为了避免学校"抢占课时""应考会战"的不良现象,本研究提出如下改进建议:

1. 行政推动。高考改革制度实施的过程中,可从全省(市)的角度出台有关高考改革背景下课程安排的建议,高考改革背景下选修课程、拓展型和研究型课程安排的指导意见等,推动区域教育行政部门、教育督导部门、学校按照意见和建议的精神贯彻落实课程安排的相关规定。

2. 专业指导。省(市)级的教育科研部门可以通过组织培训,定期召开研讨会等形式,让教师、校长以及各级管理部门人员重视各类课程的育人价值,指导学校在规定的课时内开足开齐课程,统筹安排各类课程。不能因为考或者不考,视合格考或等级考的不同而随意压缩非考试或合格考课程课时,降低教学质量。要严格按照国家规定按质保量地开足开齐各类课程,促进学生全面发展。

3. 强化督导。在日常的课堂教学实践过程中,教育督导部门要定期和不定期地对学校课程开设情况,尤其是对非高考科目、研究型和拓展型课程开设的情况进行督导评估,发现典型,总结经验,找出问题,提出改进思路和建议,需要惩处的给予应有的惩处,从而督促区域教育行政部门和学校开足开齐各类课程。

4. 技术支持。通过充分利用现代信息技术的便利,加强监督和管理力度,是保障学校开足开齐课程的重要路径。比如,建设与完善全市统一的教学管理平台,学校需将学校的课程表上传到该平台,教育行政部门、教育督导部门随时可以查阅每个学校的课程安排,随时督导检查学校教学的内容与安排。条件成熟时,可让任何有需要、有资格查看的人员随时在平台上查看每个教室(实验室/功能室)的教学直播视频。就如

当前不少学校的安全管理中心随时可以观察校园门口人员进出、食堂操作间食品准备、操场上的学生活动情况一样,让每个教室都通过物联网连接起来,有需要的工作人员可以随时查看。一旦发现,给予相应的惩戒和处罚,防止学校"墙上一张课程表,学生文具盒里一张课程表"。切实保障学校按照规定开齐开足各类规定的课程。

二、加强生涯规划教育,引导学生理性选课

走班教学是一项系统性工程。其中最为关键的前提在于学生能够依据自身的兴趣爱好理性选课,而不是基于功利的追风选课。而理性选课的背后是学生选课指导需求的几何式增长。但是,当前高中开展生涯规划教育尚是新事物,迫切需要得到重视。

1. 加强生涯规划教育。高中生涯规划教育要贯穿整个高中三年教育,学校要按照学生的发展规律统筹安排不同阶段的指导任务,引导学生从学业规划、职业思考、自我完善等方面进行选择探索。要科学规划安排学生的生涯规划修习计划,分阶段有重点地逐步推进;开设生涯规划课程,加强生涯体验与实践,拓展职业体验基地,建立生涯发展档案,采取多种途径开展生涯规划教育。在生涯规划教育中,要重点强调学业规划教育,通过学业规划来帮助解决选科、选考、选专业、选高校等相关问题。

2. 加强生涯规划教育师资队伍建设与专业培训。成立专门的学生生涯发展指导室,由校长或副校长直接分管。加强专业生涯规划教育师资队伍的培养与引用,以保障生涯规划教育的科学性、专业性与有效性。区域可以利用网络信息平台,邀请专家学者举办主题研讨,开办工作坊,促进师资的专业成长,实现资源的共建共享。逐步完善成长导师制,利用校内外人力资源,为每位学生配备成长导师,对学生进行个性化辅导。

3. 建立生涯咨询制度。由专职或者兼职教师负责在固定地点和时间为学生提供生涯咨询,通过梳理、澄清、探讨并尝试解决问题等方式帮助学生解决在生涯发展过程中遇到的疑难或困扰。加强与社会、高校联系,建设学生生涯发展指导的社会实践基地,加强高中——高校互动基地等。

三、加强过程督导,切实开好拓展型和研究型课程

上海市中小学校的课程结构是由基础型课程、研究型课程和拓展型课程组成。基础型课程是为落实国家对中小学生共同基础要求而设置的,它体现了国家对中小学人才培养的基本要求,其特征是基础性和系统性。研究性课程是在教师的指导下,学生自主地运用研究性学习方式,获得和应用知识,发现和提出问题,探究和解决问题的学

习活动。拓展型课程是以培养学生的主体意识、完善学生的认知结构、改善学习方式、提高学生自我管理和选择学习的能力为宗旨，是一种体现不同基础要求、具有一定开放性的课程。这种类型的课程结构，尤其是研究型和拓展型课程的开设是上海市第二期课程改革的特色和亮点，拓展型课程和研究型课程被认为是发展学生兴趣、爱好与特长，培养学生创新精神和实践能力的重要载体，更是学生综合素质发展的重要渠道。

然而，在现有的高考改革制度下，不少高中校长都反应，这两类课程的落实受到了很大的影响，在不少学校被弱化和忽视，没有开齐开足这两类课程。具体表现为，在高中一、二年级，学校和学生忙于应付完成合格性考试的科目，并开始准备在高二下学期的地理和生物学科的等级考，根本没有时间和精力从事研究型和拓展型课程的开设和学习。等到了高三年级，学生基本学完了合格考的科目，时间相对空余，但是为了应付最后的基本高考科目，学校和学生也没有兴趣开设这两类课程。

针对该现状，本研究认为解决办法有二：一是从市级层面上加强对学校开设研究型和拓展型课程的检查、督导与评估，要求各区县教育局和学校开齐开足研究型和拓展型课程的课时，配齐相应师资、设备等。加强市级层面和区级层面对学校开设研究型和拓展型课程的检查、督导与评估，召开教师层面、校长层面的经验分享会和问题研讨会，并将其列入学校办学评估的重要指标。二是在学生的综合素质评价中凸显研究型和拓展型课程的学习记录和学习成就，并号召高校在招生过程中适度增强对这两门课程学习记录和学习成就的权重。

四、对接新课标，开好必修课、选择性必修课和选修课

新课程把高中生学习的课程分为三大类：第一类为共同必修课，所有的学生不管考什么、选什么，必须要学的，对应的是合格考的内容。第二类为选择性必修，参加高考的学生这些科目是一定要学的，必须要修的，但有选择的余地，学生在科目、多少上及程度上可以选择，选择性必修课程对应的是等级考的内容，也就是说等级考的内容是在必修课程基础之上加选择性必修课程的内容。第三类为自由选修，它跟考试招生没有太直接的关系，主要是为学有余力的学生提供提高的机会。高中新课程标准和课程安排，与高考的关系是交叉圆的关系，课程不是简单跟着考试走，而是服从育人需要。既要为学生准备参加考试，也要考虑学生的兴趣爱好和特长。从设计意图上来说，是想为以后的大学先修课程提供一个课程基础，同时也可以把学生在这方面的突出表现作为综合评价的内容。

在此基础上，通过研制学业质量标准，能再进一步在课程学习程度上也把不同类

型的课程与高考对接起来。高考也好,学业水平也好,都要命题,命题总得要有依据,总得要有参照。其总的依据是课程标准,但是它要具体化,要细化。新课程标准的一大亮点,也是一大重点,就是研制了中国高中学生的学业质量标准。这个质量标准对学生的学习程度做了一个水平划分,一般三到五级,根据每个学生自己的学习基础和最后学习结果的程度,划归不同层次。各科课程标准都明确规定,哪一层是合格考的水平,哪一层是等级考的水平。一般来说,合格考的水平是第二等级,等级考的水平是第四等级。

与此同时,还要考虑体育、美术等非等级考科目的选择性选修课程怎么落实的问题。在现有的高中课程框架中,语数外三科有高考,教学质量不会有多大的问题。政、史、地、理、化、生一般都会被纳入选考科目,学生会学习必修课程以及限制性选修课程,其内容的涵盖度和深度预期也有所保障。但从目前各省市高考改革实施方案来看,没有一个把等科目纳入选考科目。而这些科目的课程标准依然有限制性选修课程的内容,这样就存在这些课程内容的教学质量怎么保证的问题。

解决的建议是:第一,加强课程开设的督导,把督导的重点内容放在这些非等级考科目和高考科目的课程是否按课程标准规定开足开齐上来,在过程上保证学生享有足够的学习机会。第二,对照学业质量标准的能力等级要求,加强对合格考的监管力度,确保高中毕业生具备最低限的能力素养。大部分省市都会把这些科目的合格考下放给学校自行组织,而不是组织统一的考试,所以,要抓住考试质量内容的监管,确保它的广度和难度符合课程标准提出的必修课程标准。第三,把学生修习这些非等级考科目的限制性选修及选修课程的情况作为综合素质评价的重要内容。

这里,还有一个问题是,选修课程不作为等级考内容的情况下,怎么推动学校开设选修课程? 选修课程开设的目标是让一部分对某领域有特别兴趣的或者学有余力的学生有更大的发展空间,它一方面可以增加课程的多样性、选择性,推动高中教育多样化发展,另一方面,有利于高中课程与大学课程的衔接。在整体课程结构中是非常重要的一个组成部分。但除了语文数学外语三科之外,其他各科作为学业水平考试都不包括这部分课程的内容,所以,怎么让这部分课程真正开设起来,至少让一部分学校能真正开设起来,丰富学校的课程,也会是一个挑战。我们的建议是:第一,建立中国的大学先修考试制度,推动选修课程建设。具体来说,一是把各学科的大学先修课程的内容限定在课程标准规定的选修课程。二是可以在先修课程考试上试点社会化考试,允许有较高资质水平的3—4家机构组织考试,由大学和考生来决定选择。这一方面为后续的社会化考试提供探索经验,另一方面也可以减少现在各家大学自己组织考试,质量标准不一,学生要多头应付的问题。第二,把学生的选择性课程修习情况作为综合评价、"三位一体"招生等评价的重要内容。

五、把信息技术列为等级考科目,增强面向未来的竞争力

人类社会已经进入信息技术社会,这一方面促进了教育变革,但与此同时也对教育提出了要求,教育要培养能够顺应并引领未来信息技术时代所要求的人才。国务院2017年颁布的《新一代人工智能发展规划》要求我国要抢抓人工智能发展的重大战略机遇,构筑我国人工智能发展的先发优势,加快建设创新型国家和世界科技强国,并特别强调指出:"在中小学阶段设置人工智能相关课程,逐步推广编程教育。"2017年11月,上海市人民政府也出台了《关于本市推动新一代人工智能发展的实施意见》。这些都说明国家和地方政府已经高度认识到了现代信息技术在未来社会发展和人类生活中的重要作用。邓小平早就说过,"计算机要从娃娃抓起"。

与现代信息技术在人类社会中日益发挥的重要作用不相匹配的是,当前上海乃至全国其他省份(这些省份很大程度上是受上海的影响)在选考或等级考科目中并没有"信息技术"这一学科。在当前高利害的高考招生制度下,众所周知,没有列入等级考科目的学科,无论是学校,还是家长和学生,对其重视程度就会大大折扣。这样的一种现状非常不利于培养面向未来的高科技人才。就上海而言,也有学者指出,曾经一度领先的中小学信息科技课程优势所剩无几,主要表现为时代适应度不足、内容覆盖不够、学段衔接度欠缺、形式友好度匮乏等。

对此,我们深感忧虑。本书强烈呼吁,将信息技术列为选考或等级考科目,具体实施方式可以是浙江省"7选3"的模式,也可以探索其他模式。

第三节　适应新高考的学校教学管理

新高考最大的亮点在于将选考权交给学生。"选考"新政倒逼高中打破传统的行政班教学而实施走班教学。在新高考制度下,选课走班成为普通高中教学的必然选择:教学不再是统一步调的"齐步走",而是面向学生个体的"个性走"。

从试点高中的走班制实践来看,走班制是一项牵一发而动全身的系统工程,引发了高中学校教育教学内容、制度与管理方面等一系列的"链式反应"。新高考所要求的走班制,对传统的教学组织管理和运行机制的冲击是巨大的。为了更好地适应与服务新高考改革,为了更规范有序与高效精准地服务高中教学,结合高中走班教学变革实

践中上海、浙江两地取得的经验,从高中教学管理角度提出如下建议。

一、保持行政班级三年稳定

传统的行政班级,是教学组织与管理的基本单位,具有教学、管理与学生发展等多种职能,对于培养与发展学生的思想品德、情感人格与交往归属等社会性发展具有重要的价值。走班制对于行政班带来的冲击主要表现在三个方面:一是弱化了班主任的管理职能;二是行政班的凝聚力下降,弱化了班级归属;三是弱化了以行政班为单位对学生的思想、安全教育、社团管理等。

在高中推进走班教学的过程中,不能忽视行政班级的育人职能。要在推进走班教学的情况下,保持行政班级的三年稳定,完善行政班的管理制度,强化行政班的育人保障作用,以对学生的学习与生活进行高效管理和指导。

1. 保持行政班的稳定,梳理与完善行政班管理制度。积极适应走班教学对于传统行政班的冲击与影响,明确行政班班主任的育人职责和管理职能,积极利用班会、谈话等形式教育引导学生;加强与学生的沟通交流,密切关注学生的学习、发展与心理状况;做好家校联系工作,为学生搭建各种活动平台。

2. 加强班集体建设,增强班级凝聚力,加强以行政班为单位对学生学习、生活与发展的管理和指导。充分发挥行政班的传统优势与长处,培养班级精神与集体意识,培养学生对班集体的归属感和认同感,增强班级凝聚力。加强班集体建设,建立积极健康的班级文化,促进学生健康和谐成长。

二、建立和完善教学班管理制度

相比较传统的行政班,高中生因选课而组建的班级也称之为"教学班",其特征是临时性、松散性与流动性。走班教学对教学管理带来的影响主要表现在如下方面:一是教学班学生的归属感较弱;二是教师的育人职责被消解;三是引发了日常教学管理的新问题,如课堂考勤、座位、作业收发、学习辅导等;四是学生流动引发新的学生管理问题,如学生间流行病传染、学生间的恋爱问题等。

走班教学是新生事物,在新高考背景下将逐步成为常态。要积极适应走班教学,主动建立适应走班教学的新教学管理机制。

1. 明晰教学班的功能,建立和完善教学班管理制度。为了保障教学班这一教学组织职能的正常发挥,教学班也要参照行政班模式,建立相应的组织机构。在学科教师的协调下,建设教学班班集体,成立班委会,选好课代表,协助教学班的日常管理,维持学习纪律,增强与教学班教师的沟通。建立教学班教师教学常规和学生学习常规。建立完善教学管理制度,包括课前候课、学生每节课考勤考核、班级安全、卫生包干、学生自我管理、教学班评价等具体管理制度。同时,加强"+3学科"的学习共同体建设,发挥教学班的育人职能。

2. 加强学生走班过程中的流动性管理。通过信息技术与管理制度创新,加强学生日常管理的精准和到位。要加强对学生在走班过程中的流动性管理,通过信息技术的应用,制度的变革,加强对于学生日常管理中出现的流行病、缺课、恋爱以及突发事件等的危机干预与管理。明晰教学班教师的管理与育人职责,遇到学生事件与问题及时与行政班班主任沟通交流,共同协商处理。

3. 优化学校中层管理机构与机制。处理好学校各部门管理与年级管理关系,适应行政班和教学班并存局面,做好三年统筹安排,明确各部门职责和管理流程,实现班级和学生管理的精准性和有效性。

三、建立基于信息网络的排课和选课系统

选课走班带来了教务排课与学生选课的复杂多样,直接导致教务员排课工作量与学生选课操作难度的大幅度增加。同时,教务人员及相关教辅人员的数量出现不足。

1. 学校积极利用信息技术,建立完善的排课与选课系统。充分利用信息技术与互联网平台,开发和完善排课与选课系统,利用信息技术提升推进走班教学的有序、规范和高效。

2. 制定学生选课与走班手册或指南。从学生立场出发,适应因走班教学带来的排课与选课系统变革,编制选课指导与走班手册,让学生了解学校的选课操作系统与走班路径,以引导与规范学生精准走班。

3. 增加专业化的教辅人员,做好走班教学与管理的支持服务工作。增加教辅人员的数量。在高中教师编制中,建议单列教务管理人员系列,按照现有存量的40%增加。提高教务人员的专业化素养。随着信息与网络技术在选课与排课系统中的广泛应用,基于信息网络的教务管理迫切需要提升教务人员的理念、技术与素养,以更好地应对走班教学带来的教学管理挑战,更好地服务于师生的选课教学。

四、加强学校楼层与场馆公共学习空间建设

在走班过程中,因为选课差异使学生们的自主学习、项目学习与自习时间增加。就此而言,需要为学生们提供更多的自主学习空间。

1. 加强学校楼层与场馆公共学习空间的建设。充分利用现有的教学楼层、图书馆、创新实验室等楼层与场馆，建立布局合理、使用便捷、支持丰富的公共学习空间，以利于学生的自主学习、项目学习与小组讨论。

2. 设立专门的学习辅导室。因为学生流动，使得任课教师与学生之间的专门交流时间变少。因此，学校需要充分利用教室资源，开辟专门空间作为学生的学习辅导室或答疑室。定期或不定期安排学科任课教师在学习辅导室，为学生解答疑难，辅导学生课外的自主学习。

五、加强教学质量过程评估，提升高中生的综合素养

加强走班教学过程中的教学质量监控机制建设。积极利用现代信息技术，构建适应走班教学过程中的质量监控机制，及时掌握教学班学生的学习状态，准确了解学生的学业发展及个性化成长需求，给每个学生定制学生诊断报告。通过构建"互联网＋教学质量监控"模式，基于网络反馈师生的教与学情况，为学校、家长、教师、学生提供定制的学业诊断报告，为师生改进教与学提供依据，增强教学质量监控实效性。

第四节　科学安排考试时间

如何考影响着如何教和如何学，考试的时间、次数安排等都对高中课程开设、教学管理等有着重要影响。调研发现，考试次数多、时间安排不合理，已经严重影响了高中三年的教学安排和教学秩序，成为了一个迫切需要解决的问题。通过汇总调研意见和对上海、浙江下一步调整考试时间与方法的计划，建议如下。

一、把等级考统一安排到高三开考

当前关于等级考/选考考试的安排，导致教学出现了如下问题：

1. 课程安排不均衡，存在"前紧后松"、赶抢进度和反复停课集中复习等现象。高三决战语、数、外是新高考之后反映出来的在课程设置方面的一个突出问题。浙江省在这个问题上提供了正反两方面经验。浙江省 2014 年高考方案是允许学生可以在高一、高二参加等级考的，普通高中普遍反映高一、高二课时严重不足，压缩课时、赶抢进度的现象非常突出。但浙江在 2017 年底出台了《浙江省人民政府关于进一步深化高考综合改革试点的若干意见》，明确规定所有科目的等级考都放在高三。调研中，各方都对这个政策持很高的评价，认为这对保证正常的教学秩序、减少赶抢教学进度起着

非常明显的作用。

2. 高二甚至高一可以参加等级考是学校高一、高二压缩学习课时、抢赶教学进度的最关键原因。因为等级考或选考的成绩会计入高考总分,所以对学校和考生来说,它就是高考,不得不重视。浙江省最初的方案是允许学生多次考试,甚至高一就可以考试。而上海的方案虽然不允许多次考试,但允许学生在高二可以选择生物、地理进行等级考。两者对课程安排秩序造成的影响是一致的。

对浙江考生来说,因为是可以多次考试,绝大部分学生都希望抓住两次考试的机会,所以第一次考试必然会提前到高二甚至高一。这样一来,学校就必然遇到强大的压力,把教学进度提前,以帮助学生可以在高二就能够参加之前本来在高三才能参加的考试。这就必然导致对有些课程内容进行压缩,而且高一、高二的课程会特别紧张。

对上海的考生来说,由于绝大部分考生都希望能减少高三的考试压力(因为语数外三科的分值非常高,是重中之重),在高二先考掉1—2门。调研中,校长们普遍反映,学生都会在高二就把生物和地理学科考掉,减少高三等级考试和语数外考试的压力(减少因选择带来的压力)。校长们也认为,两门等级考科目放在高二考没有明显优势,但是放在高三考,会影响其他两门等级考试科目的成绩。所以,大家还是选择了高二先考掉。这样一来,高二两门考试(地理和生物),高三1月份英语考试,就压缩了其他科目的课时。尤其是高二地理、生物等级考开始时,其他学科就要为考试让路。调研中大家都反映,高二结束两门等级考,实质上是让学生的考试压力提前。

上海方案允许地理、生物放在高二开考,还带来一个突出问题,就是选考地理、生物的考生人数比例非常高(调研中校长反映,几乎是百分百的学生都选考了这两门),事实上这就人为地压缩了考生选考物理、化学、历史等科目的空间(因为剩下的四门就变成了4选1了)。但是,这无论是从人才培养的角度,还是从国家需求的角度,都是不合理的。

因此,建议统一规定所有科目的等级考都放在高三开考。

二、减少考试次数

(一)高中教育总共3年时间,考试次数一多,教育时间就碎片化,学习内容就很难系统化,对人才培养质量产生明显的负面影响

调研中反映,在浙江,由于等级考试的时间较传统高考提前了1年多,学校教学安排前紧后松的情况较为普遍。第一次考试赶进度,第二次考试"炒冷饭",一些学校出现了新的应试教育。教师们普遍担忧学生的学科素养。杭州第十四中学一位生物教

师谈道："在之前的教学中,讲到DNA的时候会拓展一些最新的研究进展,这一届就感觉没有时间,只能把知识点倒给学生。"一位物理教师谈道:"上课节奏非常快,无法给学生拓展,应试教学的情况更严重了。"一位历史教师谈道:"课时特别紧,原来两年的任务一年就要赶完,学生没有时间去看文史类的书籍。"强调动手能力的实操性"技术"科目,最后的考核是通过34道笔试题目呈现,变成书面化的考试,导致了教师在授课时,考什么练什么,以套路解决问题成为应试教育。43.4%的上海教师、49.4%的浙江教师不认为新高考"有助于引导高中教育培养学生的创造性思维、科学精神、人文素养"。

老师们反映,高二开始为了应对学考选考,教学过程都在抢进度,备考复习时,其他科目的学习会暂停,打乱了教学计划,不少学校都有"阴阳课表"。由于校内的课时安排没有办法保障对教学内容的消化或提前应对考试,学生去校外寻求补习的现象加剧。上海、浙江分别有73.3%和30.2%的学生参加课外辅导补习。在浙江省的教师问卷中,对选考时间安排在10月和4月持负面评价的占60.7%,对一年两次等级考试持负面评价的占53.6%。上海教师对英语两次考试持负面评价的占39.8%,对选考科目时间安排在5月持负面评价的占44%。

(二) 考试次数增多是学校弱化选修课、拓展课的主要原因

各高中普遍反映新高考之后,之前的选修课程、校本课程明显压缩。特别是一些重点高中,改革之前,这些高中大部分都还能在高一、高二开设相当数量的选修课程、校本课程,但改革之后,这些课程都大幅压缩。这直接的原因是学校教师觉得课时不够,就先把与考试不相关或者相关度不高的选修课放弃掉。而导致学校教师觉得课时不够的原因是考试次数增多,几乎每个学期都要备考。

2012年国家课程改革强调要开足开好选修课,但由于选修课和新高考不挂钩,加上要应对合格考和等级考多次考试,学生们在选修课上投入的时间更少了,杭州市萧山第二中学的一位学生说道:"考试比较多,进度都赶不完,没有时间搞选修课。"家长也反映"新高考这一届不那么注重选修课"。浙江大部分学校只是象征性地开设校本课程。49.3%的浙江教师和38.1%的上海教师不认为新高考有助于高中开设内容丰富的选修课程。

(三) 考试频次增多,增加了学生负担

新高考改革后,上海考生高中阶段需要参加14—15次考试(含学考、选考、统考、两次外语考试),浙江考生则需要参加19—22次考试(含学考、两次选考、统考)。为了方便学生选课和准备高二的等级考,大部分学校在高一把所有课程开全,由于每次选考都是高考,尤其是浙江学考和选考都与高考招生挂钩,原来集中在高三冲刺的压力提前至高一。浙江将选考学考时间安排在4月和10月,导致学生为了备考,在寒暑假无法放松休息,一些学校大幅压缩寒暑假期。有学生表示,为了学考选考,高三学生在4月份之前基本没有自主支配的时间。部分学校在统筹三年教学安排时,为确保学生每门学科都有两次考试机会,获得更理想的成绩,采用按考试时间倒排课表,高一、高二的教学安排过紧,学生的体育、艺术活动和休闲时间被严重挤压。学生考试次数增多,不但有学考、选考还有每学期的期末考、期中考和平时的模拟考试,造成学生心理压力增大。杭州瓶窑中学专职心理老师(兼职职业生涯辅导)指出,学生的学业压力增加,咨询量急剧上升,高一、高二学生的咨询量超过高三学生,学生从高一进校后就开始焦虑。51.6%的上海教师和46.6%浙江教师不认为高考改革能缓解学生"一考定终身"的考试压力。63.5%的上海学生和57.9%的浙江学生不认为新高考减轻了学业负担和考试压力。

三、等级统考与高考时间合理对接

浙江之前是把等级考的时间安排在每年的4月和10月,上海是把等级考时间放在每年的5月,都与现在的6月初语数外高考时间有一定的时间差。调研中各方反映,这一两个月的时间差给学校课程设置、教学安排带来了特别大的困难。

1. 提前到4、5月考试,是人为地提前压缩了学习时间

浙江的调研意见反映,因两次考试时间安排在4月和10月,与传统教学安排差别较大,加之第一次参考时间较传统高中提前了半年多,学校教学安排比较困难,"前紧后松"的情况较为普遍,因为学生肯定要提前参加高考,所以学校肯定会把这个前面的课程排得比较紧。

2. 给教师安排带来大量的挑战,也增加了教师的疲劳感

调研中,教育行政部门反映:"我们的考试时间安排到4月和10月,这对教师安排也有影响,可能4月之后有些老师就没事做了。'借老师'是不行的,因为教师只是负责教课,对学生的后续辅导是不够的,高中不能这么'玩'。"

上海的调研也同样反映,5月等级考,4月迎考。剩这一个月,大三门小三门,课表都要调整。合格考、等级考都要应对。特别是进入五月份后,所有的课程安排相对集中到语数外学科。往年在排兵布阵的时候,从老高三到新高三,语数外老师能够接受,现在老师们则觉得真的太累了,需要休息一下。另一方面,对怎么安排那些等级考科目老师也很困难。华东师范大学二附中反映:"五月份有等级考,之后有的老师就没课

了,没有课不能让他放 4 个月假啊。你让他来,他还不情愿。所以换着来,既能教高三也能教高二,压力就很大,工作量不满,5 月份教完高三再教高一、高二,学校的绩效考核才好办。但老师会说,我们这么辛苦,就剩一个月也不放我们。三大门的老师和三小门的老师,三大门是 6 月考,三小门 5 月就给放了,那些老师心里也不平衡。这都是我们管理上存在的很大的问题。老师都要跨两头,压力也非常大。现在老师三类课程要开齐,专业程度要高,还要跨两头,等级考和合格考。我们是硬往下安排,我们也知道老师的压力非常大。”

3. 对学生情绪影响非常大,有出重大安全事故的风险

4 月或 5 月等级考科目考完之后,接着 6 月就要高考,对那些感觉等级考科目考得不是很理想的学生来说,会带来极大的心理压力。另外,还会造成一个到底什么时候开始公布成绩的问题,如果在高考之前公布,那对学生的影响非常大,但如果在高考之后公布,那拖 1—2 个月再公布成绩,社会方面也有压力。

上海的校长反映:高二等级考,地理、生物如果考得不理想,会对学生的心理造成极大影响,那该考生这一年就一直有一个想法,觉得一门学科没考好,要报考哪所学校就有影响,负担很重。5 月份,高三进行等级考,等级考完在 6 月初高考前一个星期出成绩,那么这个星期考得好的学生比较兴奋,考得不好的学生情绪低落,可能会付出血的代价。孩子就是孩子,他承受不了。所以这样一系列的考试,每个阶段都在考,增加了风险和压力。

因此,建议把所有等级考科目都放在 6 月份一起考,成绩一起出。

综上所述,高考综合改革是一系统工程,高中学校作为此次改革最为基层的操作者和实施者,在改革过程中所需要调整的资源、课程安排、教学管理以及考试评价等,并非高中学校自身能够完成的,而是需要全社会的共同支持,尤其是财政、人事部门对经费和人员的支持,教育行政部门强有力的引导和规范,业务部门的高效指导,科研机构的智库支持,舆论氛围的正向引导等。这一过程中,不断总结经验,发现问题、改进完善,是建设具有中国特色的高考制度的必经之路。从政府、教育行政部门,到学校、教师、家长,都需要用改革的姿态、创新的思路迎接新高考,以取得新考高改革的预期目标。

参考文献

期刊类

[1] 艾乐.浙江省"三位一体"高校招生评价体系探析[J].教育与考试,2014(3)：25—28.

[2] 鲍威.高校自主招生制度实施成效分析：公平性与效率性的视角[J].教育发展研究,2012,32(19)：1—7.

[3] 蔡敏.高中学生综合素质评价：现状、问题与对策[J].教育科学,2011(2)：67—71.

[4] 蔡培瑜.澳大利亚高校招生考试制度理念及其实现[J].考试研究,2013,9(3)：9—15.

[5] 蔡培瑜.澳大利亚大学本科招生制度的特点及启示[J].教育测量与评价,2016(8)：24—29＋36.

[6] 常桐善.高校招生能力建设七人谈·以美国大学为例：谈大学本科"综合评价"的招生力[J].华东师范大学学报(教育科学版),2017,(1)：22—24.

[7] 陈峰,杨春燕,曹红,王世泽,孟军.温州医科大学"三位一体"综合评价招生实证分析[J].温州医科大学学报,2016,46(8)：622—624.

[8] 程凤春.教育质量特性的表现形式和内容——教育质量内涵新解[J].教育研究,2005(2).

[9] 程军,刘清华.美国大学招生考试与学校教育的双向互动关系——以SAT、ACT考试为例[J].教育学术月刊,2013(9)：65—69.

[10] 初育国,董德刚.论扩大高校招生工作自主权与完善自我约束机制[J].中国高教研究,2002(9)：51—52.

[11] 褚慧玲,汤军.学业水平考试结果的运用及相关问题的研究[J].教育科学研究,2013(9)：43.

[12] 崔海丽.暂缓实施"一科两考"，稳步推进高考改革[J].教育发展研究,2017,37(12)：30—37.

[13] 崔允漷,柯政.关于普通高中学生综合素质评价研究[J].全球教育展望,2010(9)：3—9.

[14] 戴伟芬,王依依.美国普通高中实施学生发展性评价的保障机制分析[J].课程·教材·教法,2013,33(2)：121—127.

[15] 戴一飞.效度论证范式下的ECD测试设计框架——我国教育考试国家题库的升级路径之一[J].中国考试,2016(11)：28—37.

[16] 丁光宏,等.复旦大学综合评价自主选拔录取改革的探索与实践[J].中国考试,2017(4)：5—13.

[17] 董凌波,冯增俊.高中学业水平考试实施背景下的高考改革探析[J].教育科学,2012(6)：28—33.

[18] 董奇.构建具有中国特色的基础教育质量监测体系[J].人民教育,2007(13)：2—3.

[19] 董秀华,王薇,王洁.新高考改革的理想目标与现实挑战[J].复旦教育论坛,2017,15(3)：5—10.

[20] 樊亚峤.综合素质评价纳入高考录取的阻力与对策[J].中国教育学刊,2016(6)：33—37＋53.

[21] 樊亚峤,靳玉乐.学生综合素质评价的制度化[J].中国教育学刊,2010(6)：29—31.

[22] 冯成火.浙江省"三位一体"招生模式改革的思考和探索[J].教育研究,2014,35(10)：151—157.

[23] 冯翠典.科学素养结构发展的国内外综述[J].教育科学研究,2013(6)：62—66.

[24] 符太胜,谢章莲.适应与超越：高考改革中综合素质评价的两难困境与政策建议[J].现代

教育管理,2011(2)：71—75.

[25] 付小倩.深化高校自主招生制度改革：逻辑、障碍与路径[J].高校教育管理,2015,9(5)：36—40.

[26] 傅维利.高考改革与高校责任主体的回归[J].中国高等教育,2015(12)：12—14.

[27] 葛为民,应朝帅.瑞比荷高校招生制度分析与借鉴[J].中国考试(研究版),2009(7)：13—17.

[28] 龚怡祖.我国高校自主权的法律性质探疑[J].教育研究,2007(9)：50—54.

[29] 关松林.我国普通高中学生学业水平考试问题分析[J].中国教育学刊,2013(11)：1—5.

[30] 何家军.英国高校招生管理体制及运作模式研究[J].教育与考试,2007(2)：34—37+44.

[31] 洪志忠.美国高中综合素质评价对我国的启示[J].当代教育科学,2010(24)：17—19.

[32] 侯蓉.关于我国高校招生自主权的思考[J].高教发展与评估,2015(1)：12—15.

[33] 胡继雄.对高中学业水平考试选考科目成绩等值问题的探讨——基于对试点地区试行方案的思考[J].湖北招生考试,2015(4)：12—16.

[34] 纪明泽.国外基础教育质量监测现状与评述[J].上海教育,2011(21)：30—31.

[35] 江家发,杨晶.新课改视阈下高中生综合素质评价的困境与思考[J].现代中小学教育,2013(8)：81—83.

[36] 靳玉乐,樊亚峤.中小学实施综合素质评价的意义、问题及改进[J].教育研究,2012(1)：69—73.

[37] 柯政.不分文理科的历史经验、潜在风险及政策建议[J].教育发展研究,2015(24)：30—36.

[38] 孔凡哲,等.PISA对我国中小学考试评价与质量检测的启示[J].外国教育研究,2005(5)：72—76.

[39] 劳凯声.教育体制改革中的高等学校法律地位变迁[J].北京师范大学学报(社会科学版),2007(2)：5—16.

[40] 雷新勇.我国学业水平考试的基本问题及反思[J].教育测量与评价,2010(1)：4—9.

[41] 李宝庆,樊亚峤.高中生综合素质评价方案：问题及改进[J].教育发展研究,2012(10)：25—29.

[42] 李传起.非线性等值转换在大规模教育考试中的应用研究[J].教育学报,2015(5)：94—98.

[43] 李家成,柳海民.论教育质量影响因素[J].教育科学,1999(1)：1—3.

[44] 李金波.新高考招生制度下的等级赋分制[J].教育测量与评价(理论版),2016(4)：48—51.

[45] 李立峰.高考录取分数线的历史演化及理性分析[J].考试研究,2008(1)：64—75.

[46] 李松林.国外高考改革的新动向及其启示[J].全球教育展望,2007(6)：39—43+66.

[47] 李雄鹰.自主招生改革的社会期待与大学应对[J].考试研究,2012,8(2)：20—26.

[48] 李雁冰.论综合素质评价的本质[J].教育发展研究,2011(24)：58—63.

[49] 李泽彧.我国高等学校办学自主权研究[J].高等教育研究,2001(1)：110.

[50] 李珍,辛涛,陈平.标准设定：步骤、方法与评价指标[J].考试研究,2010(2)：83—95.

[51] 李志涛.新高考改革方案中部分科目成绩等级评定的审视与探讨[J].考试研究,2015(4)：29—34.

[52] 厉越.我国高校自主招生改革的政策与实践矛盾分析[J].教育与考试,2015(4)：27—31.

[53] 林上洪.浙江高校自主招生的模式创新："三位一体"综合评价[J].考试研究,2015(1)：28—33.

[54] 刘宝剑.普通高中学业水平考试制度设计的十个关键[J].上海教育科研,2014(1)：21.

[55] 刘红,刘君.新加坡专题作业评价——兼谈对我国综合素质评价的启示[J].人民教育,2008(13—14)：61—63.

[56] 刘坚,李新萍.综合素质评价中权系数的确定方法[J].统计与决策,2005(16)：48—50.

[57] 刘婧娟.加拿大高等教育招生政策研究——以维多利亚大学与麦吉尔大学为例[J].教育与考试,2011(3)：44—50.

[58] 刘决生.我国普通高中学业水平考试存在的问题与对策[J].上海教育科研,2010(3)：39—42.

[59] 刘丽群,周娟.英国高中学业水平考试的特点及启示[J].教育测量与评价,2011(1)：56—60.

[60] 刘清华.加强选才能力建设 实施大学招生综合素质评价[J].中国高等教育,2013(10)：42—44.

[61] 刘清华.中国大学先修课程：自主招生的一个制度设计[J].教育与考试,2016(4)：51—57.

[62] 刘希伟.关于浙江新高考改革的若干思考[J].教育与考试,2016(3)：29—33.

[63] 刘玉祥.上海高考改革亲历与思考[J].招生考试研究,2016(3)：45—47.

[64] 刘玉祥.上海新一轮考试招生制度改革方案析论[J].招生考试研究,2014(3)：1—11.

[65] 刘云,李文英.日本国立大学招生考试制度及其启示[J].河北大学学报(哲学社会科学版),2016,41(6)：31—35.

[66] 刘志军.关于综合素质评价若干问题的思考[J].课程·教材·教法,2016,36(1)：40—44.

[67] 刘志军,张红霞.普通高中学生综合素质评价：现状、问题与展望[J].课程·教材·教法,2013(1)：18—22.

[68] 柳学智.高考科目设置与专业性向测定——破解新一轮高考改革困局[J].中国考试,2015(8)：3—10.

[69] 卢苏燕.法国"高考"不是独木桥[J].辽宁教育,2014(9)：41.

[70] 陆一,黄傲寒,黄温馨.考后双向自主选择的招生体系成本研究：以美国大学为参照[J].清华大学教育研究,2015(1)：111—118.

[71] 罗家文.从行政权力到学术权力：高校招生权的性质走向[J].课程教学研究,2015(2)：11—15.

[72] 罗祖兵,邹艳.高中综合素质评价的矛盾探析[J].教育理论与实践,2013(8)：27—29.

[73] 罗祖兵.内外符应理论对高中生综合素质评价之启示[J].中国教育学刊,2011(8)：53—57.

[74] 罗祖兵.关于将高中综合素质评价纳入高考体系的思考[J].课程·教材·教法,2011(12)：17—22.

[75] 罗祖兵.综合素质评价纳入高考的两难困境及其突围[J].全球教育展望,2015,44(8)：31—40.

[76] 罗祖兵,秦利娟.将学业水平考试纳入高考的困境与对策[J].课程·教材·教法,2015(8)：99—104.

[77] 罗祖兵,吴绍萍.高中综合素质评价统一性的问题及其对策[J].教育科学,2011(8)：39—42.

[78] 吕慈仙.高校"三位一体"综合评价招生模式的效率判据——基于学生群体学业表现的大数据分析[J].高等工程教育研究,2015(4)：129—134.

[79] 吕世伦,宋光明.权利与权力关系研究[J].学习与探索,2007(4)：99—106.

[80] 苗学杰.英国大学招生考试"一年多考"的制度设计、社会争论与发展趋势[J].比较教育研究,2015(4)：64—71.

[81] 潘昆峰,刘佳辰,何章立.新高考改革下高中生选考的"理科萎缩"现象探究[J].中国教育学刊,2017(8)：31—36.

[82] 钱钟.关于复旦大学面试的一些思考[J].湖北招生考试,2006(8)：12—14.

[83] 秦春华.高考改革与综合素质评价[J].中国大学教学,2015(7)：15—21.

[84] 秦春华.世界顶尖大学招生如何防止腐败[J].云南教育(视界综合版),2016(2)：46—48.

[85] 秦春华.高校招生能力建设七人谈·什么是大学招生的专业化[J].华东师范大学学报(教育科学版),2017(1)：14—17.

[86] 秦春华,林莉.高考改革与综合素质评价[J].中国大学教学,2015(7)：15—21.

[87] 秦绍德,蔡达峰.复旦学院——高素质人才培养的体制探索[J].复旦教育论坛,2005(5)：21—23.

[88] 饶燕婷.综合素质评价在高考改革中的应用[J].教育科学研究,2009(12)：36—38.

［89］任磊,张超,何薇.中国公民科学素养及其影响因素模型的构建与分析[J].科学研究,
　　　2013,31(7):983—990.

［90］任长松.美国国家教育进展评价 NAEP 及其借鉴意义[J].课程・教材・教法,2009(9):
　　　87—92.

［91］任晓礼.韩国入学查定官制度现况与运行机制考查[J].当代韩国,2013(4):95—104.

［92］任子朝,陈昂,单旭峰.高考分数的科学解释和利用——ACT 考试分数量表评介[J].中国
　　　考试,2015(11):43—48.

［93］阮洁卿,阮来民.法国普通高中毕业会考类别与考试科目研究——兼析我国普通高中学
　　　业水平考试的相关政策[J].外国中小学教育,2011(12):32—39.

［94］阮洁卿,阮来民.法国普通高中毕业会考制度的发展及其特点研究[J].外国中小学教育,
　　　2007(8):31—35.

［95］上海市新高考改革成效调研课题组.社会反应符合预期,实践成效好于预期——上海新
　　　高考改革成效调研报告[J].华东师范大学学报(教育科学版),2018(3).

［96］邵海昆,柴亚红.俄罗斯 2014 年高校招生政策内容及分析[J].考试研究,2015(3):
　　　49—55.

［97］申瑞杰.专业第三方评价机构:教育考试机构的改革方向[J].教学与管理,2011(12):
　　　60—63.

［98］沈超儿,单佳平.高考招生新制度——促进学生全面发展的视角[J].中国高等教育,2017
　　　(8):36—38.

［99］沈启正,周彩莺.综合素质评价与学业水平考试的交融问题及对策[J].课程・教材・教
　　　法,2011(11):12—17.

［100］盛兰芳.高校"三位一体"综合评价招生改革跟踪研究[J].教育评论,2016(9):67—71.

［101］盛兰芳.浙江高校招生改革:探索现实版综合评价[J].人民教育,2016(19):61—65.

［102］施邦晖.高校招生能力建设"四问"[J].华东师范大学学报(教育科学版),2017(1):
　　　17—19.

［103］王小虎,潘昆峰,苗苗.高考改革对高水平大学招生的影响及其应对[J].中国高教研究,
　　　2017(4):56—60.

［104］苏红.国际基础教育质量标准:趋势、类型及对我们的启示[J].中小学管理,2011(12):
　　　20—23.

［105］索丰,常波.韩国大学招生制度及其实施效果研究[J].外国教育研究,2014(12):31—41.

［106］覃红霞.高校招生自主权的法律阐释[J].江苏高教,2012(6):68—70.

［107］陶清澈.关于高中学业水平考试改革的几点思考[J].教育探索,2013(7):90—91.

［108］田建荣.论高校招生自主权的意蕴[J].陕西师范大学学报(哲学社会科学版),2010,39
　　　(4):32—36.

［109］田良臣,李栋.生态位理论视域下教育综合改革新探——从"综合素质评价"走向"多元录
　　　取"[J].教育理论与实践,2016,36(10):25—29.

［110］王寰安.运用办学竞争和声誉机制推动高考制度改革[J].中国教育学刊,2015(7):22—
　　　25+31.

［111］王晶莹,罗跃,高金英.中学生科学素养水平的年级差异研究[J].全球教育展望,2015,44
　　　(4):104—113+79.

［112］王凯.美国课程标准之评价标准的比较、评价与借鉴[J].比较教育研究,2004(1),38—42.

［113］王敏勤.高中学生综合素质评价的虚化现象及对策研究[J].上海教育科研,2009(10):
　　　36—37.

［114］王生洪.迈向一流的百年复旦[J].复旦学报(社会科学版),2005(3):1—4.

［115］王旭.芬兰大学入学考试特色述评[J].世界教育信息,2008(8):80.

［116］王云峰,等.北京市义务教育教学质量监控与评价系统的构建[J].教育科学研究,2009
　　　(9):32—36.

［117］温忠麟.高考改革:政策公平性与技术相容性[J].全球教育展望,2014(2):3—14.

［118］文东茅,鲍旭明,傅攸.等级赋分对高考区分度的影响——对浙江"九校联考"数据的模拟

分析[J].中国高教研究,2015(6):17—21+72.

[119] 吴成兵.新一轮高考改革背景下的考试命题[J].考试研究,2017(1):39—42.

[120] 吴根洲,甘齐.高校招生自主权:实践探索与理论思考[J].陕西师范大学学报(哲学社会科学版),2017,46(4):13—19.

[121] 吴晗清,马薇.基于科学素养视域的我国科学教育反思[J].首都师范大学学报(自然科学版),2017,38(6):68—74.

[122] 吴向明.完善高校自主招生政策的思考[J].江苏高教,2004(3):46—48.

[123] 吴小玮.选拔"最适合"的优秀学生——来自上海纽约大学自主招生的启示[J].全球教育展望,2013,42(12):118—125.

[124] 夏青.高校"三位一体"生源质量跟踪研究——以浙江理工大学为例[J].浙江理工大学学报(社会科学版),2016,36(4):414—418.

[125] 向冠春.标准设定与等级划分[J].成人教育,2013(1):14—20.

[126] 肖燃,乐国林.新课改背景下高中学业水平考试组织管理创新探析[J].河北师范大学学报(教育科学版),2009(3):125—129.

[127] 谢章莲,陈爱忠.关于取消普通高中学业水平考试的分析与思考[J].教学与管理,2011(13):84—85.

[128] 辛涛,姜宇.基于核心素养的基础教育评价改革[J].中国教育学刊,2017(4):12—15.

[129] 辛涛,等.基础教育质量监测的国际比较[J],北京师范大学学报(社会科学版),2007(6):5—10.

[130] 修春民.德国高校招生政策基本情况及发展趋势调研[J].世界教育信息,2015,28(4):22—23.

[131] 徐晶晶.铸造一流本科品牌:复旦大学发布《2020 一流本科教育提升行动计划》[J].上海教育,2017(7):50—52.

[132] 徐晶晶.复旦大学党委书记焦扬:打造全员、全过程、全方位的综合育人系统[J].上海教育,2017(7):53.

[133] 徐晶晶.复旦大学校长许宁生:培养掌握未来的复旦人[J].上海教育,2017(7):53.

[134] 徐远征.对普通高中学业水平考试命题技术的初步探讨[J].课程·教材·教法,2013(2):104—108.

[135] 许杰.大学自主政策的市场取向受制于政府分权取向——历史制度主义的求证[J].现代大学教育,2005(06):11—17.

[136] 亚瑟·K.埃利斯.美国基础教育标准化运动[J].教育发展研究,2008(2):52—56.

[137] 颜宝良.我们对于废止现在学校考试制度的意见[J].北京大学日刊,1920:522—526.

[138] 杨宝山.综合素质评价实施的问题及对策[J].教育科学研究,2010(8):38—41.

[139] 杨帆.高中会考制度与学业水平考试制度的比较和思考[J].教育测量与评价,2009(4):46.

[140] 杨继龙,但昭彬.韩国高校招生考试制度述评[J].教育测量与评价(理论版),2010(9):53—57.

[141] 杨九诠.综合素质评价的困境与出路[J].华东师范大学学报(教育科学版),2013(2):36—41.

[142] 杨向东.核心素养测评的十大要点[J].人民教育,2017(Z1):41—46.

[143] 杨向东,崔允漷.关于高中学业水平考试的比较研究[J].全球教育展望,2010(4):7—14.

[144] 杨志明.学业水平考试成绩等级化中的风险及其规避办法[J].教育测量与评价(理论版),2015(9):62—64.

[145] 杨志明.高考招生多元评价的区分效度——兼论"拼盘式"和"跨栏式"多元评价方案[J].教育测量与评价(理论版),2016(5):4—6.

[146] 杨志明.高中学业水平考试等级设定的若干方法[J].教育测量与评价,2016(10):4—9.

[147] 杨志明.学业水平考试事后等值的概念、条件与设计[J].教育测量与评价,2016(11):4—8.

[148] 叶赋桂,李越,史静寰.统一考试自主招生——高校自主招生改革研究[J].中国高教研究,

2010(1)：26—29.

[149] 叶澜.让课堂焕发出生命活力——论中小学教学改革的深化[J].教育研究,1997(9)：
3—8.

[150] 叶琴.韩国大学招生考试制度改革及其启示[J].内蒙古师范大学学报(教育科学版),2006
(1)：73—76.

[151] 于婷.英国高校招生考试制度探析[J].中国考试,2016(11)：18—22.

[152] 余永玲.高校招生多元评价体系探究[J].天津师范大学学报(社会科学版),2012(1)：
62—66.

[153] 袁晓英.中美基础教育学业水平考试体系的比较研究[J].中小学教师培训,2010(6)：
62—64.

[154] 袁振国.高校招生能力七人谈·提高高校招生能力是深化考试招生制度改革的关键[J].
华东师范大学学报(教育科学版),2017(1)：11—14.

[155] 岳伟.普通高中学业水平考试与高考改革[J].天津师范大学学报(基础教育版),2007(2)：
44—47.

[156] 占盛丽,等.全球化背景下PISA在美国基础教育质量评估体系中的贡献[J].外国中小学
教育,2010(5)：1—6.

[157] 张红霞.综合素质档案在高校招生中的"初筛"构想与风险分析[J].全球教育展望,2017,
46(10)：92—101.

[158] 张维平.高校招生自主权的滥用与规约[J].现代教育管理,2009(11)：41—45.

[159] 张文军,周丽玉.法国"业士证书(Baccalau réat)"制度及其启示[J].教育发展研究,2004
(2)：37—40.

[160] 张晓鹏.我国高校自主招生改革若干问题的探讨[J].复旦教育论坛,2006(3)：12—16.

[161] 章建石.一项公平与效率兼备的高考改革为什么难以为继?——标准分制度的变迁及其
折射的治理困境[J].北京师范大学学报(社会科学版),2016(1)：31—41.

[162] 章建石.关于选考科目等级赋分的改进：历史经验、现实限制与可能方向[J].华东师范大
学学报(教育科学版),2018(3)：79—86.

[163] 章勤琼,麦克斯·斯蒂芬斯.澳大利亚"新高考"制度评析及启示[J].外国中小学教育,
2015(7)：30—35.

[164] 赵德成.初中毕业生综合素质评价实践的问题与思考[J].中国教育学刊,2007(7)：
49—52.

[165] 赵德成.初中生综合素质评价改革应该向何处去[J].人民教育,2008(13—14)：61—63.

[166] 赵国成.俄罗斯规定高校招生录取工作需参考考生个人综合表现成绩[J].世界教育信息,
2014,27(13)：77.

[167] 郑海红.综合素质评价纳入高考的制约因素分析[J].教育理论与实践,2012(17)：
21—23.

[168] 郑若玲.高考改革的困境与突破[J].厦门大学学报(哲学社会科学版),2017(3)：1—10.

[169] 周绍森,胡德龙.科技进步对经济增长贡献率研究[J].中国软科学,2010(2)：34—39.

[170] 周文阔.高考新方案中"等级分数"对高校录取的影响及其修正对策[J].当代教育科学,
2016(15)：32—36.

[171] 周先进,张睦楚.高考改革：高中生综合素质评价的"可为"与"难为"[J].全球教育展望,
2014,43(7)：101—111.

[172] 朱邦芬."减负"误区及我国科学教育面临的挑战[J].物理与工程,2016,26(4)：3—6
+17.

[173] 朱宇.高中学业水平考试的功能、命题与成绩使用[J].考试研究,2008(2)：109—111.

[174] 邹琞.现阶段高中学生综合素质评价文献综述[J].现代教育科学,2015(8)：80—82.

[175] Baird J A, Cresswell M, Newton P. Would the real gold standard please step forward?
[J]. Research Papers in Education, 2000,15(2)：213 - 229.

[176] Baird J A, Scharaschkin A. Is the whole worth more than the sum of the Parts? Studies of
examiners ' grading of individual papers and candidates ' whole A-level examination

performances [J]. Educational Studies, 2002,28(2): 143 - 162.

[177] Bock R D, Thissen D, Zimowski M F. IRT Estimation of domain scores [J]. Journal of Educational Measurement, 1997,34(3): 197 - 211.

[178] Carmer S G, Swanson M R. An evaluation of ten pairwise multiple comparison procedures by Monte Carlo methods [J]. Journal of the American Statistical Association, 1973,68 (341): 66 - 74.

[179] Choppin B. Is education getting better? [J]. British Educational Research Journal, 2013, 7(1): 3 - 16.

[180] Crisp V. Judging the grade: Exploring the judgement processes involved in examination grading decisions [J]. Evaluation & Research in Education, 2010,23(1): 19 - 35.

[181] Dorans N J, Liu J, Hammond S. Anchor Test Type and Population Invariance: An Exploration across Subpopulations and Test Administrations [J]. Applied Psychological Measurement, 2008,32(1): 81 - 97.

[182] Frisbie D A. Measurement 101: Some fundamentals revisited [J]. Educational Measurement: Issues and Practice, 2005,24(3): 21 - 28.

[183] Glas C A W, Verhelst N D. Extensions of the partial credit model [J]. Psychometrika, 1989,54(4): 635 - 659.

[184] Goldstein H, Cresswell M. The comparability of different subjects in public examinations: A theoretical and practical critique [J]. Oxford Review of Education, 1996,22(4): 435 - 442.

[185] Goldstein H, Wood R. Five decades of item response modelling [J]. British Journal of Mathematical and Statistical Psychology, 1989,42(2): 139 - 167.

[186] Good F J, Cresswell M J. Grade awarding judgements in differentiated examinations [J]. British Educational Research Journal, 2013,14(3): 269.

[187] Good F J, Cresswell M J. Grade awarding judgements in differentiated examinations [J]. British Educational Research Journal, 1988,14(3): 263 - 281.

[188] Hambleton R K, Pitoniak M J. Setting performance standards [J]. Educational Measurement, 2006,4: 433 - 435.

[189] Izumi L T. Developing and implementing academic standards: A template for legislative and policy reform[J]. A Template for Legislative and Policy Reform, Pacific Research Institute, 1999,74: 20 - 31.

[190] Karantonis A, Sireci S G. The Bookmark Standard-Setting Method: A Literature Review [J]. Educational Measurement Issues & Practice, 2010,25(1): 4 - 12.

[191] Mcclelland D C. Testing for competence rather than for "intelligence" [J]. American Psychologist, 1973,28(1): 1.

[192] Ravitch D. National standards in American education: A citizen's guide[J]. American Journal of Education, 1995, 104(2): 223.

[193] Scharaschkin A, Baird J A. The effects of consistency of performance on A level examiners' judgements of standards [J]. British Educational Research Journal, 2000,26 (3): 343 - 357.

[194] Stobart G. GCSE Meets Key Stage 4: Something had to give [J]. Cambridge Journal of Education, 1991,21(2): 177 - 187.

[195] Wiggins G A. true test: Toward more authentic and equitable assessment [J]. Phi Delta Kappan, 1989,70(9): 703 - 713.

[196] Wood R, Power C. Have national assessments made us any wiser about 'standards'? [J]. Comparative Education, 1984, 20(3): 307 - 321.

[197] Zieky M J, Livingston S A. Basic Skills Assessment. Manual for Setting Standards on the Basic Skills Assessment Tests [J]. Academic Achievement, 1977: 9,12.

著作类

[1] Cecil R. Reynolds,等. 教育测量与评估(原书第二版)[M]. 霍黎,霍舟,译. 北京：科学出版社,2015.

[2] L·克罗克,J·阿尔吉纳. 经典和现代测验理论导论[M]. 金瑜,译. 上海：华东师范大学出版社,2004.

[3] Robert L. Linn, Norman E. Gronlund. 测量与评量：在教学上的应用[M]. 邹慧英,译. 台北：洪叶文化事业有限公司,2003.

[4] T. 胡森,等. 教育大百科全书(第1卷)[M]. 重庆：西南师范大学出版社;海口：海南出版社,2006.

[5] 查尔斯·M.赖格卢特,詹妮弗·R.卡诺普. 重塑学校——吹响破冰的号角[M]. 方向,译. 福州：福建教育出版社,2015.

[6] 戴维·H·乔纳森. 学会解决问题：支持问题解决的学习环境设计手册[M]. 刘名卓,等,译. 上海：华东师范大学出版社,2015.

[7] 邓嗣禹. 中国考试制度史[M]. 长春：吉林出版集团股份有限责任公司,2011.

[8] 樊本富. 中国高校自主招生研究[M]. 武汉：华中师范大学出版社,2010.

[9] 格兰特·威金斯,杰伊·麦克泰格. 追求理解的教学设计(第二版)[M]. 闫寒冰,宋雪莲,赖平,译. 上海：华东师范大学出版社,2017.

[10] 顾明远. 中国教育大百科全书[M]. 上海：上海教育出版社,2013.

[11] 关晓虹. 科举停废与近代中国[M]. 北京：社会科学文献出版社,2013.

[12] 霍华德·加德纳. 多元智能新视野[M]. 沈致隆,译. 北京：中国人民大学出版社,2008.

[13] 康乃美,等. 中外考试制度比较研究[M]. 武汉：华中师范大学出版社,2002.

[14] 雷蒙德·A·诺伊,等. 人力资源管理基础[M]. 雷丽华,译. 北京：中国人民大学出版社,2005.

[15] 雷新勇,等. 高考内容改革研究——考试科目设置研究[M]. 上海：上海科学技术出版社,2016.

[16] 李光明,等. 教育考试国家题库理论与实践[M]. 北京：高等教育出版社,2014.

[17] 李木洲. 高考改革的历史反思——基于制度变迁的视角[M]. 武汉：华中师范大学出版社,2014.

[18] 李欣. 高中学业水平考试的中美比较[M]. 福州：福建教育出版社,2012.

[19] 李雁冰. 课程评价论[M]. 上海：上海教育出版社,2002.

[20] 联合国教科文组织. 反思教育：向"全球共同利益"的理念转变？[M]. 联合国教科文组织总部中文科,译. 北京：教育科学出版社,2015.

[21] 刘海峰,等. 高校招生考试制度改革研究[M]. 北京：经济科学出版社,2009.

[22] 柳夕浪. 综合素质评价：怎么看？怎么办？[M]. 上海：华东师范大学出版社,2016.

[23] 罗勃特·M·索洛. 增长理论：一种说明[M]. 王恩冕,沈晓明,译. 北京：华夏出版社,1988.

[24] 罗立祝. 高校招生考试政策研究[M]. 武汉：华中师范大学出版社,2016.

[25] 迈克尔·富兰,等. 极富空间：新教育学如何实现深度学习[M]. 于佳琪,黄雪锋,译. 重庆：西南师范大学出版社,2016.

[26] 迈克尔·富兰,等. 突破[M]. 孙静萍,刘继安,译. 北京：教育科学出版社,2009.

[27] 漆树青,戴海奇,丁书良. 现代教育与心理测量学原理[M]. 北京：高等教育出版社.2002.

[28] 上海市、浙江省深化高考综合改革方案[M]. 北京：人民出版社,2014.

[29] 苏永华. 人才测评概论[M]. 北京：中国人民大学出版社,2011.

[30] 覃红霞. 高校招生考试法治研究[M]. 武汉：华中师范大学出版社,2007.

[31] 唐滢. 美国高校招生考试制度研究[M]. 武汉：华中师范大学出版社,2016.

[32] 王立科. 英国高校招生考试制度研究[M]. 武汉：华中师范大学出版社,2008.

[33] 王孝玲. 教育测量(修订版)[M]. 上海：华东师范大学出版社,2004.

[34] 魏冰. 科学素养教育的理念与实践：理科课程发展研究[M]. 广州：广东高等教育出版

社,2006.

[35] 杨向东. 理论驱动的心理与教育测量学[M]. 上海：华东师范大学出版社,2014：53—54.

[36] 杨学为. 高考文献(下)[M]. 北京：高等教育出版社,2003.

[37] 杨治良,郝兴昌. 心理学辞典[M]. 上海：上海辞书出版社,2016.

[38] 约翰·D·布兰思福特,等. 人是如何学习的：大脑、心理、经验及学校(扩展版)[M]. 程可拉,等,译. 上海：华东师范大学出版社,2013.

[39] 约翰·罗尔斯. 正义论[M]. 何怀宏,等,译. 北京：中国社会科学出版社,1988.

[40] 张厚粲,龚耀先. 心理测量学[M]. 台北：东华书局,2009：261.

[41] Angoff W H. Scales, Norms, and Equivalent Scores [M]// Educational measurement. Washington,DC：American Council on Education，1971：508 - 600.

[42] Audit Commission/Ofsted. Unfinished business：Full-time educational courses for 16 - 19 year olds [M]. London：HM Stationery Office, 1993：4.

[43] Christie T, Forrest G M. Defining public examination standards [M]. Macmillan Education, 1981.

[44] Dunn W N. Public policy analysis：An introduction (3rd edition) [M]. New Jersey：Pearson Prentice Hall, 2004.

[45] Edwards H T. Higher education and the law [M]. Cambridge, Institute for Educational Management：Harvard University, 1979.

[46] Fischer F A. Reframing public policy：Discursive politics and deliberative practices [M]. Oxford：Oxford University Press, 2003.

[47] Frank B. The basics of item response theory [M]. Washington：Office of Educational Research and Improvement, 2001.

[48] French S, Slater J B, Vassiloglou M, Willmott A S. Descriptive and normative techniques in examination assessment [M]. Oxford：University of Oxford Delegacy of Local Examinations, 1987.

[49] Guba E, Lincoln Y. Effective evaluation：Improving the usefulness of evaluation results through responsive and naturalistic approaches [M]. San Francisco, CA：Jossey-Bass, 1981.

[50] Hambleton,Educational R. K., & Pitoniak, M. J.,Setting Performance Standards [M]// Brennan, R. L (Ed.), Measurement (4th Edition, pp. 433 - 435). Westport, CT：Praeger, 2006.

[51] Hamilton, D. Curriculum Evaluation [M]. London, England：Open Books, 1976.

[52] Holland P W, Rub D B. Test equating [M]. New York：Academic Press, 1982：9 - 49.

[53] Holland P W. A framework and history for score linking [M]// Linking and aligning scores and scales. New York, NY：Springer, 2007：5 - 30.

[54] Kridel C, Bullough R V, Jr. Stories of the eight-year study [M]. Albany：State University of New York, 2007.

[55] Orr L, Nuttall D L. Determining standards in the proposed single system of examining at 16+ [M]. Schools Council, 1983.

[56] Papert S. The children's machine：Rethinking school in the age of the computer [M]. New York：Basic Books, 1993.

[57] Sandel M J. Justice：What's the right thing to do? [M]. New York：Farrar, Straus and Giroux,2009.

[58] Scriven M. The methodology of evaluation [M]//Tyler, R., Gagne, R. M. & Scriven, M. (Eds.). Perspectives of Curriculum Evaluation pp. 39 - 83. AERA Monograph Series on Curriculum Evaluation. No. 1. Chicago：Rand McNally.

[59] Skrondal A, Rabe-Hesketh S. Generalized latent variable modeling：Multilevel, longitudinal, and structural equation models [M]. Chapman and Hall/CRC, 2004.

[60] Sternberg R. J. College admissions for the 21st century[M]. Cambridge, Massachusetts &

London：Harvard University Press，2010.

［61］Tyler R. Constructing achievement tests ［M］. Columbus：Bureau of Educational Research，Ohio State University，1934.

［62］Tyler R W. The five most significant curriculum events in the twentieth century ［M］. Educational Leadership，1986.

学位论文

［1］黄思记.普通高中学业水平考试定位研究[D].开封：河南大学,2011：116—20.

［2］李灵琴：高考科目设置的公平性研究[D].南昌：南昌大学,2012.

［3］李欣.中美高中学业水平考试多维比较研究[D].上海：华东师范大学,2011：5—8.

［4］史娜.教育质量标准探析[D].西安：陕西师范大学,2008.

［5］汪贤泽.基于课程标准的学业成就评价程序研究[D].上海：华东师范大学,2008.

［6］王后雄.我国高考政策的公平性研究[D].武汉：华中师范大学,2008.

［7］张和生.高考公平问题的伦理审视与实证研究[D].长沙：中南大学,2013.

［8］张伟峰.基于标准的学业质量管理研究——以上海市A区初级中学质量管理为例[D].上海：华东师范大学,2011.

［9］郑刚.高等学校自主招生若干问题的研究[D].天津：天津大学,2006：24.

［10］Wikström Criterion-referenced measurement for educational evaluation and selection ［D］. Sweden：Umeå Universitet，2005.

电子资料

［1］2016年浙江城乡居民收入交出成绩单[EB/OL].新浪财经，http：//finance. sina. com. cn/roll/2017-01-20/doc-ifxzutkf2167337. shtml.

［2］Adola. 瑞典高等教育概况 ［EB/OL］. http：//www. taisha. org/abroad/ozhou/200706/20070622164613. html? cid＝2640.

［3］安徽省教育招生考试院概况［EB/OL］. http：//www. ahzsks. cn/about_us/article. jsp? articleId＝292250.

［4］德国留学.德国大学招生分三种情况［EB/OL］. http：//de. liuxue360. com/news/00998362. html.

［5］复旦大学. 2016年上海市综合评价录取改革试点招生简章[EB/OL]. http：//www. ao. fudan. sh. cn/contentViewCtrl. do? contentID＝ff80808151d6d76c01541906ff43004c.

［6］复旦大学. 复旦大学章程[EB/OL]. （2014‐11‐12）. http：//www. fudan. edu. cn/cms/files/20141112finalzhangcheng. pdf.

［7］复旦大学招生办公室.复旦大学普通高中学生综合素质评价信息使用办法[EB/OL]. http：//www. shmec. gov. cn/web/xwzx/show_article. php? article_id＝89161.

［8］复旦大学招生网.复旦大学2017年上海市综合评价录取改革试点招生简章[EB/OL]. （2017‐04‐28）. http：//www. ao. fudan. edu. cn/index! list. html? sideNav＝302&ccid＝9404&topNav＝282&t＝1517213332545.

［9］复旦大学招生网.复旦大学2017年浙江省综合评价录取改革试点暨"三位一体"综合评价招生简章[EB/OL]. （2017‐05‐01）. http：//www. ao. fudan. edu. cn/index! list. html? sideNav＝302&ccid＝9406&topNav＝282&t＝1517213332545.

［10］观察者网.美国印度裔男子申请医学院被拒，伪装成黑人之后被顺利录取[EB/OL]. http：//www. guancha. cn/america/2017_08_07_421673. shtml.

［11］江苏省高等学校招生委员会，江苏省教育厅.关于印发江苏省2017年普通高等学校招生工作意见的通知[EB/OL]. （2017‐03‐17）. http：//www. jseea. cn/contents/channel_26/2017/04/1704011641137. html.

［12］江苏省教育考试院.关于印发江苏省2009年普通高校招生录取办法的通知[EB/OL].

(2009 - 03 - 05). http://www. jseea. cn/contents/channel_26/2009/03/0903201459006. html.

[13] 江苏省教育考试院. 江苏省教育考试院简介[EB/OL]. http://www. jseea. cn/infopublic/index. html.

[14] 江苏省教育考试院. 江苏省 2008 年普通高考方案[EB/OL]. (2006 - 09 - 22). http://www. jseea. cn/contents/channel_26/2007/05/705241421126. html.

[15] 江苏省教育考试院. 江苏省 2008 年普通高考方案作四项重要调整[EB/OL]. (2006 - 10 - 09). http://www. jseea. cn/contents/channel_26/2007/05/705241421128. html.

[16] 教育部阳光高考招生信息平台. 北京大学招生章程[EB/OL]. [2017 - 07 - 16]. http://gaokao. chsi. com. cn/zsgs/zhangcheng/listVerifedZszc-infoId-1821327035，method-view，schId-1. dhtml.

[17] 教育部阳光高考招生信息平台. 华东师范大学 2017 年招生章程[EB/OL]. [2017 - 07 - 16). http://gaokao. chsi. com. cn/zsgs/zhangcheng/listVerifedZszc-infoId-1814318821，method-view，schId-210. dhtml.

[18] 教育部阳光高考招生信息平台. 南京林业大学 2017 年招生章程[EB/OL]. [2017 - 07 - 16]. http://gaokao. chsi. com. cn/zsgs/zhangcheng/listVerifedZszc-infoId-1826011320，method-view，schId-235. dhtml.

[19] 教育部阳光高考招生信息平台. 清华大学招生章程[EB/OL]. [2017 - 07 - 16]. http://gaokao. chsi. com. cn/zsgs/zhangcheng/listVerifedZszc-infoId-1814957720，method-view，schId-3. dhtml.

[20] 教育部阳光高考招生信息平台. 西北大学 2017 年全日制普通本、专科招生章程[EB/OL]. [2017 - 07 - 16]. http://gaokao. chsi. com. cn/zsgs/zhangcheng/listVerifedZszc-infoId-1822600732，method-view，schId-545. dhtml.

[21] 教育部阳光高考招生信息平台. 西北工业大学 2017 年本科招生章程[EB/OL]. [2017 - 07 - 16]. http://gaokao. chsi. com. cn/zsgs/zhangcheng/listVerifedZszc-infoId-1827444687，method-view，schId-547. dhtml.

[22] 教育部阳光高考招生信息平台. 扬州大学 2017 年全日制普通本科招生章程[EB/OL]. [2017 - 07 - 16]. http://gaokao. chsi. com. cn/zsgs/zhangcheng/listVerifedZszc-infoId-1825508383，method-view，schId-737. dhtml.

[23] 纽约时报. 美国大学申请录取标准[EB/OL]. [2013 - 12 - 04]. http://zhan. renren. com/ivyeducation/? checked=true.

[24] 彭德倩. 选考物理真的会吃亏吗? 考试院院长直面回应新高考新议题[EB/OL]. [2017 - 10 - 18]. http://www. jfdaily. com/news/detail? id=68450.

[25] 秦春华. 我对浙江高考改革试点方案的忧虑[EB/OL]. [2015 - 02 - 08]. http://blog. sina. com. cn/s/blog_539c5bd20102ve6c. html.

[26] 上海交通大学招生办公室. 上海交通大学普通高中学生综合素质评价信息使用办法[EB/OL]. http://www. shmec. gov. cn/web/xwzx/jyzt_detail. php? article_id=89160.

[27] 上海交通大学招生办. 交大招生办管理员上海交通大学综合素质评价信息使用办法相关问答[EB/OL]. [2018 - 01 - 06]. http://zsb. sjtu. edu. cn/web/jdzsb/3810134-3810000001163. htm? Page=87.

[28] 上海纽约大学招生办. 上海纽约大学 2017 年招生方案(中国大陆学生)[EB/OL]. https://shanghai. nyu. edu/admissions/chinese-regulations/mainland.

[29] 上海纽约大学招生办. 招生常见问题问答[EB/OL]. [2018 - 04 - 30]. https://shanghai. nyu. edu/cn/zsb/faq.

[30] 上海市教育考试院. 2012 年秋季高考相关科目调整分[EB/OL]. (2012 - 06 - 26). https://www. shmeea. edu. cn/page/02200/20120626/4579. html.

[31] 上海市教育考试院. 2013 年上海市普通高等学校招生考试相关科目调整分[EB/OL]. (2013 - 06 - 26). https://www. shmeea. edu. cn/page/02200/20130626/2216. html.

[32] 上海市教育考试院. 2014 年上海市普通高等学校招生考试相关科目调整分[EB/OL].

(2014 - 06 - 26). https://www. shmeea. edu. cn/page/02200/20140626/3053. html.

[33] 上海市教育考试院.2015 年上海市普通高等学校招生考试相关科目调整分[EB/OL].
(2015 - 06 - 23). https://www. shmeea. edu. cn/page/02200/20150623/6534. html.

[34] 上海市教育考试院.2016 年上海市普通高等学校招生考试相关科目调整分[EB/OL].
(2016 - 06 - 23). https://www. shmeea. edu. cn/page/02200/20160623/3088. html.

[35] 上海市教育考试院. 高考各科成绩如何计分？ 相关考试成绩如何调整？[EB/OL]. (2006 -
05 - 18). http://www. shmec. gov. cn/web/xwzx/jyzt_detail. php? article_id=28683.

[36] 上海市教育考试院. 上海市考试院简介[EB/OL]. https://www. shmeea. edu. cn/page/
01200/20030114/911. html.

[37] 上海市教育委员会. 关于印发《上海市普通高中学业水平考试实施办法(试行)》的通知
[EB/OL]. (2015 - 04 - 15). http://www. shmec. gov. cn/html/xxgk/201504/402162015003.
php.

[38] 上海市教育委员会. 上海市深化高等学校考试招生综合改革实施方案[EB/OL]. http://
www. shmec. gov. cn/html/xxgk/201409/420032014012. php.

[39] 上海市教育委员会. 上海市教育委员会关于印发《上海市普通高中学生综合素质评价实施
办法(试行)》的通知(沪教委基[2015]30 号)[EB/OL]. (2015 - 04 - 15). https://www.
shmec. gov. cn/html/xxgk/201504/402162015002. php.

[40] 搜狐教育.2017 年中国教育培训行业市场突破 2 万亿[EB/OL]. http://www. sohu. com/
a/209800299_195079.

[41] 搜狐教育. 物理选考人数骤降,高中和大学这回真的着急了[EB/OL]. (2016 - 12 - 06).
http://www. sohu. com/a/120812272_559574.

[42] 同济大学招生办公室. 同济大学普通高中学生综合素质评价信息使用办法[EB/OL].
http://www. shmec. gov. cn/web/xwzx/show_article. php? article_id=89158.

[43] 王建. 提升我国高考科学化和专业化水平——来自美国 ACT 考试的经验和启示[EB/
OL]. (2016 - 04 - 12). 北京大学中国教育财政研究所,http://ciefr. pku. edu. cn/cbw/
kyjb/2016/kyjb_8242. shtml.

[44] 香港考试及评核局. Category C：Other language subjects [EB/OL].[2017 - 05 - 16].
http://sc. hkeaa. edu. hk/TuniS/www. hkeaa. edu. hk/en/HKDSE/assessment/subject_
information/category_c_subjects/.

[45] 香港考试及评核局. 成绩汇报制度[EB/OL]. http://sc. hkeaa. edu. hk/TuniS/www.
hkeaa. edu. hk/tc/hkdse/assessment/the_reporting_system/.

[46] 香港考试及评核局. 甲类：高中科目[EB/OL].[2017 - 05 - 10]. http://sc. hkeaa. edu.
hk/TuniS/www. hkeaa. edu. hk/tc/HKDSE/assessment/subject_information/category_a_
subjects.

[47] 香港考试及评核局. 甲类科目：水平参照成绩汇报[EB/OL].[2017 - 05 - 16]. http://sc.
hkeaa. edu. hk/TuniS/www. hkeaa. edu. hk/tc/HKDSE/assessment/the_reporting_system/
SRR/.

[48] 香港考试及评核局. 举例[EB/OL].[2017 - 05 - 16]. http://www. hkeaa. edu. hk/
DocLibrary/HKALE/FAQ/Exam_result_FAQ_Q10_chi. pdf.

[49] 香港考试及评核局. 科目资讯[EB/OL].[2017 - 05 - 16]. http://sc. hkeaa. edu. hk/
TuniS/www. hkeaa. edu. hk/tc/hkdse/assessment/subject_information/.

[50] 香港考试及评核局.2016 年香港中学文凭考试重考生成绩分析[EB/OL]. http://sc.
hkeaa. edu. hk/TuniS/www. hkeaa. edu. hk/tc/hkdse/admin/student_s_handbook/.

[51] 香港考试及评核局. 如何从各卷分数计算出分部分数(如有)和科目总分？[EB/OL].
[2017 - 05 - 16]. http://sc. hkeaa. edu. hk/TuniS/www. hkeaa. edu. hk/tc/HKDSE/faq/
q3/ #12.

[52] 香港考试及评核局. 如何订定各等级的百分比？ 是否有订定获取每个等级考生的百分比？
[EB/OL].[2017 - 05 - 16]. http://sc. hkeaa. edu. hk/TuniS/www. hkeaa. edu. hk/tc/
HKDSE/faq/q3/ #9.

[53] 香港考试及评核局.文凭试为什么采用第 1 至第 5 级而不采用 A 至 E 来评级？为什么不以第 6 和第 7 级代表 5＊和 5＊＊级？如何订定 5＊和 5＊＊级的水平？为什么 5＊和 5＊＊级没有等级描述？[EB/OL].[2017-05-16].http：//sc.hkeaa.edu.hk/TuniS/www.hkeaa.edu.hk/tc/HKDSE/faq/q3/.

[54] 香港考试及评核局.我于香港中学文凭考试中国语文科的分部成绩中，取得第 5 级的分部数目多于第 4 级的水平，为何总成绩仍维持于第 4 级的分部数目？[EB/OL].[2017-05-16].http：//sc.hkeaa.edu.hk/TuniS/www.hkeaa.edu.hk/tc/HKDSE/faq/q3/♯11.

[55] 香港考试及评核局.香港中学文凭采用水平参照成绩汇报有什么优点？[EB/OL].[2017-05-16].http：//sc.hkeaa.edu.hk/TuniS/www.hkeaa.edu.hk/tc/HKDSE/faq/q3/♯3.

[56] 香港考试及评核局.香港中学文凭简介[EB/OL].http：//sc.hkeaa.edu.hk/TuniS/www.hkeaa.edu.hk/tc/hkdse/introduction/.

[57] 香港考试及评核局.香港中学文凭考试评级程序与水平参照成绩汇报[EB/OL].http：//www.hkeaa.edu.hk/DocLibrary/Media/Leaflets/HKDSE_SRR_A4_Booklet_Jun2011.pdf.

[58] 香港考试及评核局.香港中学文凭评核大纲[EB/OL].http：//www.hkeaa.edu.hk/tc/hkdse/.

[59] 香港考试及评核局.乙类：应用学习科目[EB/OL].[2017-05-16].http：//sc.hkeaa.edu.hk/TuniS/www.hkeaa.edu.hk/tc/HKDSE/assessment/subject_information/category_b_subjects/.

[60] 新华网.透视高招背后的三大乱象高考加分有"猫腻"[EB/OL].http：//edu.sina.com.cn/gaokao/2010-07-07/0939257227.shtml.

[61] 薛立新.物理选考人数骤降，高中和大学这回真的着急了[EB/OL].[2016-12-05].http：//www.sohu.com/a/120812272_559574.

[62] 阳光高考网.2017 年三大专项计划帮农村学生上好大学[EB/OL].https：//gaokao.chsi.com.cn/gkzt/sdzx2017.

[63] 赵辰昕.详解十三五：科技进步贡献率有望快速提升[EB/OL].[2016-05-10].http：//china.cnr.cn/ygxw/20160510/t20160510_522100581.shtml.

[64] 浙江省教育厅.关于印发浙江省普通高中学业水平考试实施办法和浙江省普通高校招生选考科目考试实施办法的通知[EB/OL].(2014-11-17).http：//www.zjedu.gov.cn/news/27105.html.

[65] 浙江省教育厅.浙江省教育厅办公室关于纠正部分普通高中学校违背教育规律和教学要求错误做法的通知[EB/OL].(2016-10-25).http：//www.zjedu.gov.cn/news/147737035226665750.html.

[66] 浙江省教育厅.浙江省深化高校考试招生制度综合改革试点方案解读[EB/OL].(2014-09-19).http：//www.zjedu.gov.cn/news/26771.html.

[67] 中国青年报.民众关注自主招生 66.7％的人担忧权钱交易不可避免[EB/OL].http：//zqb.cyol.com/content/2009-11/24/content_2949616.htm.

[68] 中国网.全民科学素质行动计划纲要实施方案（2016—2020 年）[EB/OL].http：//www.china.com.cn/guoqing/2017-08/24/content_41465602.htm.

[69] 中华人民共和国教育部.教育部关于进一步做好普通高等学校自主选拔录取改革试点工作的通知[EB/OL].http：//old.moe.gov.cn//publicfiles/business/htmlfiles/moe/s3110/201006/88998.html.

[70] 中华人民共和国教育部.教育部关于普通高中学业水平考试的实施意见[EB/OL].(2014-12-10).http：//www.moe.edu.cn/publicfiles/business/htmlfiles/moe/s4559/201412/181664.html.

[71] 中华人民共和国教育部.教育部召开普通高中课程标准修订工作启动会[EB/OL].(2014-12-08).http：//www.moe.edu.cn/publicfiles/business/htmlfiles/moe/moe_1485/201412/180670.html.

[72] 2016 JUPAS（HKDSE）Admission Scores[EB/OL].[2017-05-16].https：//www.

admo. cityu. edu. hk/hkdse_scores/scores_2016.

[73] 2017 MARKS ADJUSTMENT PROCESS FOR UNIVERSITY ADMISSION IN 2018 [EB/OL]. (2017 - 11). https://www. tisc. edu. au/static-fixed/statistics/misc/marks-adjustment-process. pdf.

[74] About ETS [EB/OL]. http://www. ets. org/about/fast_facts.

[75] ADVICE FOR STUDENTS CHOOSING HSC COURSES [EB/OL]. http://educationstandards. nsw. edu. au/wps/portal/nesa/11-12/hsc/subject-selection.

[76] A-level offers [EB/OL]. https://www. ox. ac. uk/admissions/undergraduate/courses/entrance-requirements/level-offers? wssl=1.

[77] AQA. A basic guide to standard setting [EB/OL]. http://store. aqa. org. uk/admin/results-days/GUIDETOSTANDARDSETTING. PDF.

[78] ATAR explained [EB/OL]. https://sydney. edu. au/study/admissions/apply/entry-requirements/undergraduate-academic-requirements/atar-explained. html.

[79] ATAR Technical Report [EB/OL]. https://www. uac. edu. au/assets/documents/publications/atar-technical-report. pdf.

[80] AVERAGE MARKS SCALING [EB/OL]. https://www. tisc. edu. au/static-fixed/statistics/misc/average-marks-scaling-2015. pdf.

[81] Changes to A levels [EB/OL]. http://www. independent. co. uk/news/education/education-news/teenagers-forced-to-study-fewer-alevels-in-squeeze-on-public-spending-says-exam-boss-10446807. html.

[82] Courses listing [EB/OL]. https://www. ox. ac. uk/admissions/undergraduate/courses-listing? wssl=1.

[83] Criteria for Quality Standards [EB/OL]. http://www. achieve. org.

[84] DETERMINING HSC RESULTS [EB/OL]. http://educationstandards. nsw. edu. au/wps/portal/nesa/11-12/hsc/about-HSC/determining-HSC-results.

[85] Education and Skills-Third Report [EB/OL]. (2002 - 03). https//www. publications. parliament. uk/pa/cm200203/cmselect/cmeduski/153/15302. htm.

[86] Entrance Requirements for Bachelor's Degree Programmes-Hong Kong Diploma of Secondary Education (HKDSE) Students (for 2017 Entry) [EB/OL]. [2017 - 05 - 16]. http://www. admo. cityu. edu. hk/jupas/entreq/bd/.

[87] Garner R. Teenagers forced to study fewer A-levels in squeeze on public spending, says exam boss[EB/OL]. (2015 - 08 - 08). http://www. independent. co. uk/news/education/education-news/teenagers-forced-to-study-fewer-alevels-in-squeeze-on-public-spending-says-exam-boss-10446807. html.

[88] Graeme Paton. Universities Crack Down on A-level Resits[EB/OL]. (2011 - 08 - 15). [2014 - 07 - 06]. http://www. telegraph. co. uk/education/universityeducation/8702888/Universities-crack-down-on-A-levelresits. html.

[89] GUIDE TO STANDARD SETTING [EB/OL]. http://store. aqa. org. uk/admin/results-days/GUIDETOSTANDARDSETTING. PDF, 2017.

[90] Guide to the Uniform mark scale (UMS) [EB/OL]. http://store. aqa. org. uk/admin/results-days/AQA-UMS-GUIDE. PDF, 2017.

[91] HISTORY OF THE HSC [EB/OL]. http://educationstandards. nsw. edu. au/wps/portal/nesa/11-12/hsc/about-HSC/history-off-the-HSC.

[92] Home/ACT. The Condition of College&Career Readiness 2016 [EB/OL]. http://www. act. org/content/dam/act/unsecured/documents/CCCR_National_2016. pdf/.

[93] How does Oxford view the proposed A-level reforms? [EB/OL]. https://www. ox. ac. uk/admissions/undergraduate/courses/entrance-requirements/faqs-level-reform? wssl=1.

[94] HOW YOUR ATAR IS CALCULATED [EB/OL]. https://www. uac. edu. au/future-applicants/atar/how-your-atar-is-calculated.

［95］HSC COURSES［EB/OL］. http://educationstandards. nsw. edu. au/wps/portal/nesa/11-12/hsc/about-HSC/hsc-courses.

［96］MaGrath D. Comparing PIRLS and PISA with NEAP in Reading, Mathematics, and Science［EB/OL］. www. nces. org. 2008.

［97］Making Standards Matter 1999 - 2001, American Federation of Teachers［EB/OL］. http://www. aft. org.

［98］Meyer L, et al. Awarding in the 21st century-a virtual model［EB/OL］. https://cerp. aqa. org. uk/sites/default/files/pdf_upload/CERP-RP-LM-14062006. pdf.

［99］Moderation［EB/OL］. http://educationstandards. nsw. edu. au /wps/portal/nesa/11-12/hsc/about-HSC/moderation.

［100］OECD. PISA 2015 Technical Report［EB/OL］. http://www. oecd. org/pisa/sitedocument/PISA-2015-technical-report-final. pdf.

［101］SAT Scoring Before March 2016［EB/OL］. https://collegereadiness. collegeboard. org/sat-scoring-before-march-2016.

［102］Standards for Excellence in Education (SEE)［EB/OL］. http://www. c-b-e. org.

［103］Studentexamen i Finland［EB/OL］. http://www. ylioppilastutkinto. fi/se/english.

［104］Table of subject requirements ［EB/OL］. https://www. ox. ac. uk/admissions/undergraduate/courses/entrance-requirements/table-entrance-requirements? wssl＝1.

［105］The Finnish Matriculation Examination［EB/OL］. http://www. ylioppilastutkinto. fi/se/english.

［106］The University of British Columbia. Undergraduate Programs and Admissions［EB/OL］. http://you. ubc. ca/applying-ubc/canadian-highschools/♯basic.

［107］The University of Hong Kong. University Entrance Requirements［EB/OL］. http://www. aal. hku. hk/admissions/local/admissions-information.

［108］UNDERSTANDING HSC RESULTS［EB/OL］. http://educationstandards. nsw. edu. au/wps/portal/nesa/11-12/hsc/results-certificates/understanding-results.

［109］University of Oxford. Applying to Oxford［EB/OL］. https://www. ox. ac. uk/admissions/undergraduate/applying-to-oxford? wssl＝1.

［110］What are A-Levels［EB /OL］.［2017 - 06 - 12］. http://www. Politics. co. uk /Reference-/ssueBriefs/a-levels/.

［111］WHAT IS THE HSC MINIMUM STANDARD?［EB/OL］. http://educationstandards. nsw. edu. au/wps/portal/nesa/11-12/hsc/hsc-minimum-standard/what-is-the-standard.

报纸类

［1］董少校. 本科高校 2017 年高考选考科目要求公布,655 个专业无要求——上海高考,学生有了更多选择权［N］. 中国教育报,2015 - 02 - 04(1).

［2］李建忠,张雷生,孙进. 考试招生改革:世界在何去何从［N］. 中国教育报,2014 - 09 - 24.

［3］李永生. 普通高中学业水平考试该怎样设计［N］. 中国教育报,2015 - 12 - 23(2).

［4］李云. 香港"高考"你能得几颗星?［N］. 人民日报(海外版),2014 - 07 - 15(03).

［5］刘徽. 启动真实性变革［N］. 中国教育报,2018 - 01 - 03(005).

［6］卢美文. 广东率先推行"3＋X"高考改革［N］. 中国教育报,2009 - 09 - 23.

［7］马涛. 学业水平考试给高中教育带来什么［N］. 中国教育报,2014 - 12 - 19.

［8］秦春华. 美国大学招生为何实行综合素质评价［N］. 中国青年报,2015 - 01 - 05.

［9］上海市人民政府. 上海市深化高等学校考试招生综合改革实施方案［N］. 解放日报,2014 - 09 - 20(06).

［10］国家发展改革委、财政部、教育部、人力资源和社会保障部、国务院扶贫办等五部委. 关于实施面向贫困地区定向招生专项计划的通知［N］. 中国教育报,2012 - 03 - 19.

［11］唐景莉. 教育部等五部门联合发文 国家扶贫定向招生专项计划实施［N］. 中国教育报,

2012 - 04 - 23.

[12] 熊丙奇. 扩大选择权后,新高考该注意什么[N]. 南方周末,2017 - 08 - 24.

[13] 浙江省人民政府. 浙江省深化高校考试招生制定综合改革试点方案[N]. 浙江日报,2014 - 09 - 19.

[14] 中共中央. 中共中央关于全面深化改革若干重大问题的决定[N]. 人民日报,2013 - 11 - 16.

[15] 中华人民共和国国务院. 国务院关于深化考试招生制度改革的实施意见[N]. 人民日报,2014 - 09 - 05(6).

[16] 中华人民共和国教育部. 关于做好 2017 年普通高等教育招生计划编制和管理工作的通知[N]. 光明日报,2017 - 05 - 11.

[17] 朱振岳. 浙江 2017 年高校选考科目公布两万多专业一半不限选考科目[N]. 中国教育报,2015 - 03 - 02(03).

[18] David, Alan Krueger. Does School Quality Matter? Returns To Education And The Characteristics Of Public Schools In The United States [N]. NBER Working Paper, No. 3358,1990.

其他

[1] 教育部考试中心. 专业化考试机构研究报告[G]. 国家教育咨询委员会. 考试招生制度改革组专题调研报告汇编·下. 北京:国家教育咨询委员会,2011.

[2] 五年制学生指三年高中,两年大学,获学前教育大专文凭。

[3] 周鸿. 选拔最适合的优秀学生——上海纽约大学综合素质评价探索[C]. 第八届中国·北美国际教育交流论坛报告,2017 年 11 月 12 日。

[4] 周鸿. 上海纽约大学招生制度和实施办法[Z]. 课题内部资料,2017.

[5] Welsh Assembly Government. GCSE, GCE and AEA:Code of practice [R]. Qualification & Curriculum Authority,2009:37.

后 记

　　高考是我国的一项重要教育制度,也是一项重要的人才选拔制度,历来受到各方面的高度关注。由于高考制度承载着选拔人才、促进公平、引导基础教育健康发展的多重使命,因此高考在我国是一个特别复杂的系统并且不断地进行着改革完善。改革开放以来,高考改革不断深化,历次高考改革虽然都有很好的愿望和仔细的设计,但由于缺乏系统协调,往往输在"最后一公里"。2010 年,《国家中长期教育改革和发展规划纲要(2010—2020 年)》把改革高考制度放在很突出的位置,把形成"分类考试、综合评价、多元录取"的制度作为高考改革的核心目标。2013 年,中共十八届三中全会审议通过了《中共中央关于全面深化改革若干重大问题的决定》,提出了"推进考试招生制度改革,探索招生和考试相对分离、学生考试多次选择、学校依法自主招生、专业机构组织实施、政府宏观管理、社会参与监督的运行机制,从根本上解决一考定终身的弊端"的目标。2014 年国务院发布《国务院关于深化考试招生制度改革的实施意见》,新高考改革比历次改革的力度更大,范围更广。新高考改革希望通过"两依据、一参考",即依据统一高考成绩,依据学业水平考试成绩,参考综合素质评定,将高中生的个性成长纳入评价范围,并在上海和浙江进行改革试点。2015 年度国家社科基金教育学设立重大招标课题"适应新高考要求的普通高中学业水平考试与综合素质评价实施策略研究"(课题编号:VHA150003),我们课题组获得了立项。经过两年多齐心协力的研究,发表论文近 20 篇,提交咨询报告 3 份,举行大型论坛一次和小型研讨多次,产生了广泛、积极的政策影响、社会影响和学术影响。

　　2018 年 6 月 10 日,全国教育科学规划办公室主持召开了结题会,由民盟中央副主席、全国人大宪法与法律委员会副主任徐辉,中国教育报刊社党委书记、社长翟博,上海市教委副主任郭为禄,厦门大学教育研究院院长刘海峰,《华东师范大学学报(教育科学报)》主编杨九诠,《光明日报》教育研究中心主任田延辉等专家组成的结题评审组,对课题进行了结题鉴定。评审专家一致认为,该课题以中央文件精神为指导,以上海、浙江高考改革试点为基础,以解决问题导向,以事实和数据为依据,协同学术、行政、一线人员力量,研究扎实,成果丰硕,对完善国家高考政策具有重要价值,对配合全国各地推广实施具有重要意义。课题鉴定为优秀。

课题进行过程中得到了来自多方面的支持,上海市教委副主任贾炜、浙江省教育厅副厅长韩平、江苏教育厅副厅长朱卫国、江苏省教育考试院院长鞠勤等给予了重要的行政支持,厦门大学教育研究院院长刘海峰、民盟上海市委专职副主委丁光宏、北京大学考试研究院院长秦春华、上海纽约大学招生办主任周鸿等给予了重要的学术支持,近百位教育局长、中学校长给予了重要的实践支持,难以一一尽述。在此,谨表诚挚感谢!

课题研究汇聚了多方面力量,直接参与课题研究和专著写作的人员如下:

导论　袁振国(华东师范大学教授,教育学部主任)

第一章　柯政(华东师范大学教授,教育学部副主任)

第二章　王森(华东师范大学博士研究生)

第三章　崔海丽(华东师范大学博士研究生)

第四章　柯政

第五章　刘志军(河南大学教授,副校长)、张红霞(河南大学副教授)、王洪席(河南大学副教授)、王萍(河南大学副教授)、务凯(河南大学副教授)、陈永强(河南大学讲师),肖磊、王宏伟、王连照、陈朝晖等老师参与了研讨和修改工作

第六章　第一节:田爱丽(华东师范大学教授,教育部中学校长培训中心副主任)、严凌燕(华东师范大学博士研究生);第二节:游畅(复旦大学招生办公室)、王阳(复旦大学招生办公室)、朱晓超(复旦大学招生办公室)、宋可即(复旦大学招生办公室)、何鑫(复旦大学招生办公室)、黄晓平(复旦大学招生办公室)、陈昶安(复旦大学招生办公室)、郑方贤(上海市教育考试院院长)、丁光宏(复旦大学教授,民盟上海市委专职副主委);第三节:韩平(浙江省教育厅副厅长)、方红峰(浙江省教育厅基教处处长)、任学宝(浙江省教育厅教研室主任)、钱万军(浙江省教育厅教研室课程部主任)、王小平(浙江省教育厅教研室课程研究部教研员);第四节:李云星(浙江师范大学副教授)、姜洪友(浙江师范大学副教授)、卢程佳(浙江师范大学教师)、陈天云(浙江师范大学讲师)、张振良(浙江师范大学教师)、楼英伟(浙江师范大学副教授)、李伟健(浙江师范大学教授,副校长)

第七章　秦春华(北京大学教授,考试研究院院长)、崔海丽、刘世清(华东师范大学副教授)

第八章　第一节:田爱丽;第二节:袁振国;第三节:刘世清;第四节:柯政

新高考改革仍在探索与完善之中,我们将继续关注和研究新高考改革的经验、问

题和完善之道，为建立更科学、更公平、更高效的高考制度尽力。

袁振国识于华东师范大学

2019 年 11 月 12 日